Bulshooy….
Ninkii ballankaaga qaaday
Ka baaqday xilkaad u dhiibtey
Ka baydhay ujeeddadaada
Ku boobay adoo sabool ah
Ku wiirsadey baabba'aaga
Adoo bogan waayey taada
Ninkii u buseelay raaxo
Huwadey bulbushii libaaxa
Buruudkiyo shaashka qaatay
U boodey cirkaas dusheenna
Bilkeedey laboontidiisa
Buurtuu koray waarin mayso
Heddiisuna baajin mayso
Kub iyo bawduu ka jabay.

Maxamed Ibraahim Warsame (Hadraawi)

Mahad Celin

Marka ugu horaysa waxaan mahadda ugu weyn u celinayaa Ilaahay, oo ii suurto geliyey, awooddana ii siiyey inaan buuggan dhammaystiro. Waxaan dhammaan u mahadnaqayaa dadkii iga caawiyey soo saarista buuggan Xasuus Qor. Buuggan qoristiisa oo iga qaadatay muddo 15 sano ku dhow, aad bay iigu adkaan lahayd soo saaristiisu, haddii aanan caawimo iyo taageero hagar la'aan ah ka helin dad badan oo Soomaali ah. Haddaba iyada oo aanay suurto gal ahayn in aan dhammaantood magacyadooda ku soo qoro halkan, waxaan mahad gaar ah u celinayaa Khadar Jaamac Yare, Khaliif Hiirad, Xuseen Sheekh Daahir Xasan (Library of Congress, Washington, DC,) Cilmi Cabdullaahi Cilmi (Bulbul), Xaawo Yuusuf Warsame, Cali Xaaji Ducaale Cabdalla,Yuusuf Cabdullaahi Ibraahim iyo Cabdirashiid Geyre oo aad iiga caawiyey xagga baadhista/baxsiga.

Waxa sharaf iyo mahadnaq aan la soo koobi karin iga mudan, dhammaan dadkii iga aqbalay waqtiga dheer-na ku bixiyey in ay buugga Xasuus Qor akhriyaan (Reviewers), talona iga siiyaan waxyaabihii aan aqoontaydu gaadhsiisnayn. Inkasta oo dad badani buugga akhriyeen waxa aan mahadnaq gaara u soo gudbinayaa, dadkii xilka dheeraadka ah iska saaray una dul qaatay su'aalahaygii tirada badnaa:

Axmed Jaamac Muuse
Axmed Jaamac Saciid (Xandulle)
Cabdinaasir Cali Cabdi
Cabdulqaadir Cali Maxamed (Qase)
Hodan Saciid Ciise
Maxamed Xasan Cabdi (Shoodhaadhi)
Maxamed Axmed Faarax (Foud)
Maxamed Cumar Cusmaan (Shariif)
Maxamuud Xaaji Nuur
Raaqiya Xaaji Ducaale Cabdalle
Siciid Saalax Axmed
Xuseen M. Siyaad (Xuseen Caato)
Xuseen Cabdi Xalane

Waxaan sidoo kale mahadnaq aad u weyn u celinayaa dhammaan dadkii iga aqbalay in aan waraysto, kuwii talooyinka dheeraadka iigu deeqay, iyo kuwii marwalba igu dhiiri gelinaayey in aanan ka caajisin ee buugga Xasuus Qor dhammeeyo. Haddaba iyada oo ay aad u adag tahay in aan dadkaas oo dhan magacyadooda halkan ku soo qoro, waxaan u mahadnaqayaa:

Axmed Maxamuud Maxamed (Axmed Deeq)
Cabdicasiis Suldaan Olol Diinle
Cabdillaahi Geedo Qoroow
Cabdullaahi Ciise Caafi
Cabdulqaadir Maxamed Cali (Qase)
Ibraahim Maxamed Sheekeeye (Sheekeeye)
Kinsi Jaamac Cali Qoorsheel
Mako Xaaji Cawad Cabdalla
Maxamed Ducaale Caraale

Maxamed Jibriil 'Caateeye'
Prof. Ibraahim Caddow
Prof. Maxamud Cali Tuuryare
Dr. Xasan Cali Mire
Xaaji Aadan Cumar Ileeye
Xaashi Nuure Aw Diinle
Xasan Saalax Macalin (Gaaloos)
Xaliimo Xaaji
Khaalid Cismaan
Xuseen Cali Shido
Aamina Faarax Caarshe
Leyla iyo Fathiya Ali Hussein
Dr. Cabdillaahi Yuusuf Colaad
Dr. Maxamuud Sh. Xasan Taani
Maxamed Axmed Yuusuf (Jabane)
Dr. Cismaan Cabdi Meygaag
Maxamed Cali Ibraahim
Axmed Xuseen Caabi
Baashe Cabdi Yuusuf
Axmed-Kayse X. Ducaale
Qaaniya Ismaaciil Aadan
Weris Maxamed Jaamac
Maxamed Saalax Ladane (Ladane)
Maxamuud Yuusuf Aadan (Muuro)

Waxaan kale oo aad ugu mahad naqayaa raggii siyaasadda Soomaalida aad ugu dhex jirey, ee aan waraysiga la yeeshey igase codsaday in aanan magacyadooda buuggan ku qorin.

..Inaan malab rag kale loo shushubi wax uga miideeyo
Oon meesha taag nahay anoon murudna leefeynin
Oon maydhaxaan igu xidhnayn meylimo u haysto
Oon weliba mood iyo salaan ula maleegnaado
Saddex magac walloo xaajadaa layma maqashiiyo
Masow aabahey iyo sidaan Magan ka soo gaadhey
Rag waxaan ku maamuli aqaan ama ku maamsusi
Masse inaanu nahay oo tolnimo meerto noo tahaye
Ninkii aniga iga maarmi kara kama muraadyeesho
Massalaha ninkaan ii dhigeyn midig ma saaraayo.

Saahid Qamaan Cali

Hibeyn

Waxaan buuggan u hibeeyey dhamman dadkii Soomaaliyeed ee dhimashada iyo dhaawacuba ka soo gaadhey, ayaan darooyinkii iyo dagaaladii saameeyey.

Waxaan kale oo buuggan u hibeeyey wiilashayda Zakeriya iyo Suhayb iyo hooyadood Xayaad Maxamed Ciise, oo xilkaan gudan lahaa iga kaafisay ka dib markaanu kala tagnay. Waxaan kale oo aan u hibeeyey walaashey Xaawo Aw Maxamuud iyo Ismaaciil Jaamac Ibraahim (Gurey Ciirey) oo "Aabe iyo Hooyo" ii ahaa, tacliintayda iyo koritaankaygana qayb libaax ka soo qaatay. Waxaan sidoo kale u hibeynayaa walaasheyda qaaliga ah Hibu Aw Maxamud iyo walaalkay Boqor Cismaan Aw Maxamuud (Buur-Madow) oo xilka reerka aan ka dhashay (my family) dusha u ritay xilligii adkaa ee dagaaladu socdeen. Waxa kale oo an u hebeynayaa gabdhaha aan abtiga u ahay: Sahra Kiin, Hodo Iman M. Nuur Fadal iyo Faa'isa Cali Dirir. Waxaan kale oo buuggan u hibeynayaa dhammaan shakhsiyaadka waayuhu na walaaleeyey, noloshaydana qaybta weyn ka soo qaatay…gaar ahaan Ilma Maxamed Xasan iyo hooyadood (Caasha, Amran, Muxsin, Yurub iyo Xaawo Xandulle); Ilma Sheekh Cali Ismaaciil, gaar ahaan (Zeynab, Axmed, Naasir, Muna) iyo Khadiija Maxamed Ceel iyo Caruurteeda, gaar ahaan Hodan iyo Yaasiin Yare).

Afeef

Maalin maalmaha ka mid ah ayaa aniga oo sita buugga uu qoray Cabdi Sheekh-Cabdi ee magaciisa la yidhaahdo: Divine Madness oo ku saabsan Taariikhdii Seyid Maxamed Cabdulle Xasan iyo Daraawiishtii, ayaan waxaan la kulmay nin Soomaaliyeed oo aanu is niqiiney. Ninkii ayaa intuu buuggii jaleecay, igu yidhi "muxuu ahaa buuggan?" "Waa buug la yidhaahdo "Divine Madness," oo nin Cabdi Sheekh-Cabdi la yidhaadaa uu qoray," ayaan ugu jawaabay. "Cabdi Sheekh..? war iga leexi beentiisa." Ayuu ninkii odayga ahaa yidhi, isaga oo weliba nacayb weyn u muujinaya qoraha buugga.

Waxaan u qaatay inuu buugga horey u akhriyey, sidaas darteed uu ku arkay waxyaabo aanu ku raacsanayn. Markaas ayaan waxaan weydiiyey..miyaaad akhriday buugga? Wuxuuna iigu jawaabay "uma baahni inaan akhriyo." Waxaana na dhex martay dood aad u dheer oo saldhiggeedu ahaa…sidee ayaad buug aadan akhriyin waxa ku qoran oo dhan aad macno la'aan uga soo qaadi kartaa? Inkasta oo aanay wax midho ah dhalin doodii na dhex martay, waxaa dhinaca saaxiibkay iiga caddaatay inaanu jeclayn ninka buugga qoray qabiilkiisa.

Run ahaantii sheekadani waxa ay kale oo I xasuusisay mid tan la mid ah oo nin oday ahi beri hore iiga sheekeeyeey. Wuxuu yidhi: Nin aad u da'weyn ayaa talo siinaayey nin ay isku qabiil yihiin oo dhalin yaro ah, wuxuuna u sheegayey siduu ula dhaqmi lahaa qabiilka "reer hebel" ee ay is neceb yihiin. Wuxuuna yidhi: "haddi nin reer hebel ahi ku yiraadho, ilaahay waa waaxid, ha ku raacin. Waa beentaana ha oran illeyn waa shirkiye (oo waad ku kufriyeysaaye), waxaadse tiraahdaa lagaa og." Waxaan uga socdaa, buuggaani xaqiiqda taariikhdii Soomaaliya oo dhan ma koobaayo. Waxaana laga yaabaa in ay ku jiraan waxyaabo aan xaqiiqda waafaqsanayn, haddii taariikhda dib loo raad raaco. Taas macnaheedu maaha in aan runta ogaan u majara habaabiyey, laakiin ay dhici karto in meelaha amaba buugta aan ka soo ururiyey ay sababta lahaayeen. Sidaas darteed, waxaan akhristayaasha ka codsanayaa, in ay marka hore buugga akhriyaan, haddii ay macluumaad xaqiiqda ka weecsan ku arkaan, ay iyagu taariikhda dib u baadhaan oo wixii khaldan saxaan.

Hawlihii iga soo maray iyo sababta aan u qoray buugga Xasuus Qor.

Dhibaatada ugu weyn ee aan wajahay markii aan buuggan bilaabay, waxa ay ahayd in qoraaladii taariikheed ee reer galbeedku Soomaalida ka sameeyeen ay laftoodu isku khilaafsanaayeen. Sidoo kale, waraysiyaashii aan dadka Soomaalida ah la yeeshay oo qaarkood iska hor imaanayeen. Sidaas darteed, waxaa waqti badan iga qaatay is barbardhigga iyo dib xaqiijinta wararkaas is-khilaafsanaa.

Sidoo kale, marka aad Soomaalida dhexdeeda ka raadinaysid xaqiiqo taariikheed, ha ahaato wax qoraal ah, ama dad si daacad ah kuugu warama, run ahaantii aad ayey u adag tahay; .in aad heshid qof 100% ka madax banana dareenka xagga qabiilka. Arrintaasina waxa ay sababtay in ay waqti dheer iga qaadato sidii aan qof walba oo aan waraysanayo u qancin lahaa; una tusi lahaa in aan dhexdhexaad ka noqondoono xaaladda taariikheed ee Soomaalidu soo martay.

Dad badan oo aan waraystay taariikhda iyo xaaladda Soomaalidu soo martay si fiican ayey uga war-hayeen, laakiin waxaa ku adkaatay in ay xasuustaan waqtiga dhacdooyinkaasi dhaceen. Sidaas darted, maadaama aan dhacdooyin taariikhaysan daba joogay, waxaa khasab igu noqotay in sheekooyin aan dadka qaarkiis ka weriyey ka tago oo aanan qaadan.

Waxaa kale oo iyaduna dhibaato weyn ahayd in dad badani su'aalo qalafsan buugga iga weydiinayeen, sida "buuggaagu sidee ayuu dhexdhexaad u noqon karaa, xaggaad macluumaadka ka soo ururisay, yaad waraysatay, reer hebel yaad ka waraysatay, iwm." Dad aan badnayn oo aan isku deyey in aan waraysto waxa ay iga codsadeen in ay horta waxa ii qoran akhriyaan inta aanay waraysi ila yeelan, waayo waxaa ku jirey dareen aad u weyn oo xagga qabiilka ah. Waxaa sidoo kale dadka qaarkood ku dedaaleen in fikradda ay siyaasadda Soomaaliya ka qabaan ay buugga ka muuqato (qabiil ahaan). Waxaanse si weyn uga taxadiray in aan arrintaasi dhicin. Dedaalkaasina waxa uu ii sii kordhiyey garaad iyo garasho cusub oo i siiya miyir iyo deganaan iga ilaaliya in aan khalad weyn oo taariikheed ku dhaco.

Inkasta oo maraxaladaha adag ee aan ka soo maray ururinta taariikhda ay mararka qaarkood igu abuureen niyad-jab, waxaan dhiiri gelin iyo talooyin wax ku ool ah ka helay qaar ka mid ah dadkii aan waraystay, iyo shaqsiyaad aanu saaxiib nahay. Run ahaantiina waxa aan dhihi karaa haddii aanan dhiiri gelintaas helin, waxaa suurto gal ahaan lahayd inaan buugga qabyo uga tago.

Markii aan taariikhdii hore ee Soomaalidu soo martay, gaar ahaan xilligii gumeysiga aan akhriyey, waxaan dareemay xanuun, murugo, calool-xanuun, tiiraanyo, cadho iyo ciil. Soomaalida dhaqankeeda waxa ka mid in ninku haddii uu ooyo ay ceeb tahay, laakiin run ahaantii mudadii aan akhriyayey sidii Soomaalida loo duleystay ee gumeystayaashii Xabashida, Ingiriiska, Talyaaniga, Faransiiska iyo Kenyaanku u bah-dileen; wax badan ayey indhahayga ilmo ka soo daadatay, wax badan ayaan tiiraanyooday, wax badan ayaan dawladihii Soomaalida dulmiyey u cadhooday. Xaqiiqadiina waxa aan fahmey in waddamadaasi wax walba dantooda ka hor-marinayeen, laakiin ay nolosha, sharafta iyo dadnimada soomaalida aanay wax qiimo ah ugu fadhiyin. Xanuunkaas badan ee aan akhriyey ee dadka Soomaalidu soo mareen, waxa uu i ilowsiiyey xaaladdii xumayd ee dadka iyo dalkuba ku sugnaayeen xilligii dagaalka sokeeye, waxa ayna noqotay xaalad aan si fiican ula qabsaday.

Ururinta iyo baadhitaanka taariikhda Soomaalida waxa aan bilaabay sannadkii 1988, waxa aanan dhammeeyey sannadkii 2003. Waxaa kale oo jirtey aniga oo subax kasta shaqo caadi ah u kallihi jirey galabtiina ka soo noqon jirey; iyo aniga oo weliba markii dambe jaamacad galay oo arday ahaa. Sidaas darteed, waxaa aad iigu yaraa waqtiga aan u hayey qoritaanka buuggan. Si haddaba aan waajibkii i saaraa u guto, ayaan waqtigayga intiisii badnayd u meel dhigay marka aan shaqada ka soo baxo iyo maalmaha fasaxa ah.

Qoritaanka buuggan sabab uma ahayn in aan lacag ama magac midna ka helo,waxa ay ahayd arrin ku bilaabatay si lama filaan ah. Xilligaas oo ay sii xoogaysteen dagaaladii sokeeye ee Soomaaliya ka socday, ayaa waxa aan bilaabay in aan jaraa'idka wararka Soomaaliya ku saabsan ku qoran yihiin uririyo –aadna u akhriyo.

Dagaaladii, dhicii iyo dhimashadii waddanka ka taagnaa oo maalinba maalinta ka dambaysa ka sii darayey, waxa ay sii kordhiyeen werwerkii aan ka qabey dhibaatadii shacbiga Soomaaliyeed wajahdey. Inkasta oo dareenkaas xanuunka badnaa ee aan ka qabey dagaaladii waddanka ka socdey, ay u sabab ahayd in aan buuggan qoristiisa ku dhiirado, haddana go'aanka kama dambaysta ah ee igu kalifay in aan buuggan qoro, waxa ay ku dhacday si lama filaan ah oo aan markaas dareenkayga ku jirin.

Muddo markii aan ururinayey dhibaatooyinkii Soomaaliya ka socday ayaa niman dhalinyaro ahaa oo guri aanu wada deganeyn—qaarkood dhibsadeen jaraa'idkii iyo macluumaadkii badnaa ee guriga buuxiyey. Markii cabashadii sii badatay ayaa waxa aan bilaabay in wararkii Soomaaliya laga qoray ee aan ururinayey soo koobo oo aan u qoro sidii hab xasuus qor ah.

Inkasta oo aniga oo ixtiraamaya dadkii ila deganaa ku dedaalay in aan yareeyo macluumaadkii guriga buuxiyey, haddana waxaa aad u caddayd in taariikhdaas aan ururinayey xad dhaaf ahayd, gaadheyna heer aan loo dul qaadan karin. Haddaba maalin maalmaha ka mid ah ayaa nin aanu saaxiib ahayn kana mid ahaa dhalinyaradii aanu wada degganayn—ahaana dadka aad u fiirada dheer uu ii soo jeediyey in haddii aan taariikhda Soomaalida sidaas u jeclahay buug ka qoro.

Inkasta oo aan taladaas u guuxay, haddana shaki ayaa iga galay in aan xilkaas weyn gudan karo. Hase ahaatee, markii aan muddo ka fekerayey, ayaa waxa aan si fiican isugu qanciyey in aan qori karo; maadaama aan markaas macluumaad aad u fara badan aan gacanta ku hayey. Markii aan isku qanciyey in aan buugga qoro ka dib, ayaan haddana waxa aan is-weydiiyey habkii aan u qori lahaa iyo magacii aan u bixin lahaa.

Si aan haddaba uga baaraan dego habkii aan buugga u qori lahaa baan dib ugu noqday—taariikhdii aan ururiyey oo hab xasuus qor ah iigu qornayd. Muddo markii aan falanqaynaayey ayaa waxa igu soo dhacday, maadaama dadka Soomaalida ahi aanay xagga wax akhriska ku fiicnayn, malaha habkan kooban ayaa ugu fudud in aad fikradda meel isugu geysid oo aad qortid dhacdooyinkii ugu waaweynaa ee Soomaaliya ka dhacay, markiibana waan isku qanciyey arrintaas. Waxa kale oo ii muuqatay in habkani u fududayn doono akhristayaasha, in ay buugga akhriskiisa xiiseeyaan. Maadaama aan go'aansaday in aan buugga u qoro hab xasuus qor ah, waxaan sidoo kale go'aan ku gaadhey in aan magaca buugga u bixiyo Xasuus Qor.

Markii aan soo gaadhey meel aan dhihi karo waxa ii muuqatay in buuggii aasaas yeeshay, habkii aan u qori lahaana waadix ii noqday, ayaa waxa aan bilaabay in aan is-dejiyo oo hoos uga dego dareenkii xanuunka badnaa ee Soomaaliya ka jiray. Waxa kale oo aan si weyn xoogga u saaray n wixii aan hore u qoray oo dhan dib ugu noqdo, kala nadiifiyo, wixii shaki igaga jireyna ka saaro; isuna aan arko qoraa ka tegi kara raad iyo taariikh dadka Soomaalida ah anfaca, jiilka soo socdana u noqon kara tix-raac tusa halgankii dheeraa ee dadkoodu soo maray.

Ugu dambayntii markii aan ku soo dhowaaday gebagebada buugga oo aan u arkay in uu noqon karo buug dhaxal gal ah, ayaa waxa aan u arkay in uu yahay buug ku habboon inta aanan daabicin, in loo bandhigo taariikhda uu xambaarsan yahay dadka Soomaalida ah ee wax garadka ah. Sidaas darteed, waxa aan go'aansaday in aan 15 koobi buugga ka sameeyo, una kala dhiibo dad Soomaaliyeed oo wax garad ah—si aan fikradooda u arko, isla mar ahaantaasna ay uga turxaan bixiyaan wixii iseegay ee toosinta u baahan; isla markaasna fikradda ay ka qabaan ii soo jeediyaan. Ujeedadu ma ahayn saxidda buugga keliya ee waxa aan kale oo rabey in wixii canaan, eed, ama waano ah la ii soo jeediyo—si aan u cabiro dareenka shacbiga. Waxa aan buugga u dhiibay 15 qof, laakiin 13 ayaa soo akhriyey oo dhammaystiray.

Sida aad buugga ku arki doontaan, qaar ka mid ah dadkaas ayaa fikraddooda ka dhiibtay, qaar ka mid ahina waa ay ka aamuseen—waayo buugga qaybo ka mid ah ayey khilaafsanaayeen waxa ayna door bideen in ay fikraddooda ka gaabsadaan. Dadkii buugga akhriyey ee fikraddooda ila wadaagey wax weyn ayey buugga ku soo kordhiyeen. Talooyinka ay ii soo jeediyeenna waxa ay noqdeen kuwo dhaxal gal ah oo khaladaad badan oo aan ku dhici lahaa iga bad baadiyey.

Buugga Xasuus Qor waxa aan markii hore ku talo jirey in aan soo saaro (daabaco) sannadkii 1996kii, laakiin dagaalkii sokeeye ee waddanka ka socday iyo dib u habayn badan oo aan ku sameeyey ayaa dib u dhigay. Waxaana markii dambe igu adkaatay in aan joojiyo, hase ahaatee, maadaama aanay taariikhdu dhammaan ee ay silsilad socota tahay, waxa aan markii dambe go'aan ku gaadhey in aan taariikhda buugga ay bilow u ahaato sannadkii 1400 kuna ekaato sannadkii 2000; taas oo ah 600 oo sano (tiro isleeg) oo taariikhda Soomaaliya inteedii badnayn soo koobaysa. Inkasta oo ay 15 sano igu qaadatay qoritaanka Xasuus Qor, waqti iyo dhaqaale badanina igaga baxeen, ma jirto maalin aan ka farxad badanahay in aan soo gebogebeeyo—buug aan dhihi karo, waxa uu noqon karaa buugga ugu qiimaha weyn ee qof Soomaali ahi dadkiisa u qoro.

Gogoldhig

Dadka Soomaalida loo yaqaan marka loo eego Afrikada inteeda kale, waxa ay isaga mid yihiin diinta, dhaqanka, afka iyo muuqaalkana aad ayey isagu dhow yihiin. Waxa ayna dadka taariikhda qoraa isku raaceen in ay Soomaalidu yihiin dadka keliya ee Afrikaanka ah ee marka dhinac kasta laga eego isku midka ah (homogeneous). Inkasta oo ay aad u muuqato in kala duwanaan weyni ka jirto marka xagga luqadaha 'May iyo Maxaa tiri.' Tusaale ahaan, Afka May Mayga oo Raxanweyntu (Reewin) badankoodu ku hadlaan aad ayuu uga duwan yahay kan Soomaalida inteeda kale ku hadlaan. Hase ahaatee, dadka cilmiga luqadaha iyo taariikhda qiimeeyaa waxa ay isku raaceen in waxa ay Soomaalidu iskaga mid yihiin uu ka badan yahay waxa ay ku kala duwan yihiin, sidaas ayeyna asal ugu noqotay dooda ah in Soomaalidu ummad isku mid ah tahay.

Sida dadyow badan oo Afrika ku nool, Soomaalidu waxa ay u badan yihiin dad reer guuraa ah oo xoolo dhaqato ah, marka laga reebo dadka labada webi agagaarkooda dega oo beeraleey ah. Waxaana lagu qiyaasaa in Soomaalidu boqolkiiba shan iyo todobaatan (75%) yihiin reer guuraa inta soo hadhayna ay u qaybsan yihiin beeraleey iyo reer magaal. Dadka Soomaalidu waxa ay degaan Soomaaliya, Somaliland, Jabuuti, Kenya, iyo Itoobiya, waana meesha laga soo xigtay xidigta shanta gees leh. Taariikh ahaan marka la eego iyada oo aan wax muran ahi ka taagnayn dhulalka Soomaalidu degto ee Kenya iyo Itoobiya waa dhul dad Soomaaliyeed leeyihiin laakiin gumeystayaashii reer Yurub, gaar ahaan Ingiriisku uu bixiyey. Dagaalada iyo xasilooni la'aantuna waxa ay sababeen in Soomaali aad u fara badani dibadaha u qaxaan, gaar ahaan Yurubta galbeed, Kanada iyo Maraykanka.

Intii ka horeeysay qarnigii 18aad, ee aan reer Yurub bilaabin in ay danayso dhulyowga Afrika iyo caalamka adduunyada 3aad, Soomaalidu waxa ay dhaqan iyo dhaqaaleba aad ugu xidhnayd caalamka Islaamka, gaar ahaan waxaa aad ugu xidhnaa dalalkaas meelaha xeebaha ah ee sida Bulla Xaar, Berbera, xeebaha Banaadir iyo Bendar Qaasim (Boosaaso). Xiligaas dawlad Soomaaliya la yidhaahdaa ma jirin, laakiin waxaa jirey xidhiidh iyo xeer qabiil intii isku deegaan ahba ka dhexeeyey, wixii dhibaato timaadana waxaa lagu xallin jirey xeer Soomaali. Hase ahaatee, dhibaatadii ugu weynayd waxa ay timi wakhtigii Afrika reer Yurub kala qaybsadeen. Shirkii ugu horeeyey ee reer Yurub Afrika ku qaybsanayeen wuxuu ka dhacay magaalada Baarliin (Berlin) ee dalka Jarmalka (Germany) 1884.

Markii Afrika la kala qaatay dhulkii Soomaalidu deganeyd waxaa kala qaybsaday saddex waddan oo reer Yurub ah, Ingiriiska, Talyaaniga iyo Faransiiska. Ingiriisku wuxuu qayb u helay dhulka Somaliland, Talyaaniguna Soomaaliya (Italian Somaliland), iyo Faransiiska oo qayb u helay Jabuuti. Waxaa kale oo Ingiriiska gacantiisa ku jiray dhulalka Hawd iyo 'Reserve Area' ee maanta loo yaqaan Ogaadeeniya oo uu markii dambe Xabashida ku wareejiyey; waxaa kale oo xukunkiisa ku hoos jiray dhulka N.F.D. (Northeastern Frontier District) oo hadda loo yaqaan Waqooyiga Bari ee Kenya. Maadaama waqtigaas Ingiriisku xukumay Kenya wuxuu ku ladhay Kenya.

Qaybintii Soomaalida waxaa barbar socday in loo dejiyey nidaam cusub iyo sharuuc (sharciyo) ka duwan xeerarkii ay daku ku dhaqmi jireen, xidhiidhkoodii bulsho ahaan iyo kii ay dunida Islaamka la lahaayeenna la xadiday, waxaana meelo badan oo dhulalka Soomaaliyeed ka tirsanaa bilowday dhaqdhaqaaqyo lagaga soo horjeedo xukunka gumeysiga reer Yurub. Dhaqdhaqaaqii ugu caansanaa wuxuu ahaa kii Sayid Maxamed Cabdulla Xasan oo ka bilowday 1898 magaalada Berbera. Dagaalkii Seyidka iyo Ingiriiska ka dhexeeyey oo ahaa mid Soomaali aad u badani ku hoobatay wuxuu dhammaaday 1920kii, ka dib markii Seyidka iyo ciidamadiisii si xun loo jebiyey. Inkasta oo ay jireen meel kasta oo Soomalidu degto dad u halgamayey sidii ay dhulkooda gumeystaha uga kicin lahaayeen, misna jirin isku duubnaan iyo wada jir ka dhexeeyey sidii gumeystayaasha meel loogaga soo wada jeensan lahaa; loona abuuri lahaa waddan Soomaliweyn la yidhaahdo oo maamul keliya leh.

Arrintu si kastaba ha ahaatee, mudadii u dhexaysay 1936kii iyo 1948kii ayaa waxaa soo baxay dhaqdhaqaaq siyaasadeed oo ku doodayey in 'shanta gobol' ee Soomaalidu deggan tahay israacdo oo la mideeyo. Xamaasaddaas siyaasadeed ee cusubina waxa ay sababtay aasaaskii xisbigii S.Y.L. (Somali Youth League) oo magaalada Xamar laga bilaabay, ka dibna aragtidii fidday oo furuuc laga furay dhulalkii ay Soomaalidu deganayd. Ka dibna S.Y.L. waxa ay xafiisyo ka furatay magaalooyinka ay ka mid ahaayeen, Hargeysa, Jigjiga iyo Wajeer (N.F.D). Xamaasadda iyo kalgacalka Soomaalida waqtigaa ka dhexeeyey ma ahayn mid la lafo guray oo garasho weyn oo xaqiiqo ku dhisnaa ee wuxuu inta badan ku saleysnaa gurdan raacii caalamku kaga soo horjeeday gumeysigii reer Yurub. Raggii Soomaaliweyn iyo xornimada u halgamaayeyna ma lahayn qorshe, hadaf siyaasadeed iyo barnaamij qoto dheer oo xallin kara dhibaatooyinka iyo khilaafyada ka soo baxa wadciga cusub iyo isku duba ridka dawlad Soomaaliyeed oo xor ah.

Marka la eego 'Shanta Gobol,' waxa ay xamaasaadda ugu weyni ka jirtay dhulalkii loo yaqaanay 'British Somaliland iyo Italian Somaliland.' Ka dib markii Talyaanigu dagaalkii labaad (1944) ku jabay, waxaa quwadihii guuleystay (Ingiriiska, Faransiiska iyo Maraykanka) ku qasbeen Talyaaniga inuu ka kaaftoomo dhulalkii uu maamuli jiray. Hase ahaatee, aakhirkii 1949kii ayey xulufadii guuleysatay iyo Qaramada Midoobey isku raaceen in Talyaanigu muddo toban sano ah Soomaaliya (Italian Somalia) sii maamulo ka dibna ay Soomaalidu qaadato Xornimo buuxda. Haddii la eego Somaliland arrintu sidaas way ka duwanayd, waayo Ingiriisku wuxuu ka mid ahaa dawladihii dagaalka ku guuleystay oo kuma khasbanayn inuu dhulyowga uu haystay ka tanaasulo. Hase yeeshee, waxaa meel walba kaga kacsanaa dadyowgii uu xoogga ku haystay, taasina waxa ay ugu dambayntii Ingiriiska ku kaliftay inuu dhulyowgaas faraha ka qaado. Sidaas darteedna, wuxuu Ingiriisku aakhirkii go'aansaday ka dib markii dadkii reer Soomaaliland ku kaceen in uu xornimadooda siiyo marka la gaadho 1960ka, waqtigaas oo isna ku beegnaa taariikhdii uu Talyaaniguna qaybta Soomaaliyeed uu maamulayey xilka ku wareejin lahaa. Nimankii Somaliland metelayey markii ay Ingiriiska kala hadlayeen xornimada, waxay u sheegeen in ay doonaayaan in ay la midoobaan walaalahooda koonfureed ee Talyaanigu gumeysan jirey.

Ka dib markii dhulkii loo yiqiin British Somaliland ayaa xornimadii qaatay 26kii Juun 1960kii. Kowdii Juulay 1960kii qaybtii koonfur ee Soomaaliya ayaa iyana maamulkii Talyaaniga ka hoos baxday. Ka dibna waxa ay labadii gobol ee xornimada hantiyey isugu darsameen oo u midoobeen si degdeg ah, oo aan labada dhinac midna dersin in isku darsankani dhibaato keeni karto iyo in kale. Waxaa intaas dheer in aanay kala qoran wax heshiis ah oo hadday is kilaafaan kala jid marin kara. Somaliland oo ay waqtigaas u banaanayd inaanay ku darsamin Soomaaliya, waxaa madaxdii Somaliland khasbay shacbigooda oo rabay Soomaaliweyn. Waxaa lagu jirey xilli gumeysi lala dagaalamayo oo Soomaalidu ahayd wax dhiig loo huro, qofkii Soomaalida kala qaybiyana loo arkaayey qof danihii Soomaaliweyn hor taagan.

Markii labada gobol midoobeen waxaa loo bixiiyey Jamhuuriyadda Soomaaliya (The Republic of Somalia). Isla markiibana madaxdii labada dhinacba waxa ay ballan qaadeen in ay gobolada maqan raadin doonaan. Arrintu si kastaba ha ahaatee, dawladdii ugubka ahayd waxaa markiiba ka hor yimi dhibaatooyin badan oo ay ugu waaweynaayeen xagga dhaqaalaha, isku darka shuruucda oo ka kala yimid laba nidaam oo kala duwan iyo loolankii siyaasadeed oo markiiba qabiil iyo reer jeclaysi isu bedelay. Waxaana markiiba calaacal ka yimi dhinaca shaqaalihii iyo ciidamadii reer Somaliland oo ku dacwooday in ay dawladoodii 'reer Koonfur' gacanta u geliyeen oo si cadaalad darro ah loola dhaqmay. Arrintaasina waxa ay kaliftay in Diseember 1961kii ay koox saraakiil ah oo Isaaq u badnaa ay inqilaab (goosasho) oo markii dambe dhicisoobay isku dayaan. Ujeedada ugu weyn ee saraakiishaasi waxa ay ahayd in ay maamulka Somaliland dib uga soo celiyaan Koonfur. Waxaa kale oo dadka reer Somaliland aad uga xumaadeen, ka dib markii madaxweynihii ugu horeeyey Jamhuuriyadda iyo Ra'iisal Wasaarihiisiiba ay ay noqdeen reer Koonfur. Inkasta oo Soomaalida ay aad ugu weynayd aaminsanaantii 'Soomaaliweyn,' iska daa dhulal kale oo la xoreeyee, labadii gobol ee la isu keenay ayaa midowgoodii noqday guur xumaaday oo xal loo waayey. Halgankii Soomaaliweyna waxaa lagu ilaawey loolankii siyaasadda gudaha oo wax walba laga hor mariyey.

Dhibaatada ugu weynayd ee khalkhalka siyaasadeed keentayna waxaa ugu weynaa in xeer dhaqameedkii Soomaalida ee reer miyiga ee bilaa dawladda ahaa oo lagu bedelay xeerkii dawladaha reer Yurub ku dhaqmi jireen ee loo yaqaanay 'dimoqraadiyadda,' nidaamkaas oo isaguna aad u sii qasay midnimadii xamaasadda iyo qiirada ku dhisnayd ee aan xidido kale oo ay ku istaagto lahayn. Ka dib markii Okt. 15keedii 1969kii si gaadmo ah magaalada Laascaanood loogu toogtay madaxweynihii Jamhuuriyadda Cabdirashiid Cali Sharmarke, waxaa lix casho ka dib waddankii af-gembiyey (wax dhiig ahi kuma daadan) koox saraakiil ah oo uu hoggaamiye ka ahaa Janaraal Maxamed Siyaad Barre. Maxamed Siyaad Barre wuxuu markiiba kala diray xubnihii Baarlamaanka iyo maamulkii dawladda, muddo yar ka dibna wuxuu xabsiga ku guray siyaasiyiintii dawladdii uu xukunka ka qaaday, gaar ahaan kuwii uu ka cabsi qabey oo dhan, oo uu ka mid ahaa Maxamed Xaaji Ibrahim Cigaal oo ahaa Ra'iisal Wasaarihii maamulkii Cabdirashiid. Ka dibna wuxuu xidhiidh siyaasadeed oo cusub la galay dalka Midowga Sofiyatiga (USSR), sannad ka dibna wuxuu ku dhawaaqay in Soomaaliya qaadatay kuna dhaqmi doonto 'Hanti wadaagga Cilmiga ku dhisan' (scientific Socialism). Askartaasina waxa ay markiiba daaqadda ka tuurtay wixii muwaadaniintu xaq u lahaayeen, gaar ahaan xuquuqda sharciga iyo cadaaladda, gaar ahaan xoriyadda hadalka (freedom of speech). Xukunkii Maxamed Siyaad Barre oo ahaa mid cadaadis iyo cabudhin ku dhisnaa wuxuu socday 21 sano ilaa intii xukumaddiisii laga eryey bishii January 1991.

Cadaadiska shacbiga ka sokow, khamaarkii ugu weynaa Maxamed Siyaad Barre wuxuu cayaaray ka dib markii uu 1977kii dagaal laxaad leh ku qaaday Itoobiya, ciidamadii Soomaliduna ay qabsadeen boqolkiiba sagaashan (90%) dhulka ay Soomaalidu degto ee ay dawladda Itoobiya xoogga ku haysato. Hase ahaatee Ruushka (USSR) oo M.S. Barrei isku hallaynaayey una arkaayey saaxiib dhab ah, ayaa la saftay Itoobiya. Dagaalkaas oo ahaa mid Soomaalida dhaawacay waxaa ciidanka Itoobiyaanka taageeraayey dalal kale oo la safnaa. Waxaa ciidamada Itoobiya xoojinayey ilaa shan iyo toban kun (15,000) oo ciidan ah oo isugu jirey Kuubaan, Yemen iyo Jarmalka Bari. Ka dibna bilihii ugu horeeyey ee 1978kii ayaa dhulkii Soomaalidu qabsatay oo dhan, dib looga soo saaray.

Waxaa halkaas ku wiiqmay xooggii ciidamadii Soomaaliyeed. Ciidamadii la soo jebiyey waxa ay ciidan ahaan, dhaqaale ahaan, mabda' ahaan iyo siyaaasad ahaanba M.S. Barre ku noqotay qaadan waa iyo niyad jab aanu ka soo waaqsan karin. Waxaana markiiba soo if baxay kacdoon siyaasadeed oo xagga ciidamada ah. Cadhada iyo ciilka ciidamada ku jireyna waa kii keenay in 9kii Abriil 1978kii ay koox saraakiil ah oo qabiilka Majeerteenka u badnaa ay isku dayeen afgembi Xamar aad loogu dagaalamay; hase yeeshee markii dambe dhicisoobay. Inkasta oo hoggaamiyayaashii inqilaabka badankoodii la qabqabtay 17 ka mid ahaana la toogtay, arrintaasi may noqon mid xalisa kacdoonkii siyaasadeed ee M.S. Barre iyo xukuumaddiisa wajahay. Wuxuuna jaah (jaha) wareerkii ku kalifay inuu dad badan oo wax garad ahaa, saraakiil magac lahaa, shaqaale caadihaa iyo arday badan xabsiga ku guro. Wuxuuna maamulku si gaar ah u ugaadhsaday shacbigii iyo wax garadkii reerka Majeerteen la yidhaahdo, gaar ahaan Maxamuud Saleebaan oo ragga inqilaabka hoggaaminayey u badnaayeen. Ka dibna waxaa waddanka ka yaacay dad badan oo Majeerteen ahaa, muddo ka dibna ku biiray mucaaradyadii ka soo horjeeday xukuumaddii M.S. Barre.

Feb. 1980kii ayaa niman mucaarad ah oo Addis Ababa isugu tegay ayaa waxa ay aasaaseen jabhad mucaarad ah oo la odhan jirey Jabhadda Badbaadinta Soomaaliyeed ama sida loo yaqaan SSF (Somali Salvation Front). Marka laga bilaabo maalintii SSF la aasaasayna, nidaamkii dawladdu wuxuu isu bedelay qabiil iyo qaybi oo xukun. Inkasta oo SSF qabiilo badan oo kala duwani ku jireen haddana ragga doorka ugu weyn ka cayaarayey waxa ay ahaayeen Majeerteen. Sidaas darteed, Maxamed Siyaad Barre iyo siyaasiyiintii ku hareeraysnaa waxa ay istuseen in cadowga ugu weyn ee xukunkiisa carqaladda ku ahi uu yahay Majeerteen. Waxa ay kale oo aad u aaminsanaayeen in reerka Majeerteen ku duulaan yahay kursiga M.S. Barre

Inkasta oo M.S. Barre waqtigaas Majeerteen cadowga ugu weyn u arkaayey, waxaa bilowgii sideedtanaadkii (1980's) dhinaca waqooyiga (Somaliland) kaga soo furmay mawjad cusub oo mucaarad ah, ka dib markii Isaaqii waqooyiga degganaa cadaadiskii iyo cabudhintii siyaasadeed ku sii badatay iyo Ogaadeenkii qaxootiga ahaa ee agagaarka Hargeysa la dejiyey khilaafkoodii sii kordhay. Qaxootigaas oo dagaalkii 1977kii ee Soomaalida iyo Xabashida dhex maray ka soo qaxay, mudadii ay dhulka Isaaqa soo degeen waxaa la sheegay in gacmo furan lagu soo dhoweeyey. Hase ahaatee, ka dib markii dawladdu qaxootigii arrimo siyaasadeed (oo Isaaqu sheegay in ay ka mid ahaayeen baasaasid, hadidaad, dhulbalaadhsi iyo derajooyin xaq daro lagu siiyey u isticmaashay) Isaaqii waxa ay dareemeen in dhulkoodii laga dhaxal wareejiyey. Waxa ay kale oo Isaaqii istuseen inaan qaxootigaasi meelna u socon ee M.S. Barre doonayo inuu dhulkooda uga qaado. Khilaafkaas xagga qaxootiga ah iyo weliba arrimo kale oo Isaaqu dawladda tirsanayeenna waxa ay keeneen in kulan lagu qabtay Jidda, Sacuudi Carabiya 1981kii lagu dhawaaqo jabhad cusub oo mucaarad ku ah dawladda Maxamed Siyaad Barreii; Jabhaddaas oo lagu magcaabay Jabhadda Dhaqdhaqaaqa Soomaaliyeed amaba Somali National Movement (SNM)iii. Abuuritaanka SNM wuxuu keenay in Isaaq badani gaar ahaan dhalinyaradii ay jabhaddaas ku biiraan. Maamulkii SNM hoggaaminayey iyaga oo ka faa'iidaysanaya xidhiidhka xun ee M.S. Barre iyo Minguste Xayle Mariam ka dhexeeya, waxa ay saldhigga ururka u doorteen dalka Itoobiya.

Arrinta khilaafka dhul balaadhsiga qaxootiga ee dalka, Isaaqa keliya kuma ekayn ee waxa ay ka jirtay meelo badan oo koonfurta ka tirsan, waxaa dhibaatada ugu weyni ka taagneyd deegaanka Hiiraan ee Xawaadlaha iyo Gugundhabuhu degaan. Waxaa gaar ahaan dhibaatada ugu weyni ka jirtay magaalooyinka Beledweyne iyo Jalalaqsi oo labaduba dhul beeraleey ah oo Webiga Shabeelle maro. Qaxootigaas oo kumanyaal gaadhaayey waxaa la dejiyey dhulka intii wax beerista ku fiicnaa; waxaana dadka dhulkaas u dhashay sheegeen in dad badan beerahoodii qaxootiga looga qaaday. Waxa ay qabiiladda dhulkaas degganaa M.S. Barre maamulkiis ku eedeeyeen inuu qaxootiga u isticmaali jiray basaasiin iyo dulmi joogto ah oo aan dhammaanayn. Inkasta oo aan siyaasiyiinta Soomaalidu arrintaas qoxootiga ka hadli jirin, haddana waxa ay noqotay arrinta keliya ee midaysay dadyowgii qaxootiga la dul dejiyey. Siyaasad ahaan xaaladda qaxootigu inuu wax ka qabto M.S. Barre aad ayey ugu adkayd, waayo dad tol ah oo soo qaxay meel ay ku laabtaana aanay jirin siyaasad ahaan uma fiicnayn inuu waddanka ka saaro.

Markii la gaadhey 1985 jabhaddii Majeerteenku way kala daadatay, taas oo la sheegay inuu u sabab ahaa Kor. Cabdillaahi Yuusuf Axmed oo sida la sheegay ahaa nin sida M.S. Barre xukun jecel taas oo keentay keli talis iyo madax adayg. Burburkaas siyaasadeed ee jabhadii Majeerteenka, waxa ay keentay in M.S. Barre qaado olole weyn oo mucaaradkii Majeerteen dib loogu soo celinayo, iyadoo qaar badan oo madaxdii jabhadda loo ballan qaaday lacag iyo jagooyin dawladda laga siiyo. Xeeladdaas cusubi waxa ay M.S. Barre u suurto gelisay inuu la dagaalanka SNM iyo dadkii taageersanaa. Yididiiladii ugu weynayd ee siyaasadeed waxa ay M.S. Barre gashay bishii Abriil 1988kii, ka dib markii isaga iyo Minguste Xayle Mariam oo isagana ay jabhaddii Eritiriyiinta dhibaato ka haysaty –ay heshiis kala saxeexdeen, kaas oo dhigaayey in ay labadooduba joojiyaan taageerada iyo hubaynta ay u fidiyaan mucaaradka. Isla markiibana waxa ay labadoodii xukumadoodba amar ku bixiyeen in ay jabhadahaasi wadamadooda ka baxaan.

Arrintaasi SNM iyo Isaaqii taageersanaa meel kasta oo ay joogeenba waxa ay ku noqotay mucjiso iyo filanwaa. Isla bishii ku xigtay ee May ayaa SNM waxa ay dagaal gaadmo ah oo 'filanwaa' ku noqday xukuumaddii M.S. Barre ku qaaday magaalooyinka Burco iyo Hargeysa. Duulaankaasi uma suurto gelin SNM in ay magaalooyinkaas hantiyaan, ka dib markii xukuumaddii M.S. Barre dagaal cir iyo dhulba ah ku qaaday magaalooyinkaas, halkaasna dad tiradooda lagu qiyaasay konton ilaa lixdan kun ayaa ku naf waayey. Ka dibna Boqolkiiba sagaashan (90%) dadkii dhulkaas degganaana waxa ay u qaxeen Itoobiya iyo meelo badan oo waddanka gudihiisa ah. Dhulkaas badankiisiina waxaa ku hadhay askartii iyo qaxootigii Ogaadeen oo la hubeeyey, iyaguna ka cabsi qabey in haddii ay dhulkoodii ku laabtaan waxyeello gaadhi doonto.

Arrintu si kastaba ha ahaatee, ciidamadii dawladda ee waqooyiga ka dagaalamayey waxaa badankoodii ku dhacay niyad jab, waxaana askartii dawladda ee dhulkaas joogtay ka baxsaday rag badan oo Hawiye u badnaa. Waxaana soo baxay dareen guud oo reerka Hawiye galay, kaas oo ay siyaasiyiintoodii, saraakiishii iyo dad badan oo wax garad ahaa aad ugu hanweynaayeen in la aasaaso mucaarad xukumadda M.S. Barre la dagaalama.

Dhammaadkii 1989kii waxaa magaalada Rooma ee Talyaaniga lagu aasaasay jabhadii Hawiyaha ee U.S.C (United Somali Congress). Mucaaradkaas cusub ee Hawiyuhu aasaasay waxa ay keentay in askar badan oo waqooyiga joogtay ay Itoobiya u baxsadaan si ay USC ugu biiraan. Markii USC lagu dhawaaqayna Hawiyihii meel ay joogaanba cod ayey yeesheen, USC-na waxa ay dagaalo dhuumaalaysi ah ka bilaabeen gobolada Galgaduud, Mudug iyo Hiiraan. Waxaase kacdoonka siyaasadeed ee ugu weyn ee Hawiye ka jirey magaala madaxda

Muqdisho. Kacdoonkaas siyaasadeed ee Muqdisho ka bilowday wuxuu aakhirkii sababay in 15kii Maarj (March) 1990kii, ay dad (odayaal u badan) qabiillo badanna isugu jiray oo ay tiradoodu gaadheysay boqol iyo afar iyo toban (114) ay soo saareen beyaan (Manafesto) oo ay M.S. Barre kaga codsanayeen inuu xukunka iskaga dego. M.S. Barre oo aan hadalka noocaas ah Xamar nin joogaa ku odhan karin, kii yidhina ifka laga qariyey, waxa ay dhiiranaanta odayaashaasi muujisay in M.S. Barre noqday libaax miciyihii laga guray.

Inkasta oo waqtigaas M.S. Barre awooddiisii xukunka waddanka farahiisa ka baxday gaar ahaan gobolada waqooyiga iyo gobolada dhexe, dadkuna ay beryihii dambe ku naanaysi jireen 'Duqa Magaalada Muqdisho,' amaba (The Mayor of Mogadishu), haddana way ku adkaatay M.S. Barre inuu xukunka si sahlan ku dhiibo. Waxaana maalin walba sii yaraanayey tiradii dadka iyo qabiiladii taageerayey xukuumadda. Tusaale waxaan u soo qaadan karaa Kor. Axmed Cumar Jees oo ka soo jeeday reer Ogaadeen madaxweynahana ay aad iskugu fiicnaan jireen uu mucaaradkii dawladda ka soo horjeeday ku biiray 1990kii; ka dibna uu qabtay hoggaanka dhinaca milateriga ee jabhaddii Absame (oo la odhan jiray SPM (Somali Patriotic Movement). Aasaaska SPM waxaa ka horeey jabhaddii Digil iyo Mirifle SDM (Somali Democtratic Movement) oo la aasaasay 1989kii. Reeraha ku midoobay SDM waxa ay ahaayeen qabiilo aan cidna dhibaato u geysan oo beeralay iyo xoolo dhaqato u badan maamulka waddanka iyo siyaasaddana kaalintay kaga beegnaayeen laga duudsiyey. Abuuritaanka SDM wuxuu ku soo beegmay wakhti xaasxaasi ah oo ay u baahnaayeen siday dadkooda uga difaaci lahaayeen dulmiga 'Fara dheerta.' Fara dheer waxa ay u yaqaanaan dadka dega dhulka ka baxsan Digil iyo Mirifle.

Arrintu si kastaba ha ahaatee, waxaa aad u cadaatay in ay aad u adagtahay sidii dawladdii M.S. Barre u badbaadi lahayd. Waxaana bilaabatay in habeen walba dad lagu dili jiray magaalada Xamar, dawladduna ku eedayn jirtay waxa ay ugu yeedhay qaran dumis, haddana waxaa caddayd in askarta dawladduna dadka dhinacooda ka xasuusqi jireen, iyaga oo gaar ahaan ugaadhsan jiray Hawiyaha iyo Isaaqa. Nabad gelyo la'aanta Xamarna waxa ay dhalisay in Hawiyihii magaalada deganaa ishubeeyaan. Dagaalkii sokeeyana wuxuu si rasmi ah Xamar uga bilowday 29kii Disember 1989kii. Si haddaba looga hortago dhiig intaas ka badan oo daata, ayaa xubnihii sulux (manafesto) waxa ay dawladda ka codsadeen in ay la kulanto si arrinta halista ah ee waddanka ku soo socota looga hortago. Jan. 23keedii 1991 ayaa waxaa kulmay xubnihii sulux (114) iyo 25 nin oo dawladda ka socda. Raggii dawladda ka socday ee magaca M.S. Barre ku hadlaayey waxaa xubnihii Sulux u sheegeen in dariiqa keliya ee dhiig daata iyo waddanka oo kala burbura looga hortegi karaa uu yahay in M.S. Barre xukunka iskaga dego si ku meel gaadh ahna maamulka loogu dhiibo Cumar Carte Qaalib oo hore u ahaan jiray Wasiirka Arrimaha Dibadda, muddo badanna u xidhnaa xukuumaddii M.S. Barre. Aakhirkiina shirkaas waa la isku mari waayey, ka dib markii nimankii M.S. Barre ka socday ay soo jeediyeen "madaxweyne xukunka ka deg wax lagu hadlo maahee, fikrad kale ma haysaan." Shirkaas natiijada ka soo baxday, waxa ay markhaati u noqotay inaan dagaal iyo burbur waddanka ku habsada laga badbaadin karin. Magaaladii Xamarna waxa ay noqotay goob dagaal.

Dagaalkii ugu cuslaa oo muddo bil ku dhow Xamar ka socday, wuxuu suurto geliyey in M.S. Barre iyo ciidamadiisii ilaalinayey Xamar laga saaro Jan. 27keedii 1991. M.S. Barre, oo habeen madow Xamar ka baxay, ciidamadiisii, xubnihii dawladda iyo dadkii taageersanaa midna uma sheegin inuu baxsanayo, markii la ogaaday inuu baxsadayna ciidamadiisii intii hadhay iyo qofkasta oo ka baqay in reer ahaan loo dilaaba cagaha ayuu wax ka deyey. Waxaa si gaar ah cabsidii ugu weynayd u gashay reerka Daaroodka siduu u dhan yahay, waayo inkasta oo qaarkood xukunka M.S. Barre ka soo horjeedeen, odayaal badanina (25) ay sulux ku jireen, haddana waxaa hubaal ahayd in ragga miyiga laga keenay ee Hawiye aanay dilka Daaroodka kala jeclayn. Ragga miyiga laga keenay ka sokoow, waxa iyaguna aad u kacsanaa beelaha Hawiye oo diidanaa dulmigii xukuumadda M.S. Barre oo ay u arkaayeen in uu yahay maamul Daaroodka u danaynaaya. Sidaas darteed, dad badan oo reerka 'Daarood' ka dhashay ayaa markii dambe ku dooday arrintu waxa ay ahayd 'baroortu orgiga ka weyn,' oo M.S. Barre keliya looma socone, Hawiye waxa ay doonayeen in ay Daarood gumaadaaniv.

Markii ay caddaatay in M.S. Barre ugu dambayntii Xamar ka baxay, Guddigii xubnaha Sulux iyo USC ee Xamar joogay waxay markiiba madaxweyne ku meel gaadh ah u magcaabeen Cali Mahdi Maxamed oo reerka Abgaal ka dhashay. Cali Mahdi oo ahaa nin baayacmushtar ah, horena aan u ahayn raggii siyaasiyiinta Hawiye ee hore loo yiqiinay, waxaa la filaayey in haddii uu wax kale qaban kari waayo inuu kacdoonka USC joojiyo, laakiin waxa ay ahayd arrin aad u adag, waxaana markiiba soo if baxay magacii cusbaa ee "Mooryaanv." Magaaladii Xamarna waxa ay noqotay meel Mooryaani u talisovi. Waxaana si rasmi ah u bilowday, dil, bililiqo iyo boob. Dhibaatada kale ee Cali Mahdi iyo maamulkiisii ka hor timid waxa ay ahayd in dhammaan mucaaradyadii dawladda ka soo horjeeday oo ay ka mid ahaayeen USC (faracii Caydiid), SNM, SPM iyo weliba xubno ka tirsan SDM ay ku dhawaaqeen inaanay aqoonsanayn dawladda cusub ee Xamar laga dhisay. Arrintaasina waxa ay muftaax u noqotay burburkii iyo kala qaybsanaanta waddankii loo yaqaanay 'Jamhuuriddii Soomaaliya.' Waxaa kale oo halkaas ku so af-jarmay rajadii laga qabey "shanta Soomaaliyeed" oo midooba.

Tixraac (Reference):

Inkasta oo aan buugaag aad u fara badan iyo qoraallo kala duwan qoraalka buuggan la kaashaday, haddana waxaan macluumaadka ugu muhiimsan aan ka tixraacay buugtan hoos ku qoran. Inkasta oo buugtaan waqtigaas, wacyigooda siyaasadeed iyo aragtida guud ee ay Soomaalida ka qabaan kala duwan yihiin; haddana buug kasta waxaad ka helaysaa sheekooyin xiiso leh oo taariikhda Soomaalida wax kaaga iftiimiya.

The Oral Poetry and Somali Nationalism by Said S. Samater
Divine Madness: Mohammed Abdulle Hassan by Abdi Sheikh_Abdi , London 1993
Taariikhdii Daraawiishta by Aw Jaamac Cumar Ciise, Muqdisho 1976
The Mad Mullah of Somaliland by Douglas Jardine, first edition, London 1925
Richard Corfield of Somaliland by H.F. Prevosi Batterby, London 1914 and 1964
The Official History of British Operations of Somaliland
The Modern History of Somalia by I.M. Lewis, London 1965. Iyo A Pastoral Democracy New York, 1961/1982
Somalia: Nation in Search of a State by Said S. Samater and D.D. Laitin. Boulder, CO: Westview Press.
The Shaping of Somali Society: Reconstructing the History of a Pastoral People, 1600 – 1900," Lee V. Cassanelli, University of Pennsylvania Press, Philadelphia, 1982…
The Evaded Duty," Louis FitzGibbon, Rex Collings, London, 1985.

1414 – 1429 Boqorkii Xabashida ee Negus Yeshaaq ayaa ku guuleystay dagaalkii uu la galay Saldanadii Islaamka ahayd ee Adal. Dadka saldanadaas xukumi jirtey waxa ay ka koobnaayeen qabiilo Muslimiin ah oo kala duwan, oo ay ka mid ahaayeen Soomaalidu[7].

1415 Suldan Sacad Ad-Diin, oo ahaa Maamulihii muslimiinta ee Ifat, ayaa Zaylac, lagu dilay, ciidamadiisiina waxaa jebiyey kuwii Abasiiniya. Hase ahaatee wiilashiisii ayaa waxa ay u qaxeen Carabta iyaga oo magangelyo weydiistay boqorkii Yemen, waxa ayna soo laabteen dhawr sano ka dib. Ifat waxa ay ahayd dawlad Muslim ah (Muslim State) oo ka dhisnayd dhinaca Shewa (Itoobiya). Xukunka dawladda Islaamiga ahi wuxuu socday 1285 ilaa 1415. Xukuumadda Suldan Sacad Ad-Diin waxa ay gaadhay ilaa Zeylac.

1504 – 1543 Imam Axmed Ibraahim Al-Qasaali (Axmed Gurey), ayaa Jihaad gaaladii Abasiiniya ku qaaday, halkaasna wuxuu ku soo celiyey sharaftii muslimiintii dhulkaas deganayd ee Soomalidu ka mid ahayd.

Imaam Axmed Gurey waxa uu soo baxay waqti muslimiinta geeska Afrika dhibaato weyn ka haysatay boqortooyadii Xabashida iyo wadamadii reer Yurub ee ay ka midka ahaayeen Boqortooyadii Ingiriiska, Talyaaniga, Faransiiska Isaanishka (Spaine) iyo Bortaqiiska ee doonayey in Afrika xoog ku maamulaan.

Imaam Axmed Guray waxa uu galay dagaal xoog leh oo uu ku mideeyey muslimiintii deganayd laga bilaabo Harar ilaa Suudaan. Inkasta oo ay qabiilo badani sheegtaan, hadana Soomaalidu waxa ay aaminsan yihiin in Imaam Axmed Gurey ahaa nin Soomaali ah. Dadyawgii sheeganayey in uu iyaga ka dhashay waxaa ka mid ahaa, Danaakilada, Oromada, Canfarta, Herariyiinta iyo Carabtii dhulkaas deganayd. Imaam Axmed Gurey waxaa la sheegay in uu ku dhashay dhulka u dhexaysa Saylac iyo Harar.

Imaam Axmed Gurey markii dambe waxaa lagu dilay Suudaan, waxaana dilay askari Boortaqiis ah—-waxaa meydkiisii lagu aasay Eriteriya. Waxaa la sheegay in markii Imaam Axmed la dilay uu Imaam Nuur oo reer Harar ahaa uu damcay in uu guursado xaaskii Imaam Axmed ka geeriyooday. Hase ahaatee waxaa la sheegay in ay diiday, iyada oo cudur daar ka dhigatay –"in aanay guur diyaar u ahayn iyada oo aan dilkii ninkeeda looga aarin." Waxaa la weriyey in Imaam Nuur uu dilay Boqor ka mid ah kuwii Xabashida iyo askarigii Boortaqiiska ahaa ee Imaam Axmed dilay. Ka dibna Imaam Nuur madaxyadii labadaas nin ayaa inta uu dambiil (salad) ku riday u diray Baati (xaaskii Axmed Gurey), isaga oo weliba raacshey fariin—-odhanaysey in madaxyadaasi yihiin "yaradkii uu ka bixin lahaa."

Dham.Qarnigii.17aad Magaalada Muqdisho waxa ay hoostimid maamulkii Suldanadii Cumaaniyiinta oo markaas xukumi jirtey xeebaha Badweynta Hindiya (East Africa).

1590 Ilaa laga soo gaadhayey badhtamihii qarnigii 17aad qabiilka Ajuuraan waxa uu xukumey dhul aad u ballaadhan oo Koonfurta Soomaaliya ah[8]. Saldanadii Ajuuraan waxaa la sheegay in xukunkoodu gaadhey laga bilaabo Qalaafe ilaa laga gaadhayo xeebaha Banaadir, Mareeg iyo ilaa dhulka "Jubaland.' Waxa kale oo la sheegay in maamulka Ajuuraan awood weyn lahaa dadka raaciyaddiisa ahna uu xoog ku maquunin (maamuli) jirey[9]. Waxaa kale oo la weriyey in dadka xukunka Ajuuraan ka soo hor jeesta xabsi aad u dhib badan oo dhulka hoostiisa ka qodan lagu ridi jirey, ka dibna addoon ahaan loogu shaqaysan jirey. Sidoo kale waxaa la sheegay in Ajuuraan ahaayeen dad diinta aad ugu fiican shareecada Islaamkana wax ku xukuma. Ninka maamulka markaas hayana waxaa lagu magcaabi jirey in uu yahay "imaam." Arrintu si kastaba ha ahaatee, waxaa halkaas ka muuqata in cadaalada diinta Islaamku farayso dadka iyo xukunka Ajuuraan ee cadaadiska ku dhisnaa ay iska hor imanayaan.

Maadaama dhulka Ajuuraan xukumi jirey aad u balaadhnaa, una kala fogaa, imaamku waxa uu lahaa dhawr degaan oo kala duwan, degaan kastna xaas u joogay. Halkaasna u ku sugnaan jirey dhawr bilood sanadkiiba. Waxaana mar walba la socon jirey la taliyayaal iyo ciidamo 'addoon' u badnaa. Ajuuraan waxa ay sidoo kale xulufo ka dhexaysan Muzaffar oo ahayd boqortooyo yar oo ka jirtey xeebaha Banaadir, gaar ahaan magaalada Muqdisho. Muzaffar waxa ay ahaayeen Soomaali iyo Bershiyaan (Iranian) iska dhal ah, oo awood ku lahaa Xamar mudadii u dhexaysay qarnigii 16aad iyo 17aad.

Ajuuraan waxa kale oo ay xulufo la lahaayeen qabiil la odhan jirey Mandale (aadna u awood badnaa) oo la yidhi waxa ay deganaayeen dhulka Raxanweyn hadda degto, laga bilaabo magaalada Baydhabo ilaa laga gaadhaayo webiga Juba.

Waxa kale oo la sheegay in Imaamka Ajuuraan uu haystay Fardo iyo Hub. Wixii ka horeeyey qarnigii 20aad ma ay jirin Soomaali la ogyahay oo hub haysatay. Waxa kale oo la sheegay in Ajuuraan dadka ay xukumi jireen ay ka qaadi jireen cashuur (xoolo iyo raashinka beerah ka soo go'a). Maadaama ay cashuurtu ahayd wax Soomaalida ku cusub dad fara badan ayaa ka soo hor jeestay, laakiin qofkii diida cashuurta waa la ciqaabi jirey. Waxa kale oo la sheegay in magaca Ajuuraan ka yimi erayga carabiga ah ee 'Ajara' oo macnahiisu yahay cashuur.

Ka dib markii cadaadiskii iyo xukunkii adkaa ee Ajuuraan dadkii u adkaysan waayeen, way ku kaceen—waxaana la sheegay in qabiilkii ugu horeeyey ee la dagaalamay uu ahaa Darandoolle (Abgaal). Darandoole oo duleedka Muqdisho deganaan jirey waxa ay soo galeen magaalada, ka dibna iyaga iyo Ajuuraan ayaa khilaaf weyni dhex maray, khilaafkaas oo ka bilowday ceelashii laga cabi jirey. Ceelasha waxaa waqtigaas maamuli jirey Ajuuraan, waxaana qabiiladii Hiraab (Abgaal iyo Habar Gidir) lagu qasbay in ay ceelasha habeenkii ka cabaan, Ajuuraan iyo xulafadiisuna maalintii ka cabaan. Arrintaas iyada ah Darandoole way ka xanaajisay, ka dibna hoggaamiyayaashii Darandoolle ayaa shir u fadhiistay iyo waxa ay arrintan ka yeeli lahaayeen; ka dibna shirkii waxa uu ku dhamaaday in Ajuuraan lala dagaalamo. Weerarkii ugu horeeyeyna waxaa lagu qaaday ceelka la yidhaahdo 'Ceel Cawl,' halkaas oo ay ku dileen Imaamkii Ajuuraan, oo weliba si xun ugu googooyeen, halkaas oo dadkii Ajuuraan wixii dagaalka ka badbaadey Banaadir ka qaxeen. Darandoolle waxa kale oo ay isla waqtigaas dileen waaligii (Govornor) Saldanadii Muzaffar ee Muqdisho xukumi jirtey. Dhinaca Shabeelaha Dhexe Gaaljecel iyo Baadi Cadde ayaa Ajuuraankii dhulkaas deganaa weerar ku qaaday, ka dibna Ajuuraan dhulkaas wuu ka qaxay. Ka dibna ilaa laga soo gaadhayey aakhirkii qarnigii 20aad waxaa magaalada Muqdisho iyo nawaaxigeeda maamulayey Imaamkii Darandoolle[10].

Dhinaca magaalada Marka waxaa Ajuuraan la dagaalamay, kana guuleystay qolo loo yiqiiney 'El Amiir,' ka dibna waxa ay dhulkaas xukumayeen 34 sano (laga bilaabo 1650). Ka dibna (aakhirkii qarnigii 17aad) Qabiilka Biimaal ayaa El Amiir dhulkii ay xukumayeen ka qabsaday. El Amiir lama yaqaan qabiilka ay ka soo jeedeen, laakiin nin Faransiis ah la odhan jirey Charles Guillain, waxa uu weriyey in El Amiir ay Abgaal ahaayeen[11].

Dhinaca Shabeelaha Hoose, waxaa iyaguna ka soo caan baxay qabiil loo yiqiiney 'Silcis,' dadkana aad u cadaadin jirey. Sida dadka dhulkaas degani sheegeen 'Silcis' waxaa loo malaynayaa in ay ka hadheen Ajuuraan ama xulufo la ahaayeen. Ka dibna waxaa u midoobay Geledi (*Geledi waxaa markaas xukumey Suldaan Yuusuf Maxamed*) iyo Wacdaan, oo dagaal ku qaaday Silcis. Halkaas waxaa soo gebogeboobay xukunkii Ajuuraan iyo awoodii qabiiladii xulufada la lahaa. Waxaa dadkii dhulkaas deganaa sheegeen in sababaha xukunka Ajuuraan dadku ugu soo hor jeesteen ay ugu waaweynaayeen, cadaadis, cashuur, iyo iyaga oo cadaaladdii diinta Islaamka ka leexday. Dhulkii Ajuuraan maamuli jirey, waxaa jira dad weli ku maahmaaha *'haddii isla weynaan keliyaa ay guul keeni lahayd, Ajuuraan marna Soomaaliya kama tageen.*[12]*'*

Inkasta oo Ajuuran la jebiyey, waxaa la sheegay in markii ay dhulka xukumayeen ay u xoojiyeen baayacmushtarkii iyo xidhiidhkii ka dhexeeyey Soomaalida meelaha kala fogfog deganaa. Gaar ahaan dadkii beeralayda (Baantuu) ahaa iyo xoolo dhaqatiidii wax is-dhaafsigoodii (kala iibsi) kordhay. Waxa kale oo uu Ajuuraan dhisay jidad, buundooyin, iyo ceelal. Waxaa sidoo kale la sheegay in Ajuuraan ahaa maamulkii ugu horeeyey (Soomaaliyeed) ee hab dawladeed u shaqaynaayey. Waxaa isla kale oo waqtigii Ajuuraan dhulka xukumayey si weyn u faafay diinta Islaamka, iyada oo meelo badan laga hirgeliyey qaadiyo shareecada Islaamka wax ku kala xalliya[13].

1819 Sheekh Ibraahim Xasan yeberow oo reer Daafeed ahaa, haystayna dariiqada Axmediya ayaa aasaasay (dhisay) magaalada Baardheere. Axmediya waxa ay Soomaalida ka soo gaadhey sheekh la odhan jirey, Seyid Axmed Ibnu Idiris Al Fasi, oo waqtigii u dhexeeyey (1760-1837) deganaa magaalada Makka ee Sacuudi Carabiya[14].

1824 Waaligii (Badhasaabkii) Mombaasa, ayaa ku dhawaaqay in magaaladiisu (Mombasa) xor tahay wuxuuna caawimo weydiistay maamulihii Ingiriiska ee Bombay (India). Hase ahaatee ciidan Ingiriisku soo diray oo uu watey nin la odhan jirey kabtan Owen iyo ciidamadiisii sagaal sano ka dib ayey Mombasa soo gaadheen.

1825 Kabtan Owen, ayaa wuxuu booqasho ku tegay Muqdisho, isaga oo doonaayey inuu (Soomaalida) ka soo dhaadhiciyo in ay aqbalaan heshiis ku saabsan in Ingiriisku ka badbaadiyo Cummaaniyiinta, haddii ay isku dayaan in ay Muqdisho xoog ku qabsadaan. Hase ahaatee, arrintaas ninkii Ingiriis Soomaalildlu way ka diiday, waxaase heshiiskaas ingiriiska ka aqbalay reer Baraawe.

1825 Mary Ann, markab la odhan jirey oo Ingiriisku lahaa ayaa dad Soomaalidii Berbera deganaa, ka mid ahaa weerar ku qaadeen. Waxaase shaqaalihii markabkaas badbaadiyey Xaaji Cali Sharmarke oo ahaa maamulihii magaalada, halkaasna wuxuu Ingiriiska kagaga kasbaday sumcad aad u weyn iyo amaan aan la soo koobi karin oo uga timid maamulkii ingiriiska ee Bombay (India). Nasiib darrose Ingiriisku iyaga oo ficilkii Soomaalida ka aargudanaya ayey dadkii Xeebahaas oo dhan ku noolaa ku soo rogeen cuna qabatayn, iyaga oo ka hor joogsaday in ay wax dhoofsadaan ama wax la soo degaan. Cuna-qabatayntaasina waxa ay socotay ilaa 1833. Waxa ayna Ingiriisku aakhiritaankii xayiraadii Soomaalida ka qaadeen ka did markii Soomaalidu siisay 6,000 pound (lacagta Ingiriiska) magdhow ah.

1826 Kabtan Owen, heshiiskii uu reer Baraawe la galay dawladdiisii (Ingiriis) ayaa diiday in ay ansixiso, waxaana la isu dhaafay Soomaali iyo Saldanaddii Cummaan.

1826 Sheekh Cabdulle Xasan Nuur (Seyid Maxamed aabihiis), ayaa u haajirey carro Dhulbahante, halkaas oo uu ku guursaday gabadh dhulbahante ah oo la odhan jirey Carro.

1827 Sacad Muuse (Habar Awal) iyo shirkad Ingiriis ah (British East Africa Company), ayaa heshiis ganacsi ku kala saxeexday Berbera.

1828 Xukuumadii Cummaan ayaa Muqdisho duqaysay, waxaana dadkii halkaas deganaa lagu qasbay in ay isdhiibaan. Markaas ka dibna Muqdisho iyo dhammaan xeebihii Banaadir, waxa ay hoos tageen maamulkii Saldanaddii Cummaan ee Zansibar.

1830-1840 Waxaa magaalada Baardheere iyo meelo badan oo kale –ilaa laga gaadhayo Banaadir, ka dhacay khilaaf xagga diinta ah. Waqtigaas waxaa magalaada Baardheere ka soo caan baxay laba sheekh (Shariif Cabdiraxmaan iyo Shariif Ibraahim) xagga diinta aad ugu ad-adag, waxa ayna dadkii u sheegeen in ay si fiican shareecada Islaamka ugu dhaqmaan, qofkii sidaas yeeli waayana waxa ay ku tilmaameen in uu yahay qof xaqa iyo diinta Islaamka ka leexday. Sheekh Cabdiraxmaan iyo Sheekh Ibraahim waxa ay sidoo kale soo jeediyeen in jihaad lala galo gaalada, kuwa diinta Islaamka ka soo horjeedana lala dagaalamo. Culumadaas soo caan baxday waxa ay markiiba foodda is (khilaaf) wadaadadii dariiqooyinka madaxda ka ahaa[15].

1839 Suldaankii Majeerteen iyo Ingiriiska ayaa heshiis Cadan ku kala saxeexday, waxa ayna isku raaceen in Suldaanku ilaaliyo maraakiibta Ingiriiska ee xeebaha Majeerteeniya ku jabta, Suldaankana wuxuu aqbalay in sanadkii la siiyo saddex boqol iyo lixdan doolar ($360.00), sidoo kale boqorku wuxuu heshiis hore la lahaa Suldanadii Cummaan.

1839 Ka dib markii Ingiriisku Cadan xoog ku qabsaday, waxaa u muuqatay muhiimada ay Xeebaha Somaliland Ingiriiska u lahaayeen, waayo Cadani waxa ay ahayd saxara lama degaan ah oo aan xoolo badan lahayn, sidaas darteed waxaa u muuqatay ahmiyadda ay ugu fadhiday hilibkii askartiisa Cadan fadhiday quudan lahayd. Haddaba maadaama Shirkadii Ingiriiska ee East African Company, heshiis hore la lahayd odayaasha xeebaha, Ingiriiska wax ku kalifaa may jirin inuu dadyowgaas xoog ku qabsado.

1839 Yoonis Nuux iyo Axmed Nuux, oo labadooduba Nuux Ismaaciil, Sacad Muuse ah (Habar Awal) ayaa Berbera wada maamuli jirey, dhaqaalaha magaaladuna wuxuu ku xidhnaa ganacsigii ay la lahaayeen wadamada Carabta iyo Hindiya.

Ka dib markii Ingiriisku Cadan qabsaday ee dhaqdhaqaaqii ganacsiga Berbera Cadan la lahayd sii batay dhaqaalihiina kordhay, waxaa sii batay khilaafkii iyo ismaan-dhaafkii labada qabiil. Waxa ayna aakhirataankii foodda isdareen dagaal, halkaasna waxaa lagu jebiyey Axmed Nuux.

Dagaalkaasina wuxuu keenay in ay labadii dhinacba xulufo taageerta raadsadaan, gaar ahaan Axmed Nuux oo ciil qabey uu kaalmo weydiistay Xaaji Sharmarke Cali, oo Saylac Madax ka ahaa. Markii loo soo gurmaday ka dibna Axmed Nuux, waxa ay dibada u tuureen Yoonis Nuux, iyaga oo u qaxay Bulla-Xaar, magaaladii Berberana waxaa u hadhay Axmed Nuux (Reer Axmed).

1840 Ciidamadamo ay wataan wadaadii jihaadka ku baaqay (*Shariif Cabdiraxmaan iyo Shariif Ibraahim),* ayaa waxa ay qabsadeen magaalada Baraawe, ka dibna waxa ay dadkii magaalada deganaa ku qasbeen in ay diinta Islaamka si fiican ugu dhaqmaan. Ciidamada culumada cusubi waxa ay kale oo gaadheen magaalada Baydhabo. Qabsashadii Baraawe oo ahayd xarunta dariiqada qaadiriyada, waxa ay argagax iyo filan waa ku riday qabiiladii dhulkaas deganaa, Suldaankii Geledi, Suldaan Yuusuf Maxamed iyo hoggaamihiyihii Hintire Sheekh Maadow Mahad Macallin, oo labadooduba cilmiga diinta ku bartay magaalada Baraawe.

Sheekh Maadow Mahad Macallin markii uu geeriyooday, hoggaamintii Hintire waxa la wareegay wiilkiisii Sheekh Ashir Maadow. Sheekh Maadow waxa uu ahaa hoggaamiye xagga diinta iyo xagga hoggaminta dagaalka labada ku fiican, laakiin Ashir waxa uu ahaa nin xagga diinta Islaamka go'ay kana soo hor jeeday in Hintire dagaal aan loo baahnayn galo. Waxa keliya oo uu aaminsanaa in Hintire is-difaaco, laakiin dagaalo dad kale lagu qaadayo aanu ka qayb gelin. Sidaas darteed, Sheekh Ashir waa ka soo hor jeestay dagaaladii 1878-79 uu suldaankii Geledi, Suldaan Axmed Yuusuf qaban qaabinayey in Biimaal lagu qaado, waxa uuna suldaanka si cad ugu sheegay in aan dadkiisu (Hintire) aanu dagaalkaas ka qayb geli doonin. Halkaasna waxaa ku xumaaday xidhiidhkii dheeraa ee Geledi iyo Hintire ka dhexeeyey, ka dibna waxaa la sheegay in dhawr dagaal Hintire iyo Geledi dhex maray; dagaaladaas oo si teel-teel ah u dhacaayey ilaa intii laga soo gaadhayey sanadkii dagaalkii ugu weynaa ee 'Axad Mereerey' (1903-4) ee Geledi lagu jebiyey—noqdayna dagaalkii ugu dambeeyey ee Geledi ku qaaday Hintire. Sheekh Ashir waxa kale oo uu diiday codsi ka soo gaadhey qabiiladii Talyaaniga la dagaalamaayey sida Wacdaan oo ka codsaday in uu taageero u soo diro. Sidoo kale, Sheekh Ashir waxa uu diiday fariimo Talyaaniga uga yimid oo uu kaga codsanaayey in uu dhulkiisa (Mereerey)[16] soo dego. Sidaas darteed, waxaa halkaas ka muuqata in Sheekh Ashir in uu ahaa nin dagaal neceb kuna dedaalay in uu sameeyo waxa uu markaas u arkaayey in ay danta Hintire ku jirto.

1840s Dhulka Banaadir ninka 'addoonka' ah qiimaha lagu kala iibsan jirey waqtigaas waxa uu ahaa 15-30 Thalers.

1842 Xaaji Sharmarke Cali, ayaa ingiriiska wakiil uga noqday magaalada Berbera.

1842 Shangaani iyo Xamar Weyne (Xamar), oo laba maamul oo kala duwan lahaa colaadina ka dhexaysay, ayaa waxaa dhexdhexaadiyey Suldaankii Geledi. Inkasta oo nabad raadintaasi ay muddo qaadatay, haddana taasi waxa ay muujinaysaa awoodda Suldaanka Geledi iyo inaan maamulkii Zansibar wax macno ah ku fadhiyin.

1843 (Sanad Arbaco) Suldaan Yuusuf Maxamed oo ciidamo tiradoodu gaadhayso ilaa 40 kun oo isugu jirey Geledi iyo qabiiladii la xulufada ahaa ayaa waxa ay ka amba baxeen Afgooye, si ay ugu duulaan culumada cusub ee ka soo caan baxday magaalada Baardheere. Ciidamadaas oo sii maray dariiqa Baydhabo, waxa ay qabiil kasta oo dhulka ay marayeen degan ka codsanayeen in ay ciidamo ku daraan, si nimaankaas khatartooda looga hor tago. Ka dib markii ciidamadii huwanta ahaa ee Suldaan Yuusuf Baardheere gaadheene, waxa dagaal culusi dhex maray ciidamadiisii iyo kuwii Shariif Cabdiraxmaan iyo Shariif Ibraahim daafacayey.

Dagaalkaas oo dhawr maalmood socday, waxaa aakhirkii laga guuleeystay culumadii cusbayd, dadkii magaalada deganaana waxa ay noqdeen wax la laayey iyo wax cararay. Dadkii la dilayna waxaa ka mid ahaa Shariif Cabdiraxmaan iyo Shariif Ibraahim. Ka dibna ciidamadii Suldaan Yuusuf, magaaladii ayey dab qabad siiyeen, halkaas oo wixii guri ka taagnaa dhulka lala simay (gubey). Guryaha magaalada ka dhisan oo Cariishyo ahaa, waxaa la sheegay in dambaskoodii dhawr bilood ka dib diiranaa (kululaa). Markii dagaalkii Baardheere dhammaadayna, waxaa la sheegay in ciidamadii Suldaan Yuusuf weerar ku qaadeen, dadkii deganaa tuuloooyinkii Baardheere u dhowaa, si ay u dabar gooyaan dadkii culumadaas raacsanaa. Halkaasna waxaa ku dhammaaday halgankii culumadii Jihaadka wadey, halkaasna wuxuu Suldaan Yuusuf ku kasbaday sumcad iyo magaciisa oo meel walba laga qaderiyo.

Waxaa la sheegay in sababaha ugu waaweyn ee Suldaan Yuusuf ka xanaajiyey dagaalkana ku kalifay ay ahaayeen, iyada oo Shariif Cabdiraxmaan ku eedeeyey Suldaanka in gaaladu ku adeegato, iyo Suldaanka oo ka baqay in haddii is-dhul balaadhsiga culumada Baardheere sii kordho, uu Suldaanku waayi doono sumcadii uu ku lahaa dhulka Banaadir iyo qabiiladii uu u talin jirey.

1843 Maamule Soomaali ah ayaa Suldaankii Zansibar, Muqdisho u magcaabay, waxaana la siiyey laba askari oo canshuurta Soomaalida ka qaada. Hase ahaatee, muddo ka dib Soomaaligii waa la casilay waxaana lagu bedelay oday Carab ah iyo nin Hindi ah oo Canshuurta qaada. Badhasaabka Xeebaha Banaadir oo dhammi wuxuu waqtigaas ku noolaa Baraawe. Baraawe, oo dad lagu qiyaasay ilaa 5,000 oo qof ku noolaayeen waxaa maamuli jirey nin Soomaali ah iyo Carab. Magaalada Marka, waxaa waqtigaas maamulayey Biimaal, Suldaanka Zansibaarna (Zansibar), waxaa uga wakiil ahaa oday xagga dekedaha (customs-ka) u qaabilsanaa.

1846 Ka dib markii ay qabiilo kale dagaal la galeen ayaa Axmed Nuux iyoYoonis Nuux dib u heshiiyeen, Isla mar ahaantaasna Xaaji Sharmarke, oo Ingiriiska Berbera wakiil uga ahaa maamulkii dibadda looga tuuray.

1846/48 Charles Guillain, oo bad mareen Faransiisa ahaa ayaa safar Muqdisho ku tegay. Wuxuuna Guillain, Sheegay in inkasta oo Suldaanadii Cummaan Xamar iyo Xeebaha Banaadir xukumaan ay wixii xeebaha ka baxsan (nawaaxiga Xamar) oo dhulka gudihiisa ah ay gacanta ugu jirtey Suldaankii Geledi.

1847-1909 Waxaa dariiqada Qaadiriya (Koonfur) hoggaamiye ka ahaa Sheekh Uways Maxamed Al-Baraawi.

1848 Suldaankii Geledi, Suldaan Yuusuf Maxamed ayaa waxaa dilay Biimaal. Biimaal waxa uu ka mid ahaa labada qabiil ee keliya (dhulka Banaadir) ee diiday in ay aqoonsadaan awooda iyo xukunka Saldanada Goobroon (Goobroon). Markii Suldaan Yuusuf la dilay, waxaa jagadii Saldanada lagu wareejiyey wiilkiisii Axmed Yuusuf Maxamed. Dilka Suldaan Yuusuf wuxuu hoos u dhigay magacii iyo sumcaddii uu Geledi ku lahaa Soomaalida Banaadir deganayd, gaar ahaan kuwii Geledi raaciyadda u ahaa ama xulufada la ahaa. Waxaana la sheegay in markiiba afar qabiil ka soo hor jeesteen, diideenna in ay aqoonsadaan Saldanadii Geledi. Inkasta oo Suldaan Axmed isku deyey in uu qabiiladaas xukunka Geledi diiday uu dib ugu soo celiyo, hadana in yar mooyaane badankoodii waxa ay doorbideen in ay Geledi ka madax banaanaadaan[17].

1854 Richard Burton, oo Ingiriis ahaa ayaa safar ku tegay xeebaha Saylac oo markaas ahayd xukuumad Muslim ah oo madax banaan. Waxaana badhasaab ka ahaa Xaaji Sharmarke Cali Saalax, oo Habar Yoonis ahaa. Waxaana la weriyey in Xaajigu jagadaas qabtay 1840kii, isaga oo kala wareegay Seyid Maxamed Al-Baar, oo halkaas Waali uga ahaa Khilaafadii/xukumuuddii Dawladdii Cusmaaniyiinta.

9 Feb.1855 Richard Burton, ayaa Cadan ka degey ka dib markii uu socdaalkii uu Berbera ku joogay dhammaystay.

Abriil 1855 Richard Burton, oo ciidamo wata ayaa mar labaad Berbera ku soo laabtay, isaga oo u jeedadiisu ahayd inuu u gudbo dhulka Ogaadeeniya loo yaqaanno si uu wax uga soo ogaado.

19 Abriil 1855 Richard Burton, xeradii (camp) uu deganaa ee Berbera ku taaley (tiil) ayaa dhawr boqol oo warmooleey Soomaali ahi weerar ku soo qaaday, waxaana halkaas looga dilay nin madax ah (Lt. Stroyan), waxaana si xun loo dhaawacay mid kale (Lt. Speke). Sir Richard Burton, oo laftiisa afka dhaawac aan weynayn (waran) laga gaadhsiiyeyna lafihiisa ayuu ula baxsaday Cadan.

Inkasta oo Richard Burton iyo saaxiibadiis ciidan aad uga xoog weyni weerareen haddana waxaa u suurtowday in ay baxsadaan, hase ahaatee wixii ay hanti haysteen oo dhan way ka qaxeen. Richard Burton, oo sumcad weyn ka kasbaday socdaalkii uu Harar ku tegay, ka dib markii uu muslimiintii halkaas ku noolayd ku khalday inuu yahay Sheekh Carbeed (Seyid Cabdalle), fursadna uu u helay inuu masaajidyo badan Iimaam ka noqdo, sidii uu Berbera ugu sigtay Somaliland dib uguma soo noqon.

Soomaalidii reer Berbera waxa ay weriyeen in Richard Burton uu kashifay oday xigmaawi ahaa, oo la odhan jiray Guuleed Xaaji. Richard Burton, waxaa caado u ahaan jirtey in markuu magaalo tago uu la kulmi jiray dadka la qaderiyo sida odayaasha iyo culumaa'udiinka. Markii uu la kulmay Guuleed Xaaji, oo markaas ahaa 90 jir indho la'—Guuleed markii uu salaamay Richard Burton; wuxuu dadkii la joogay ku yidhi "war gacanta I salaantay gacan muslim maaha." Arrintaasina waxa ay dadkii ku dhalisay shaki, waxaana la bilaabay in Richard Burton oo sheeganayey "Sheekh Cabdalle" feejignaan dheeraad ah loo yeesho. Ka dibna waxaa la sheegay in lagu qabtay isaga oo sarajoogga ku kaajaya (kaadshaya); arrintaas oo Sheekh iska daaye, bulshada dhexdeeda ceeb ku ahayd.

Ka dib markii firxadkii Richard Burton, Cadan gaadhey, Soomaalidii xeebaha deganaa oo dhan waxaa lagu soo rogey cuna-qabatayn aad u xun, waxaana loo sheegay inaan looga neefin doonin ilaa ay keenaan, oo Ingiriiska gacanta u soo geliyaan cidii dishay Lt.Stroyan, dhaawacana u geysatay Lt.Speke.

1856 Habar Awal, ayaa waxa ay Ingiriiska u sheegeen in ninkii dilay Lt. Stroyan, uu nin qaraabadiisa ahi dilay iyana (Habar Awal) diyaar u yihiin in ay bixiyaan $15,000 (shan iyo toban kun oo doolar) oo magdhow ah.

Nof. 1856 Habar Awal iyo Ingiriiska ayaa heshiis kala saxeexday. Heshiiskaas waxaa Ingiriiska loogu ogolaaday, inuu Berbera ka ganacsado, isla mar ahaantaasna uu wakiil

Ingiriiska ka socdaa Berbera fadhiisto oo wixii ganacsi ah masuul ka ahaado (gaar ahaan ganacsiga dibadda.) Heshiiskii odayaasha Habar Awal Ingiriiska la galeen waxa uu dhigayey:

- In aan qabiilka Habar Awal dhulkooda qayb ka mid ah siin doonin, iibin doonin, ama ka kirayn doonin Ingiriiska, iyo in weliba dhulkoodu ahaan doono dhul xor ah oo ay weliba u madax banaanaan doonaan maamulka dhulkooda iyo dadkooda.
- In maraakiibta calanka Ingiriiska wadataa xor u yihiin in ay ka baayac mushtarayn karaan xeebaha Berbera, Bulla Xaar etc.
- In dadka Ingiriisku (Soomaalida) damaana qaadi doono ilaalintooda iyo badbaadintooda.
- In dhulka xeebaha "Somaliland" laga joojiyo dadkii addoonta ahaa ee laga ganacsan jirey
- In dawladda Ingiriisku xaq u leedahay in ay magcawdo wakiil Ingiriis ah oo dega Berbera ama meel kasta oo dhulka Habar Awal ka mid ah oo markaas Ingiriisku door bido; wakiilkaasna loo baahan yahay in la ixtiraamo lana tixgeliyo; sidoo kalena uu lahaan karo dad ilaaliya (guard) haddii dawladda Ingiriisku u aragto in ay lagama maarmaan tahay. Heshiiskaas dhaqan galkiisa waxaa lagu beegay maalinta ciidamada Masaaridu ay Berbera ka baxayeen, laakiin heshiiska waxaa loo tixgelinayey inuu yahay "ku meel gaadh," ilaa mas'uul Ingiriis ahi marka ugu dambaysa saxeexo, ka dib marka uu xaqiijiyo in heshiisku yahay mid socon kara ama wax tari kara. Ingiriiska waxaa heshiiska u saxeexay ninka xafiiska siyaasadda ee Cadan Ingiriiska u fadhiyey oo magaciisa la odhan jirey, Janaraal Frederick Mercer Hunter[18].

1859 Qunsulkii Faransiiska Cadan u joogay ayaa ka helay deganaasho (Seccession) Beesha Danaakisha ee Obokh. Saddex sano ka dibna Faransiisku wuxuu la saxeexday Canfarta heshiis ay kaga iibsadeen "Obokh", halkaasna waxaa laga taagay markii ugu horeysay calankii Faransiiska.

1860s Suldaankii Zanzibaar ayaa qalcaddii ugu horeysay ka dhistay magaalada Marka. Waxaa la sheegay dhismaha qalcaddaas (xero ciidan) ay codsadeen odayaal baayacmushtar ah oo Carab u badnaa. Dhismaha qalcaddaasi waxa ay aad uga xanaajisay Biimaal oo ahaa qabiilka awoodda ugu weyn ku leh nawaaxiga magaalada Marka.

1860s Ninka 'addoonka' ah qiimaha lagu kala iibsan jirey waqtigaas waxa uu ahaa 40 Thalers[19].

1860s Dariiqada Axmediya ayaa dhulka Banaadir, gaar ahaan Marka aad ugu fidday. Marka iyo nawaaxigeed waxaa hoggaamiye ka ahaa Sheekh Cali Maye, laakiin dhulka u dhexeeya laga bilaabo Daafeed ilaa Baydhabo, waxaa caan ka ahaa Sheekh Maxamed Wacaysle iyo Sheekh Xasan Macallin.

11 Maarj 1862 Faransiiska ayaa heshiis la galay odayaashii Danaakisha ee reer Obokh (Jabuuti). Heshiiskaasi wuxuu Faransiska u oggolaanayey in ay magaalada xeebta ah ee Obokh istic-maali karaan.

7 Abriil 1864 Waxaa dhashay Seyid Maxamed Cabdulle Xasan, wuxuuna ku dhashay meel u dhow Buuhoodle, oo la yidhaahdo Qoob Fardood.

1866 Turkiga ayaa Saukin iyo Mussawac (Eritrea), wuxuu ku wareejiyey dawladdii Al-Khaday Ismaaciil Basha (Kadive) ee Masar. Isla mudadaasna Turkigu waxa uu ka baxay dhulka xeebaha Somaliland[20]. Markii Turkigu Somaliland ka tegay waxaa dhulkii ka dhacay xukun la'aan (Power Vacation), waxaana dhulkii Soomaalidu deganayd gaar ahaan meelihii xeebaha ee meheraduhu ka jireen ka dhacay dhac iyo boob (bililiqo)—iyada oo ninba ninkii uu ka xoog weynaa dhacay. Ka dibna markii Al-Khaday Ismaaciil Basha (Khadive) oo markaas Masar xukumayey kuna xidhnaa xukuumaddii Turki, ayaa culumadii Somaliland warqad u direen kaňa codsadeen in uu dhulkooda dawlad iyo maamul ka dhiso si dhaca iyo boobka loo joojiyo[21].

Inkasta oo madaxdii Istambuul codsigaas aqbaleen, waxa ay Al-Khaday Ismaaciil Basha (Kadive) u sheegeen in dhulka Soomaalidu degto uu noqday meel aan xuduudkiisa cidi aqoon oo cid walbaaba iska soo geleyso, sidaas darteed ay muhiim tahay in dhulka Soomaalida degto la calaamadeeyo (demarkation). Kadive arrintaas waa uu aqbalay waxaa uuna diray markab ciidamo ah oo uu watey nin la odhan jirey Gordon Baashe[22].

Ciidamada Gordon Basha watey waxa ay calaamadintii ka bilaabeen meesha la yidhaahdo Hawaash, waxa ayna gaadheen magaalada Kismaayo. Arrintu si kastaba ha ahaatee, markii ciidamadii Gordon Basha Kismaayo gadheen ayaa Boqortooyadii Ingiriisku u sheegeen in aanu magaalada gelin, farahana ka qaado dhulka loo yaqaano Banaadir. Hase ahaatee ciidamadii Gordon Basha watey waxaa Ingiriisku u ogolaaday in ay ku ekaadaan ilaa Bender Qaasim (Boosaaso).

Muddo ka dibna Gordon waxa uu noqday badhasaabkii Suudaan. Waqtigii Gordon Basha maamulayey Suudaan, waxaa Itoobiya madax ka ahaa Melenik. Isla waqtigaas Boqorka Xabashidu waxa uu amar ku bixiyey in muslimiinta Itoobiya degan la dabar-gooyo si wadanku uu u noqdo wadan "kiristaan" ah. Warkaaas boqorka Itoobiya ka soo yeedhay waxa la sheegay in Gordon Basha oo nin kiristaana ahaa ku farxiyey, isla markaasna uu sheegay in uu boqorka arrintaas ku garab taagan yahay. Muslimiintii reer Suudaan ee Gordon xukumayey markii ay hadalkiisii maqleen aad ayey uga xanaaqeen, waxayna u qaadeen colaad aad u weyn. Aakhirataankii Gordon waxaa dilay daraawiishtii Suudaan ee gumeystaha dagaalka kula jirey.

1867 Badhasaabkii Suudaan (Masari) ee waqtigaas ayaa booqasho ku tegay xeebaha badda cas oo ay ka mid ahaayeen: Tajura, Saylac, iyo Berbera. Wuxuuna odayaashii dhulkaas maamuli jirey ku amray in ay Xukuumadiisa u hoggaansamaan.

1868 Ka dib markii Kismaayo iyo nawaaxigeeda dagaaladii Galla (Oromo) iyo Warday, lagu jebiyey, ayaa waxaa Kismaayo ka soo degey gurmadkii ugu horeeyey ee Daarood, oo maraakiib ku gooshaayey fasaxna (idan) ka helay Suldaankii Zansibar.

1869 Markab Masar lahayd ayaa Berbera tegay , sanadkaas kii ku xigeyna Maxamed Jamaal Bey, ayaa xukuumaddii Masar u dirtay Xeebaha Somaliland, si uu calanka Masar uga taago magaalooyinka Bulla-Xaar iyo Berbera. Ingiriiska oo talaabadaas Masaarida ka xanaaqayna wuxuu markiiba Berbera u diray rag Soomaalida ku kiciya, arrintaasna guul weyn ayuu ka gaadhey.

Isla sanadkii **1869**, Masuuliyiintii Ingiriisku waxa ay ku guuleeysteen in ay khalkhal geliyaan deganaanshihii Faransiiska ee magaalada Obokh[23]. Xafiiskii gumeysiga Ingiriiska ee Bombay (India), wuxuu ku dooday in Masar talaabo laga qaado, si loo ilaaliyo Xornimada Soomaaliya (Xeebaha Somaliland), laakiin xafiiskii weynaa ee London wuu diiday in Masar talaabo milateri laga qaado. Hase ahaatee, mudadii u dhexaysay 1870-1874, ayaa labada dhinac sameeyeen wada hadalo nabadeed si arrintaas waan waan nabadeed loogu helo. Taasina run ahaantii may joojin fiditaankii maamulka Masaarida ee badda cas, waxa ayna qabsatay magaalooyinka Annesley Bay, 1873 iyo Keren 1874, fiditaankii maamulka Masaariduna wuxuu socday ilaa 1874-1876kii, ilaa ay ka gaadheen Harar.

1869 Giuseppe Sapeto, oo Baaderi (Talyaani) ah ayaa loo oggolaaday inuu dego magaalada dekedda leh ee Casab (Assab) ee Eritrea.

1870 Shirkad Talyaani ah oo kaluumaysato ah ayaa Casab ka iibsatay Canfartii deganayd. Ujeedada shirkadaasina waxa ay ahayd in ay gacanta ku dhigto ganacsiga Qooriga Suweys ilaa laga gaadhaayo Saylac, Berbera iyo ilaa Hindiya. Guulahaas Talyaanigu gaadhay Ingiriisku waqtigaas ma fara gelin.

1870 Suldaan Barqash ayaa noqday Suldaankii Zanzibaar.

1870 (Bilowgii) Odayaal reer Shaangaani (xaafad Xamar ka tirsan) ahaa, ayaa ka soo horjeestay in xaafadooda maamulkii Zanzibaar Xero ciidan (maamul) ka dhisto. Isla markiiba Suldaankii Geledi, Suldaan Axmed Yuusuf Maxamed oo Zanzibaar xulufo la ahaa, ayaa odayaashii reer Shaangaani ugu hanjebay in dadkiisu (Geledi) qaadici doono (xagga ganacsiga) haddii aanay ka noqon ka soo horjeedsiga xarunta la dhisayo. Aakhirataankiina odayaashii way aqbaleen in xerada la dhiso.

1873 Suldaan Barqash ayaa ku dhawaaqay in uu ganacsigii dadka "Addoonta" uu joojin doono. Waqtigaas oo ahaa xilligii wadamada Yurub ee dadka madow ka ganacsan jirey ay ku heshiiyeen in ay joojiyaan ka ganacsiga dadka, isla mar ahaantaasna ballan qaadeen in ay adduunka oo dhan ka joojiyaan. Waqtigaas qabiilo Soomaali ah sida Biimaal, Hintire, iyo Geledi ayaa lahaa 'addoon' beeraha uga shaqaysa oo ay hore u iibsadeen, arrintaasina waxa ay aad u werwer gelisay qabiiladaas beeraleyda ahaa[24]. Ka dibna, Soomaalidii Marka iyo nawaaxigeeda deganayd ayaa waxa ay bilaabeen in ay u hanjabaan askartii Suldaan Barqash ee magaalada Marka qalcadda (xerada) ka samaystay, ka dibna waxaa askartii ku adkaatay noloshii, waxa ayna ka soo bixiwaayeen xeradii ay deganaayeen.

1874 – 1884 Masaarida ayaa xukumi jirtey xeebaha Saylac, Bulla Xaar iyo Berbera[25]. Al-khiday Ismaaciil Basha (Kadive) maamulkiisii waxa uu dhisay meelo badan oo xeebaha ah sida Berbera iyo Saylac. Waxaana waqtigii ciidamadiisu dhulka Soomaalida joogeen hagaagay nabaddii iyo xasiloonidii dalka.

1875 Al-Khaday Ismaaciil Basha (Khadive) oo Masar madax ka ahaa ayaa ciidamo badan oo kuwa badda ah u soo diray xeebaha Banaadir. Ujeedada ugu weyn ee ciidamadaas loo soo diray waxa ay ahayd in ay ciidamada Zanzibaar dhulkaas ka saaraan. Markii ciidamadii Masar magaalada Baraawe soo galeenna waaligii (Governor) wuu baxsaday. Soomaalidii halkaas deganayd oo aad uga cadhaysnaa Suldaankii Zanzibaar, ka dib markii uu joojiyey ka ganacsiga 'addoonta,' waxa ay rajaynayeen in Masaaridu soo celin doonto ka ganacsiga addoonta. Waxa kale oo Soomaalida qaarkood rajeynayeen in Masaaridu joogi doonto, noqonna doonto xoog caabiya Ingiriiska iyo Zanzibaar oo xulufo ahaa. Arrintu si kastaba ha ahaatee, saddex bilood ka dibba, Khadive ciidamadiisii waxa uu ku amray in ay Masar dib ugu soo noqdaan. Ka dibna waaligii Zansibaar ee cararay ayaa Baraawe dib ugu soo noqday, waxa uuna xidhxidhay dhawr Soomaali ah oo uu ku tuhmay in ay Masaarida caawiyeen; ka dibna waxa uu u gudbiyey xabsi Zanzibaar ku yaalley.

1875 Sanadkaas iyo wixii ka dambeeyey ninka 'addoonka' ah waxaa lagu kala iibsan jirey 70-100 Thalers. Sidoo kale wixii xilligaas ka dambeeyey waxa aad u sii batay 'addoontii' baxsatay iyo kuwii xorta ahaa ee dagaanada u gaarka ah yeeshay. Ka dibna waxaa ka soo caan baxay dhulalkii Shabeelooyinka Hoose iyo Jubooyinkaba hoggaamiyaal 'addoon' ahaan jirey oo markay xoroobeen ururin jirey oo magan gelin jirey dadkii 'addoonimada' ka baxsanaayey[26].

1876 Suldaan Barqash ayaa isaga oo fulinaya sharcigii lagu mamnuucayey ka ganacsiga dadka, ayaa waxa uu soo saaray sharci cusub oo mamnuucaya in bad iyo berriba dhulalka Saldanadda Zanzibaar ku hoos jira aan haba yaraatee, aan wax 'addoon' ah lagu iibin doon, dhoofin karin ama la marin doonin. Si haddaba uu u fulinta hawshaas u hir geliyo, Suldaanku waxa uu raggii (Governors) ka wakiilka ahaa ku amray in ay dhisaan qalcado (xeryo) ciidan si loo xoojiyo ciidamada halkaas jooga[27].

1876 Ciidamo Biimaal (Suleymaan) ah ayaa waxa ay si gaadmo ah ku dileen Badhasaabkii (Saalim Bin Yacquub) ee Suldaankii Zanzibar uga masuulka ahaa magaalada Marka iyo 40 askari oo uu watey[28]. Badhasaabka iyo ciidankiisa waxaa lagu dilay jidka u dhexeeya Xamar iyo Marka. Magaalada Marka oo caan ku ahayd Baayacmushtarka, waxa ay sidoo kale mararka qaarkood dhibaato ka dhex dhici jirtey Carabtii magaalada degganeyd iyo Biimaal. Biimaalku waxa ay si gaar ah uga soo hor jeedeen in Talyaanigu dhulkooda gudaha ugu sii fido, Carabtuna maadaama ay ahaayeen dad Baayacmushtar ah mar walba waxa ay dantoodu ku jirtey in ay 'shisheeyaha' xidhiidh fiican la yeeshaan. Biimaalna waxa ay xidhiidhkaas Carabta iyo 'ajinebiga' u arkayeen mid dantooda iyo noloshooda khatar ku ah. Xeeladaha Biimaal isticmaali jireen waxaa ka mid ahaa in ay raashinka (cuntada) ka joojiyaan xeebaha Banaadir, gaar ahaan magaalada Marka[29].

1877 Kulan dhexmaray Al-Khaday Ismaaciil Basha (Khadive)[30] iyo Ingiriiska, waxaa Masaarida loogu aqoonsaday xukunka ilaa xeebaha badda cas, ilaa Raas Xaafuun. Lord Salisbury, (Ingiriis) wuxuu sheegay in heshiiskani yahay jidka keliya ee xeebaha Somaliland, looga badbaadin karo quwadaha Yurub ee danaha Ingiriiska khatarta ku ah. Heshiiskaasna waxaa ka mid ahaa in labada dhinac aanay midkoodna Somaliland sheegan karin.

Inkasta oo Masaaridu maamulaysay Saylac, Bulla Xaar iyo Berbera, haddana awood uma yeelan in ay u gudbaan dhulka reer guuraagu u badan yahay ee xeebaha ka baxsan[31]. Waqtigaas Somaliland lagu beratamayey Soomalidu ma ay haysan hub ay isku difaacaan, mana ay jirin nidaam dawladeed oo dadyowgaas isu keena; waxa ayse ahaayeen qabiilo iyagu cadow isu ah oo si joogto ah dagaal uga dhex taagnaa. Taasina waxa ay aad u fududaysay in cadowgoodu dushooda ku dagaalamo si iyaga loo xukumo. Waxaana aayahooda in ay ka tashadaan ka horjoogsaday iyadoo quwadahaas shisheeye sii qaybiyeen, iyaga oo qabiil qabiil iyo laf laf u laaluushi jirey[32].

1878 Dagaal ka dhacay meesha la yidhaahdo Agareen (meel u dhow Marka) oo ka dhex dhacay Biimaal iyo Geledi, ayaa waxaa lagu dilay Suldaankii Geledi, Suldaan Axmed Yuusuf Maxamed. Ka dibna waxaa Saldanadii lagu wareejiyey wiilkiisii Cusmaan Axmed Yuusuf. Suldaan Cusmaan, ma ahayn nin aad sidii aabihii qabiiladu tix gelin weyn siiyaan, waxaana maalinba maalinta ka dambaysa sii yaraanayey dadka taageersan. Sidaas darteed, geerida Suldaan Axmed aad ayey u sii wiiqday sumcaddii iyo magacii Saldanadii Goobroon. Suldaanimada ka sokoow, Suldaan Axmed waxa la sheegay in uu ahaa nin xagga diinta aad ugu fiican, dadkiisuna ay u arkayeen in uu yahay nin karaamo leh oo ducadiisa iyo habaarkiisuba kacaan. Sidaas daraadeed, Saldanadii Goobroon marna kama soo kaban dhaawaca ay keentay geerida Suldaan Axmed Yuusuf. Markii la gaadhey sanadkii1896, waxaa la sheegay in awoodda iyo maamulka Suldaanka Geledi ku koobnayd reerkiisa (Geledi) keliya, oo ay qabiiladii kale xukunkiisa diideen; inkasta oo la sheegay in uu weli xidhiidh fiican la lahaa Wacdaan iyo Tunnidii reer Baraawe[33].

Dhibaatada kale ee Geledi ka dhex jirtay waxa ay ahayd, in odayaasha badankooda iyo suldaanku ay rabeen in ay Talyaaniga la 'shaqeeyaan,' laakiin dhalinyarada Geledi badankoodu ka soo hor jeedeen Talyaaniga iyo cid kasta oo ajinebi ah oo rabey in ay dhulkooda degaan. Waxaa kale oo jirey niman culumo ah oo aad loo ixtiraamo, kana mid ahaa qabiilo Geledi ka tirsan sida Adawiin oo toos uga soo hor jeeday in Talyaanigu dhulkooda dego; xidhiidh fiicanna la lahaa culumo Xamar degan oo Soomaali iyo Carab isugu jirtay—kana soo hor jeeday Talyaaniga.

1880s Dhaqaalaha dhulka Soomaalidu degto ayaa aad u xumaaday (laga Shabeelaha Sare ilaa laga gaadhayo xeebaha Banaadir), taasna waxaa sabab u ahaa Xabashida oo inta ay hub heshay, bilowday in ay dhulalkii Soomaalida ku duusho; ka dibna xooliha iyo waxa ay hanti haysteen ka dhacdo, ceelashii ay ka cabi jireenna ka qabsato. Dhacaas ka sokoow, duulanadaas Xabashidu waxa ay dhaawac weyn u geysteen dhaqdhaqaaqii dadka iyo baayacmushtarkii dadka Soomaalida ah ka dhexeeyey. Waxa kale oo weeraradaas Xabashidu abuureen nabad gelyo darro iyo dadkii oo safaradii ka baqay.

1881 (11 sano ka dib) markii Qooriga Suweys la furay, Waxaa dhacay heshiis dhexmaray Faransiiska iyo Itoobiya (Franco-Ithiopian Trading Company). Waqtigaas Faransiisku ku mashquulsanaa Qooriga Suweys, ayaa Talyaanigu ka faa'iidaystay oo sheegtay inuu leeyahay xeebaha badda cas.

Jul.1882 Ingiriiska ayaa qabsaday Qooriga Suweys, Ismaaciiliya iyo Port Saciid, isaga oo uga hortegaayey in Mahdidigii Suudaan qabsado Xeebaha bariga Suudaan iyo dekedda Saukin.

1883 Faraniiska ayaa Saldhig ka samaystay "Obokh", oo ka tirsan Xeebaha Jabuuti.

1883 Waxaa khilaaf weyni ka dhexdhacay Gadabuursi iyo Masaarida, iyaga oo dalbay (Gadabuursi) in loo aqoonsado hoggaamiyahoodii Ugaas Nuur, maadaama qabiilada kale oo dhammi lahaayeen Suldaano iwm. Ugu dambayntiina arrintaasi waxa ay kaliftay in Masaaridu Ugaas Nuur ku casunto dalkooda, wuxuuna la kulmay Khadive, isaga oo weliba siiyey hub[34].

1883 Koox sahamiyayaal Ingiriis ah oo ka soo gooshay Berbera ayaa safarkoodii dhulka shabeelle ku gaadhey. Swayne Brothers (laba nin oo walaalo ahaa), oo Ingiriis ahaa ayaa 1886 iyo 1892 sahan ku sameeyey dhulka u dhexeeya Berbera ilaa Shabeelle, hase ahaatee sidii Talyaaniga wax heshiis ah lama gelin Soomaalida.

Feb. 1884 Waxaa Baarliin (Jarmalka) ka dhacay shirkii labaad ee Afrika lagu Qaybsaday.

1884 Ciidamadii daraawiishta ee Suudaan ayaa duulaanka ku qaaday xukumadii Kadive ee Masar, sidaas darted Kadive waxa uu boqortooyadii Ingiriiska ka codsaday in ay ciidamo taageero ah u soo diraan, hase ahaatee Ingiriisku waxa uu ugu jawaabey in uu (Kadive) ciidamadiisa Afrikada Bari jooga kala soo noqdo si ay waddankiisa u difaacaan. Ciidamadaasi waxay badankoodu joogeen Harar iyo xeebaha Somaliland. Ka dibna Kadive waxa uu amar ku bixiyey in ciidamadaas la soo celiyo.

Markii ciidamadii Masar isu diyaarinayeen (aakhirkii 1884) in ay Harar ka baxaan, ilaa 30 kun oo ciidamadii Melelik ka tirsan aadna u hubaysan ayaa meel aan Harar ka fogayn fadhiyey oo sugayey inta ciidamada Masar magaalada ka baxayaan. Boqor Melenik hubka culus ee uu haystay waxaa ugu deegay wadamadii ay ka midka ahaayeen: Ingiriiska, Ruushka, Boortaqiiska, Faransiiska iyo Isbaanishka. Ujeedada ugu weyn ee wadamadaasi u taageerayeen waxa ugu weynaa xagga diinta. Waayo waxa ay rabeen in Islaamka awoodda laga wareejiyo.

Isla mudadaas ayaa wefdi Ingiriis ah oo uu hoggaaminayey Admiral Hewitt, ayaa loo diray Abasiiniya, si ay uga wada hadlaan sidii ciidamadii Masaarida ee Harar deganaaa ay si nabad gelyo ah halkaas uga bixi lahaayeen, wuxuuna la kulmay Boqorkii Xabashida.

Markii Masaaridu isu diyaarineysay in ay xeebaha Somaliland ka guurto, Ingiriiska waxaa werwer weyn ku abuurtay cidii dhulkaas maamuli lahayd, waayo isaga (Ingiriiska) iyo Masaarida waxaa u dhexeeyey heshiis, kamana werwer qabin in ay danihiisa dhulkaas ku saabsanaa ay fara geliyaa.

Markii ugu dambayntii Masaaridu Xeebaha Somaliland ka baxday ayaa markab kuwa dagaalka ah oo Talyaanigu lahaa uu Berbera iyo Saylac ku soo xidhay. Ingiriiska oo ka baqay in Talyaanigu qabsado magaalooyinkaas, ayaa markiiba Admiral Hewitt, u idmay inuu si degdeg ah Soomaalida magaalooyinkaas deggan heshiis ula galo; heshiiskaas oo Ingiriiska u oggolaanayey inuu maamulka iyo masuuliyadda magaalooyinkaas qaado[35].

Magaalada Berbera markii ciidamadii Masar ka baxeen waxa la sheegay in ay kaga tageen 40 askari oo Nuubi (Suudaanta madow) iyo macalin ahaa oo la odhan jirey Khayru Laah. Ciidamada Masar subax ayey magaalada Berbera ka baxeen, galabtiina waxaa soo galay oo qabsaday kuwii Ingiriiska. Waxaa la sheegay in ay Ingiriiska la socdeen suldaano iyo culumo Yaman ah oo magaalada Cadan ka soo raacay Ingiriiska. Nimankaas carabta ah ee Cadan ka yimid waxa ay odayaashii Soomaalida ka dhaadhiciyeen fikradda "badbaadinta" (protectorate) iyo in aan Ingiriisku arrimahooda daakhiliga (Soomaalida) ah soo fara gelin doonin. Sidaas darteed odayaashii Soomaalidu sidaas ayey ku aamineen nimankii Ingiriiska ahaa kulana saxeexdeen heshiis uu Ingiriisku dhulkooda ku joogi karo.

1 May 1884-15 Maarj 1886 Heshiisyadii Ingiriisku la galay qabiiladii Soomaalida ee uu doonayey in uu dhulkooda qabsado. Ingiriiska oo qabiil qabiil heshiis ula galay, wuxuu dadkii dhulkaas degganaa u sawiray in ay jirtay khatar shisheeye oo ku soo fool leh oo uu doonayo inuu ka badbaadiyo, waxaase muddo aan fogayn ka diba caddaatay in xeeladda Ingiriisku intaas ka dheerayd oo uu doonaayey inuu dhulkooda gacanta ku dhigo. Qabiiladii uu Ingiriisku heshiiska la galay waxaa ka mid ahaa:

1 May 1884	Majeerteen
14 Jul. 1884	Habar Awal
11 Dis. 1884	Gadabursi
26 Dis. 1884	Habar Jeclo (Habar Toljeclo)
31 Dis. 1884	Ciise
13 Jan. 1885	Garxajis (Habar Yoonis iyo Ciida Gale)
27 Jan. 1886	Warsangeli
1 Feb. 1886	Habar Jeclo (Habar Toljeclo)
1 Feb. 1886	Garxajis
15 Maarj 1886	Habar Awal36

Heshiisyada uu Ingiriisku qabiilada kala duwan la galay, badankoodu isku mid ayey ahaayeen, inkasta oo uu qaarkood qodobo dheeraad ah ku daray. Tusaale ahaan, heshiiskii uu Warsangeli la galay waxaa ka mid ahaa in aan Warsangeli dawlado kale heshiis "dhulkooda ku saabsan" la geli karin. Arrintu si kastaba ha ahaatee, heshiisyadaas ganacsiguna iyo 'badbaadintu' waxa ay aakhiritaankii Soomaalida u hoggaamiyeen in gumeysigii Ingiriisku dhulkoodii muddo 70 sano ah xukumo.

Juun 1884 Leonce Lagarde, oo ahaa ninkii sababta u ahaa saldhigga xeebta Jabuuti ayaa Faransiisku u magcaabay Badhasaabka degmada "Obokh".

1884 - 85 Faransiiska ayaa heshiis la galay suldaanadii Gobaad iyo Tajurah. Heshiiskaas wuxuu Faransiisku ku ballan qaaday inuu qabiiladaas badbaadin doono, isagana waxaa loo oggolaaday inuu dhulkooda isticmaali/joogi karo[37].

Feb. 1885 Talyaaniga ayaa si fiican u hantiyey xeebaha Eritrea ee Casab iyo Musawac, waxaana laga saaray Masaarida. Guushaas Talyaanigu gaadhey Ingiriiska is faham fiican ayey ka yeesheen oo khilaaf ma dhex marin, waayo beri horeba wuxuu werwer (welwel) ka qabay ciidamadii Masaarida ee Harar fadhiyey halkaas oo Ingiriisku ku hamiyayey.

26 Maarj 1885 Faransiiska ayaa heshiis la galay odayaashii qabiilka Ciisaha. Heshiiskaas Faransiisku wuxuu ku magcaabay "heshiiska saaxiibtinimada iyo badbaadinta[38].

Isla sannadkaas markii Faransiisku Jabuuti si fiican ugu fiday Ingiriisku aad ayuu uga xanaaqay, wuxuuna ogaysiiyey in dhulkaasi "British Somaliland" ka mid yahay. Si haddaba Faransiisku eeddaas uga baxsado wuxuu heshiis la saxeexday Ciisaha (Ambado), heshiiskaas oo dhigaayey in dhulkooda Faransiiska lagu lifaaqo. Isla aakhirkii 1885, Faransiiska ayaa isku deyey inuu Saylac ka soo dego, taas oo sababi gaadhey in labada dhinac (Ingiriiska iyo Faransiiska) foodda is daraan. Ugu danbayntiina waxa ay isku raaceen in ay xaalka waanwaan siyaasadeed ku dhammeeyaan, intii dagaal dhici lahaa.

1885 Sidii la filaayey ciidamadii Masar ayaa Harar ka baxay. Markii ciidamadii Masar ay Harar ka baxeen, ciidamadii Xabashida ayaa magaaladii soo galay, waxa ayna halkaas ku laayeen dad aad u fara badan oo culumada diinta u badnaa. Markii ay magaaladii Harar qabsadeen, masaajidkii ugu weynaa ee magaalada ku yaaley waxa ay u bedeleen kaniisad.[39] Imaamkii muslimiinta ee magaalada Harar xukumi jirey waxa la sheegay in uu faras ku baxsaday ilaa maantana aan la ogayn meesha uu ku dambeeyey.

Markii Melelik Harar qabsaday, raggii hoggaamiyayaasha muslimiinta ahaa ee la qabtay waxaa ka mid ahaa nin la odhan jirey Maxamed-Cali. Sida la sheegay Maxamed-Cali waxaa Melelik ku qasbay in uu diinta Islaamka ka baxo oo kiristaan noqdo. Ka dib markii uu aqbalayna Melelik waxa uu Maxamed-Cali ku daray (in uu guursado) gabadh uu dhalay—waxa uuna markii dambe u magcaabay in uu noqdo badhasaabkii gobolka Wallo. Waxaa la sheegay in aan Melelik markaas aanu wiilal lahayn, sidaas darteed uu wiil inanta uu dhalay dhashay oo la odhan jirey Ilyasu Melelik (Maxamed-Cali) uu magcaabay in uu boqortooyada dhaxlo. Dadka qaarkiis waxa ay weriyeen in Maxamed-Cali aanu marna diintiisa (Islaamka) ka tegin ee uu qarsan jirey si uu naftiisa u badbaadiyo. Hase ahaatee, wiilka uu dhalay ee Ilyasu waxaa la sheegay in uu soo bandhigay oo aanu qarsan jirin muslimnimadiisa, waxana uu xidhiidh fiican la yeeshay mudadii uu xukunka hayey dhulal badan oo muslimiin ah sida Turkiga, Masaarida iyo Soomaalida. Waxaa kale oo la sheegay in uu caawimo hub u fidin jirey daraawiishtii Seyid Maxamed Cabdulle Xasan.

1886 Ingiriiska ayaa marlabaad qabiiladii Somaliland heshiis la galay. Isla heshiiskaasna Soomaalidu waxa ay ku oggolaadeen in dhulkoodu xukunka Boqoradda Ingiriiska (Queen-Empress), hoos tago iyo in wakiil boqoradda metelayaa Berbera fadhiisto.

Boqorkii Itoobiya Menelik ayaa waxa uu bilaabay olole uu ku qabsanaayo dhulalkii Harar iyo Soomaalidu deganayd. Taariikhdu sida ay muujinayso mudadii olaha cusub ee Menelik ka horeysay qabiilada Soomaalida ee hadda xukuumadda Xabashida ku hoos jira waxa ay ahaayeen dad ka madax banaan xukunka Xabashida[40].

1887 Ciidamadii Xabashida ayaa waxa ay dileen Cabdalla Maxamed, oo ahaa Amiirkii Harar. Menelik markii uu qabsaday Harar wuxuu xukunkii u dhiibay ina-adeerkii Ras Makonnen. Boqor Menelik, isla markiiba wuxuu warqad u diray xafiiskii Ingiriiska ee Cadan, wuxuuna u sheegay "in Cabdalla Maxamed, uu ahaa nin dhaxlay maamulkii Imaam Axmed Gurey, ee Harar qabsaday qarnigii lix iyo tobnaad, sidaas darteedna in jabkiisu (Cabdalla) uu yahay badbaaadinta iyo soo celinta sharafta Masiixiyadda (Kiristaanimada).

1887 Ingiriiska ayaa maxmiyad (protectorate) ka dhigtay Somaliland.

2/9 Feb. 1888 Faransiiska iyo Ingiriiska ayaa heshiis (Anglo-French) dhex maray, kaas oo lagu cayimay xuduudka kala qaybiya Saylac iyo Jabuuti[41]. Afar sano ka dibna Jabuuti waxa ay noqotay Caasimaddii Mustacmaradda Faransiiska.

1889 Boqor John (King John), oo Tigree, ahaa ayaa Daraawiishtii Mahdi dishay, ka dibna Boqor Menelik, ayaa sheegtay inuu yahay "Boqorkii Abasiiniya oo dhan." Talyaaniga oo Eritrea, waqtigaas maxmiyaddiisa ahaydna wuxuu go'aansaday in laga fiican yahay in isaga iyo Menelik, ay iska hor yimaadaan sidaas darteed ayaa Talyaanigu ku dedaalay in xidhiidhka isaga iyo Menelik u dhexeeya uu hagaajiyo.

Feb.1889 Suldan Cali Yuusuf Keenadiid, oo ahaa Suldaankii Majeerteen ee Hobyo iyo Vincenzo Filonardi (Talyaani), oo ahaa ninkii Shirkadda Afrikada Bardi (Royal Italian East African Company) xeebaha Banaadir ka aasaasay, ayaa heshiis la saxeexday Suldaankii Zanzibaar. Heeshiiskaas Suldaanku waxa uu ku aqbalay in dhulkiisa iyo hantidiisuba magan u noqdaan dawladda Talyaaniga (protection); Suldaan Cali Yuusuf Keenadiid waxaa loo balan qaaday in sanadkii la siiyo 1,800 Taller (Lacag Jarmalku isticmaali jirey). Laba bilood ka dibna waxaa Talyaanigu heshiiskaas la mid ah la galay Boqor Cismaan, oo Caluula saldhiggiisu ahaa. Isla sanadkaas aakhirkiisiina Imperial British East African Company, ayaa xeebaha Banaadir Talyaaniga ka kireeyey[42].

1889 Seyid Maxamed Cabdalla Xasan ayaa Xajka (Maka iyo Madiina) u dhoofay. Halkaasna waxa uu joogay laba (2) sanadood oo uu diinta Islaamka ka baranayey, Sheekh la odhan jirey Sheekh Maxamed Saalax. Seyidku intii aanu u dhoofin Xajka, waxa uu diinta ka raacan (baran) jiray dhulka Soomaalida ee xukunka Xabashida ku hoos jira. Waxaa la sheegay in Seyidku ka dhoofay xeebta Obokh (Jabuuti). Intii uu Xajka joogay, waxaa la sheegay in Seyidku la kulmay rag (xujaaj) ka tirsan culumadii Maxamed Al-Mahdi ee Ingiriiska la dagaalamaysey, halkaasna waxa uu ku soo bartay halganka midaysan ee gumeystaha lagaga soo hor jeedo.

1890 (Bilowgii) Suldaankii cusbaa ee Zanzibaar, Suldaan Khaliifa ayaa waxa uu dhulkii Banaadir ku wareejiyey Talyaaniga, isaga oo aan Soomaalida waxba kala tashan; Soomaaliduna markii ay arrintaas ogaadeen aad ayey uga xumaadeen.

Abriil 1890 Laba askari oo Talyaani ah ayaa Abgaal ku dileen magaalada Caddale (waqooyiga Xamar). Nimankaas oo Markab ka soo degay, waxa la dilay ka dib markii ay isku dayeen in ay magaalada galaan. Muddo ka dib markii Talyaanigu baadhay sababta Abgaal nimankaas u dileen, waxa uu Talyaanigu is tusay in Soomaalidu nimankaas u maleeyeen Jarmal, oo ay ku khaldameen. Waqtigaas Jarmalka iyo Saldanadii Cummaan (oo Zanzibaarna xukuntay) waxa ay ahaayeen xulufo, sidaas darteed ayey nimankii arrinta baadhay yidhaahdeen; sababtaas ayey Soomaalidu weerarka ugu qaadeen nimankaas la dilay.

1890 Markii Talyaanigu ka soo degay xeebaha Banaadir, markiiba hoggaamiyayaashii Biimaal waxa ay bilaabeen in ay shirar deg deg ah ku kulmaan si ay uga tabaabulshaystaan waxa uu damacsan yahay Talyaanigu. Markii Talyaanigu ogaadey in Biimaal yahay qabiilka keliya ee mucaaradnimadiisu midaysan tahay, wuxuu markiiba Talyaanigu isku deyey sidii uu odayaasha Biimaal u qaybin lahaa, hase ahaatee arrintaasi way u suurto geliwayday mudadii u dhexaysay 1890 ilaa 1908dii, midnimada Biimaalna isma ay bedelin; wayna ku adkaatay Talyaaniga sidii uu magaalada Marka si fiican gacanta ugu dhigi lahaa. Hase ahaatee markii la soo gaadhey aakhirkii 1908dii, qaar badan oo hoggaamiyaashii Biimaal ka mid ahaa waxaa u cadaatay in ay aad u adag tahay amaba aanay suurto gal ahayn in dagaalka ay Talyaaniga kula jiraan siid wadaan, waxa ayna badankoodii isku raaceen in ay maamulka Talyaaniga heshiish la galaan, lana shaqeeyaan.

Isla sannadkaas **W**axaa la sheegay in ninka la odhan jirey Nasiib Buunda oo hore u ahaa 'addoon' uu dad hore loo addoonsan jirey uu ururiyey, masuulna ka ahaa dad 'addoonimadii' ka baxsaday oo tiradoodu gaadheysay ilaa 20,000 ku ururiyey Jubada Hoose 'Gosha land.' Waxaa kale oo iyaguna jirey kooxo 'addoontii' xorowday ahaa oo degay webiga Shabeelle hareerihiisa, ka dibna beeraley noqday. Markii la soo gaadhey aakhirkii qarnigaas, bulshooyinkaas 'addoonsiga' ka xoroobey, waxaa wax soo saarkooda (xagga beeraha) aad uga helay ama u aqoonsaday Saldanadii Zanzibaar iyo maamuladii kala duwanaa ee reer Yurub ee dadkaas arrimahooda wax ka ogaa. Waxa ay markii dambe beeraleydaasi cunto (midhaha beeraha) u dhoofin jireen ama ka iibin jireen xeebaha Banaadir. Dhinaca kale, dadkii beeraleyda ahaa ee 'addoontii' u shaqayn jirtay ka tageen, waxaa hoos u dhacay wax soo saarkoodii, taas oo dhaawac weyn u geysatay dhaqaalihii guud ee xeebaha Banaadir.

1890 Talyaaniga ayaa qaban qaabiyey in Abasiiniya xubin ka noqoto heshiiskii Brussels, Belgium (Brussels General Act), in Abasiiniya loo aqoonsado wadan Kiristaan ah, isla mar ahaantaasna ay si sharci ah ula soo degi karaan hubka. Waxaana halkaas jid uga furmay ganacsatadii Faransiiska ee Itoobiya waqtiga dheer hubka ka iibin jirtey, waxaana halkaas ku jabay heshiiskii Ingiriiska iyo Faransiiska ee 1886, kaas oo mamnuucayey in hubka laga soo dejiyo Etoobiya.

Ruushka oo xulufo la ahaa Faransiiska kana soo hor jeeday in Talyaanigu Itoobiya Mustacmarad ka dhigto ayaa isaguna hub iyo la taliyayaal ciidan Itoobiya ku soo shubay. Hubkaas tirada badan ee Boqor Menelik, helayna wuxuu u suurto gelyey inuu wadankiisa wadamada shisheeye ka difaacdo, isla mar ahaantaasna wuxuu xoog ku maquuniyey Soomaalidii maamulkii Abasiiniya la deriska ahayd si boqorku xukunkiisa ugu lifaaqo.

1890s (Damm.) Sheekh Abiikar Cali Jeelle oo reer Afgooye ahaa, kana dhashay qabiilka Goobroon (Geledi), ayaa dariiqada Axmadiya ka aasaasay magaalada Afgooye (25 km. Galbeedka Xamar). Sheekhu wuxuu kale oo si weyn uga soo hor jeeday xukuumaddii Talyaaniga. Sheekh Abiikar wuxuu sidoo kale sheegtay in uu karaamo iyo barako leeyahay, taas oo Talyaanigii werwer ku abuurtay. Isla waqtigaas Suldaankii Geledi, Suldaan Cusmaan, wuxuu door bidayey (prefered) in uu Talyaaniga heshiis nabad gelyo ah la galo, oo aan lagu degdegin in dagaal lala galo. Taas oo keentay in Suldaanka sumcaddiisii hoos ugu dhacdo, ka dibna isaga iyo Sheekh Abiikar khilaaf weyni dhex maray. Aakhirkii markii khilaafkii Sheekh Abiikar, Suldaan Cusmaan iyo odayaashii magaaladu sii batayna, Sheekh Abiikar iyo xertiisii waxaa lagu qasbay in ay magaalada Afgooye ka baxaan. Sababta ugu weyn ee odayaashu Sheekh Abiikar uga soo hor jeesteen, waxa ay ahayd iyaga oo ka baqay in Sheekha iyo xertiisu sabab u noqdaan 'dumista' saldanadda Goobroon.

1891 S.M.C.Xasan[43], ayaa Soomaaliya ku soo laabtay ka dib markii uu meelo badan oo adduunka ka tirsan uu safar ku tegay. Meelaha uu tegayna sida la sheegay waxaa ka mid ahaa; Cadan, Makka, Xijaas, Suudaan, Kenya (Nairobi), iyo Falastiin. S.M.C.Xasan oo Berbera ka soo degey wuxuu la yimid culuun diimeed iyo dariiqo cusub (Saalixiya) oo aan dhulkaas hore looga aqoon. Wuxuu Berbera ku guursaday xaaskii labaad isla mar ahaantaasna wuxuu furay

Malcaamad. Wuxuuna caddeeyey in qaadka iyo sigaarkuba ay xaaraan yihiin, taas oo aan culumadii magaalada deganayd oo Qaadiriyada ahayd aanay la qabin, amaba ku khilaafeen. Arrintaasina waxa ay isla markiiba keentay iska hor imaad Seyidka iyo wadaadadii Berbera ka dhex qarxa.

Waqtigii S.M. C. Xasan Somaliland ku soo noqday, dariiqada Axmediya waxaa xukumi jirey laba nin oo kala ahaa Sheekh Maxamed Saalax oo Suudaan u dhashay iyo Sheekh Maxamed Dandaraawi oo Carab ahaa. S.M.C. Xasan waxa uu taageersanaa Sheekh Maxamed Saalax oo macalin ugu noqday mudadii uu Makka joogey. Markii S.M.C. Xasan Berbera laga eryey waxa uu tegay magaalada Beer oo bariga ka xigta Burco. Waxaa halkaas ku soo dhoweeyey Sheekhii Axmediyada wakiilka u ahaa oo la odhan jirey Sheekh Isaxaaq (Uurar weyn, Dhulbahante).

Maarj. 1891 Ingiriiska iyo Talyaaniga ayaa heshiis (Anglo-Italian) kala saxeexday, kaas oo ay ku qeexeen xuduudkii u dhexeeyey dhulkii Soomaalida (Afrikada Bari) iyo dhulkii Somaalida ee Talyaaniga ku hoos jirtey. Isla sanadkaasna xabashida oo dhul balaadhsiga dhinaceeda uga jirtey ayaa Biyo Qaboobe xarun ciidan ka samaysatay. Arrintaasina waxa ay aad uga xanaajisay xukuumadii Ingiriiska, maadaama Biyo Qaboobe xuduudka dhinaca Ingiriisku sheegto kaga taaley. Talyaaniga iyo Abasiiniyana heshiis is-nabad gelin ah ayaa ka dhexeeyey, Talyaanigu wuxuu Ingiriiska u sheegay inaanu wax wada hadal ah la yeelan karin ilaa uu isaga (Talyaaniga) sii maro.

Ingiriiskuna wuu ku balan furay dadkii Soomaalida ahaa ee dhulkaas deganaa ee uu u balan qaaday inuu quwadaha shisheeye ka damaana qaadi doono. Inkasta oo madaxda Ingiriisku mar isla soo qaadeen in dadka Soomaalida la hubeeyo si ay cadowgooda isaga difaacaan, haddana waxa ay go'aan (Ingiriisku) ku gaadheen in ay Soomaalida xaalkay ku sugan tahay u dhaafaan.

15 Abriil 1891 Ingiriiska iyo Talyaaniga ayaa heshiis (Anglo-Italian) galay, kaas oo ay ku qeexayeen sida ay u kala leeyihiin dhulalka Afrikada Bari ee uu ka mid yahay dhulka dadka Soomaalida ahi degaan oo dhan.

Isla sannadkaas saldhiggii ugu horeeyey ayaa Talyaanigu ka samaystay Cadale[44], halkaasna shirkadii V.Filonardi, ayaa odayaashii Abgaal ee reer Cadale heshiis kula gashay. Waxa ayna shirkadaasi wakiil ka dhigatay nin Carab ah iyo 20 askari oo Soomaali ah oo Talyaanigu qortay. Run ahaantiina maamulkaas yari waa kii si tartiib tartiib ah Soomaalida gacanta ugu geshay Talyaaniga. Isla sanadkaas dhawr nin oo Talyaani ah oo sahamiyayaal ah ayaa safaro ku kala bixiyey Soomaaliya. Nimankaasna waxaa ka mid ahaa 1) Robeccha Brichetti, oo ka safray Muqdisho oo tegay ilaa Hobyo; ka dibna wuxuu sii maray Ogaadeeniya ilaa uu ka gaarey Berbera. 2) Baudi di Vesme iyo Candeo ayaa iyaguna u safray Ogaadeeniya halkaas oo ay heshiis kula saxeexdeen odayaashii Ogaadeen in Talyaanigu ilaaliyahooda ahaado.

1892 Suldaankii Zansibaar, ayaa xeebihii Banaadir oo ay ka mid ahaayeen Baraawe, Marka, Muqdisho iyo Warsheekh ka kireeyey Talyaaniga muddo shan iyo toban sano ah. Wuxuuna kaga kireeyey 160,000 Rupees (Sanadkii.) Inkasta oo Talyaanigu faa'iidada iyo maamulka dhulkaas u madax banaanaa haddana weli awoodda lahaanshaha waxaa iska lahaa Suldaanka.

Abriil 1893 Prince Ruspoli, oo dal mareen Talyaaniya ahaa, oo ka soo kicitimay Berbera, ayaa Baardheere gaadhey, halkaas oo uu odayaashii magaalada heshiis kula saxeexday[45]. Isla sanadkaas Xabashida ayaa ku duushay magaalada Luuq, taasina waxa ay odayaashii magaalada ku kaliftay in ay qaylo dhaan u dirsadaan Talyaanigii Xeebaha banaadir deganaa. Hase ahaatee, Ciidankii Talyaanigu wuxuu Luuq soo gaadhay 1895, waxaana si xun loo jebiyey ciidamadii xabashida. Ciidamada Talyaaniga oo ay hogaaminayeen Bettego iyo Ugo Ferrandi, duulaankoodii Luuq kuma ekaane wuxuu socday ilaa Harada Rudolf iyo Shoa (Itoobiya), inkasta oo Bettego, dagaalkii ku dhintay waxaa weerarkii halkii ka sii wadey Ugo Ferrandi.

11 Okt. 1893 Filonardi iyo saaxiibadii oo markab[46] ay wateen ka raacayey Magaalada Marka (ka dib markii ay odayaashii magaalada heshiis la saxeexdeen), ayaa waxaa weerar ku qaaday Biimaal, ka dibna waxaa laga dhaawacay nin. Talyaanigii oo arrintaas si xun uga xanaaqayna waxa ay magaaladii Marka u duqeeyeen si aan naxariis lahayn, waxa ayna maxaabiis u qaateen 15 oday oo magac weyn lahaa[47]. Ficilkaas xoogga ah ee Marka Talyaanigu u isticmaalayna wuxuu Talyaaniga u suurto geliyey in meelo badan oo ay ka mid ahaayeen Eritrea, Cadan, Zansibaar, iyo Muqdisho, laga aqoonsado awoodiisa lagana baqo.

5 May 1894 Marlabaad ayaa Ingiriiska iyo Talyaanigu heshiis wada saxeexdeen, kaas oo ay ku qeexayeen dhulalkii Soomaaliyeed ee ay isku khilaafsanaayeen. Waxyaabahay ka wada hadleen waxaa ka mid ahaa in Magaalada Saylac, oo Ciise iyo Gadabuursi degaan Talyaaniga lagu wareejiyo, isla mar ahaantaasna meelaha Talyaanigu Soomaliland ka degan yahay Ingiriiska ku wareejiyo. Arrintiina waxa ay ku dambeysay in Talyaanigu qaato Ogaadeeniya, Ingiriiskuna Hawd. Saddex sano ka dibna awoodii Ingiriisku waxa ay isugu soo ururtay Hawd.

Waxaa isla waqtigaas isaguna dhul balaadhsigiisii iyo qabsashadii dhulka Soomaalida halkiisii ka sii wadey Ras Makonnen, isaga oo aan ku ekaan dhulalkii uu ka qabsaday Ciisaha, Gadabuursiga iyo Habar Awal ee isku fidiyey ilaa bariga iyo koonfurta bari ee hawd iyo Ogaadeeniya.

1895 Talyaaniga ayaa waxa uu ka dhistay Xarun magaalada Luuq, oo ku taal webiga Jubada Sare. Ujeedada ugu weyn ee Talyaanigu xaruntaas u dhistay waxa ay ahayd laba arrimood: 1) in uu halkaas kala socdo dhaqaalaha iyo dhaqdhaqaaqa baayacmushtarka Soomaalida, iyo 2) in uu danihiisa siyaasadeed halkaas ka ilaashado. Maadaama Xabashidu dhulka Soomaalida aad ugu fidaysay, Talyaanigu waxa uu arkayey in Luuq tahay meesha ugu haboon in Xabashida lagu hor joogsan karo. Inkasta oo Talyaanigu Soomaalida heshiis la galay uu ku ballan qaaday in uu ka bad baadin doono cadawyada dibadda kaga soo duuli kara, Talyaanigu waxa keliya oo awooddiisii ku koobnaatay Luuq. Sidaas darteed, dadkii reer miyaga iyo beeraleyda ahaa ee dhulkaas deganaa, Xabashidu sida ay doonto ayey u dhici jirtey, Talyaaniguna wuu awoodi waayey in uu ka badbaadiyo. Aakhirkiina waxa ay arrini isugu biyo shubatay, in Soomaalidu awooddooda keliya isku halleeyaan, Xabashidana la dagaalamaan.

Isla sannadkaas dhulka Juba oo ay hore u maamuli jirtey shirkadii I.B.E.A.C., ayaa waxa ay ka mid noqotay Maxmiyaddii Ingiriiska (British Protectarote).

1896 Xabashida ayaa mar labaad isku dayday in ay magaalada Luuq dib u qabsato, laakiin waxaa si xun u jebiyey ciidankii Ferrandi iyo Soomaalidii magaalada u dhalatay. Magaalada Luuq oo ahayd magaalo ganacsi, waxa ay duulaanada Xabashidu dhaawac weyn u geysteen dhaqaalihii dhulkaas iyo noloshii dadkii deganaa[48]. Cabsida Xabashida waqtigaas laga qabey waxa ay gaadhey ilaa xeebaha Banaadir.

Isla sannadkaas shirkaddii Filonardi, ayaa dhaqaalaheedii aad u xumaaday, taasina waxa ay ku kaliftay in ay hawlaheedii ay Soomaaliya ka waday soo gebogebayso. Dhammaadkii 1896 shirkadaasi waxa ay lahayd lix xarumood oo kale marka Cadale laga reebo, Waxaana ka mid ahaa; Giumbo, Warshiikh, Baraawe, Marka, Muqdisho iyo Luuq. Isla markii shirkadii Filonardi kacdayna waxaa ku xigay dagaalkii Talyaanigu Xabashida la galay, ka dib markii Talyaaniga la jebsheyna wuxuu go'aansaday inuu Eritrea difaacdo Xeebaha Banaadirna u soo diro Maraakiib dagaal si uu dhulka Soomaaliya u difaacdo haddii Xabashidu isku daydo in ay qabsato.

Isla mudadaas waxaa sii batay doodii Xabashida iyo Ingiriiska u dhexaysay ee ku saabsanayd dhulkii Somaliland ee ay isku haysteen, aakhirkiina waxa ay labada dhinac go'aan ku gaadheen in ay arrinta u dhaafaan Mr. Rodd iyo Ras Mokannen, si ay xal u raadiyaan, waxa ayna ku kulmeen magaalada Harar.

Haddaba iyadoo gorgortanka ay galeen uu ahaa mid aan sahlanayn aakhirkii waxa ay gaadheen heshiis. Ingiriisku wuxuu aqbalay inuu Xabashida u dhaafo ilaa 67,000 isku wareeg ah oo dhulka Hawd ka tirsan, Xabashiduna waxa ay oggolaatay in Ingiriisku lahaado Hargeysa iyo nawaaxigeeda oo markii hore Boqor Menelik sheeganaayey in ay dhulkiisa ka tirsan tahay.

Waxaa heshiiskaas ka sokoow su'aali ka taagnayd aayaha dhulka Hawd ee soo hadhay ee aan Xabashida lagu wareejin maamulka Ingiriiskana aan toos u hoos imaanayn waqtigaas. Waxaase iska caddayd in Xabashidu dhulkaas mar aan dheerayn qabsan doonto, Ingiriiskuna aanu lahayn awood uu ku ilaaliyo xornimada dadkii Soomaalida ahaa ee uu horey magan gelintooda u balan qaaday, danina aanay Ingiriiska ka hayn in ay Soomaalida hubeeyaan si ay dhulkooda u difaacdaan, taas oo caddaysay munaafaqnimada Ingiriiska iyo daacad darada ay shacbiga Soomaalida kula dhaqmaysey

26 Okt. 1896 Talyaaniga iyo Xabashida ayaa heshiis nabadeed kala saxeexday, ka dib markii Talyaaniga dhawr jeer lagu jebiyey Adowa. Heshiiskaas Talyaanigu wuxuu Xabashida ugu aqoonsaday in ay tahay wadan madax banaan oo aanu (Talyaanigu) dib u soo fara gelin doonin. Ka dib markii Talyaaanigu dhulkii Xabashida ka tanaasulayna waxa ay Xabashidii bilawday in ay dhulkii Soomaalida isku sii fidiso (balaadhiso).

Nof. 1896 Antonio Cecchi, oo ahaa nin Talyaani ah aadna u aaminsanaa in dhulka Soomaalida (gaar ahaan dhulka beeraha ku fiican) uu Talyaanigu xoog ku qabsado, ayaa isaga iyo 17 askari oo Carab ah oo uu hoggaaminayey safar ugu kicitimay Afgooye si ay ula kulmaan Suldaankii Geledi. Safarka Cecchi waxa uu ahaa kii ugu horeeyey ee ciidamo hubaysan oo reer Yurub ahi isku dayaan in ay gudaha dhulka Soomaalida ku galaan. Ka dibna Cecchi iyo ciidamadiisii oo maraya meel Xamar iyo Afgooye u dhexaysa(Lafoole), ayaa waxaa helay dagaalyahanno ka tirsan qabiilka Wacdaan oo weerar ku qaaday. Halkaasna waxaa lagu dilay Cecchi iyo 13 nin oo kale, waxaana lafahoodii la baxsaday 3 nin oo keliya. Isla markii warkii ciidamada Talyaaniga ee la laayey waxa uu ku fiday dhammaan xeebaha dhulka Banaadir iyo qabiiladii webiyada Shabeelle deganaa ee cabsi qabey in Talyaanigu dhulkooda u soo gudbo. Inkasta oo Soomaalidu aad uga werwer qabtey in Talyaanigu soo noqdo oo Soomaalida ka aarsado, haddana guushaas Wacdaan soo hooyey waxa ay noqotay mid sumcaddii Soomaalida kor u qaaday, dhiirina gelisay in ay dhulkooda difaacan karaan. Waxaa la sheegay in Xaaji Sheekh Cabaaas oo reer Baraawe ahaa, aadna ugu farxay guusha Wacdaan gaadhey uu aad u cambaareeyey ragga reer Baraawe, isaga oo ku sheegay in ay "Haween" la mid yihiin, kuna eedeeyey (raggaas) in ay u oggolaadeen in Talyaanigu magaaladooda (Baraawe) si nabad gelyo ah u dhex mushaaxo.[49]

Wacdaan waxa ay xulufo la ahaan jireen oo ay taageero ka heli jireen Saldanadii xoogga badnayd ee Goobroon (Geledi), hase ahaatee dagaalkii Cecchi iyo ciidamadiisii lagu gaaday Suldaankii Goobroon kalama tashan, inkasta oo ay taageero ka heleen dagaalyahanno Murursade iyo Geledi isugu jirey. Dagaalkaas ka diban, Wacdaan waxa uu bilaabay in uu jidka Xamar iyo Afgooye u dhexeeya ee dhulkiisa dhex mara koontoroolo. Arrintaasina waxa ay markii dambe khilaaf ka dhex abuurtay iyaga iyo Geledi oo u arkayey in awoodoodii iyo ganacsigii dhulka ka jireyba Wacdaan khatar gelinayo, hase ahaatee Suldaan Cusmaan Axmed iskuma deyin in uu xaaladda xoog ku xaliyo.

Arrintu si kastaba ha ahaatee, Talyaaniga jabkaasi ma joojin ee wuxuu markiiba ku dhawaaqay sida loogu baahan yahay in dhulka Banaadir dadka degan loo muquunin lahaa. Maadaama shirkadii Filonardi, horey Soomaaliya uga duuduubatayna (tagtay) waxa ay xilkaas u magcaabeen Giorgio Sorrentino, oo Markab la odhan jirey *Elba* Abaanduule ka ahaa, waxaana loo soo diray askar badan oo Eritrean ah oo Mussawac laga soo raray si ay duulaankaas uga qayb qaataan. Waqtigii Filonardi Soomaaliya joogay, ciidamadiisu waxa ay ahaayeen ilaa 300 oo askari.

20 Maarj 1897 Faransiiska iyo Xabashida ayaa heshiis kala saxeexday, heshiiskaas oo ay ku qeexayeen sida ay u kala leeyihiin dhulka xeebaha Badda Cas, laga bilaabo xeebaha Jabuuti ilaa laga gaadhayo xeebaha Eriteriya.

14 May 1897 Ingiriiska iyo Xabashida ayaa heshiis kala saxeexday, heshiiskaas oo ay ku qeexayeen (xuduudyada) dhulka Soomaalida ay xoogga ku haysteen.

Isla sannadkaas xukuumaddii Abasiiniya ayaa boobtay, oo xoog ku qabsatay Harar, iyadoo taageero ciidan ka heshay dawladdi Ingriiska. Abasiiniya waxa ay ahayd dawladda keliya ee Afrikaanka ah ee si toos ah uga qayb gashay qaybsigii Afrika.

1897 Rennell Rodd, oo ahaa xoghayaha 1aad ee xafiiska Ingiriiska ee Qaahira, ayaa dawladda Ingiriisku waxa ay u dirtay Boqor Menelik, si uu ugala hadlo dhibaatooyinka u dhexeeyey ee ku saabsanaa dhulka Soomaalida ee ay ku hirdamayeen (isku haysteen). Dhibaatada ugu weynina waxa ay ahayd qowmiyado isku mid ah oo xukuumado kala duwan la kala raacshey. Waqtigaasna Ciisaha iyo Gadabuursigu waxa ay u qaybsanaayeen 3 qaybood, waxaana kala haystay Faransiiska, Ingiriiska iyo Xabashida. Ciisuhu wuxuu heshiisyo kala duwan la lahaa Faransiiska iyo Xabashida, Gadabuursina Ingiriiska iyo Xabashida. Hoggaamiyihii Gadabuursina (Ugaas Nuur), wuxuu heshiiska uu la lahaa Xabashida ka mid ahaa 100 neef oo ido ah la siiyo (baad) Ras Makonnen. Ugaas Nuur, laf ahaantiisuna wuxuu labada dhinacba (Ingiriiska iyo Xabashida) ka qaadan jirey mushahar iyo hadiyado kala duwan.

Habar Awal, lafteeda waxaa dhibaato ka haysatay xagga dhaqdhaqaaqa daaqsinta, gaar ahaan dhulka Hawd oo daaqsintiisu aad u fiicnayd, oo si joogto ah qabiilada Ogaadeen iyo Habar Awal u dagaalami jireen ka dibna Xabashidu Habar Awal weerar ku qaadi jirtey maadaama oo aan wax heshiis ah ka dhexayn. Dagaalkaas iyo handadaadaasina waxa ay markii dambe gaadhey in ay xabashidu cabsi geliso qabsanayaan Hargeysa ilaa ay Habar Awal "Gibir" bixiyaan.

Dhinaca koonfurta lafteeda xabashida xukunkeedii wuxuu gaadhey ilaa webi Juba (Luuq), taasina waxa ay hoggaamiyihii magaalada Luuq ku kaliftay inuu caawimaad weydiisto Suldaankii Zansibaar. Suldaankiina wuxuu siiyey Buntukh (Muzzle-Loader) aad u weyn kaas oo in muddo ah hakiyey weeraradii Xabashida.

Nof. 1897 Dagaal Talyaanigu uga aarsanayey dageelkii Lafoole ayaa waxa ay ciidamadii Talyaanigu weerar ku qaadeen Wacdaan. Duulaankaas oo uu hoggaaminayey Gieorgio Sorrentino waxa uu ka dhacay meesha loo yaqaan Nimoow, ciidamadii Sorrentino-na, waxa ay si naxariis daro ah ugu laayeen Soomaali aad u fara badan. Suldaankii Geledi oo waqtigaas awoodda ugu weyn ku lahaa dhulkaas waxaa u caddaatay in aanu awoodi karin in uu Talyaaniga xoog kaga hor tago, wuxuuna markii dambe aqbalay in uu Talyaaniga heshiis la galo. Halkaasna waxaa lagu dhameeyey hawshii Mr. Sorrentino, loo soo xilsaaray oo ahad lix bilood in Soomaalida xoog lagu muquuniyo, ka dibna waxaa maamulkii la wareegay Banadir Company, kaas oo hawshii Filonardi ka tegay halkii ka sii ambaqaaday. Hase ahaatee, Banadir Company, sidii Filonardi, waxaa ku adkaatay dhaqaale iyo awood ahaanba in ay maamulkii Banaadir wadaan, ka dibna 1905tii ayaa dawladdii Talyaanigu Maamulkii Banaadir si toos ah ula wareegtay.

Ragga Wacdaan halganka weyn la galay ee Talyaaniga ka soo hor jeeday, waxaa ka mid ahaa Sheekh Axmed Xaaji Mahdi. Sheekh Axmed ma ahayn Wacadaan ee waxa uu ahaa Bandhabow (Reer Xamar). Sheekh Axmed ka mid ahaa culumadii ugu caansanayd Xamar, halkaas oo uu dadka diinta Islaamka ku bari jirey—uuna la shaqayn jirey culumada ay ka mid ahaayeen, Sheekh Suufi iyo Sheekh Mukhtaar. Sheekh Axmed waxaa la sheegay in damiirkiisu u oggolaan waayey in uu ku hoos noolaado gumeystihii Talyaaniga ee markaas Xamar maamulayey. Ka dibna waxa uu u guurey Nimoow oo ah tuulo xagga koonfur galbeed (Jasiira) ka xigta Xamar. Nimoow waxa ay ahayd magaalo Wacdaan, halkaas ayuuna Sheekh Axmed ka noqday macallin diinta dadka ku bara—oo uu weliba halkaas Jamaaco cusub ka aasaasay. Ka dib markii Wacdaan Cecchi Lafoole ku dileen, Talyaanigu waxa uu soo diray markab kuwa dagaalka si uu Soomaalida uga aarsado, halkaas oo markii tuuladii Nimoow si xun ugu burburiyey. Markii Nimoow la duqeeyey ka dibna, Sheekh Axmed waxa uu u cararay Day Suufi oo ku taal badhtamaha Wacdaan (u dhow Lafoole), halkaas oo ka sii waday halgankiisii uu dadka diinta ku baraayey kuna dhiiri gelinaayey in ay gumeystaha la dagaalamaan (ilaa aakhirkii 1907).

Ragga Sheekh Axmed wax baray ee jidkiisii raacay waxaa ka mid ahaa Xasan Xuseen oo ka dhashay jilibka (lafta) ugu badan ee Wacdaan (Abuukar Moldheere). Abuukar Moldheere waxa ay ahaayeen raggii doorka ugu weyn ka qaatay dilkii Cecchi iyo ciidamadii uu watey ee Lafoole; iyo xidhitaankii jidkii Xamar iyo Afgooye isku xidhi jirey.

Isla sannadkaas markii dagaalkii Wacdaan iyo Talyaanigu dhacay, Biimaal waxa ay qaadaceen suuqii Marka si ay taageero ugu muujiyaan beesha Wacdaan, isla markaasna si ay u gooyaan isgaadhsiinta Marka iyo Muqdisho. Ka dibna, Biimaalkii Waqooyiga Marka deganaa waxa ay xidhiidh fiican la yeesheen hoggaamiyii Wacdaanka Xasan Xuseen, arrintaasina waxa ay Talyaanigii ku khasabtay in uu qabsado magaalada xeebta waqooyiga Marka ku taal ee Jasiira[50].

Isla mudadaas waxaa la dilay maamulihii Talyaaniga ee magaalada Marka Mr. Giacomo Trevis, oo uu dilay nin dhalinyaro ah oo u dhashay beesha Biimaal, lana odhan jirey Cumar Xasan Yuusuf. Sida la sheegay, Cumar waxa uu ka soo baxay Masaajid la odhan jirey Sheekh Cusmaan, ka dibna waxa uu arkay Giacomo oo xeebta lugaynaya, halkaas oo uu tooray (middi) la dhacay. Talyaanigu markii uu muddo baadhayey sababta Giacomo loo dilay iyo cidii ka dambeysay (soo qorshaysay), waxa uu aad uga shakiyey markii dambe dhawr reer oo Ashraaf ah, culumona u badanaa in ay arrintaas ku lug lahaayeen, ka dibna wuu xidhxidhay. Nimankaas la xidhay waxaa ka mid ahaa qaadi magac weyn lahaa oo la odhan jirey Shariif Cusmaan. Raggaas culumada ah oo markii dambe loo gudbiyey xaruntii Talyaanigu ku lahaa Xamar, markii dambe waa la waayey meel ay ku dambeeyeen (geeri iyo nololba). Nimankaas oo af-duubkooda laga ogaa xeebaha Banaadir oo dhan, waxaa la sheegay in markii dambe Zanzibaar looga maahmaahi jirey "qofkii xabsiga Banaadir gala meydkiisa uun baa ka baxa," taas oo ula jeedeen culumadii Ashraafta ee la waayey meel ay ku dambeeyeen[51].

Ka dibna maamulihii cusbaa ee Giacomo bedelay waxa uu isku deyey in uu odayaasha Biimaal kala qaybiyo wuxuuna mushahar (laaluush ah) u qoray (120 Thalers sanadkii) oday magac weyn lahaa oo la odhan jirey Xaaji Cali Ciise. Hase ahaatee, ninkaasi kuma guuleysan arrintaas waayo Xaaji Cali laaluushkaas waa ka diiday[52].

Isla waqtigaas wuxuu Xaajigu warqad u qoray dawladda Talyaaniga isaga oo ka dalbaya (demand) in ninkaas la bedelo iyo in weliba "addoontii" Biimaalku lahaa ee Talyaanigu ka qaaday loo soo celiyo. Xaaji Cali wuxuu dhintay 1903dii[53]. *Warqaddii Xaajiga: "addoontayadii waxa ay u carareen Marka, waxaan ka codsaday maamulah (Monti) in uu arrintaas xalliyo, wuxuuse noo diray Gobarnatore Dulio. Waxaan samayn karo ma jirto addoon la'aan (Sapelli). Waxa ay ahayd inaad na badbaadisid, haddii dadka aad xukuntid aad ka dhigtid bilaa addoon dhulku wuu baab'ayaa, xukunkaaguna sidoo kale wuu baaba'ayaa54."*

Waxaa sidoo kale jirey rag badan oo magac lahaa meel kasta oo Soomaalidu degan tahay ay gumeystayaashu mushahar u qoreen ama derajo ku magcaabeen sida 'Chief.' Hase ahaatee, rag badan oo diiday in lagu shaqaysto ayaa jirey, kuwaas badankoodu ahaa rag dhaqaale ahaan iska ladan ama xagga diinta aad ugu dhow ama wax ka yaqaaney. Tusaale ahaan, Aw Nuur Axmadow oo magac ku lahaa bulshada reer Afgooye, Talyaanigii ayaa wuxuu u sheegay in uu ku magcaabayo derajada 'chief,' hase ahaatee, Aw Nuur wuu ka diiday Talyaaniga taasna waxaa u suurto gelisay (in uu diido) isaga oo ahaa nin dhaqaale ahaan iska ladan55.

1897 Waxaa magaalada Berbera ku kulmay, culumadii Qaadiriyada ee Somaliland kuwii ugu magaca weynaa ee wixii diinta ku saabsan ka jawaabi jirey. Wadaadaas oo ay ka mid ahaayeen Sheekh Maxamed (Macalin diinta), Sheekh Cabdile Caruusi, Sheekh Madar (oo madax ka ahaa Dariiqada Qaadiriyada ee Hargeysa). Kulankaas oo uu goobjoog ka ahaa Seyidka laftiisu, waxaa la sheegay in Sheekh Madar shirka furay uuna Seyidka weydiiyey dariiqada uu haysto. Seyidkuna wuxuu ku jawaabay inuu dariiqada Sheekh Maxamed Saalax (Saalixiya), haysto.

Haddaba inkasta oo Sheekh Madar iyo Seyidku isku raaceen u hoggaansanaanta dariiqa saxa ah ee diinta Islaamka, haddana Sheekh Madar wuxuu hadalkiisii raaciyey, inaan loo dul qaadan doonin qofka dariiqa saxa (Qaadiriya) ah ka leexda. Rag kale oo culumadii shirka ka soo qayb gashay ka tirsanina waxa ay Seyidka weydiiyeen inuu tuso awoodda amaba mucjiso ka markhaati kacaysa sax ahaanta dariiqada uu wato. Arrintu si kastaba ha ahaatee waxaa halkaas ka caddaatay inaan Seyidka iyo dariiqada uu wato aan midna dhulkaas looga baahnayn, lagalana dagaalami doono in dadkooda lagu fidiyo.

Is khilaafsanaanta labada dariiqo ka sokoow, S.M.C.Xasan, wuxuu la yimid dareen weyn oo ku saabsan gaaladii wadanka joogtay iyo kuwii diinta fidinaayey. Waxaana maalin Seyidku la kulmay wiil yar oo dhigan jirey Xarun Diinta Kiristaanka lagu fidiyo (French Catholic Mission) oo ku taaley Dhaymoole[56]. Markii uu wiilkii magaciisii weydiiyeyna wuxuu wiilkii u sheegay in John Cabdilaahi la yiraahdo. Waxaa kale oo la sheegay in Seyidku ka dib markii uu koox wiilal ah oo kale la kulmay ee uu qabiilkooda weydiiyey ay u sheegeen in ay yihiin "Reer Father", taas oo ay ula jeedeen carruurtii "aabbe), oo ahayd habka gaaladu u tarbiyeysay wiilashaas ee qabiilkoodii looga tirtirayey.

Haddaba Seyidka oo ahaa nin aan laga rabin dhulkaas, markii uu arrintaas gaaladu wadatay si xun uga gilgishay, wuxuu ku kasbaday sumcad markii dambe sababtay in dadka qaarkiis dariiqadiisa soo galaan. Nasiib darose, sumcaddii iyo taageeradii Seyidku ma noqon wax sii waara, waayo hoggaamiyayaasha bulshadaasi aragtida uu wato ee gaalo la dagaalanka Seyidka lama qabin, dhaqaalaha dhulkaasina waqtigaas aad ayuu u fiicnaa oo ilaa 70kun oo neef ayaa sanadkii Cadan loo dhoofin jirey, sidaas darteed dad badani[57] waxa ay qabeen inaanay faa'iido ugu jirin in ay dagaal foodda is daraan Ingiriiska (amaba faranjiga).

1898 S.M.C.Xasan, ka dib markii uu arkay inaanu Berbera iyo nawaaxigeeda lagaga kacay, oo uu cadaadis weyn oo dhinac kasta ah (Ingiriiska iyo Soomaalida) la kulmay ayuu wuxuu u guuray Qoryaweyn oo qiyaastii 29 Mayl Caynabo galbeed ka xigta, halkaasna wuxuu ka dhisay waab lagu tukado diintana dadka lagu baro. S.M.C.Xasan, muddo ka dib wuxuu dadkii dhulkaas deganaa ugu baaqay in diinta Islaamka la barto, dariiqada Saalixiyadana la qaato, xoolahana siyaarada laga bixiyo, isla mar ahaantaasna Daraawiish laga mid noqdo; wuxuuna markiiba bilaabay dacaayad ku lid ah Ingiriiska iyo hawlihii uu waddanka ka wadey.

Isla sanadkaas S.M.C.Xasan, waxaa u cadaatay inaanu ku badbaadi karin dhulkii Isaaqa ee uu dhex deganaa, sidaas darteed wuxuu go'aansaday inuu u guuro carro Dhulbahante oo uu ku dhashay oo aan waqtigaas wax heshiis ah la lahayn Ingiriiska. Ka dibna Seyidku wuxuu Dameero Caddo ka dhisay Masaajid iyo xarun Quraanka lagu barto, wuxuuna ka dib bilaabay hub iyo ciidamo urursi, wuxuuna dadka ugu baaqay in ay diintooda iyo Qaranimadooda difaacdaan, dhiibaana xoolo hawlahaas lagu fuliyo. Markii Seyidku xaruntaas dhisay iyo kuwii ka dambeeyeyba, ayaa waxaa is bedelay wejigii siyaasadeed ee Seyidku ku socday oo ahaa in dadka diinta la baro, waxa uuna bilaabay weji cusub oo uu ciidamo ku dhisayo. Daraawiishta oo markii dambe hubka iyo farduhuba aad gacantooda u soo galay, waxay ahaayeen waxyaabaha sumcadda ugu weyn u soo jiiday amaba aad loogu qiimeeyey.

Abriil 1899 Ingiriiska ayaa waxaa loo soo sheegay hawlaha Seyidku Qoryaweyn ka waday, inkasta oo aanu markii hore hubin Ingiriisku awoodda Seyidka waxaa si hubaal ah loogu sheegay inuu haysto ciidan gaadhaya ilaa 3,000 oo nin. Ciidamo wardoon (Soomaali) ah oo Ingiriisku Qoryaweyn u diray markii ay goobtii tageen waxa ay ogaadeen in Seyidkii ka guuray oo uu degey "Dareemo-Caddo", oo degmada Buuhoodle, dhinaca waqooyi galbeed ka xigta. Markii Seyidku Qoryaweyn ka tegay, waxa uu sii maray magaalada Sheekh oo ay deganaayeen culumo dariiqada Axmediyada ka tirsan (Axmediyada waxaa laga soo dheegay Saalixiyada), waxa uuna weydiistay in ay gaalada uga hiiliyaan; kamase helin wax taageero ah. Ingiriisku markii uu ogaaday in wadaadka iyo ciidamadiisii Dareemo-Caddo, degeenna ma sii danayn, waayo wuxuu (Ingiriisku) u arkaayey in ay aad u fogaadeen. Waxaa kale oo la sheegay in niman ilaalo ah (Soomaali), oo Ingiriisku Seyidka u diray, ka dibna nimankii mid ka mid ah qorigiisii Seyidku kala hadhay[58], arrintaasina waxa ay sii abuurtay colaad aad u xun oo nacaybkii Ingiriiska iyo wadaadka u dhexaysay sii hurisay. Qorigaasu waxaa uu ahaa hubkii ugu horeeyey ee Seyidka gacantiisa soo gala.

Badh. 1899 Ingiriiska ayaa waxaa la gaadhsiiyey in S.M.C. Xasan isku dubaritay dad (Dhulbahante) rag iyo haweenba isugu jirey oo tiradoodu gaadheysay ilaa 5,000, isla markaana waxaa la sheegay in ay (Daraawiish) ay Xoolo ku filan oo fardo iyo geel u badan iyo 200 oo buntukh haystaan. Abaarihii bishii Oktoobarna Seyidka iyo dadkii la socday waxa ay go'aansadeen in ay dhulka Habar Yoonis iyo Habar Jeclo tagaan oo heshiis la samaystaan si ay u degaan magaalooyinka Burco, Odweyne iyo Beer. Garaad Cali Garaad Maxamuud (Dhulbahante), ayaa wuxuu dareemay mooyee markii Daraawiishi Beer maraysay dib u laabtay.

Arrintu si kastaba ha ahaatee, dadkii Isaaq ee dhulkaas deganaa waxaa laga dhaadhiciyey, in ciidamadan xoogga badan ee wadaadku wato ay dhulkooda ku duulaan yihiin, ayna dadka ku khasbi doonaan in ay hantidooda dhiibaan, kana qayb galaan jihaadka gaalada lagula dagaalamayey, haddii ay taas diidaana iyaga lagu xujeyn doono in ay gaala raacyo yihiin. Haddaba Seyidka oo aaminsanaa in dariiqada Axmediyadu aanay gaalada waxba ka duwanayn wuxuu gubey xarun ay Axmediyadu ku lahaayeen magaalada Sheekh.

Jul. 1899 S.M.C.Xasan, ayaa carro Ciida Gale waraaq u diray wuxuuna ka waaniyey gaalada iyo diinta ay ka fidinayeen dhulkooda iyo in ay (gaaladu) caruurtoodii ka dhaxal wareejeen. Warqadaasina waxa ay markii dambe gaadhey Qunsulkii guud ee Maxmiyaddii Ingiriiska ee xeebaha Somaliland ka talin jirey, taas oo Qunsulkii aad uga xanaajisay.

Wixii ka dambeeyey sanadkaas (**1899)**, Saalixiya oo uu hoggaamiye ka ahaa Seyid M.C. Xasan ayaa ahayd dariiqada ugu caansan. Saalixiya diinta keliya dadka ma bareyn ee waxa ay kale oo dadka ku dhiiri gelin jirtay in ay gaalada la dagaalamaan oo dhulkooda difaacdaan; taas ayaana Saalixiya magaceeda kor u qaaday. Inkasta oo xoogga Saalixiya u badnaa 'British Somaliland,' waxaa jirey dhawr nin oo magac weyn lahaa oo Saalixiya ka aasaasay Koonfur. Nimankaas waxaa ka mid ahaa Sheekh Maxamed Guuleed oo Shabeelaha Dhexe xarun ka sameeyey iyo Sheekh Cabdi Abiiker "Gafle," oo Marka ahaa. Qaadiriya iyo Axmediya, sida Saalixiyada aad uma ay dheeri gelin jirin in gaalada lala jihaado. Sida la sheegay hoggaamiyayaasha Qaadiriya iyo Axmediya (sida Sheekh Uways) waxa ay ka soo jeedeen (dhasheen) qabiilada Soomaalida ee aqlibiyadoodu yar tahay, sidaas darteed, maadaama go'aanka dagaal gelinta madaxda qabiiladu iska lahaayeen, ma ay rabin in ay qabiiladaas ay dadkooda diinta baraan iska hor yimaadaan.

20 Agoos 1899 Qunsulkii guud ee Maxmiyaddii Ingiriiska ayaa warqad u diray Xafiiska Arrimaha Dibadda ee Xukuumaddii Ingiriiska wuxuuna uga waramay waraaqdii S.M.C. Xasan Ciidagale u diray iyo wixii ku qoraa. Qunsulku wuxuu kale oo waraaqdiisa ku caddeeyey in xarunta diinta Kiristaanka lagu fidiyaa ay ka kooban tahay, 3 gaal iyo 69 caruur ah oo qaar ka mid ah gaaloobeen, hase ahaatee ay caruurtaas waalidiintood keeneen iyaga oo raalli ka ah. Isla bishaasna waxaa Ingiriiska loo soo sheegay in wadaadka, Habar Yoonis iyo Habar Jeclo uu xidhiidh fiicani dhex maray, ka dib markii uu heshiisiiyey labadaas qabiil iyo Dhulbahante oo muddo badan dhagari dhex tiilay.

1 Sebtem. 1899 Qunsulkii guud ee Xeebaha Somaliland ayaa warqad ka helay S.M.C.Xasan, isaga oo Ingiriiska u sheegay in ay diinta Islaamka cadaadis ku hayaan. Wuxuu kale oo uu S.M.C. Xasan u sheegay Ingiriiska in "haddii ay dagaal rabaan uu diyaar u yahay, haddiise ay nabad rabaan ay ganaax bixiyaan. Isla bishaasna wadaadka iyo Daraawiish ayaa waxa ay ku soo laabteen Buuhoodle.

Okt. 1899 Garaad Cali Faarax (Dhulbahante), ayaa warqad u diray Qusulkii Ingiriiska ee Berbera fadhiyey, wuxuuna ka codsaday in wadaadka iyo Daraawiish laga soo gaadho, fariintaas mid la mid ahna wuxuu u diray Boqor Cismaan, oo Bender Qaasim (Boosaaso) fadhiyey. Colaadaas Garaadka iyo Daraawiish dhex martayna waxa ay sababtay in rag badan oo Garaadka qabiilkiisa ahaa daraawiish ka baxaan. Markii S.M.C. Xasan arkay in hoggaamintiisa Garaadku carqalad ku yahayna wuxuu (Seyidku) go'aansaday inuu rag Garaadka ka takhalusa amro.

Inkasta oo Seyidku markaas filaayey in guushu xaggiisa ku dambayn doonto, wuxuu dilkii Garaadka ku kasbaday in Dhulbahante badankiisii qaadan waa arrintaasi ku noqotay, Daraawiishna laga kala yaacay, isaga iyo wixii daacadda u ahaana ay aakhirkii ku kaliftay in ay carro ogaadeen iyo tolkiis u qaxaan, halkaas oo uu mar labaad turxaan iyo taageeroba kala kulmay.

Degitaanka Daraawiishta dhulka Xabashidu maamusheyna waxa ay werwer gelisay Xabashida, isla mar ahaantaasna qabiiladii dhulkaas ee Xabashidu heshiiska la lahaydna waxa ay uga dacwoodeen in Wadaadka iyo asxaabtiisa oo hub aad u badan haystay ay qaadicul dariiq noqdeen oo safarada xoolahooda ka dhacaan. Inkasta oo Xabashidu ciidan ku soo bixisay, way ku guulaysan waayeen in ay helaan meesha Daraawiishtu degantahay, sidaas darteed ayey Ogaadeenkii Dhagaxbuur iyo nawaaxigiisa deganaa xoolo badan oo geel iyo adhiba isugu jira ka dheceen. Ficilkaas askarta Xabashidu ku keceena waxa ay hurisay colaadii Ogaadeen Abasiiniya u qabeen, halkaasna S.M.C.Xasan, wuxuu ku kasbaday inuu urursado rag ilaa 6,000 tiradoodu gaadheyso.

1899 Maamulihii Talyaaniga ee Xamar fadhiyey ayaa Wacdaan fariin u diray una sheegay in ay Talyaaniga isu dhiibaan, haddii kale xoog lagu muquunin doono. Waxa kale oo uu intaas ku daray in 40 nin oo Wacdaan ahi (20 Abuukar Moldheere ah iyo 20 Mahad Moldheere ah) isu soo dhiibaan (hostages) maamulaha Muqdisho, taas oo ninka Talyaaniga ah yidhi "ficil kaasi waxa uu muujin doonaa in Wacdaan isdhiibku ka dhab yahay." Arrintaas waxaa keliya oo aqbalay Mahad Moldheere, waxaana markii dambe Talyaanigu mushahar u qoray hoggaamiyihii Mahad Moldheere, Abiiker Axmed Xasan. Abuukar Moldheere way diideen 20kii nin ee Talyaanigu dalbay in ay isu dhiibaan Talyaaniga, ilaa laga gaadhayey 1908 oo ahayd markii Talyaanigu ilaa Afgooye qabsaday, Abuukar Moldheere ma joojin dagaalkii ay kula jireen Talyaaniga. Halkaasna waxaa ka abuurmay khilaafkii ugu weynaa ee dhex mara labadii reer ee walaalaha ahaa.

Wixii ka dambeeyey 1908 oo ahayd waqtigii Talyaanigu dhulkii Banaadir oo dhan qabsaday, waxaa weli jirey rag Wacdaan ahaa oo aqbali waayey heshiisyadii Talyaanigu qabiilada Wacdaan la galay, kana soo hor jeestay. Raggaas waxaa ka mid ahaa Barqash Yuusuf, Maxamed Geedi, Cali Cumar Garaarey iyo Maxamed Xuseen; Mustafa Xuseen (oo walaalo ahaa). Nimankaas dhammaantood waxa ay markii dambe ku biireen Daraawiishtii Banaadir. Inkasta oo ay Talyaaniga aad uga soo hor jeedeen, waxaa la sheegay in Xasan Xuseen (hoggaamiyihii Abuukar Moldheere) iyo Sheekh Axmed Xaaji Mahdi (Bandhabow) aanay marna Daraawiish ku biirin. Waxaase la sheegay in Sheekh Axmed Xaaji wiilkiisii Maxamed Sheekh Axmed Xaaji uu Daraawiish ku biiray, aadna u taageersanaa Seyid M.C. Xasan[59].

5 Maarj. 1900 Ciidamadii Daraawiishta iyo kuwiii Xabashida/Ingiriiska ayaa dagaal ku dhex maray Jigjiga. Halkaasna waxaa Daraashiis ugu suurtowday in ay xoolihii Ogaadeen laga dhacay ku soo dhiciyaan. Ciidanka Daraawiishta oo tiradoodu gaadheysay ilaa 6,000 waxaa la sheegay in khasaare aad u weyn la gaadhsiiyey, waxa ayse la soo noqdeen sumcad markii ugu horey siisay in awood aan iyaga (Xabashida) ahayni jirto. Waxa ayna Daraawiishi noqotay awood aan Ogaadeeniya cidi ku daandaansan karin.

Juun 1900 Daraawiish ayaa waxa ay ku duushey Isaaqii deganaa dhulka Hargeysa iyo Oodweyne u dhexeeya, waxa ayna ka dheceen 2,000 oo halaad (geel). Duulaankaas oo ahaa kii ugu horeeyey ee Daraawiishtu xoolo xadigaas leh ku dhacdo, waxaa dad badan shaki ka galay daacadnimada wadaadka iyo sheegashada jihaadka. Isaaqii dhulka Hawd iyo Oogo deganaana waxa ay dani ku kaliftay in ay xoolahooda ula qaxaan dhulka Isaaqu badankiisu dego ee ka baxsan xuduudka Xabashidu sheeganaysay, dadkaas oo wajahay cidhiidhi weyn oo xagga daaqsinta ah. Nin daraawiish ka tirsanaa oo ka yaabay xoolahaas tirada badan ee culumadu dhacday ayaa tix gabay ah ku yidhi "*col shariif*[60] *wax siiyoo, caalin reero dhacaaya, cilmi geel lagu qaado, Seyidkii calmanaayow, cimri yuu ku simaayoo cidhibteeda ogaada.*"

Weerarkii Jigjiga iyo dhaca geelii Isaaq markii ay Daraawiishi ku guulaysatay, ayaa Boqor Menelik, wuxuu soo jeediyey in ciidamadiisa iyo kuwo Ingiriiska ka socdaa ay duulaan wada jir ah daraawiishta ku qaadaan. Arrintaasna Ingiriisku wuu ka aqbalay, waxaana ciidamada Ingiriiska loo xilsaaray in ay hawshaas fuliyaan Lt.Col. Eric .J.E. Swayn iyo Walaalkiis H.G.C.Swayn.

22 May 1901 Swayn, oo kun iyo shan boqol oo askari (Soomaali) iyo 21 sarkaal oo Ingiriis iyo Hindi isugu jirtay wata ayaa Burco ka ambabaxay si ay Daraawiish ugu duulaan oo ballantii Boqor Menelik u fuliyaan.

2-3 Juun 1901 Saamaala (galbeedka Nugaal), ayaa ciidamo Ingiriis ah oo uu hoggaaminayey kabtan Malcolm McNeil, iyo Daraawiish dagaal ku dhex maray. Sida Kabtan McNeil, sheegay ciidamada Daraawiishta ayaa weerar ku qaaday bisha labadeedii, weerarkaas Daraawiishta tiradoodu waxa ay dhammayd ilaa 3,000, kuwii bisha 3deeduna waxa ay ahaayeen ilaa 5,000[61]. Wuxuu kale oo sheegay in ciidamadii uu haystay ay ahaayeen 500 oo kayd ahaa qudha, waxaana qoryo ka haystay 370 keliya, inta kalena waxa ay ahaayeen warmooleey iyo xoogaa fardooleey ahayd oo qabiiladii raacsanaa ahaa[62].

Kabtan McNeil, wuxuu kale oo sheegay inuu haystay 46 Maxbuus oo qabiiladii Daraawiishta la jiray laga soo qabtay, 3,500 oo geel ah, 50 ido ah , riyo iyo lo iyo 50 faras oo dhammaantood qabiiladaas laga soo dhacay. McNeil, wuxuu sheegay in ay ciidamada Daraawiishta ka dileen 500, iyagana laga dilay 2 keliya. Waqtigaas dagaalku socdayna waxaa la sheegay in S.M.C.Xasan, Suldaan Nuur (Habar Yoonis) iyo Suudi[63], la taliyihii Seyidka ay buur u dhow dagaalka ka fiirsanayeen, ka dib markii ay arkeen in ciidamadoodii si xun loo jebiyeyna way carareen[64]. Waxaa kale oo la weriyey in xoolaha la dhacay intaas aad uga badnaayeen, laakiin aanu Kabtan McNeil tirada oo dhan wada gudbin.

Sidoo kale isla duulaankaas ciidamadii Burco ka soo baxay ee uu hoggaaminayey Swayn, ayaa waxa ay dagaal ku qaadeen Qoob Fardood, oo u dhow Ceel Dhaab (meeshii S.M.C.Xasan ku dhashay). Halkaasna waxa ay ku baabiiyeen qabiiladii halkaas deganaa; Cali Geri iyo Maxamuud Garaad, waxa ayna dhaceen wixii ay duunyo haysteen. Wuxuuna ku khasbay qabiiladaas in ay heshiis la saxeexdaan Ingiriiska, kana soo hor jeestaan Daraawiishta, haddii kale ay sumcadooda qabiil ahaan lumin doonto. Ololahaas Swayn, doonaayey inuu ku cidhib tiro Daraawiish iyo wixii raacsanaa gaar ahaan Dhulbahante, intaas kuma ekaan, ee waxaa firxadkii Daraawiishta oo Seyidka gaar ahaan laftiisa, Suldaan Nuur iyo Xaaji Suudi, laga daba diray ciidan ilaa 500 tiradoodu gaadheysey. Waxaana la eryanaayey ilaa Weylaxidh, halkaas oo rag badan Daraawiish looga dilay qaarna maxaabiis looga qabsaday, xoolo iyo fardana laga dhacay. Qabiiladii Dhulbahante ee Daraawiishta la jirayna waxa ay u qaxeen dhinaca bari "Ilig", Seyidka oo wixii uu hanti lahaa ka cararayna wuxuu u qaxay dhinaca Mudug. Ciidamadii iyo Fardihii Swayn, oo haraad iyo daal la socon waayey waxa ay dani ku kaliftay in ay dib ugu laabtaan "Saamaale", sidaas ayaana Seyidku markaas ku nabad galay.

Ka dib markii Swayn, soo biyo dhaansaday wuxuu goostay inuu ka daba tago Seyidka iyo asxaabtiisii oo ugu dambayntii lagu sheegay Mudug. Waxaase dhibaato ka qabsatay sidii uu Talyaaniga uga dhaadhicin lahaa inuu xuduudkooda[65] soo galo si uu Seyidka iyo Daraawiish u cidhib tiro. Sidaas darteed Swayn, wuxuu go'aan ku gaadhey inuu marka hore talaabo ka qaado qabiiladii taageeray kuwaas oo magacyada qabiiladaas laga ogaaday dadkii ku dhaawacmay dagaalkii "Samaala", oo ay ka mid ahaayeen Qayaad, Aadan Madoobe (Habar Jeclo), Reer Hagar, Cali Geri, Jaamac Siyaad, Nuur Axmed, iyo Majeerteen.

3 Juun 1901 Ciidamadii Ingiriiska iyo Daraawiish ayaa dagaal ku dhexmaray Afbakayle (Haradhiig), oo qiyaastii 45 mayl Laas Caanood galbeed ka jirta. Ciidamada Ingiriiska oo uu Abaanduule ka ahaa Gaashaanle Dhexe Swayn, waxa ay ka koobnaayeen saddex qaybood, waxa ayna isugu jireen Caddaan,(tiro yar), Hindi (Sikh), Suudaan, Sawaaxili iyo Soomaali[66]. Dhimashada iyo Dhaawacaba labada dhinacba way isku khilaafeen. Ingiriisku wuxuu sheegtay in ay Daraawiishta ka dileen ilaa 200 oo ruux dhaawaceena 300, laakiin buugga "Saa'ir Minal-Soomaali" oo ay qoreen Xaaji Cabdulraxmaan Sayid iyo Cabdulraxmaan Marsuuq, waxa ay sheegeen in Daraawiishta laga dilay 70 nin 80-na laga dhaawacay. Duulaankaas Ingiriiskuna wuxuu socday ilaa bisha aakhirkeedii, waxaana dagaalo yaryar oo kale labada dhinac ku dhex mareen Weyla Xidh, Caano Xadhigle, Kur garaad iyo Oodagooye.

19 Juun 1901 Ciidamadii Swayn, ayaa dagaal kediso ah ku qaaday Reer Hagar (Dhulbahante).

20 Juun 1901 Mar labaad ayaa ciidamadii Swayn, Reer Hagar iyo Bah Harasame, dagaal ku qaadeen, xoolihii ciidamada Swayn, dheceena waxa ay tiradoodu gaadheysay 3,000 oo geel ah, 20 kun oo adhi ah iyo 620 lo ah. Dadkii xoolahooda la dhacay oo aan wax kale oo ay ku noolaadaan ayan jirin, waxa ay muteen macaluul iyo qax, Swayn-na isaga oo guul xambaarsan ayuu dib u laabtay.

Guushaas ka sokow, Swayn wakhti ma lumin ee markiiba wuxuu la xidhiidhay maamulkii Abasiiniya, Daraawiish iyo taageerayaashooda kala dagaalamayey dhulka Hawd iyo Oogo (Ogaadeen). Waxaana Swayn loo sheegay war aanu ku farxin, kaas oo sheegayey in ciidamadii Amxaarada ee Daraawiish dagaalkeeda loo diray ay gaajo iyo haraad qaarkood u le'deen, sidaas darteedna ay dib ugu noqdeen Harar. Sidoo kale waxaa la sheegay in S.M.C Xasan, uu ciidan dib u urursaday, kuwaas oo u badnaa wadaado dhaar ku maray in ay kufriga la dagaalamaan, iyaga oo aad uga ciil qabay naxariis daradii Swayn[67]. Waxa ayna ciidamadii S.M.C. Xasan soo degeen meel ku dhow xuduudka "Somaliland" oo dhinaca Xabashidu sheeganaysay ah.

Markii warkaasi Swayn soo gaadheyna wuxuu go'aansaday inuu ciidan qaban qaabiyo, oo Seyidka duulaan ku qaado inta aanu ciidan xoog leh samaysan, maamulkiisuna aanu ka dhaqan gelin qabiiladii halkaas deganaa.

Ciidamada Swayn, waxa ay tiradoodu gaadheysay todoba boqol oo 400 oo ka mid ahi fardooleey ahayd. Dagaalkaas oo ahaa mid aad u kulul, waxaa Ingiriisku sheegtay in Daraawiish si xun loo baabiiyey, geeridooduna kor u dhaaftay 60 nin, kuwaas oo u badnaa culimo iyo rag magac leh, iyaguna (Ingiriisku) waxa ay qirteen in 25 nin laga dilay, lagana dhaawacay 27 nin. Dagaalkii ka dib, Ingiriisku waxa ay sheegeen in hambadii Daraawiish ka hadhay ay dhinaca mudug u carartay, ayna badankoodii jidka haraad ugu sii le'deen oo tiro yari Mudug nolol ku gaadhey[68]. Ingiriisku ma hubin in Daraawiishi gaadhey iyo in kale, laakiin sidaas ayey xaaladda u arkayeen.

8 Jul. 1901 Swayn, wuxuu dib ugu soo laabtay Xaruntii uu ka duulay. Ciidamadiisii oo dhaawacoodii wataana waxa ay Burco, soo gaadheen Juulay 29keedii iyo 30keedii. Ingiriiskuna wuxuu ku dhawaaqay in duulaankii koowaad ee Daraawiish lagu qaaday guul laga gaadhey, in kasta oo lagu khasaaray ahmiyadii ugu weynayd oo hayd in wadaadka (S.M.C.Xasan) la soo qabto. Waxaase markii dambe cadaatay in S.M.C.Xasan, iyo hadhaagii Daraawiish qaxoodii "Ilig" ku tageen, halkaas oo uu muddo ka dib ciidan laxaad leh ka dhisay, kuwaas oo Ingiriisku ku qiyaasay ilaa 12 kun oo hubaysan[69].

16 Jul. 1901 Ciidamo lixaad leh oo Ingiriisku soo qabanqaabiyey ayaa duulaan ku qaaday xaruntii Daraawiishta ee "Fardhidin",oo qiyaastii 50 mayl Laas Caanood xagga bari ka xigta. Dagaalkaas oo aad loogu le'day labada dhinacba, dhimashada iyo dhaawacaba way isku khilaafeen (labada dhinac). Ingiriisku waxa ay sheegteen in Daraawiish si xun loo jebiyey[70] oo laga dilay 1,400 oo ruux ilaa 25,000 oo geela, adhi aan tiro lahayn iyo lo' iyo fardona waxaa laga dhacay dadkii (Dhulbahante) Daraawiishta raacsanaa. Ingiriisku wuxuu kale oo sheegay inuu Fardhidin qabsaday, Daraawiishtii meydkoodii goobta laga tiriyeyna ay ka mid ahaayeen

69 rag mashaayiikh iyo xaajiyaal isugu jirey. Daraawiishtuna waxa ay sheegatay[71] in ciidamadii Ingiriiska si xun loo jebshay hub iyo saanad aad u fara badana laga furtay.

Feb. 1902 G.Dhexe Swayn, ayaa waxaa soo gaadhay akhbaar ku saabasan in wadaadku duulaan xun ku qaaday Jaamac Siyaad (Dhulbahante). Waqtigaasna waxaa la sheegay in ciidamadiisu (S.M.C.Xasan), oo ahaa ilaa 4,000 oo xoogleh, ay qiyaastii maalin keliya cagta mariyeen ilaa 70 mayl. Hadda ka horna waxaa la sheegay[72] in ilaa 5,000 oo Daraawiish ahi ay weerar ku qaadeen Balli Saalax iyo Camuudle, halkaas oo ay dad badan ku laayeen, xoolo badana ku qaadeen, duulaankaasina wuxuu niyad jebiyey Isaaqii heshiiska Ingiriiska la lahaa.

G.Dhexe Swayn, mudadii u dhexaysay Juun iyo Sebtember, ayaa wuxuu qaaday weerar aad u weyn oo aan naxariis lahayn oo saameeyey ilaa Hawd iyo Nugaal, waxa ayna si aan aabba yeel ahayn u xasuuqeen, una dhaceen dadkii dhulkaas deganaa. Ciidamadaas Ingiriiska oo tiradoodu gaadheysay ilaa 3,000 (badhkood wuxuu ahaa Isaaq) waxaana hoggaamiye ka ahaa Risaldar-Major Muuse Faarax (Ina Igare) iyo G.Dhexe Swayn, waxaana weerarkoodii taabtay ilaa Buuhoodle, Garoowe iyo Xalin.

Jul. 1902 (Bilowgii) Nuur Axmedkii (Dhulbahante) iyo qabiiladii kale Dhulbahante ee deganaa Buuhoodle, ee baaba'a loo geystay ayaa waxaay u qaxeen Bender Qaasim (Boosaaso).

1902 (Bilowgii) Talyaaniga ayaa ka shakiyey in uu jirey xidhiidh ka dhexeeya Daraawiishta Banaadir iyo kuwii Seyid M.C. Xasan.

1902 Waqtigii maamulihii Dulio (Governor) uu xeebaha Banaadir joogey, tirda ciidamada uu haystay waxa ay gaadhayeen ilaa 600 oo askari.

1902 Degaanka Soomaalida ee loo yaqaan —North Frontier District (N.F.D), ayaa degmooyinka ugu waaweyn oo ay ka mid ahaayeen Mandheera, Wajeer, Gaarisa, Siyeelow iyo Mooyaale laga mamnuucay wax kasta oo dhaqdhaqaaq siyaasadeed ah. Waxaana sharcigaas mar labaad la sii cusboonaysiiyey 1934. Gobolkaas oo marka Oromada, iyo qabiilada yar yar ee kale lagu daro tiradoodu (guud ahaan) gaadheysay 400,000 (tira koob 1962kii) la sameeyey in ka badan kala badh waxa ay ahayd Soomaali.

25/27 Jul. 1902 Ciidamadii G.Dhexe Swayn, qaar ka tirsan ayaa waxa ay duulaan ku qaadeen Naalaya Axmed iyo Nuur Axmed (Dhulbahante), Weerarkaasina wuxuu gaadhey ilaa Kal Doorran.

Agoos 1902 Swayn iyo Ciidamadiisii ayaa ku soo laabtay Biyo Guud iyo Xaruntii Daraawiishta ee Xalin Waxa ayna soo xaalufiyeen wixii dadkaasi duunyo haysteen, iyaga oo soo dhacay 12 kun oo geel ah iyo 35 kun oo adhi ah iyo weliba lo' tira badan. Ka dibna waxa ay ciidan u direen Shiila Madow iyo Buur Caanood (laba buurood oo Dhulbahante dego), si ay u hubiyaan in dariiqaa ay Berbera u mari lahaayeen uu nabad yahay.

6 Okt. 1902 Ciidamadii Ingiriiska ee G.Dhexe Swayn, hoggaaminayey iyo Daraawiish ayaa meesha la yidhaahdo "Xodayo" isku haleelay oo ku taala 70 mayl qiyaastii waqooyiga Gaalkacayo. Ciidamada Ingiriisku waxa ay guud ahaan ahaayeen 3,549, ciidamadaasi waxa ay isugu jireen Soomaali 2,000, Sikh 210, Afrikaanis Yaos 965, Hindi 270, Suudaan (100)[73]. Dhimashada iyo Dhaawaca labada dhinac way isku khilaafeen, Daraawiishtuna waxa ay sheegatay[74] in ay Ingiriiska ka dileen 1,000 nin 90 kalena laga dhaawacay, kuwaas oo badankoodii isla goobtii ku dhinteen.

Ingiriisku wuxuu sheegtay in ciidamadiisa ay ka dhinteen 150 (oo 3 ka mid ahi caddaan ahayd), Daraawiishtana laga dilay 135 nin oo dabley ahayd iyo tiro aad u badan oo waranley ahayd iyo weliba tiro aad u fara badan oo dhaawacantay. Ingiriisku wuxuu kale oo sheegtay in meydka Daraawiista ee ay tirsheen ay ka mid ahaayeen 40 nin oo culumo ahaa una badnaa Muqadimiin (Abaanduulayaal) Daraawiishta[75].

10 Okt. 1902 Ilaaladii Swayn, ayaa waxa ay keentay nin ay soo qafaasheen kaas oo u sheegay in Daraawiishtu heshay "Banaadiikh" aad u badan, rag xoog lihina dagaal Ingiriis lagu qaado qaban qaabadiisa ku jiraan. Isla maalintii ku xigtayna Swayn, wuxuu bilaabay sidii uu duulaankaas uga tabaabulshaysan lahaa, wuxuuna xaruntii ka raray askartiisii dhaawaca ahayd. Okt. 17keediina ciidamadii Swayn, waxa ay yimaadeen Buuhoodle, halkaas oo dhaawicii ka hore loo raray ay ugu yimaadeen.

Ka dib markii Eric Swayn, ku guulaysan waayey cidhib tirkii Daraawiish, isla mar ahaantaasna ay aad u muuqatay inuu aad u jaah wareersanaa oo kalsoonidii ka luntay, warar aan runtooda la hubina sheegeen in dagaaladii uu Daraawiishta la galay mid ka mid ah il looga soo riday, ayaa xukuumadii Ingiriisku go'aansatay in ay ka bedelaan jagadii hogaaminta ciidanka "Somaliland" waxaana loo dhiibay Sareeye Guuto (Brigadier-General) W.H.Mannig.

Mannig, wuxuu soo jeediyey markiiba in ciidamada Daraawiishta la dagaalamaya laga dhigo Hindi (Punjabi iyo Sikhs), kuwaas oo horey geesinimo uga muujiyey dagaaladii ay Afganistaan iyo Jabhadihii gobolka Punjaab (Hindiya) ee Ingiriisku haystay ka dagaalamayey[76]. Wuxuuna kale oo soo jeediyey in haddii ragga Hindiya jooga loo sheego in midkiiba la siin doono 12 ama 13 Rubi bishii iyo raashinkooda la heli karo tiro aad u badan oo dagaalka Daraawiish lagula jiro ka qayb gasha.

Si haddaba dagaal kama dambays ah Daraawiish loogu qaado ayey Abaanduulayaashii ciidamada Boqortooyada Ingiriisku waxa ay go'aansadeen in ciidamo laxaad leh oo saddex qaybood ka kooban lagu kiciyo Daraawiish. Habkii ciidamada loo qorsheeyeyna wuxuu ahaa sidatan.

1. In markab ciidamo ah Hobyo iyo Ceelcad loo diro, si ay dhinaca koonfur Daraawiishta uga soo weeraraan. Ciidamadaasna tiradoodu waxa ay dhammayd 2, 296 oo nin[77].

2. Ciidan Berbera ka baxa, marana wadada Buuhoodle, si ay dhinaca waqooyi uga weeraraan, tiradooduna waxa ay ahayd 1,745 oo xoog leh iyo weliba 737 Hindiya laga keenay.

3. In ciidan Jigjiga ka soo baxaan kuwaas oo loo qorsheeyey in ay dhinaca galbeed iyo Doollo, ka soo weeraraan. Isla mar ahaantaasna Ingiriisku wuxuu qorshahaas la socodsiiyey Talyaaniga, si uu ugu oggolaado inuu duulaankaas ka soo qaado dhulka Talyaanigu gumeysan jirey (Italian Somaliland). Ingiriiskuna wuxuu codsigaas u tix raacayey heshiiskii Anglo-Italian.

16 Dis. 1902 Shir Ingiriiska iyo Talyaanigu Rooma ku yeesheen iyo go'aankii Baarlamaanka Ingiriiska ka soo baxay ayaa la isku wada raacay in duulaanka kama dambaysta ah ee Daraawiish lagu qaadaayo lagu dhaqaaqo. Saldhigyada hoggaaminta ciidamadana waxaa loo doortay Hobyo iyo Berbera. Heshiiska waxaa ku jirey in Talyaanigu qabsado Hobyo oo xukunkiisu gaadho dhulka Mudug, hase ahaatee ciidamada Ingiriisku ka qayb qaadan doonaan dabar goynta Daraawiishta. Waxaa kale oo la sheegay in heshiiskaasu u fududaynaayey Talyaaniga in uu xoog ku muquuniyo Suldaan Cali Yuusuf Keenadiid oo Hobyo xukumi jirey.

Ingiriisku wuxuu sidoo kale heshiis la galay Boqorkii Xabashida (Menelik) in uu duulaanka kala qayb galo, isaga oo u tusiyey in Seyidku labadoodaba nacabkooda yahay, danahoodana carqalad weyn ku hayo. Waxaana jigjiga laga soo diyaariyey 5,000 oo ciidamadii Abasiiniya ah oo ay la socdeen laba khabiir (sarkaal) oo ciidamada Ingiriiska ah. Waxaana ciidamadaas loo diray in ay tagaan "Togfaafan", halkaas oo la filaayey in ay ahayd jidka keliya ee Seyidku Ogadeen ka geli karo marka la jebiyo.

Br.Janaraal Manning (Sareeye Guuto), ciidamadiisa sirdoonkuna waxa ay u soo sheegeen in 2,500 oo ciidamada Seyidka ah oo "buntukhley ah" fardana wadata, 5,000 ilaa 6,000 oo fardooley ah, 16 kun oo waranley ah iyo 4,000 oo "baqal" wadata oo kayd ah ay Galaadi fadhiyaan[78].

26 Dis. 1902 Markabkii ciidamada Ingiriiska siday ee la dagaalanka Daraawiishta u socday hoggaamiyena uu ka ahaa nin la odhan jirey Mr. Plunkett ayaa Hobyo tegay (ku xidhay). Waxaana la sheegay in Talyaanigu Suldaan Cali Yuusuf Keenadiid, oo Hobyo xukumi jirey hore uga dhammeeyey inuu aqbalo duulaanka Ingiriisku Hobyo ka qaadayo. Suldaanku awood uma lahayn in uu yeelo ama diido imaatinka ciidamada Ingiriiska, waayo labada quwadoodba Daraawiishta iyo Suldaankaba cadow ayey u arkayeen. Arrintu si kastaba ha ahaatee, markii ciidamadii Ingiriiskiu qabsadeen magaalada ayey Suldaanka iyo wiilkiisii Markabkii Ingiriiska dushiisa lagu casumey, ka dibna inta la qabtay ayaa Cadan loo masaafuriyey (Halkaas oo la sheegay in indhaha looga riday.) Waxaa kale oo la sheegay in ka dib Talyaaniga lagu wareejiyey oo uu geeyey Eritrea (Casab). Sababta Suldaanka sidaas loogu galay waxa ay ahayd, iyadoo Ingiriika iyo Talyaaniguba ay u arkayeen inuu yahay nin qalqalooc badan oo aan lagu kalsoonaan karin heshiiska lala galo.

Maarj 1903 Ciidamadii Ingiriiska ee Plunkett watey ee Hobyo fadhiyey ayaa waxa ay u ambabaxeen Mudug.

10 Maarj 1903 Ciidamadii Ingiriiska ee Berbera ka soo baxay ee jidka Buuhoodle hayey ayaa waxa ay qabsadeen ceelasha "Laasakante", oo 30 Mayl Buuhoodle koonfur ka xiga.

13 Maarj.1903 Ciidamadii Ingiriiska ayaa isku xidhay isgaadhsiintoodii Gaalkacayo iyo Danood.

14 Maarj 1903 Lt.Col.J.C.Swayn (Ingiriis), ciidamadii uu watay ayaa gaadhey xaruntii isgaadhsiinta.

17 Maarj 1903 Swayn, ayaa Br.Janaraal Manning, fariin ka helay inuu ciidamadiisii

Danood joogay oo ka koobnaa 300 (King's African Rifles), 50 Soomaali ah iyo laba qori oo waaweyn oo awr u saaraa in ay Gaalkacayo u dhaqaajiyaan. Ciidamadaas oo dhammaantood u hubaysnaa, waxa ay kale oo wateen 1,000 geel ah oo laba bilood raashinkood ah[79].

17/24 Maarj 1903 Ciidamadii Major-Gen Fasken, abaanduulaha u ahaa ayaa Gaalkacayo gaadhey.

19 Maarj 1903 Manning, ciidamadiisii ayaa Beira qabsaday.

25 Maarj 1903 Ciidamadamo Plunkett, hoggaamiye ka ahaa oo Danood ka soo ambabaxay ayaa Gaalkacayo Gaadhey. Br.Janaraal Mannig, waxa ay talo ka xumaatay markii loo sheegay in Seyidka iyo Daraawiish oo uu Galaadi ku tuhmaayey ay u guureen Walwaal iyo Wardheer.

26 Maarj 1903 Manning, oo 1,081 ciidan xoog leh oo sinjiyado kala duwan ka kooban wata ayaa Gaalkacayo ka ambabaxay oo wejiga saaray Bera (Beira) oo ilaa 15 mayl u jirtey.

30 Maarj. 1903 Ciidamadii Manning, ayaa waxa ay gaadheen "Dhudhub" oo 44 mayl Beira u jirta, ka dibna waxa ay socodkoodii u sii wadeen dhinaca Galaadi oo himiladoodu ahayd. Hase ahaatee, habeenimadii ayaa Manning, akhbaar ka soo gaadhey Major P.A.J.Kenna, oo u sheegay inuu 8:30 subaxnimo uu Galaadi qabsaday, halkaasna uu ku dilay tiro aan yarayn oo cadowga (Daraawiish) ah xoolo aan yaraynna laga bililiqaystay, kana qabsaday dhawr maxbuus, kuwaas oo u sheegay in markii S.M.C. Xasan maqlay in Ingiriisku Gaalkacayo qabsaday uu u qaxay xaggaas iyo Walwaal; laakiin weli laga yaabo in xoolihiisii joogaan "Gumburo" oo ilaa 30 mayl Galaadi u jirta.

1-2 Abriil 1903 Laba col oo ay kala wateen Mr. Plunkett iyo Lt.Col. A.S.Cobbe, ayaa u ambabaxay Gumburo (Cagaarweyne), si ay u soo dhacaan xoolihii Daraawiishta ee goobtaas loogu sheegay. Dagaalkaasi waxa uu ahaa kii ugu weynaa ee Seyidka iyo Daraawiishta lagu kiciyey. Ingiriisku waxa uu ku magcaabay dagaalkaas '3rd Expedition.'

5 Abriil 1903 Ciidankii Ingiriiska ee Berbera ka yimid ayaa Buuhoodle ka ambabaxay, oo koonfur foolka saaray.

6-7 Abriil 1903 Plunkett iyo Cobbe, ayaa soo laabtay iyaga oo wata 1,630 geel ah oo ay soo dheceen. Waxa ayna labadooduba sheegteen in ay dhawr meelood oo cadowgu deganaa ku duuleen rag badana ka laayeen. Guushaas ka dibna waxaa la aloosay qorshihii loogu duuli lahaa Wardheer iyo Walwaal oo Seyidka iyo Daraawiish lagu tuhmaayey.

10 Abriil 1903 Cobbe, ciidan uu hoggaaminayo ayaa waxaa loo diray dhinaca galbeed, ka dib markii ciidamada Ingiriiska loo sheegay xan in wadaadka iyo ciidamadiisii Wardheer iyo Walwaal ka tageen oo galbeed ama waqooyi galbeed u carareen.

11 Abriil 1903 Kabtan G.C.Shakerly, oo ciidan 50 nin ka kooban oo Ingiriis iyo Boers (Dutch) isugu jira wata ayaa Galaadi ka baxay si ay ugu biiraan ciidamadii uu Cobbe watay.

12 Abriil 1903 Ciidamadii Cobbe, waxaa xidhay kayn jiq ah , wuxuuna go'aansaday inuu dib isaga laabto, hase ahaatee ciidamo kuwii Daraawiishta ka tirsan ayaa haleelay, halkaasna waxaa ku dhex maray dagaal aad u weyn. Muddo ka dibse ciidamadii Mr.Cobbe, waxa ay degeen meel xoogaa waqooyi ka xigta Gumburo.

14 Abriil 1903 Ciidamadii Ingiriiska ee Hobyo ka soo tegay ayaa waxa ay gaadheen Galaadi.

15 Abril1903 Colkii Ingiriiska ayaa Gumburo degey, halkaas oo ay dhufeysyo ka samaysteen.

16 Abriil 1903 Manning, akhbaar uu Mr.Cobbe, ka helay wuxuu ugu sheegay in roob xoog leh oo 15kii bisha da'ay dartii ay u suurto geli weyday inuu socodkiisii sii wado. Isla markaasna waxaa ku adkaatay sidii uu ku heli lahaa jidka Wardheer aada. Arrintaasi markii ay dhacdayna Manning, wuxuu go'aansaday in Cobbe, soo laabto, waayo Soomaalidii la socotay ayaa waxa ay u sheegeen in uu jiro jid dhinaca waqooyi aada oo Walwaal geyn kara, dabadeedna u sii gudbin kara Wardheer. Isla mar ahaantaasna wuxuu (Manning) qorsheeyey inuu ciidamo kale oo Cobbe, garabsiiya Gumburo u diro.

17 Abriil 1903 Intii aan ciidamadii Gumburo aadi lahaa bixin ka hor, ayaa Cobbe dhiillo ka soo yeedhay oo uu soo sheegay inuu ka cabsi qabo in ciidamadii Kor. Plunkett, masaa'ibi ku habsatay, waayo iyagii iyo isgaadhsiintoodiiba waa la waayey, faahfaahin kalese kama bixin. Markii Manning, maqlayna wuxuu go'aansaday inuu wixii uu ciidan haystay xooggoodii dhaqaajiyo si uu Cobbe, ciidamadiisii ugu gurmado.

Ka dibna Kor. A.S. Cobbe, waxaa u caddaatay in ciidamadii Plunkett, ay rag xoog leh oo Daraawiish ka tirsani weerar ku qaadeen. Wuxuuna warqad Cobbe, 21kii Okt., Manning u diray ku caddeeyey in ciidamadii Plunkett, watay laga dilay 9 sarkaal oo Ingiriis ah, 187 qowmiyadihii kale ah iyo 29 laga dhaawacay. Dhinaca Daraawiishtana waxa ay sheegeen inaan la hubin inta ka dhimatay, laakiin waxa ay ku qiyaaseen in 270 ka dhimatay, Ingiriiska qaarkoodna waxa ayba sheegteen in dhimashada Daraawiishtu intaa 10 jeer ka badnayd[80].

Hase ahaatee, Sheegashada Ingiriiska ka sokoow waxaa cadaatay in ciidamadii Ingiriiska si xun loo jebiyey. Ciidamadii Plunkett, watayna waxaa ka soo laaabtay 41 nin oo lix ka mid ahi keliyaa ay ka fiyoobayd[81]. Sidoo kale Seyidku wuxuu sheegtay inuu Ingiriiskii caddaa Daraawiishi ilaa 600 oo nin ka dishay, wixii kalena ay koronkoro la daadshay ka dhigeen[82].

19 Abriil 1903 Ciidamadii Buuhoodle ka soo ambabaxay ayaa balliga Danood soo dul fadhiistay, halkaas oo ay ka samaysteen saldhig. Hase ahaatee ciidankaasi war iyo wacaaltoona uma hayn waxa Gumburo ka dhacay iyo jabkii ciidamadooda.

19 Abriil 1903 Manning, iyo ciidamadiisii gurmadka ahaa waxa ay ku hakadeen meel 10 mayl Gumburo u jirta. Halkaasna waxaa ugu yimid akhbaar sheegaya in ciidamadii Cobbe, jidka ku soo jiraan oo Gumburo ka soo baxeen, ka dibna halkaas ayaa labadii ciidan ku kulmeen iyaga oo markaas ka dibna wejiga saaray jidka dhinaca Galaadi.

20 Abriil 1903 Ciidamadii Manning iyo Cobbe, ayaa waxa ay gaadheen Galaadi.

22 Abriil 1903 Koox ciidamadii Ingiriiska ka tirsan ayaa loo diray dhinaca Balliga Hara Xagarey, si ay u soo ilaaleeyan cidda dhulkaas ka dhow, wax yar markay xeradii ka socdeena waxa ay la kul meen dad aroor ah kuwaas oo u sheegay dagaalkii Gumburo ka dhacay ee Ingiriiska lagu jebiyey, iyagana dhexda Daraawiishi u fadhido. Colkaas Ingiriiska oo uu hoggaamiye ka ahaa Gaashaanle Gough, hadafkooduna ahaa in ay ilaa "Daratoole" tagaan, ayaa laba boqol oo rakuubleydoodii ah Daraawiishi dhexda ku weerartay. Ciidamadii Ingiriiska waxaa goobtaas looga dilay 2 sarkaal oo Ingiriis ah 13 qowmiyadihii kale ah, waxaana laga dhaawacay 4 sarkaal oo caddaan ah iyo 28 dadyowgii kale ah. Ka dibna waxa ay dib ugu carareen Danood[83].

Arrintu si kastaba ha ahaatee, ciidamadii Ingiriisku way awoodi waayeen in ay dagaal soo rogaal celiyaan oo Daraawiish ka aarsadaan. Jabkaasu waxa uu xukuumadii Ingiriiska ku kalifay in Br.Janaraal W.H.Manning, jagadii hoggaaminta ciidankii Daraawiishta la dagaalamaayey laga wareejiyo, waxaana xilkii la saaray Jeneraal Charles Egerton, oo xafiiska dagaalka ee Ingiriiska joogay, waxaana la saaray masuuliyadda ciidamadii Ingiriiska ee ololihii dabar goynta Daraawiishta u heelanaa oo dhan.

31 May 1903 Daraawiishtii ayaa Xabashidu dhulka Hawd iyo Oogo (Ogaadeeniya) ka soo saartay kuna kaliftay, in ay Nugaal u qaxaan.

13 Juun1903 Field Marshal Earl Roberts, oo ahaa abaanduulihii guud ee ciidamada Ingiriiska (Commander in-Cheif) ayaa maqlay in Seyid M.C.Xasan iyo ciidamadiisii dhinaca Nugaal u kaceen; isla mar ahaantaasna Seyidku uu oggolaansho ka helay boqor Cismaan, haddii uu rabo inuu dhulkiisa magan galo. Taasina waxa ay aad uga sii xanaajisay Mr.Roberts, oo jeclaa in cidhib tirka Daraawiishi aanu mudadaas dheer ku qaadan.

15 Juun 1903 Waxaa Ingiriisku amray in dhawr talaabo oo degdeg ah la qaado si Wadaadka iyo ciidankiisa dagaal kama dambays ah lagu qaado. In 1,500 oo awr oo ka dheeraad ah 1,300 ee horey Hindiya looga sugaayey la dalbo, laguna kordhiyo ciidan cusub 3da boqol ee ciidanka madaafiicda[84] Ingiriiska 700 oo ka tirsan guutada madaafiicda Hindida iyo 300 oo rakuubley Hindi ah.

Ciidanka Ingiriisku wuxuu guud ahaan ka koobnaa 6,000 oo Ingiriis iyo sinjiyado kale isugu jirey. Ciidamada Daraawiishtana waxaa lagu qiyaasay 6,000 ilaa 8,000. Labadii ciidan ee Ingiriisku waxa ay ku kulmeen Jidbaale[85]. Ka dibna ciidamadii Daraawiishta oo xaruntoodu ahayd Xalin, markii ay ogaadeen in Ingiriiskii Jidbaale soo degey ayey ka hor yimaadeen(Daraawiishtu) oo Bohol soo degeen.

26 Juun 1903 Manning iyo ciidamadiisii ayaa Buuhoodle soo gaaray, iyaga oo Hawd soo dhex jibaaxay ka dib markii ay ku soo fashilmeen dagaaladii ay wadaadka iyo Daraawiish ku cidhib tiri lahaayeen. Wadaadka oo nafsad ahaantiisuna dagaaladii Abasiiniya u adkaysan waayey ayaa dani ku kaliftay inuu Boqor Cismaan warqad iyo niman la soo xaajooda u diro si uu bari ugu qaxo. Ka dib markii raggii Seyidku uu dirsaday jawaab oggolaansho ah Boqorkii uga keeneenna safar ayuu bari ku cayntaarshey.

3 Jul. 1903 Charles Egerton, ayaa Berbera ka soo degey.

Agoos (Badh.) 1903 Markii S.M.C.Xasan, Nugaal deganaa ayuu isaga oo wata ilaa 3,000 oo hubaysan, oo Ciise Maxamuud u badnaa (Majeerteen) tegay "Ilig", waxa ayna ka nadiifiyeen wax allaale wixii deganaa. Waxa ayna dileen ilaa 600 oo ruux, wixii xoolo iyo hanti ahaana waa la bililiqaystay iyo weliba 150 rayfal[86]. Ka dibna S.M.C.Xasan, wuxuu Ilig ka dhistay qalcado, ujeedada ugu weynayd ee uu ka lahaa inuu magaaladaas qabsodana waxa ay ahayd inuu helo meel uu u madax banaan yahay oo uu wax ka soo degsado waxna ka dhoofsado[87].

3 Dis.1903 Ciidamadii Xabashida ee Menelik u qorsheeyey in ay Daraawiishta la dagaalamaan ayaa Baabiili ka baxay.

1903-4 Dagaal ayaa dhex maray ciidamadii suldaankii Geledi, Suldaan Cusmaan Axmed Yuusuf iyo qabiilka Hintire. Dagaalkaas oo loo yaqaaney "Axad Mereerey" waxa uu ka dhacay magaalada Mereerey oo ahayd magaalo Hintire, waxaa si xun loogu jebiyey ciidamadii Suldaan Cusmaan[88]. Hintire waxa ay degaan magaalada Mereerey iyo nawaaxigeeda, waxa ayna isugu jiraan dad xoolo dhaqato ah iyo kuwo beeraley ah. Hintire waxa uu xulufo la ahaa Saldanadii xoogga lahayd ee Geledi, suldaanadii Geledi-na waxa ay u tix gelin jireen Hintire in uu yahay "raaciyad" ka tirsan saldanadooda. Markii 1843 suldaan Yuusuf Maxamed duulaanka ku qaaday Baardheere, Hintire waxa ay ka mid ahaayeen qabiiladii dagaalka kala qayb galay. Waxaa kale oo la sheegay in markii Suldaan Axmed jagadii aabihiis la wareegay uu Sheekh Maadow Macallin oo ahaa odayaashii Hintire ugu magaca dheeraa uu dhulkiisa Beer ka siiyey (hadiyad ahaan). Suldaanimada ka sokoow, waxaa la sheegay in labada Sheekh hore saaxiib u ahaan jireen markii ay cilmiga diinta ku wada baran jireen magaalada Baraawe.

9 Jan. 1904 Janaraal Egerton, ayaa Badweyn ka soo degey isaga oo wata ugu yaraan 2,302 askari iyo 2,502 oo rayfal iyo 6 qori boobe ah (maxim) si uu ula kulmo Janaraal Manning. Ciidamadii aya kala wateen Egerton iyo Manning waxa ay ku ballameen in ay 9ka Jan.1904, ku kulmaan Yagoori (oo u dhow Laascaanood).

10 Jan.1904 Jidbaale (oo 30 mayl qiyaastii Laas Caanood u jira) ayaa dagaal Daraawiishta iyo Ingiriiska ku dhexmaray, waxaana si xun loogu jebiyey Daraawiishta; waxa ayna Ingiriisku sheegteen in ay 668 meyd ah goobtii dagaalka ka tiriyeen maalintii labaad ee dagaalka, ilaa 200 oo kalena ay Daraawiish ka dhaawacmeen[89]. Ingiriiskuna wuxuu qirtay in 3 sarkaal oo Ingiriis ah iyo 27 kale oo Sinjiyadaha kale ahaa laga dilay, lagana dhaawacay 27 qowmiyadihii kale ee u dagaalamayey. Daraawiishtuna waxa ay sheegteen in ay Ingiriiska hilaadii 100 askari ka dileen[90].

Guushaas Ingiriisku gaadheyna waxa ay laba maalmood ka dib ku dhiiri gelisay in ay xarunta (Xalin) Daraawiishta qabsadaan. Hase ahaatee, Daraawiish way ka qaxday Xalin, baqahaas Daraawiishtuna wuxuu Ingriiska u sahlay inuu qabsado Jidbaale, Xalin, iyo Garoowe oo kulligood Daraawiish muhiim ugu ahaa. Janaraal Egerton-na wuxuu mahadnaq aad u weyn ka helay boqorkii Ingiriiska ee waqtigaas (Edward VII) iyo weliba madax badan oo sarsare.

Seyidka oo qabiiladii waqooyigu (Isaaq, Gadabuursi, iyo Warsangeli) ka soo hor jeedeen, waxa ay ula muuqatay markii Mudug laga saaray in meesha keliya ee uu nafta kula eeran karaa ay ahayd "Carro Majeerteen" gaar ahaan Eyl. Taas macnaheedu ma ahayn in gacmo furan lagu soo dhoweynaayey, waayo Seyidka iyo Majeerteen laftoodana waxaa ka dhexeeyey colaad, danbaana ku kaliftay inuu cadow dhexda u galo.

Markii Seyidka iyo Daraawiish la jebiyey Nugaalna laga saaray, waxa ay go'aan ku gaadheen in ay dhinaca Waqooyi iyo Buuraha Calmadow u qaxaan si ay ugu gudbaan Badhan, hase ahaatee, markii ay marayeen togga la yidhaahdo Gebi iyo Cawsane oo Laas Qoray ka tirsan, ayaa Ingiriisku ka war helay ka dibna ciidan ka daba diray. Markii Daraawiishi ogaatay in raadkoodii lagu taagan yahayna waxa ay wejiga saareen dhinaca Calmiskaad iyo Bari, iyaga oo markaas filaayey in Boqor Cismaan gargaar iyo magan gelyo u fidiyo. Si degdeg ahna Seyidku wuxuu ergo ugu dirsaday Boqor Cismaan, si ay ugu sheegaan in gaalo eryanayso oo cid kale oo ay ciirsadaan aanay jirin. Waana markii Seyidku lahaa "kufraa noo cudud sheegtay, Muslim ciidan ka weynay, yaa Cismaan Maxamuudaay[91]."

Kolkii Ingiriisku in Daraawiishi Bari u kacday maqlay, ayuu boqor Cismaan ergo degdeg ah u diray, kuwaas oo u sheegay in haddii uu S.M.C.Xasan iyo Daraawiish uu magan gelyo siiyo badda laga xidhi doono xoolahoodana lagala wareegayo . Markii Boqor Cismaan, labadii ergo hadaladoodii dhegaystayna wuxuu go'aansaday inuu warka Ingiriiska qaato, isaga oo dantiisa eegaaya. Ka dibna Daraawiish oo geedi ah oo meesha la yidhaahdo "Ufayn" maraaya ayaa Boqorkii ciidan lama filaan ah ku soo kiciyey halkaasna amsaaxa looga dhigay. Arrintaas iyada ahna waa tii Seyidku gabaygii caanka ahaa ee "Jiinley" Boqor Cismaan, ugu tiriyey. Hambadii Daraawiish ka hadhayna waxa ay u qaxeen dhinaca koonfur (Ayl), isla markiibana Ingiriisku wuu ka war helay oo markay meesha la yidhaahdo "Ayax Geed-gaaban" marayeen ayaa 200 oo rakuubley ah lagu soo kiciyey, halkaasna waxaa ka dhacay dagaal xun oo ciidamadii Ingiriiska lagu jebiyey[92].

1904 (Bilowgii) Ciidamadii ugu quwadda weynaa oo ka koobnaa maraakiib iyo doonyo, oo weliba Talyaanigu taageeraayey ayaa Ingiriisku qabanqaabiyey (4th Expedition).

Jan. 1904 Xaaji Cabdalle Maxamed Shixiri, ayaa xaruntii Daraawiishta dib ugu soo noqday ka dib markii uu Cadan kula kulmay Qunsulkii Talyaaniga Cadan u fadhiyey, halkaasna ay heshiis ku soo kala saxeexdeen.

20 Feb. 1904 Janaraal Egerton, oo ay u caddaatay in ay guushu dhinaciisa tahay ayaa S.M.C.Xasan, waraaq u diray wuxuuna ku amray inuu is dhiibo isla markaana uu keeno laba qori oo Boobe ahaa iyo 1,400 oo rayfal oo uu dagaaladii Erigo iyo Gumburo Ingiriiska uga qabsaday. Isla markaasna wuxuu u sheegay "in naftiisa iyo xaasaskiisa la badbaadin doono, meesha uu mustaqbalka (Seyidku) ku noolaan doonona dawladda Ingiriisku u qoondayn doonto." Hase ahaatee, Seyidku waraaqdaas kama soo jawaabin, inkasta oo la sheego in ay dhici karto inaanu helin.

Abriil (Bilowgii) 1904 Hoggaamiyayaashii Biimaal shir ay isugu yimaadeen ayey ku go'aamiyeen in ay magaalada Marka ka xidhaan dhinaca berriga, taas oo ay ugu talo galeen in aan wax raashin ama xoolo ahi magaalada u gelin. Arrintaasi waxa ay ku beegantay xilliga baddu kacsan tahay ee dabaylaha "Mansoonka" loo yaqaanaa dhacaan; dabaylahaas oo joojiya maraakiibta iyo doonyaha xeebaha ku soo xidha. Waxaana magaalada ku wareegsanaa niman hubaysan oo Biimaal ah, kuwaas oo is-hortaagayey ciddii isku dayda in ay cunto keento magaalada. Dagaalka Biimaal wuxuu ka koobnaa afar soohdimood (Territories), Jasiira ilaa Shabeelada Hoose iyo Jubada Hoose. Xukunka waxaa ka masuul ahaa niman culumo ah oo loo yaqaaney "Macallimiin, " iyo ragga xagga dagaalka iyo ciidamada qaabilsanaa oo loo yaqaaney "Malaakhis" iyo Abaanduulayaal. Markii arrini timaado, dhammaan hoggaamiyayaasha beeshu waxa ay isugu iman jireen *shir,* halkaas oo ay ku go'aamin jireen wixii xaaladda markaas taagan laga yeeli lahaa. Dhaqan ahaan Biimaal wuxuu lahaa Ugaas beesha ka dhexeeya oo haddii wax dhacaan u duceeya shirkana u guddoomiya. Macallimiinta ayaa ahaa ragga sida weyn uga soo horjeeday Talyaaniga diidanaana in heshiis lala galo. Waayo waxa ay macallimiintu aaminsanaayeen in aanay suurto gal ahayn in Soomaalida iyo gaaladu isla noolaan karaan.

Maamulihii (commissioner) Talyaaniga ee waqtigaas, isaga oo ka hadlaaya Biimaal waxa uu yidhi: "kuwa wadaadada isku sheegayaa waa kuwa ugu xun, waxa ay si khalad ah u turjumeen dintii Maxamed, waxa ayna dadka baraan nacayb. U malayn maayo in ay wadaadada u suurto gal tahay in ay kiciyaan qabiilka oo dhan, waxaase laga yaabaa in diinta khaladka ah ee ay dadka barayaan ay keeni karto dhawr seef la bood oo ku kici kara falal argagixisinimo ah; sidii dilkii Talmone iyo Trevis ee Marka. Waqtigaas ciidamada Talyaaniga ee Banaadir joogay tiradoodu waxa ay gaadhayeen ilaa 1,200 oo askari[93].

Marka laga reebo Talyaaniga, cadowga ugu weyn ee Biimaal la dagaalami jirey wuxuu ahaa Suldaanadii Geledi oo quwad weyn lahaa. Dagaaladaas dhex mari jirey qarnigii 19aad waxaa gacanta Biimaal ku dhintay Suldaankii Geledii ee caanka ahaa Suldaan Yuusuf Maxamed iyo wiilkiisii Axmed Yuusuf Maxamed[94].

21 Abriil 1904 Ciidamadii ugu xoogga badnaa ee Ingiriiska ayaa xeebta "Ilig" laga dejiyey. Degaanka Daraawiishtu waxa u ahaa Eyl iyo Galangale oo Ilig ku dhow, laakiin buug badan ayaa qorta in degaanka Daraawiishtu ahaa 'Iling.'

22 Abriil 1904 Waxaa Ilig ka dhacay dagaalkii ugu weynaa, waxaana Ingiriisku isticmaalaayey hub aad u culus oo uu ka mid ahaa qoryaha xoogga badan ee maraakiibta laga rido. Magaaladii gebi ahaan iyo Qalcadihii Daraawiishta ee ka dhisnaana dhulka ayaa lala simay, ka dibna waxaa laga taagay calamadii Ingiriiska iyo Talyaaniga. Dagaalkaas Ingiriisku wuxuu sheegtay in Daraawiish 58 nin laga dilay kuwo kale oo badana laga dhaawacay; Ingiriiskana laga dilay 3 askari 11 kalena laga dhaawacay.

23 Abriil 1904 (Galabnimadii), markab uu saaran yahay nin khabiir oo Talyaani ah ayaa warqad loogu dhiibay Suldaan Cali Yuusuf, oo Hobyo fadhiyey. Waraaqdaas oo Suldaanka looga codsanaayey inuu Ciise Maxamuud ku khasbo in ay Ilig dib ugu soo noqdaan, Suldaankiina wuxuu isla markiiba war geliyey Ciise Maxamuud.

24 Abriil 1904 Markabkii Suldaan Cali Yuusuf Keenadiid, loo diray ayaa Hobyo ka soo laabtay, isla mar ahaantaasna The Volturno, (markab) oo Talyaanigu lahaana wuxuu u gooshay Boosaaso.

25 Abriil 1904 Ciidamadii Ingiriiska ee Ilig qabsaday ayaa Qalcadihii iyo dhufaystadii Daraawiishtu isticmaali jirtey si fiican u burburiyey, waxa ayna soo qabqabteen firxadkii Daraawiishta wixii ay gaadheen.

26 Abriil 1904 Dhammaan ciidamadii iyo Maraakiibtii Ingiriiska ayaa Ilig ka baxay oo Berbera u dhaqaaqay, ka dib markii ay arkeen in dabaylihii Masoonku (Xagaagu) ay sii xoogaysanayaan. Isla mar ahaantaasna aanay macquul ahayn in ay ciidamada xadigaas leh ay maraakiibta dushooda ku quudiyaan oo ay biyaha iyo cuntaduba gabaabsi ka noqon doonaan.

Inkasta oo Ingiriisku Ilig ka tegay, ciidamadii Daraawiishta waxaa la gaadhsiiyey jab aanay ka soo waaqsan karin, waxaana Ingiriisku sheegay in ciidamda Daraawiishta oo tiradoodu qiyaastii gaadheysay ilaa 12,000 oo 1,400 buntukhley ahayd sideed boqol oo baqalley ahna ay wateen ay ka soo hadheen 800 (200-600 oo buntukhley ah iyo 200 oo baqaley), wuxuuna u qaxay Jiidali iyo carro Warsangeli[95]. Akhbaarkaas markii Ingiriisku maqlayna, Janaraal Egerton, wuxuu u diray Major-Janaraal Fasken, si dhulkaas Daraawiish looga cidhib tiro.

Juun (Bilowgii) 1904 Rag odayaal ah oo ka tirsan Biimaal ayaa shir isugu yimid tuulada Cigalle ee ku taalla duleedka Marka, halkaas oo ay dood dheeri ku dhex martay labadii '*Macallin*' ee ugu magaca weynaa. Wuxuu midkood (*Macallimminta)* ku dooday in magaalada Marka dagaal degdeg ah lagu qaado oo Talyaaniga iyo waxa taageersanba xoog looga saaro, kii kalena wuxuu ku taliyey in aan la degdegin ee la sugo inta hoggaamiyayaasha Biimaal oo dhan lagala tashanayo. Arrintiina waxa ay ku dambeysay in beelaha iyo hoggaamiyayaasha Biimaal lala tashado inta aan wax dagaal ah la qaadin[96].

Juun 1904 Magaalada Marka dadkii ku noolaa waxa ay wajaheen macaluul aad u xun—-dadkii magaalada degganaa oo tiradooda lagu qiyaasay ilaa shan kun-na (5,000), waxaa magaaladii kaga hadhay in ka yar _ dadkii hore u degganaa.

Maamulkii Talyaaniga ee Muqdisho ayaa 3 jeer isku deyey in uu magaalada macaawimo geeyo, hase ahaatee waxaa 3dii jeerba jidka u galay dagaal-yahanno Biimaal ah oo weerar ku qaaday ciidamadii Talyaaniga wax yeellona ugu geystay. Dagaaladaas Biimaal waxaa uga dhintay 45 nin oo uu ka mid ahaa gabyaa caan ah oo la odhan jirey Jibriil Macallin Barrow. Biimaalka beeraleyda ah waxaa dhaqaalahoodu aad ugu xidhnaa xeebaha Banaadir, gaar ahaan magaalada Marka, cuna-qabatayntii Markana waxa ay dhibaato weyn oo dhaqaale u geysatay Biimaalkii beeraleyda ahaa. Haddaba markii ay maqleen dagaaladaas dhacay waxa ay Biimaalkii beeraleyda ahaa ku kulmeen shir waxa ayna soo jeediyeen in ay Talyaaniga la heshiiyaan. Hase ahaatee, ka dib markii ay muddo ka doodayeen ayey markii dambe waxa ay isku raaceen in wada hadalka Talyaaniga dib loo dhigo, iyaga oo qaderinaya tacsida iyo duugista ragga Biimaalka ah ee dagaaladaas ku dhintay[97]. Midnimadii ugu horeysay ee Biimaal kaga soo horjeestay Talyaaniga waxa ay timid 1904tii, ka dib markii maamulkii Talyaanigu mamnuucay dadka "addoonsiga" loo haystay. Waqtigaas Biimaal waxa ay lahaayeen dad ay "addoonsadaan" oo beeraha uga shaqeeya, waxa ayna ahayd xilligii cidhib tirka "is-addoonsiga' lagu jirey[98].

Dagaalkii iyo difaacii magaalada Marka wuxuu ahaa kii ugu dheeraa, marka loo eego dhammaan xeebaha Banaadir. Sida uu qoray Lee V. Cassanelli, Biimaal waxa ay ahaayeen ciidan ahaan iyo siyaasad ahaanba qabiilka keliya ee gobolada Banaadir (Koonfur) cadowgooda meel uga soo wada jeeday[99].

1904 (Dayrtii) Waxaa da'ay roobab aad u waaweyn, kuwaas oo beeraleydii Biimaal ku dhiiri geliyey in ay midhihii beeraha ka soo baxay ay magaalada Marka u iib-geeyaan. Waxaa kale oo la sheegay in lixdii bilood ee sannadkii 1905tii ugu horeysay in odayaal Biimaal ahi u tageen maamulihii Talyaaniga ee magaalada Marka, una sheegeen in aanay maamulka

Talyaaniga ka soo hor jeedin. Waxaa kale oo caddaatay in Biimaalkii waqooyiga Marka degganaa ee dagaalka caanka ku ahaa ay go'aansadeen in aanay magaaladii Jasiira ee Talyaanigu ka qabsaday dagaal ku qaadi doonin, waayo waxa ay ka baqeen in Talyaanigu ka aarsado oo ceelashii xooluhu uga cabi jireen ka sumeeyo. Halkaasna waxaa ka bilawday xurguftii iyo is-aamin la'aantii ugu horeysay beelaha Biimaal kala dhex gashay. Waana markii gabyaa caan ahaa oo Biimaal ahaa lahaa:

- Reer Jannow waa jid galeen —people of heaven, have found their way (by making war)
- Reer Jaaximow iska jooga –people of hell, stay where you are (in submission100.)

Agoos 1904 Cavaliere G. Pestelozza, oo ahaa wakiilkii Talyaaniga Cadan u fadhiyey ayaa waddankiisa ka ambabaxay oo cadan tegay.

12 Sept.1904 Cavaliere G. Pestalozza, oo markab uu watay joogay Boosaaso, uuna la socday Cabdalle Maxamed Shixiri, ayaa waraaq S.M.C.Xasan, u diray wuxuuna u sheegay in uu 25 casho ka dib Ilig kula kulmo.

Sebtem. 1904 Waxaa yaraaday dabaylihii 'Mansoonka,' Biimaal-na waxa ay khafiifiyeen *cuna-qabatayntii* magaalada Marka ay ku soo rogeen. Hase ahaatee, wax yar ka dib, waxaa Cigalle iyo agagaarkii Markaba qabsaday Talyaaniga; wuxuuna Cigalle ka dhistay *Sariibad.* Ka dib markii Cigalle Talyaanigu qabsaday, hoggaamiyayaashii Biimaal waxa ay shir isugu tageen magaalada Mooyaale (Galbeedka Laanta Buur), si ay xaaladda cusub ee soo korodhay uga wada tashan lahaayeen.

Intii aan Cigalle laga qabsan, Biimaal waxa ay mar walba ku kalsoonaayeen awoodooda ciidan iyo dhaqaaleba; hase ahaatee dagaalkaasi wuxuu tusay in aanay hubka culus ee Talyaanigu isticmaalay u babac-dhigi karin, ilaa ay helaan hub u dhigma. Sidaas darteed, shirkii Mooyaale waxa ay hoggaamiyayaashii Biimaal ku go'aamiyeen in ay 500 oo nin oo isugu jirey dagaal-yahanno iyo culumo u diraan Seyid Maxamed, si ay uga soo helaan kaalmo hub iyo ciidan. Arrinta kaalmo weydiisigu ma ahayn mid sahal ku ah nimankii Biimaal oo hankooda iyo awoodooduba aad u sareeyeen. Ragga ciidamadaas (Seyidka aadey) hoggaaminayey waxaa ka mid ahaa: Malaakh Cabdi Juray, Sheekh Jamaal Macallin Xasan, Maxamed Mursal iyo Bilow Ageede. Waxaana la sheegay in ciidankaas Seyidku soo siiyey 300 oo qori[101]. Waxaa sidoo kale la sheegay in Daraawishta Banaadir (Koonfur), gaar ahaan Biimaal ay Seyidka iyo Daraawiishta u geyn jireen haddiyado ay ka mid ahayeen, dharka '*Alindiga*' ah oo waayadii dambe loo yiqiin 'Banaadiri' iyo alaabooyin kale[102].

1904 (aakhirkii) ayaa Talyaanigu si fiican u ogaadey in xidhiidh rasmi ahi oo ka dhexeeya Daraawiishta Banaadir iyo S.M.C. Xasan jiro ka dib markii, Talyaanigu ogaadey in Sheekhii magaalada Baardheere uu Daraawiishta Seyid M.C. Xasan warqad u direy, iyo in uu jirey shirkii Biimaal ee Mooyaale ka dhacay ee wefdiga ballaadhan u direy *Ilig.*

15 Okt. 1904 Cavaliere G. Pestalozza, markabkii uu watay ayaa xeebta Eyl, ku soo xidhtay.

16 Okt. 1904 Postalozza iyo Mr.Sylos Sersale[103], ayaa markabkii ka soo degey (Ilig) iyaga oo aan wax huba iyo ciidan ilaaliya midkoodna wadan. Postalozza oo sheeganayey in uu sidoo kale wakiil ka yahay Ingiriiska iyo Xabashida ayaa isaga iyo S.M.C.Xasan, u bilowday wada hadalkii; inkastoose wadahadalkoodii meeshii ugu xumayd gaadhey ka dib markii S.M.C.Xasan, diiday inuu Ingiriiska heshiis la saxeexdo haddana markii dambe todoba qodob ayey isku raaceen.

1. In la qaban qaabiyo heshiis nabadeed oo ay u dhan yihiin Ingiriiska, Talyaaniga, Xabashida iyo Raaciyadda Soomaaliyeed[104].
2. In la soo Celiyo Suldaan Cali Yuusuf Keenadiid, oo 1903dii Talyaanigu u masaafuriyey Casab[105]. Suldaanku markaas markabka ayuu saaraa oo waa la soo celiyey. Waayo Seyidka ayaa hore ugu xujeeyey in haddii ay gumeystayaashu wada hadal rabaan, in ay soo celiyaan suldaanka. Markii Postalozza marka ka soo degay si uu ula kulmo Seyidka, waa markii uu seyidku tiriyey tixdii geeraarka ahayd: *Talyan koofiyad weynow kalaam kaa maqli-maayee Keenadiid ma wadaa?*[106]
3. In Ingiriisku cuna qabataynta dhaqaale ee uu Daraawiishta ku hayo ka qaado.
4. In Talyaanigu ka hadho u doodista Boqor Cismaan iyo dadkiisa, haddii kale Boqorku u magdhabo xoolo Daraawiishta uu ka dhacay iyo weliba 257 halaad oo Seyidku boqorka yarad u siiyey, ka dib markii uu u balan qaaday inuu gabadh siinayo, ka dibna uu ku ballan furay.
5. In muddo 50 caana maal ah waan-waan nabadeed la dhaqan geliyo, ka dibna Mr.Pestalozza, uu xarunta "Ilig" ku soo laabto isaga oo go'aan ka wada wadamadii qodobka koowaad lagu xusay.
6. In aan mudadaas waan waantu socoto aan wax dagaal ahi ka dhex dhicin wadamadaas Mr.Pestalozza, wakiilka ka yahay iyo Daraawiish. Arrintu si kastaba ha ahaatee markii Mr.Pestalozza, ka soo laabtay waxaa la weriyey in Seyidku shuruudihii hore ee isaga iyo nimanka gumeystayaasha metalayey horey u galeen ka tanaasuley, wuxuuna markii dambe u soo bandhigay saddex qodob oo cusub:

a) In Ingiriisku waddanka Soomaaliya isaga baxo.

b) In Boqor Cismaan xoolihii uu dhacay iyo kuwii yaradka ee uu ku ballan furay soo celiyo inta aan wax kale laga wada hadlin.

c) In Suldaan Cali Yuusuf Keenadiid, dagaalkii uu Daraawiishta kaga furtay 210ka buntukh u soo celiyo[107].

Okt. 1904 S.M.C.Xasan, ayaa Ilig dib ugu laabtay si uu dib ugu dhisto xaruntiisii laga burburiyey.

1904 Biimaal iyo Talyaaniga ayaa dagaal dhexmaray, dagaalkaas oo Biimaal kaga soo horjeeday inuu Talyaanigu u gudbo dhulka xeebaha ka baxsan (Shabeelaha Hoose) ee Biimaalku ka talin jirey. Talyaanigu wuxuu ku andacoonaayey, inaanu dhulka Biimaal xukumo aanu dan ka lahayn ee uu u gudbayo meelaha degaankiisa ka baxsan. Dagaalka Talyaaniga iyo Biyaal wuxuu socday qiyaastii sideed sanadood (1904-1912). Suldanadii Biimaal waxa ay ahayd midda ugu magaca dheer dhulka loo yiqiinay "Italian Somalind."

Jan. 1905 Dagaal ay hoggaaminayeen niman ka tirsan "*macallimiintii*" iyo culumo Biimaal ahaa ayaa dagaal ku qaaday xero ciidamada Talyaanigu degganaayeen oo ku taalley tuulada Cigalle. Dagaalkaas waxaa lug looga dhaawacay Xaaji Cabdi Abiikar 'Gafle' oo ka mid ahaa raggii xukunka Talyaaniga sida weyn uga soo horjeeday. Intii aan Talyaanigu imaan dhulka Biimaal, Xaaji Gafle wuxuu caan ku ahaa faafinta iyo barista diinta Islaamka[108]. Ka dib markii Biimaal dagaalkii Marka looga guuleystay, Xaaji Gafle way ku adkaatay in uu ku hoos noolaado gumeysiga Talyaaniga wuxuuna ka mid noqday raggii ku biiray Daraawiishta Banaadir. Waxaa la sheegay in Xaaji Gafle dagaalka Talyaaniga ku jirey ilaa intii laga gaadhayey sannadkii 1920kii, waqtigaas oo ahaa markii Daraawiishtii Seyid M.C. Xasan Ingiriisku jebiyey. Ka dibna Xaaji Gafle isaga oo 70 jir ah oo indhal'a (wax yar uun arka) ayuu ninkii Talyaaniga ahaa ee Soomaaliya xukumey ka codsaday in uu dhulkiisa ku soo noqdo— si uu ugu dhinto; ka dibna waxaa la sheegay in uu ku dhintay meel u dhow Laanta Buur[109].

13 Jan. 1905 Ingiriiska iyo Talyaaniga ayaa heshiis ku kala saxeexday ZanZibar, heshiiskaas oo Talyaanigu ku caddaynaayey inuu Talyaanigu hore boqorkii Zanzibar uga iibsaday magaalooyinka xeebaha Banadir, hase ahaatee uu (Talyaanigu) Ingiriiska u oggolaanayo inuu xeebaha isticmaalo.

3 Maarj 1905 Pestalozza ayaa Daraawiish dib ugu soo laabtay si uu isugu dayo inuu heshiis cusub la saxeexdo, wuxuuna sidii heshiiskii hore dhigaayey waday Suldaan Cali yuusuf[110].

5 Maarj 1905 Pestalozza iyo S.M.C.Xasan, ayaa aakhiritaankii heshiis wada saxeexday, heshiiskaas oo loo yiqiinay "heshiiskii Pestalozza ama Ilig", waxaa qodobadii ugu muhiimsanaa ee la isku raacay ka mid ahaa[111]:

1. In nabad waartaa ka dhex dhacdo Talyaaniga, Ingiriiska, Xabashida, Daraawiishta iyo dhammaan qabiilada Soomaaliyeed ee kala raacsan quwadaha iska soo horjeeda.

2. In Seyidku xaruntiisa ka dhisto meel cayiman oo uu doonayo, laakiin aan ka baxsanayn xuduudka Talyaaniga (dhulka Soomaalida ee uu haystay), dhulkaas oo u dhexayn doona Cadduun, Mudug, Nugaal iyo Hawd.

3. In Daraawiish laga mamnuuco ka ganacsiga hubka iyo ganacsiga dadka (addoonta), sida lagu caddeeyey heshiiskii yurub ee lagu qabtay Brussels (1890.)[112]

24 Maarj 1905 Markii heshiiskii "Ilig" 19 maalmood laga joogay ayaa mar labaad Berbera lagu kulmay oo la kala qortay. Heshiiskaas oo ka koobnaa shan qodob dhinaca Ingiriiska waxaa u saxeexay Mr. W. Malcolm Jones, oo ahaa sii hayihii jagada badhasaab ku-xigeenka ee Somaliland, xagga Daraawiishtana waxaa u saxeexay:

1. Cabdalla Maxamed Shixiri (Habar Jeclo,Aadan Madobe)

2. Diiriye Carraale, (Habar Jeclo, Aadan. Madoobe)

3. Adan Cigaal (Majeerteen, Cumar Maxamuud, Cigalle)

4. Macalin Maxamed Nuur (Dhulbahante, Qayaad.)[113]

Qodobadii heshiiskana waxaa ka mid ahaa:

1. In heshiis dhex maro Daraawiishta, dadka raacsan (Daraawiishta) iyo boqortooyada Ingiriiska iyo dadka raacsan (Soomaalida)

2. In wixii is af-garan waaya ee xuduudaha Ingiriiska iyo dhulka Daraawiishtu ka taliso ka dhaca lagu dhemeeyo maslaxo, sida caadada Soomalidu tahay.

3. In maadaama S.M.C.Xasan, iyo Daraawiishtiisu ay heleen dhul u gaar ah oo si nabad gelyo ah ay ugu hoos nool yihiin calanka Talyaaniga, ay lagama maarmaan tahay in Daraawiishtu, Ingiriiska iyo dadka uu maamulo ay la yeeshaan heshiis saaxiibtinimo iyo nabad gelyo.

4. Maadaama colaad xun iyo is aamin la'aani muddo badan jirtey, waa in Badhasaabka Ingiriisku cayimaa wakhtiga labada dhinac (Ingiriiska iyo Daraawiish) ganacsigii u dhexeeyey bilaaban lahaa.

5. In haddii ganacsiga labada dhinac u dhexeeyaa bilowdo, ay Daraawiishta iyo dadka raacsani ilaaliyaan danaha iyo dastuurka u degsan dhulka Ingiriisku Xukumo (Somaliland).

1 Juun 1905 Seyid M.C. Xasan ayaa warqad u diray Lt.Col. Eric .J.E. Swayn oo ahaa ninkii ciidamadii (First Br. Military Expedition) daraawiishta lagu kiciyey madaxda ka ahaa (Chief of staff). Warqaddaas waxa uu Seyidku ku sheegay in uu aad ugu farxay in ergadii Daraawiish ka socotay si wanaagsan Ingiriisku u soo dhoweeyey, isla mar ahaantaasna loo oggolaaday isaga iyo dadkiisa dhul ay degaan. Seyidku waxa kale oo uu sheegay in uu ka raalli gelinayo Swayne, warqaddii uu (Seyidku) hore ugu diray ee uu ku amray in uu dhulka Soomaaliya muddo saacad gudaheed ah uga baxo. Waxa kale oo Seyidku Swayne u sheegay in uu aad uga xun yahay in uu aad u aaminay kuwo (Soomaali) jahada ka luminaaya, daacadna aan u ahayn. Waxa uu si gaar ah u eedeeyey laba nin oo Ingiriiska turjubaan u ahaa iyo caaqiladii iyo odayaashii Daarood ee uu ku tuhmaayey in ay Ingiriiska la shaqeeyaan.

Seyidku waxa uu warqaddiis ku amaanay ***Risaldar Major*** Xaaji Muuse Faarax (ina Igarre), oo ahaa ninka Soomaalidii Ingiriiska u shaqayn jirtay ugu darejada weynaa[114]. Ugu dambayntii Seyid Maxamed waxa uu warqaddiisii ku soo gebo gebeeyey in uu Swayne ka rajeynaayo in uu waddanka kaga baxo (muddo suurto gal ah).

1905 (Gugii) Cabsidii Soomaalida Koonfur deganayd, gaar Banaadir Xabashida ka qabtey ayaa rumowday, ka dib markii ciidamo Xabashi ah oo lagu qiyaasay ilaa dhawr kun, aadna u hubaysnaa –oo Fardooley ah ay soo gaadheen ilaa duleedka magaalada Balcad oo Xamar wax yar u jirta. Qabiiladii Soomaalida ee dhulkaas deganaa ayaa u midoobay, halkaasna waxaa lagu jebiyey ciidamadii Xabashida[115]. Labo sano ka dib markii Amxaarada la jebiyeyna waxa ay duulaan cusub ku qaadeen Luuq, halkaas oo ay dad ku laayeen xoolo aad u tiro badana ku dhaceen. Arrintaasina waxa ay aad uga xanaajisay Talyaaniga oo markaas maamul ku lahaa.

Arrintu si kastaba ha ahaatee, Luuq waxa ay ka tirsanayd dhul 180 mayl ah oo ka bilaabanayey webiga Juba (waqooyiga Baardheere) ilaa laga gaadhaayo xuduudka Somaliland, hase ahaatee Amxaarada lafteedu markaas sheeganaysay.

1905 Ka dib markii Talyaanigu Biyaamaal dagaalkii ugu dambeeyey kaga guuleystay, xukunkiisii wuxuu si fiican uga dhaqan galay meelo badan oo ay ka mid ahaayeen; Muqdisho, Marka iyo Luuq.

1905 Abokor Saacmawaayo iyo niman ay saaxiibo ahaayeen ayaa waxa ay u safreen Hiiraan si ay u caawiyaan niman ay isku qabiil ahaayeen oo Xabashida kula dagaalamayey dhulka Shabeelaha Sare. Muddo ka dib waxa la sheegay in Abokor Saacmawaayo uu tegay Ilig oo ahayd xaruntii Daraawiishta Seyid M.C. Xasan, halkaas oo lagu siiyey derajada *Darwiish.* Waxaana la soo siiyey Faras, Qori, iyo Khamiis –kaas oo Daraawiishta astaan u ahaa.

1905-1907, Waxa ay ahayd waqti ay yaraayeen dagaaladii ka dhexeeyey Soomaalida iyo gumeysigii Talyaaniga. Sida Talyaanigu aaminsanaa, xilligaasi wuxuu ahaa, xilligii xidhiidhka Daraawiishta Seyid M.C. Xasan iyo kuwii Banaadir sii kobcay. Waana waqtigii Seyidku warqadda u direy Biimaal, ee uu ku dhiiri gelin in ay gaalada jihaad ku qaadaan. Waxaase mudadaas dagaalo ka socdeen dhulka Soomaalida (Shabeele) ee Xabashidu isku fidineysay. Raggii dagaaladaas hoggaamiyayaasha ka ahaa waxaa ka mid ahaa Nuur Boora, waana waqtigii Saacmawaayo iyo rag kale Koonfur ka tageen si ay walaalahood u caawiyaan oo Xabashida ula dagaalamaan[116].

1905-1908 Waxaa isbedelay wejigii dagaalka Talyaaniga lagula jirey, ka dib markii ay soo caan baxday Daraawiistii dhulka Banaadir, kuwaas oo xidhiidh fiican la lahaa Daraawiishtii Seyid Maxamed Cabdulle Xasan. Waxa ay ahayd markii ugu horeysay ee Talyaanigu wajahay dad aan qabiil isku raacin ee diini midaysay, kuwaas oo ku walaaloobay u dagaalanka iyo difaaca diinta iyo dalka. Daraawiishta Banaadir waxa ay caan ku ahaayeen:

- In ay ahayeen rag da'doodu u daxaysey 25-50
- In ay hub haysteen
- In ay Seyid M.C. Xasan xidhiidh la lahaayeen
- In ay nolol adag oo aan degaan lahayn ku noolaayeen, oo ay dadkoodii, xoolahoodii iyo qabiiladoodiiba ka tegay.

Maadaama Daraawiishta Banaadir (Koonfur) ay ahaayeen dad diin isku raacay, Talyaanigu wuxuu bilaabay sidii uu siyaasad ahaan u go'doomin lahaa, wuxuuna maamulkii Talyaanigu bilaabay in uu qabiiladii nimankaasi ka dhasheen heshiishyo nabadeed la galo; ka dibna Daraawiishtii waxa ay noqdeen ciidan aan dhul lahayn oo dadku 'fallaaago' u arkaan. Nin kasta oo qabiilku u arkaayey in uu siyaasad ahaan xagga Daraawiishta u janjeedhana waxaa lagu qasbay in uu deegaanka ka guuro oo Daraawiishta raaco.

In kasta oo ilaa xad Talyaanigu kala qaybintaas bulshada ku guuleystay, haddana dhibaatadii Daraawiishtu halkaas kuma dhammaan ee waxa ay noqdeen ciidan aan degaan gaar ah lahayn, oo dagaalkoodu yahay ku '*ku dhufo oo ka dhaqaaq."* Daraawiishtu waxa ay kale oo ay bilaabeen in ay hujuumaan dadkii beeraleyda ahaa ee Talyaaniga heshiiska la galay, iyaga oo doonayey in dadkaas beeraleyda ahaa balanta Talyaaniga ka baxaan lana dagaalamaan. In kasta oo Talyaanigu Soomaalida gacantooda hubka aad uga ilaalin jirey, waxaa la sheegay in sannadku markuu ahaa 1907dii in hub gaadhaya 300-400 oo qori uu Soomaalida gacantooda ku jirey, hubkaas badankiisa waxaa badankiisa haystay nimanka Daraawiishta ah. Dagaalka gumeysiga ka sokoow, ninkii xilligaas qori haystay wuxuu ahaa nin sumcad weyn iyo qaderin ku leh bulshada dhexdeeda[117].

1905 Ingiriiska ayaa Dugsiyadii hoose ee ugu horeeyey ka furay Berbera, Saylac iyo Bulla Xaar. Inkasta oo dad badani si xun uga soo hor jeesteen furitaanka Iskuuladaas, haddana way furnaayeen ilaa muddo, ilaa laga gaadhey kobicii dhaqaalihii Jabuuti, kaas oo kalifay inuu isku fuuqsado kii Saylac iyo Bulla Xaar, ugu dambayntiina keenay in Dugsiyadii magaalooyinkaas ku yiilay dhaqaale xumo loo xidho.

Dis. 1905 Ka dib markii xisbigii "Liberal-ka" ee Sir Henry Campell Bannerman, madaxda ka ahaa uu doorashadii waddanka Ingiriiska ku guuleystay waxa ay go'aansadeen in ciidamada Ingiriiska ee gudaha Somaliland ka dagaalamayey laga soo saaro lana isugu keeno xeebaha; isla mar ahaantaasna la dhimo kharashkii dawladdu ku bixin jirtay ololihii S.M.C. Xasan iyo Daraawiishtiisa lagula dagaalamayey.

13 Dis. 1906 Ingiriiska, Talyaaniga iyo Faransiiska ayaa ka shiray sidii laga yeeli lahaa dhulka (Soomaaliya) waxa ayna isku raaceen in xaaladda gobolkaas ay ahaato "status quo" (inaan waxba laga bedelin), sagaalkii qodob (heshiis) ee Ingiriiska iyo Talyaaniga ee 1891 iyo 1894, qodobadaas oo is khilaafyo badani ku jireen, hase ahaatee danihii Talyaanigu gobolka Ogaadeeniya ka lahaa u aqoonsatay[118].

1907 Winston Churchill, oo ahaa ku-xigeenka Xoghayaha Arrimaha Dibadda ee Boqortooyadii Ingiriiska ayaa Berbera booqasho ku tegay, si uu u soo derso(kuur-galo) xaaladda ciidan iyo siyaasadeed ee carigaas ka jirtay.

Feb. 1907 Laba kun (2000) oo dagaal yahanno Soomaali ah (Biimaal) ayaa ciidamo Talyaaniya oo joogay meesha la yidhaahdo Turunley (Dhanaane) oo waqooyi ka xigta Marka dagaal ku qaaday. Dagaalkaasu waxa uu ahaa mid Soomaalidu aad ugu hoobatay oo ilaa 200 oo nin kaga dhimatay. Raggaas dhintay waxaa ka mid ahaa toban wiil oo walaalo ah. Dagaaladii hore ee Talyaaniga iyo Soomaalida dhex mari jirey, badanaaba waxa ay ahaan jireen aarsi ku saabsan falal gumeystuhu Soomaalida kula kacay, laakiin dagaalka Turunley waxaa la sheegay in uu keenay nacayb guud oo Talyaaniga iyo joogitaanka dhulka Soomaalida laga qabey. Waxa ayna ahayd markii ugu horeysay ee Soomaalidu hub isticmaashay, taas oo Talyaaniga mucjiso ku noqotay; maadaama aanu Soomaalida wax hub ah oo gacantooda ku jirey ogeyn. Isla waqtigaas ilaa 2,100 oo ciidamada Talyaaniga ah ayaa ku sugnaa xeebaha Banaadir.

Dagaalka Turunley ka dib, waxaa la sheegay in xidhiidhkii Daraawiishta Banaadir iyo kii Seyid Maxamed Cabdulle Xasan aad u sii fiicnaaday. Waxaa kale oo la sheegay in ugu yaraan 10-15 dagaal yahan ka tageen degaanka Banaadir oo ay tageen (u dhoofeen) xarumihii Daraawiishta Seyid M.C. Xasan, si ay kaalmo hub uga soo helaan. Raggaas waxaa ka mid ahaa, ninkii tobanka wiil looga dilay dagaalkii Turunley iyo Abokor Ashir (Saacmawaayo), oo ahaa wiilkii uu dhalay Sheekh Ashir Maadow, hoggaamiyihii magaalada Mereerey (Galbeedka Afgooye). Nasiib darrose nin kastaaba kuma guuleysan in uu hub ka soo helo Daraawiishta, waayo waxaa la sheegay in nin la odhan jirey Daahir Elow Keeley, uu Daraawiish ka soo noqday isaga oo gacmo madhan, ka dibna uu is dilay isaga oo la jooga xertii Sheekh Ashir Maadow[119].

May 1907 Sheekh Ashir Maadow ayaa dhintay. Markii Sheekh Ashir dintay ka dib, waxaa xilkii iyo hoggaamintii Hintire door weyn ka galay saddex wiil oo xaasaskiisa tii ugu yarayd dhashay. Wiilasha oo la kala odhan jirey, Xasan, Xuseen iyo Abow yoonis, dariiqii aabahood ee ahaa in aan Hintire dagaal gelin way ka leexdeen, waxa ayna aad u dhex galeen siyaasadihii Talyaaniga lagula dagaalamayey. Waxaana la sheegay in waayadii dambe Mereerey noqotay xarun Daraawiishtii Banaadir aad u yimaadaan si ay uga qortaan (kaxaystaan) dhalinyaro Talyaaniga la dagaalanto. Arrintu si kastaba ha ahaatee, waxaa la sheegay in dad badan oo Hintire ahaa ay aad u saluugsanaayeen jidka siyaasadeed ee dhaqankii Sheekh Ashir Maadow ka leexsan. Waxa kale oo la sheegay in Sheekh Ashir wiilkiisii ugu weynaa Muxyadiin (oo bah kale ahaa) uu noqday sheekha Mereerey; Ismaaciil Ashir oo ahaa kii ku xigay (Muxyadiin) uu noqday hoggaamiyaha Hintire ee magaalada Daafeed.

Ka dib markii loo sheegay geeridii aabihiis, Sheekh Ashir Maadow ayaa waxa Shabeelaha Sare ka soo laabtay Abokor Ashir Maadow (Saacmawaayo), halkaas oo uu walaalihiis la taliye ugu noqday. Saacmawaayo waxa uu aaminsanaa (sida aabihiis) in Talyaaniga lala dagaalamo haddii uu dhulkooda soo weeraro, meesha walaalihii aaminsanaayeen in laga hor tago oo weerar lagu qaado inta aanu Talyaanigu dhulkooda soo gaadhin. Sidoo kale, waxaa la sheegay in Abokor Saacmawaayo aad uga werwer qabey (werwer ka badan kan Talyaaniga) joogitaanka Xabashida dhulka Soomaaliyeed iyo dhibaatada iyo hagar-daamada ay dadka Soomaalida ku hayeen; waxaana la sheegay in uu mar kale Hiiraan ku noqday si uu dagaalka uga qayb galo.

1907 Waxaa Xamar laga furay Dugsi Afka Talyaaniga laga barto, ka dibna waxaa laga dhigay Dugsi dhaqaale.

1907 Biimaal ayaa dagaal cusub ku qaaday Talyaaniga, ka dib markii uu taageero ka helay Daraawiish.

1907 Tommaso Carletti, ayaa loo magcaabay inuu Badhasaabkii (Governotore) ugu horeeyey ee Soomaaliya (Italian-Somaliland) noqdo.

6 Dis. 1907 Ingiriiska iyo Amxaarada ayaa heshiis yeeshay, kaas oo lagu xadeeyey dhulka NFD, Doolow iyo Luuq ee webiga Juba.

Feb. 1908 Ciidan Daraawiish ka tirsan oo hubaysan ayaa nawaaxiga Webi Shabeelle soo galay, ka dib markii iyaga iyo Talyaaniga dagaal dhexmarayna waxaa guushii raacday Talyaaniga. Talyaanigu guushaas kuma ekaane wuxuu weerar ku qaaday Dhanaane oo ahayd xaruntii Biimaalka, waana uu qabsaday. Isla sanadkaasna Talyaanigu waxa ay qabsadeen Afgooye, waxa ayna heshiis halkaas kula galeen Suldaankii Gelledi. Heshiiskaas ka dibna waxaa Talyaanigu abuuray ciidan Gelledi oo Booliis ah oo loo yaqaanay "Gelledi Band", kuwaas oo loogu talo galay in ay garab siiyaan ciidamadii joogtada ahaa ee Talyaaniga oo ka koobnaa; Carab, Eriteriyaan iyo Talyaani. Hase ahaatee, Tommaso carletti, oo ahaa Badhasaabkii Soomaaliya (Koonfur) 1909-10, wuxuu sheegay in wixii 1909kii ka horeeyey aanay Talyaanigu awood u lahayn in ay magaalooyinka xeebaha dhinaca bariga u dhaafaan, iyaga oo aan ciidan hubaysan wadan oo difaaci kara.

26 Feb. 1908 Badhasaabkii Ingiriiska ee Berbera fadhiyey ayaa wuxuu warqad u diray Qunsulkii Talyaaniga ee Cadan joogey, isaga oo uga cabanaayey in Seyidku dad Warsangeli ahaa oo Ingiriiska taageersanaa uu ka watay, isla markaasna uu doonayo inuu xoog ku qabsado Laasqoray oo ah magaalo deked leh oo aad muhiim u ah, taasina caddaynayso in falalkaas Seyidku ay ka soo horjeedaan heshiiskii "Ilig" ee nabadda lagu gaadhey.

Ilaa laga soo gadhey **9kii Agoos 1913**, oo ahayd markii Richard Corfield 'Dulmadoobe' lagu dilay, dhaqdhaqaaqa milateri ee labada dhinac (Daraawiish iyo Ingiriis) ma badnayn, waxaase jiray waraaqo badan oo ay is dhaafsadeen oo ay isku cambaareynayeen, iyo dhac iyo dagaalo dhexmaray qabiiladii Ingiriiska iyo Daraawiishta kala taageersanaa[120].

Inkasta oo mudadaas dagaalku yaraa Daraawiishtu aad uga faa'iidaysatay oo ay aad isu habeeyeen ciidan ahaan, isla markaasna ay hub aad u fara badan urursadeen, waxaa 1909kii Daraawiish dhexmaray kala jab iyo khilaaf aad u weyn. Arrintaasina waxa ay timid ka dib markii Cabdalla Maxamed Shixiri, oo wakiilka Arrimaha Dibadda iyo Wakiilka xagga ganacsiga ee Cadan u fadhiyey ahaan jirey uu Daraawiish ka baxay ka dib markii uu Seyidka ku eedeeyey inuu ka xoogay Gabadh uu jeclaa oo uu doonaayey inuu guursado.

Ka dibna Shirixi, wuxuu Seyidka uga dacwooday labadii sheekh ee Saalixiyada ugu caansanaa ee Soomaalidu tiqiinay, "Sheekh Cali Nairobi" oo Laamu (Kenya) deganaa ilaa koonfurta Soomaaliya oo dhanna Sheekha Saalixiyadda ka ahaa iyo Sheekh Ismaaciil (Isaaqna ahaa) Saalixiyadda Wakiil uga ahaa Somaliland fadhiyeyna Berbera. Ka dibna Cabdalla Maxamed Shixiri, iyo labadii sheekh ayaa waxa ay u dhoofeen Maka (Sacuudi Carabiya) si ay ula kulmaan Sheekh Maxamed Saalax, oo ahaa Sheekhii dariiqada Saalixiyadda oo dhami ku abtirsan jirtey[121].

Kulankaas ka dibna, Sheekh Maxamed Saalax, aad ayuu u rumeystay wixii Seyidka looga sheegay; wuxuuna culumadii ugu dhiibay waraaq aan naxariis lahayn oo uu Seyidka ku tilmaamay ruux budhcad ah oo aanu gaal iyo Islaam midna ku sifayn karin[122]. Ka dib markii warqaddii Sheekh Maxamed Saalax, xaruntii Daraawiishta lagu akhriyeyna[123] waxaa dood aad u weyni ka ratibantay falalka xun xun ee Seyidka lagu soo oogay. Doodaasna waxaa ka soo if baxay in 600 oo nin oo Daraawiishta ka tirsanaa ay shir qarsoodi ah isugu tageen geed hoostiis, ka dibna 3 arrimood ayaa shirkii laga soo jeediyey middii Seyidka lagu ciqaabi lahaa.

1. In la dilo Seyidka, ka dibna hoggaamiye cusub la doorto.
2. In lagu khasbo inuu is casilo, laakiin lafihiisa loo badbaadiyo.
3. In ururka (Daraawiish) laga kala tago, taas oo burburkiisa keeni doonta.

Hase ahaatee, labada qodob ee hore waa la isku khilaafay, waxa ayna isku raaceen qodobka 3aad. Markii Seyidku ogaaday qabiilkii ugu horeeyey ee dareerayna wuxuu ku qaaday dagaal xoog leh oo ilaa asbuuc socday, halkaasna waxaa lagu ciqaabay hoggaamiyayaashii "Canjeel Tala waa[124]" iyo qabiiladii ay ka tirsanaayeen ee Daraawiishta ka mid ahaa, ka dib markii dagaalkii Seyidku ku guuleystay.

Waxaa jirta sheeko kale oo ka hor imaanaysa warqadda la yidhi Sheekh Maxamed Saalax ayaa qorey. Sheekadaasi waxay odhanaysaa in markii 'ina Shixiri' xanaaqay Daraawiishna uu ka baxay uu tegay Cadan, halkaasna uu kula kulmay Qunsulkii Talyaaniga iyo Waaligii Ingiriiska, ka dibna ay la habeeyeen warqaddaas (eedda Seyidka laga sheegay), ka dibna uu 'ina Shixiri' qaaday si uu ugu geeyo Sheekh Maxamed Saalax. Doodani waxa ay odhanaysaa in markii Sheekh Maxamed Saalax warqaddii akhriyey uu ka shakiyey (oo aanu rumaysan) waxa uu u qoray Seyidka warqad waano ah, hase ahaatee waxaa la yidhi Cabdalla Shixiri iyo raggii la talinayey ayaa warqadda canaanta ah ku bedelay middii waanada ahayd ee Seyidka uu Sheekh Maxamed Saalax u diray[125].

Talada shirqoolka Seyidka nin u dhuuntay (ragga shirayey) baa u sheegay. Raggii digtoonaa ee fardaha soo diyaarsaday oo keliya baa baxsaday, in badanna geedkii "Canjeel Talo waa" ayaa lagu qabqabtay. Waxaa kale oo la weriyey in arrinta Daraawiish ka dhex dhacday maamulkii Ingiriisku filaayey, waayo waxaa la sheegay in ciidamadii Daraawiishta ee cararay, intii dhexda lagu qabqabtay maahee, intii kale ay isu dhiibeen ciidamadii Ingiriiska ee Cayn fadhiyey. Arrintu si kastaba ha ahaatee, waxaa la sheegay in 'Afgembiga' iyo khilaafka Daraawiishta ka dhex dhacay, uu wax weyn ka bedelay midnimadii iyo walaaltinimadii u dhexaysay. Halkaasna waxaa ka bilowday kala jabkii iyo horumar la'aantii (decline) Daraawiista[126].

Maarj 1908 Dagaal saddex saacadood socday ayaa ciidamadii Biimaal iyo kuwii Talyaaniga ku dhex maray magaalada Jilib[127].

16 May 1908 Xabashida iyo Talyaaniga ayaa heshiis ku kala saxeexday "ku heshiinta" xuduudyada dhulka Soomaalida ee ay qaybsadeen. Heshiiskaas waxa uu Talyaanigu Boqorkii Xabashida Menelik, ku siiyey 3 malyan oo Lire, si uu ugu wareejiyo dhulka ka bilowda Doolow ilaa laga gaadhayo webiga Shabeelle, marka dhinaca waqooyi Doolow looga baxo. Heshiiskaas labada dhinac gaadheen qabiiladii Soomaalida ee dhulkaas lagu heshiiyey deganaa cidina lama tashan, kala qaybsigaasuna wuxuu keenay in dhinaca Talyaaniga Raxanweyn la raaciyo, dhinaca Xabashidana Dagoodi, Ogaadeen iyo qabiilo kale oo badan[128].

Isla sannadkaas Badhasaabkii (Governor) Talyaaniga ee dhulka Soomaalida maamulayey Mr. Carlett ayaa warqad u direy dawladdiisa, isaga oo u sheegayey in uu caddayn hayo in Seyid Maxamed C.Xasan iyo Daraawiishtii Banaadir xidhiidh weyni ka dhexeeyo; haddii aan tallaabo degdeg ah laga qaadinna arrintaasi ay khatar weyn keeni karto. Mr. Carlett waxaa kale oo uu wasaaraddiisii arrimaha dibadda u sheegay in aanu sugi karin muddo dheer maadaama ay aad u adag tahay in dhulka gudaha (inland) iyo webiga xoog lagu qabto. Waxa kale oo uu ninkaasi warqaddiisa ku sheegay, in aan maamulkiisu sugi karin ilaa inta ciidankii Daraawiishta ahaa ee labada bilood ka hor Ilig tegay ka soo laabanayo—-isaga oo hub wata.

Mr. Carletti si uu warqaddiisa u sii xoojiyo waxa uu ku lifaaqay warqad uu yidhi Suldaankii Geledi oo markaas Talyaaniga ku xulufo ahaa uu qoray. Warqadduna sidan ayey u qornayd: "*Biimaal badan ayaa dhulkoodii ka cararay, haddana ilaa 4,000 oo nin ayaa u socda Daraawiishta Seyid M.C. Xasan. Waxa keliya oo dhulkoodii looga tegay odayaal gaboobay, haween iyo caruur. Xataa Hintire wax yar baa dhulkii kaga hadhay…waa inaad dagaal degdeg ah ku qaadid; waa in aadan iska fadhiyin…cadowgaagu inta ay amar kaa diidaan kuma odhanayaan 'annagu Seyid M.C. Xasan keliya uun baanu taabacsannahay. Hintire, Biimaal, Wacdaan, Jambeluul, Daa'uud iyo Moobileen, waxa ay ka badan yihiin 100,000, haddii raggii Seyid M.C. Xasan ku maqnaa hub la soo noqdaan waa ay innaga soo horjeesanayaan; dhulka aynu haysannona sidaas ayeynu ku waayeynaa… maadama dadkani aanay dagaal mooyaane wax kale rabin*[129].

Jul. 1908 Dagaalyahanno Biimaal ahaa oo aad u tiro badan iyo ciidamo Talyaani ahaa oo tiradoodu gaadheysay in ka badan 500 ayaa dagaal ku dhex maray tuulada '*Fiinlow,*' dagaaladaas waxaa loo yaqaaney Sabti iyo Axad (waxa ay dhaceen sannadkii Sabti iyo Axad).

Agoos 1908 Ciidamo fara badan oo Talyaani iyo qabiiladii Soomaalida ee la jirey isugu jirey ayaa waxa ay galeen gudaha (inland) dhulka Shabeelaha Hoose, waxa ayna calanka

Talyaaniga ka taageen Bariirey oo galbeed ka xigata Mereerey, halkaas oo dagaal saddex saacadood socday Hintire iyo ciidamadii Talyaaniga ku dhex maray. Ciidamadu markii ay gaadheen dhulkii Hintire, waxa ay dhammaan ilma Sheekh Ashir ku heshiiyeen in ay gaalada la dagaalamaan. Mereerey waxa ay ahayd magaalada keliya ee xoog midaysan Talyaaniga laga hor tegay. Dagaalkaas in ka badan 70 nin oo Hintire ah ayaa ku naf-waayey. Magaaladii Mereerey markii ciidamadii Talyaanigu qabsadeen, dhulka ayaa lala simay (waa la gubey). Raggii caanka ahaa ee dagaalkaas ka qayb galay waxaa waxaa ka mid ahaa Xuseen Maxamed Yaxyow (Saacmawayo abtigii) oo Daraawiishtii Banaadir ka tirsanaa iyo Ibraahim Shucayb oo la yidhi—isaga ayaa xabbadii ugu horeysay ku riday ciidamada Talyaaniga[130].

Markii ay ciidamadii Talyaanigu Soomaalidii Mereerey jebiyeenna, waxa ay iyaga oo aad u faraxsan galeen Afgooye. Halkaasna waxaa ku hirgalay qabsashadii gudaha dhulka Soomaalida. Wixii ka dambeeyey 1908dii Daraawiishta ayaa ugu badnayd dadkii ka soo hor jeeday Talyaaniga ee la dagaalamayey. Waxaase la sheegay in aan ciidamada Daraawiishtu marna aanay ka badnayn 2,000 oo qof. Waxaase magacooda kor u qaaday qabiilka ay ka madax banaanaayeen[131].

Markii Talyaanigu aakhirkii Afgooye qabsaday, Suldaan Cusmaan awooddiisii ciidan iyo magacba aad ayey u yaraayeen, sidaas darteed, gacmo furan ayuu ku soo dhoweeyey ciidamadii Talyaaniga. Nimankii kale ee magaca ku lahaa Geledi dhexdiisa ee ay ka mid ahaayeen Aw Nuur Axmedow iyo Sheekh Maxamed Ibraahim, waxa ay aaminsanaayeen in aan Soomaalida iyo gaaladu aanay nabad ku wada noolaan karin, laakiin markii ciidamadii Talyaanigu Afgooye qabsadeen kama soo hor jeesan, sidaasna waxa u yeeleen in aanay nabad gelyada Geledi carqalad ku noqon. Markii uu Talyaanigu Afgooye qabsaday, waxa la sheegay in uu markiiba bilaabay sidii uu u soo jiidan lahaa odayaashii magaca lahaa ee uu ku tuhunsanaa in ay ka soo hor jeedaan; waxaana la sheegay in uu Sheekh Abiiker u soo jeediyey in ka dhigo 'chief,' hase ahaatee Sheekh Abiikar wuu diiday jagadaas Talyaanigu u magcaabay. Waxaa kale oo la sheegay in Talyaanigu uu Sheekh Maxamed Ibraahim ka codsaday in uu Sheekhu ragga qabiilkiisa ah u sheego in ay ka qayb galaan jidad Talyaanigu dhisaayey, ka dib markii Sheekh Maxamed arrintaas diidayna waxaa la sheegay in loo masaafuriyey Bender Qaasim (Boosaaso), halkaas oo uu muddo sanad ah ku xabisnaa.

Raggii gumeystaha sida cad uga soo horjeeday oo uu ka mid ahaa Sheekh Abiiker Cali Jeelle, markii Talyaanigu Afgooye qabsaday way ka baxeen magaalada. Rag ay ka mid ahaayeen, Axmed Uways Baashuur, Aw Cabdullaahi Ibraahim Birkin iyo Cabdi Gaduud, waxa ay ku biireen Daraawiishtii Banaadir ee gumeystaha Talyaaniga ka soo hor jeeday. Guud ahaan, waxa la sheegay in tiro aad u yar oo Geledi ahi ay Talyaaniga si fiican ula shaqaynayeen, laakiin Soomaalida badankoodu marna ma aqbalin in Talyaanigu dhulkooda dego[132].

Sebtem./Okt. 1908 C.E. Dansey, oo ahaa sarkaalka siyaasadda u qaabilsan Somaliland, ayaa waraaq u qoray dawladda Ingiriiska isaga oo u tebinaayey akhbaar ay u soo gudbisay Khadiija Cabdi, oo Cali Geri (Dhulbahante) ahayd kuna noolayd Xeradii Caamir Xasan, oo S.M.C.Xasan, adeerkiis ahaa. Mr. Dansey, wuxuu sheegay in ciidamada Daraawiishtu qiyaastii gaadhayaan ilaa 4,600, ayna haystaan ilaa 1,703 buntukh iyo weliba hub kale oo cusub[133].

Maarj 1909 Boqortooyada Ingiriiska ninkii maxmiyadda Somaliland wakiilka uga ahaa ayaa warqad ka helay S.M.C.Xasan;warqadaas oo uu ku sheeganaayey xoolo hadda ka hor laga dhacay iyo dad laga laayey iyo weliba hubkii dagaalada looga furtay magdhow laga siiyo, isla mar ahaantaasna Ingiriisku dhulka Soomaaliyeed isaga guuro. Isaga oo weliba intaas ku daray inuu geelii uu Isaaq ka dhacay uu weli hayo uuna qaybin doono haddii aan arrimaha uu codsaday loo fulin.

Hase ahaatee, H.E.S. Cordeaux, warqad uu ugu jawaabay wadaadka wixii dhacay oo dhan isaga ayuu dusha ka saaray, wuxuuna u sheegay in haddii sida uu sheegay nabad doonku uga dhabtahay uu geelii uu Isaaq ka dhacay shuruud la'aan ku soo celiyo, fara gelinta Warsangeli uu ku hayona, joojiyo oo faraha kala baxo qabiilada Ingiriiska raacsan. Jawaabtaas markii wadaadku helayna waxaa u caddaatay inaan isaga iyo Ingiriiska nabadi dhex mari Karin, wuxuuna tiriyey gabaygii dheeraa ee "dacwad baan ka leeyahay[134]."

Abriil (Dham.) 1909 General Reginald Wingate[135], iyo wefdi uu hogaaminayey ayaa Berbera yimid, si ay ula kulmaan ergo ka socota Daraawiishta (Ergo Daraawiish). Mr. Wingate waxa uu ahaa Waaligii Ingiriiska ee Masar (Qaahira). Waxaa la sheegay in Wingate iyo wefdigiisu ay magaalada Sheekh kula kulmeen ergadii Daraawiishta. Waxaase la sheegay in Mr. Wingate doonayey in uu Seyidka laftiisa la kulmo, laakiin uu ka xumaaday markii uu iman waayey.

30 Abriil 1909 General Reginald Wingate, ayaa markiiba waraaq dheer u diray S.M.C.Xasan, isaga oo u sharxay waraaqihii cabashada ahaa ee wadaadku horey Ingiriiska ugu diray. Mr. Wingate-se, eeddii oo dhan wuxuu dusha ka saaray wadaadka, hase yeeshee wuxuu u sheegay in isaga iyo weftigiisu Berbera joogi doonaan muddo 25 caano maal ah, sidaas awgeedna uu ka sugaayo inuu ergo la kulanta oo uu ku kalsoon yahay soo dirsado; si dhibaatada loo falanqeeyo, go'aan iyo heshiisna looga gaadho.

Hase ahaatee, S.M.C.Xasan, warqqaddaas kama soo jawaabin, wakhtigii ballantu ahaydna waa la dhaafay. Markaas ka dibna Janaraal Reginald Wingate, wuxuu qoray warbixin aad u dheer oo uu uga hadlaayey xaaladdu siday tahay, sababta Wadaadku u soo jawaabi waayeyna Mr.Wingate, wuxuu u arkayey in S.M.C.Xasan, ciidan ahaan ismahadiyey oo aan wada xaajood dani ka hayn. Waxaa kale oo Mr. Wingate, warbixintiisa ku jirtay, xaaladda nololeed ee magaalada Berbera iyo sida ay ugu baahan tahay in la horu-mariyo. Talooyinka uu soo jeediyey waxaa ka mid ahaa in jid Tareen (Railway) oo isku xidha Berbera iyo Itoobiya la dhiso.

6 Nof. 1909 Boqortooyadii Ingiriiska ayaa go'aansatay in ay xeebaha (Berbera, Saylac iyo Bulla Xaar) ku soo ururiso ciidamadii gudaa waddanka (Somaliland) ka joogey. Ka dibna waxaa taar loo dirtay wakiilkii Berbera u fadhiyey Ingiriiska si uu u fuliyo soo celinta ciidamada. Raaciyaddii (Qabiiladii) Ingiriiska raacsanaana waxaa loo sheegay in aan dawladda Ingiriisku nabad gelyadooda damaana qaadi karin, laakiin la siin doono hub ay Daraawiish isaga difaacaan. Raaciyaddii hubka la siiyey waxa markii dambe keentay dhibaato aad u weyn, waayo mudadii u dhexay (1911-1912) ayaa abaaro aad u xumi dhulkaas ka dhaceen, ka dibna dadka (reer miyigii) intii aan hubka haysan ayaa la dhacay. Waa waqtigii la magac baxay 'Xaaraamo Cune.'

Inkasta oo ay jireen sheekooyin badan oo laga weriyey sababta Ingiriiska ciidamadiisa xeebaha ugu soo celinayey, waxaan shaki ku jirin in hillibkii loo dhoofin jirey ciidamada Ingiriiska ee cadan fadhiyey uu cidhiidhi galay, sidaas darteedna ay lagama maarmaan noqotay in nabadda dhulka xeebaha ah ee wax laga dhoofiyo si fiican loo sugo.

Arrinta soo celinta ciidamada waddanka gudihiisa joogay waxa ay dhalisay khilaaf, dhex maray ciidamadii Ingiriiska ee dhulkaas joogay iyo madaxdii London fadhiday. Haddi aynu tusaale ahaan u soo qaadano, Richard Corfield, oo markaas Burco joogay waxa ay ula muuqatay inaan Burco laga tegin oo xaruntii halkaas ku tiilay la difaaco, una ilaaliyaan wadada Sheekh iyo Berbera u dhexaysa si isgaadhsiinta loo ilaaliyo. Waxa kale oo uu aaminsanaa in Daraawiish laga hortago, lagana difaaco qabiiladii Ingiriiska raacsanaa. Arrintu si kastaba ha ahaatee, Waaligii Ingiriiska ee "British Somaliland" ayaa Richard Corfield, ku amray inuu Burco joogo oo difaaco inta ciidamo kale oo xoojin ahi ka soo gaadhayaan[136]. Waxaa kale oo la amray in aanu ciidamada Daraawiishta isku daandaansan. Ka dibna waxa ay dawladdii Ingiriisku amartay 1,500 oo askari si ay hawshaas u fuliyaan; 400 oo Cadan laga keeno 300 Uganda, 400 East Africa Protectorate iyo 400 New Zealand[137]. Richard Corfield sida la ogyahay ma ahayn nin ciidan ah, laakiin khilaafka isaga iyo askartii Ingiriiska dhex maray waxa uu muujinayaa in uu u dhaqmaayey sidii taliye ciidan.

Dham. 1909 Daraawiish ayaa Eyl iyo Ilig ka guurtay, waxa ayna u wareegeen Nugaal, iyaga oo xarun ka dhigtay dooxada "Caddo Dheero." Laba sano ka dibna waxa ay u guureen "Dameer" oo Taleex ku dhow halkaas oo ay ka dhisteen daar "Daar Cad", ka dibna waxa ay laba daarood oo kale ka dhisteen ceelka Buraan oo qiyaastii 90 mayl Taleex waqooyi bari kaga toosan. Sida Aw Jaamac Cumar Ciise, buugiisa Taariikhda Daraawiishta ku sheegayna degitaanka Buraan wuxuu cabsi geliyey Garaad Maxamuud Cali Shire (Warsangeli) iyo Boqor Cismaan Maxamuud (Majeerteen). Sidaas darteed waxa ay go'aan ku gaadheen in ay Daraawiish labada dhinac kaga duulaan.

Ciidamada Majeerteen sida la sheegay waxa ay ka koobnaayeen 6,666, kuwaas oo lagu jaangooyey cadadka aayadaha Quraanka Kariimka[138]. Waxaana ciidamadaas abaanduulayaal ka ahaa 3 nin oo ilma boqor Cismaan ahaa, waxa ayna ka soo ambabaxeen meesha la yidhaahdo Daroor.

Colka Warsangeli ee Waqooyi ka soo baxayna waxaa lagu qiyaasay ilaa 4,500, waxaana abaanduulayaal ka ahaa Garaad Maxamuud Cali Shire laftiisa iyo Maxamuud Jaarig, oo la taliyihiisa koowaad ahaa.

1909 Sheekh Uways Maxamed Al-Baraawi, ayaa koox Daraawiish ka tirsani dileen, sababta loo dilayna waxaa la sheegay in ay ahayd iyadoo Sheekh Uways uu si xun Seyidka uga soo horjeeday, uuna ku tilmaami jirey qaatil iyo dhiigyo cab.

1909 Xaruntii maamulka Talyaaniga ee ugu horeysay ayaa Hobyo laga dhisay, lix sano ka dibna waxaa xaruntii labaad Talyaanigu ka dhistay Caluula (Gobolka Bari).

1910 Waxaa la sheegay in dagaaladii Daraawiishta Banaadir kula jireen Talyaaaniga ay socdeen ilaa sannadkii 1910kii, markaas oo la jebiyey hubkiina laga qaaday, ka dib markii afar kun (4,000) oo ciidamadii Talyaaniga ahaa qabsadeen magaalada Balcad, ka dibna ay socdeen ilaa Wala-weyn iyo Mahaddey[139]. Waxaana la sheegay in qaar ka mid ah Daraawiishtii Banaadir ay markii dambe ku biireen Daraawiishtii Seyid M.C. Xasan ee Beledweyne fadhiday.

Isla sannadkaas Talyaaniga iyo Amxaarada ayaa mar labaad ka wada hadlay dhulkii 180 mayl ka koobnaa ee ay isku hayeen, waxa ayna aakhirkii heshiis ka gaadheen Doolow ilaa Yeet oo ilaa 30 mayl ah. Arrintu si kastaba ha ahaatee, dhulkaas Soomaaliyeed wuxuu noqday meel ay ku herdamaan labadaas quwadood, taas oo aakhirkii keentay in ay Talyaaniga iyo Amxaaradu dagaal foodda is daraan 1935kii.

1910-1912 Waxaa dhulalkii Banaadir ka dhacay abaaro aad u xun xun oo xoolihii ka dhammeeyey dad badan oo xoolo dhaqato ahaa. Ka dibna dadkii xoolo dhaqatada ahaa ee caydhoobay waxa ay degeen agagaarka webiyada Shabeelle, halkaas oo ay degaano ka samaysteen (dhulkii beeraha ku fiicnaa). Dadkaas caydhoobay oo ka koobnaa qabiilo kala duwan, waxa ay aasaaseen jamaacooyin ama dariiqooyin diineed oo dadkii halkaas isugu yimid walaalaysay. Jamaacooyinkaas oo ka koobnaa saddexda dariiqo (Qaadiriya, Axmediya iyo Saalixiya) ee ugu caansanaa, waxa ay gacan ka geysteen sidii ay xal ugu heli lahaayeen dhibaatooyinkii markaas bulshada haysatey. Maadaama Jamaacooyinkaasi aanay hore u lahayn dhul ay beertaan, waxa ay deegeen beero dadkii lahaa ka guureen, qaar kalena waxaa beero siiyey odayaashii madaxda ka ahaa qabiilada dhulkaas deganaa. Waxa kale oo qaarkood dhul ay beertaan laga siiyey dhul u dhexeeyey qabiilo colaadi ka dhexaysay, si ay u noqdaan xayn-daab kala bad-baadiya (Buffer Zone). Hawsha ugu weyn ee Jamaacooyinku waxa ay ahayd, in ay dadka diinta baraan, isla markaasna beeraha u fashaan (beertaan) si ay quutul-duruurigooda u helaan[140].

Jul. (Dhamm.) 1911 Duulaankii ciidamadii Majeerteen iyo Warsangeli ee Daraawiishta loo abaabulay ayaa la soo dhaqaajiyey, waxa ayna qabsadeen Buraan. Daraawiishtii halkaas joogtayna wax yar ayaa ka fiigay (baxsaday), Daraawiish markii dhiiladaasi gaadhey waxa ay go'aansadeen in ay ciidamadaas daba-marteeyaan oo beelahay ka soo duuleen gebogebeeyaan si dhabar jab ugu dhaco, waxa ayna direen (Daraawiishtu) ciidan tiradooda lagu qiyaasay ilaa 2 kun; waxa ayna go'aansadeen in muddo laba caanamaal dhexdood ah ay duulaan ku bixiyaan beelihii deganaa Raacin, Gebi, iyo Cawsane, (Sanaag Bari) qorshahaasina si fiican ayuu u fulay.

10 Agoos 1911 Daraawiish ayaa gebogebaysay (weerartay) carro Warsangeli, waxa ayna u geysteen dad iyo duunyaba waxyeelo aan la soo koobi karin, xulufadii Warsangeli iyo Majeerteena talo ayaa ku caddaatay, wixii la yeeli lahaa markii la isla lafa gurayna waxaa la isku raacay talo Garaad Maxamuud Cali Shire, soo jeediyey oo ahayd, in ciidanka Daraawiish laga hor tago oo xoolaha maatada loo dhiciyo, ka dibna Daraawiish xeradooda lagu weeraro.

11 Agoos 1911 Markii waagu dilaacay ayaa banka Turruje, la isku haleelay, wax badan markii la is garaacayey ka dibna xoolihii Warsangeli waxa ay ku dambeeyeen gacanta Daraawiishta[141].

1911 Ka dib markii loo sheegay in Mareerey Talyaanigii qabsaday ayaa Abokor Saacmawaayo waxa uu dib ugu soo noqday Mareerey Sannadkii *Khamiis (*1911-12). Saacmawaayo waxaa la socday Darwiish reer Shabeelle ahaa oo la odhan jirey Yuusuf Caadil, oo ka mid ahaa raggii Saacmawaayo dagaalka Xabashida ka caawiyey. Markii Sacmawaayo Mareerey muddo joogey waxaa u cadaatay in ay aad u adag tahay in gumeystihii Talyaaniga dhulka Soomaalida laga saaro, waxaana sidoo kale ku adkaatay in uu ku hoos noolaado gumeysiga. Sidaas darteed, wuu ka haajirey magaaladii Mareerey wuxuuna dhawr sano ka dib ku dhintay meel u dhow Buur Xakaba; isaga oo u socda Hiiraan (Shabeele) oo doonayey in uu halkaas ka dagaal galo, si Xabashida dhulka Soomaalida looga saaro.

"Italian Somali land:"

1910-1912

1921-1922

1931-1933

1943-1944

1951-1952

"British Somaliland:"

1911-1912

1914, 1918, 1925

1927-1928

1933-1934

1938, 1943

1950-1951

1955, 1959

1968-1969

1911-1912 Dhulkii Ingiriisku maamuli jirey ayaa waxaa ku habsatay abaaro aad u xun, waxaana batay dagaal iyo is dhac. Sanadkaas oo loo yiqiinay "Xaaraamo Cune[142] wax waliba cidhiidhi ayey galeen, waxaana yaraaday safaradii magaalooyinka u kala gooshi jiray nabad gelyo la'aan darteed. Isla sanadkaas ayaa Richard Corfield (Koofil) waxaa laga soo celiyey waddanka Nayjeeriya (Nigeria), si uu uga qayb qaato hawshii ciidamada Ingiriiska xeebaha dib loogu soo celinayey[143].

Isla mudadaas Daraawiishtu si weyn ayey u fidday, xoolo baddana way kasbadeen (dhac), waxa ayna dhawr iyo afartan qalcadood ka dhisteen dhulka Qardho iyo Jiriiban bari ugu xigeen, Kiridh iyo Qorraxweyne-na galbeed, koonfurna Beledweyne; Jiidali, Cirshiida iyo Shimbabirisina waqooyi ugu xigeen. Mudadii u dhexaysay (1905-1912) ayaa Daraawiishtu qalcadaha ugu badan dhisteen, waxa ayna sheegteen dhul "Daraawiisheed," iyaga oo weliba si weyn isu balaadhiyey. Waxaana is bedelay habkii dagaalka ee ahaa qorilaha 'ku-dhufo-oo ka dhaqaaq.[144]"

Isla mudadaas sidii dad badani uga cabsi qabeen ayaa ilaa 600 oo nin oo Daraawiish ah oo ka soo baxay "Ilig" ay u soo duuleen "British Somaliland," sidii ay wax u dhici lahaayeen, waxa ayna yimaadeen "Xaguuga" iyo "Deerafadal" oo Burco hawd iyo koonfur ka xiga, halkaasna waxa ay ku dhaceen geel aad u tiro badan. Geelaas oo raacdo laga daba diray, waxaa la isku gaadhey Galaadi, ka dib markii si xun loogu dagaalamayna raggii Daraawiishta ayaa geelii gacantooda ku dambeeyey.

ABAARIHII UGU WAAWEYNAA EE DHULKA SOOMAALIDA KA DHACAY[145]

27 Feb. 1912 Maamulkii Ingiriiska ee Berbera fadhiyey ayaa S.M.C.Xasan, waraaq ka helay, taas oo 10 qodob oo kulkulul oo digniin iyo cambaarayn ahi ku qoraayeen. Waxaana waraaqda ujeedadeeda guud laga fahmaayey in uu wadaadku ku tuhunsanaa in duulaanka Majeerteen iyo Warsangeli, ay Ingiriiska iyo Talyaanigu ku lug lahaayeen, isla markaasna dhibaatada Warsangeli gaadhey ayuu Ingiriiska rabay inuu ka dhaadhiciyo in ay ahayd mid ay iyagu ku shaqaysteen.

Maarj 1912 Daraawiish ayaa waxa ay ogaatay in Talyaanigu si tartiib tartiib ah ugu soo durkaayo, sahankii ugu horeeyeyna uu soo gaadhey magaalada Mahadday. Waxaana Wadaadku isla markiiba diray ciidan 500 oo fardoolay ah iyo 900 oo lug ah ka kooban si ay ugu biiraan ciidamadii Daraawiishta ee degganaa Doox iyo Ceelgaab ee Khaliif Sheekh Cabdulle, madaxda ka ahaa; ka dibna uu u hoggaamiyo dhinaca Beledweyne. Waqtigaasna waxaa Beledweyne haysan jirey rag "Hormadiid" loo yiqiinay oo uu madax ka ahaa nin la odhan jirey Cadde Dacar (Baxaar), oo aan haba yaraatee oggolayn in magaaladaas cid kale foodda soo geliso. Daraawiishina waxa ay socodkoodii ku yimaadeen "Qollad" oo Beledweyne u dhow, halkaasna waxaa wada hadal uga furmay iyaga iyo raggii magaalada Beledweyne ka talin jirey, hase ahaatee wada hadalkii wuxuu ku dhammaaday is khilaaf iyo kala tag ka dib markii nimankii Daraawiishtu nimankii marsiin waayeen in ay Daraawiish isu dhiibaan oo raaciyadooda ka mid noqdaan.

17 Agoos 1912 Markab dagaal oo ciidamo Ingiriis ahaa wateen ayaa ku soo xidhay dekedda degmadda Laas Qoray. Ninkii ciidamada Ingiriiska watey ayaa markabkii ka soo degay, waxa uuna markiiba codsaday in uu la kulmo suldaankii Warsangeli, Suldaan Cali Shire oo markaas ahaa nin aad u da'weyn iyo odayaashii Cuqaasha (Chiefs) ahaa ee magaalada, hase ahaatee waxaa loo sheegay in uu sugo suldaanka wiilkiisii (Maxamuud Cali Shire) oo markaas miyaga ku maqnaa.[146] Maxamuud Cali Shire oo waqtigaasba xilka suldaanimada qaybtiisa hayey, waxaa ninkii Ingiriiska ahaa loo sheegay in uu maalin ka dib magaalada ku soo noqon doono. Arrintaasi waxa ay ku tusinaysaa awoodda iyo go'aanka uu lahaa suldaankaas yar ee xilka loo barbaarinayey. Saldanadda Warsangeli waxa ay ka mid ahayd kuwa ugu taariikhda dheer dhulka Soomaalida, waxa ay soo tax-nayd in ka badan 26 sano (waqtigaas).

Waqtigii Suldaan Maxamuud Cali Shire xilkii saldanadda Warsangeli ku wareegtay, waxaa socday dagaalkii qadhaadhaa ee ka dhexeeyey ciidamadii Daraawiishta Seyid Maxamed Cabdulle Xasan iyo ciidamadii boqortooyadii Ingiriiska. Suldaan Maxamuud oo mar walba la tashan jirey odayaasha iyo dadka kale ee wax-garadka ah, waxa uu go'aan ku gaadhey in uu dhex-dhexaad (neutral) dagaalka Daraawiishta iyo Ingiriiska ka dhexeeya. Waxa uu u arkayey in sidaas (go'aankaas) danta iyo nabad gelyada dadkiisu ku jirto. Waxase Suldaan Maxamuud aaminsanaa in dadkiisu mar-walba diyaar u ahaadaan in ay is-difaacaan, haddii la soo weeraro[147]. Sidaas darteed, waxa uu dhisay ciidan aad u xoog leh oo difaaci kara dhulka dadkiisa. Arrintu si kastaba ha ahaatee, waxaa sarkaalkii Ingiriiska ee markabka ka soo degay loo sheegay in Suldaanku gubey waraaq Seyid Maxamed Cabdulle Xasan uga timid, taas oo Seyidku ku ballan qaadayey heshiis nabadeed iyo in uu hub deeq ah siinayo suldaanka.

Madax-banaanida iyo fekerka xorta ahi waxa uu dhibaato ku noqday Seyid Maxamed Cabdulle Xasan iyo maamulkii Ingiriiska (labadaba). Waxa Seyid Maxamed Cabdulle Xasan ka soo hor-jeeday in Warsangeli isku filaasho xagga hubka iyo is-difaacaba ah gaadho, waayo waxa ay Seyidka dani ugu jirtey in Warsangeli hub iyo ciidan ahaanba u baahi (reliance) qabo Daraawiishta, kana dhaadhiciyo in Daraawiishtu difaacayso Warsangeli. Dhinaca kale ee Ingiriiska, isku-filaashaha ciidan ee Suldaanka Warsangeli gaadhey ka sokoow, waxa Ingiriisku ka cabsi qabey in awoodda iyo xukunka suldaanku ku fiddo deegaanada kale ee dhulka Warsangeli ka baxsan. Sidaas darteed, waxaa ay maamulkii Ingiriiska ee Somaliland ula muuqatay in derajada Suldaanimada laga xayuubiyo Suldaan Maxamuud.

Waqtigaas waxaa badhasaab ka ahaa "British Somaliland" nin la odhan jirey Kornayl Summers. Haddaba isaga oo og Kor. Summers in Ingiriisku heshiis nabadeed la galay saldanadda Warsangeli, kaas (heshiiskaas) oo u aqoonsanayey saldanadda in ay yihiin dad xornimadooda iyo maamulkooda u madax-banaan, ayaa haddana waxa uu (Summers) waxa uu ku fekeray sidii Ingiriisku u jebin lahaa heshiiskaas. Arrintu si kastaba ha ahaatee, Ingiriiska in uu heshiiskaas ka baxo uma ay sahlaneyn, waayo waxa uu ka cabsi qabey in ballan-daradaasi ay ka hor keento qowmiyadihii (qabiiladii) uu heshiisyada kuwaas oo kale ah la galay. Sidaas darteed, Ingiriiska oo u cuskanaaya qodob dastuurkiis ku jira (Act of State), kaas oo loo cuskan karo ruux aan markaas boqortooyada Ingiriiska ku hoos jirin, laakiin khatar ku ah xukunka iyo xasiloonida boqortooyada.

Sidaas darteed, Waxa Kor. Summers ka codsaday boqortooyadii Ingiriiska in Suldaan Maxamuud Cali Shire loo masaafuriyo jasiiradda badweynta Hindiya (Indian Ocean) ku taal ee Seycheles. Summers waxa uu suldaanka ku eedeeyey dhowr arrimood oo ay ka mid ahaayeen:

- in muddo yar ka hor, markii dagaalka Daraawiish lagu qaaday ay dabeecadda (attitude) suldaanku is bedeshay, noqotayna mid aan lagu qanacsanayn.
- in Agoos 1919 uu suldaanku si toos ah uga soo hor jeestay maamulkii Ingiriiska ee "British Somaliland," kuna hanjebay in uu xulufo la noqon doono ciidamada Daraawiishta.

Ugu dambayntiina, Kor. Summers waxa uu diyaariyey markab dagaal si uu u tago Laas Qoray oo ahayd xaruntii suldaan Maxamuud Cali Shire. Ciidamadaas Summers diyaariyey iyo kuwo aan badnayn oo Laas Qoray xarun ku lahaa si ay suldaanka u qabtaan. Ka dib markii suldaan Maxamuud la qabtayna waxa la keenay markabka dushiisa, markii halkaas su'aalo badan lagu weydiiyey ka dibna, waxa loo sii gudbiyey magaalada Berbera, halkaas oo looga sii gudbiyey magaalada Cadan. Markii muddo Cadan lagu hayey lagana doodayey meeshii suldaanka lagu xidhi lahaa, ayaa xoghayihii Arrimaha Dibadda ee Ingiriisku waxa uu oggolaaday in Seycheles loo masaafuriyo.

1913 Daraawiish ayaa magaaladii Beledweyne duulaan ku qaaday, ka dib markii in muddo ah dagaal xumi halkaas ka socdayna guushii waxa ay ku dambaysay Daraawiish oo magaaladii gacanta u gashay. Xoolo aan tiro lahayna way dheceen, ka dibna waxa ay halkaas ka dhisteen saldhig weyn. Ficilkaas Daraawiishtuna wuxuu sababay in Talyaaniga oo fididooda ka cabsi qabay uu ciidamo dhigo Mahadday, Buqda Aqable iyo Tayeeglow. Ka dibna Talyaanigu wuxuu la xidhiidhay Suldaan Cali Yuusuf iyo Suldaan Olol Diinle (Suldaankii Ajuuraan) si uu uga dhaadhiciyo sidii Daraawiish loola dagaalami lahaa Beledweynena looga saari lahaa[148]. Isla badhtamihii sannadkaasna Talyaanigu wuxuu abuuray ciidan Soomaali ah, wuxuuna hubeeyey dadkii agagaarka Webi shabeelle degganaa si ay isaga difaacaan fiditaanka Daraawiishta.

9 Agoos 1913 Richard Corfield (Koofil)[149], ayaa lagu dilay meesha la yidhaahdo Dulmadoobe (Ruuga) oo Beer u dhow. Richard oo markaas fadhiyey Burco haystana ciidamadii Rakuubleyda ahaa, ayaa xukuumadii Ingiriisku amarku ku siisay in aaanu Daraawiish dagaal ku doonan, laakiin nabad gelyada qabiilada meelihii Ingiriisku xukumi jirey sugo. Hase ahaatee, Daraawiishta oo si joogto ah qabiiladaas ugu soo duuli jirtay ayey Mr. Corfield, (koofil) ku kaliftay inuu ciidamo Daraawiish ah oo dhulkaas joogay ka saaro, markii dagaal foodda la is darayna Richard Corfield, halkaas ayuu naftiisii ku waayey. Ka dibna S.M.C.Xasan, waa kii tiriyey gabaygii dheeraa (*Adaa Koofilow jiitay oon dunida joogayne* ..) ee digashada ahaa. Isla waqtigaas suuqa la isla dhex maraayey in Seyidka iyo ciidamadiisu magaalada Berbera u soo socdaan, sidaas darteed wixii Carab iyo Hindi ahaa ee Berbera ganacsiga ku lahaa Cadan ayey u qaxeen.

Dis. 1913 Lij Yasu, oo Muslim ahaa ayaa Boqorkii Itoobiya noqday, ka dibna wuxuu xafiiskiisii ka soo raray Dirir Dhabe, wuxuuna u soo wareejiyey Harar oo ahayd xaruntii ugu weynayd ee Muslimiinta. Arrintaasina waxa ay bedeshay wejigii dagaalka ee Daraawiish lagula jirey, isla markiibana boqor Lij, wuxuu xidhiidh fiican la yeeshay S.M.C.Xasan iyo Daraawiish, ka dibna wuxuu u fidiyey taageero hub iyo dhaqaale kale isugu jirta.

Isbedelkaas siyaasadeedna wuxuu gumeystayaashii reer Yurub u muujiyey in boqor Lij, uu qorshaheeda wado inuu boqortooyo Islaam ah geeska Afrika ka dhiso. Waxa ay kale oo sheegeen in boqorku Daraawiish ku xidhay (facilitated) ciidankii Laxaj (Turki) iyo Jarmalka (Genman official from Djibouti) oo uu xidhiidhkooda hagaajiyey[150], isla mar ahaantaasna Talyaanigu wuxuu sheegtay inuu dhexda ku qabtay warqad Turkiga ka timid oo S.M.C.Xasan, loo waday. Warqaddaas oo Turkigu Seyidka ku magcaabay inuu yahay Amiirkii Dalka Soomaaliya.

Sebtem. 1914 Ciidankii Ingiriiska ayaa xaruntii Shimbabiris weerar ku qaaday, waxaana muddo badan socday dagaal la ismari waayey, sarkaalkii ciidamada Ingiriiska watayna waa la dilay. Waxa ayna ciidamadii Ingiriisku go'aansadeen in ay qori xoog leh (artilery) oo ay daaraha ku burburiyaan Cadan u dirsadaan, ka dibna weerar hor leh ku soo rogaal celiyaan, Daraawiishtuna sheekadaas waxba kalama socon oo si fiican ayey isu mahadiyeen.

17 Nof. 1914 Ciidan Ingiriis ah oo uu nin gaashaanle ahi hoggaaminayey ayaa Burco ka soo ambabaxay si ay xaruntii Daraawiishta ee Shimbabiris u weeraraan[151].

Feb. 1915 Ciidankii Ingiriika oo hubkii cuslaa ee Cadan laga keenay wata ayaa Shimbabiris weerar ku qaaday Qalcadihii Daraawiishtana dhulka ayey la simeen, raggii Daraawiishtana si xun ayaa loo gumaaday. Xaruntii Shimbabirisna waa la qabsaday, siyaasad ahaan iyo niyad ahaanba jabkaas Daraawiishi aad ayey ugu wiiqantay. Guul-darooyinkaas ka dibna, Daraawiishtii waxay Berbera u direen 40 nin oo hubaysan oo uu hoggaamiye ka ahaa nin la odhan jirey Xaaji Mursal Aw Siciid. Inkasta oo ciidamadaas Daraawiishtu dirtay aanay wax weyn ka bedeli karo xaallada siyaasadeed—awoodna u lahayn in ay Berbera qabsadaan, waxay ay ahayd xeelad cusub, oo Daraawiishi ku muujinayso in ay awoodi karaan la dagaalanka Ingiriiska.

Bill. 1915 Afartan nin oo Daraawiish ah oo uu watay nin la odhan jirey Indha Ceel Daamey Raage, ayaa Buula Berde, tegay halkaasna waxa ay ku dileen shan nin oo Talyaani ah.

3 Maarj 1915 Ciidamo ka kooban Talyaani, Cali Yuusuf iyo Olol Diinle, ayaa Daraawiishtii Beledweyne fadhiday duulaan ugu soo dhaqaaqay. Ciidanka Talyaanigu wuxuu ka soo duulay, Buula Berde, Buqcaqable iyo Tayeeglow. Ciidanka Cali Yuusuf wuxuu ka soo baxay Mudug iyo Ceelbuur iyo ciidankii Olol Diinle, oo ka soo baxay Qallaafe.

7-8 Maarj 1915 Ciidankii Xaaji Mursal Aw Ciise, watay ayaa fiinta Cilaan Bidoole, soo fadhiistay, hase ahaatee, waxaa walaac ku abuuray sidii ay banaanka buurta iyo Berbera u dhexeeya oo dadka deggan ay nacab isu ahaayeen ay u gudbi lahaayeen; waxa ayse markii dambe goosteen in ay dhulkaas guure ku maraan.

9 Maarj 1915 Ciidamadii Talyaaniga, Cali Yuusuf iyo Suldaan Olol Diinle ayaa afarta dhinac Daraawiishtii B/weyne kaga soo dhufatay. Dagaalkaas oo todoba caanamaal socday, aadna loogu dhamaaday, oo weliba Talyaanigu madaafiic isticmaalaayey, waxaa aakhiritaankii guushii raacday Daraawiish. Guushaas Daraawiishtu gaadheyna waxa ay u kasabtay in ay gaadhaan ilaa Tayeeglow, Baydhabo, Awdheegle iyo Ceelgaras, ilaa 1919kiina Talyaanigu isdifaac mooyee weerar ma haweysan; waxaase sii kordhay duulaanadii iyo dhicii Daraawiishta.

11 Maarj 1915 Daraawiishtii ayaa ka gudbay (iyagoon cid arag) banaankii buurta iyo Berbera u dhexeeyey ee ay ka cabsi qabeen.

12/13 Maarj 1915 Afartankii nin ee Daraawiishta ahaa ayaa Berbera gaadhey, ka dibna rasaas ku furay, ficilaas ka dibna waxa ay u baxsadeen dhinaca xeebta bari, waxa ayna dad ku sii laayeen Biyaguure. Weerarkaas Berbera, inkastuusan ahayn mid waxyeello weyn geystay haddana wuxuu noqday filan waa iyo fajac, taasina waxa ay kaliftay in dadkii magaalada daganaa qaarkood Cadan u qaxaan. Afartankii nin ee Daraawiishta ahaana nin keliya ayaa ka soo dhintay, intii kalena Daraawiish ayey dib ugu soo laabteen.

1915 Wakiilkii Turkiga ee Laxaj (20 km bay u jirtaa Cadan) ayaa Seyidku waraaq u diray isaga oo u sheegay in gaalo u xoogsheegatay dhulkoodiina dhinac kasta uga soo duuleen, ayna u baahan yihiin in ay garab iyo gaashaanba ka helaan dawladda Turkiga, oo markaas ahayd dawlad Muslim ah oo quwad leh. Ka dibna markii wakiilkii dawladiisii la tashaday wuxuu Seyidka u sheegay inuu ergo u soo dirsado. Ergadaas Laxaj uu u dirsadayna waxaa hoggaamiye ka ahaa nin la odhan jirey Axmed Shirwac Jaamac. Halkaasna waxa ay ku soo kala saxeexdeen heshiisyo iskaashi iyo badbaadinta Soomaaliya ku saabsan.

Arrintaasina waxa ay Talyaaniga iyo Ingiriiskaba ku abuurtay werwer, waayo waxay ka soo horjeedeen in Daraawiishi wax heshiis ama iskaashi ah la yeelato dawlad kale.

1915 Suldaan Maxamuud Cali Shire ayaa xidhiidhkii u gooyey Seyid Maxamed Cabdulle Xasan, isaga oo ku eedeeyey dhul-ballaadhsi iyo in uu arrimaha Warsangeli soo fara geliyey. Inkasta oo suldaan Maxamuud Cali Shire xidhiidhkii u gooyey Daraawiish iyo Seyid Maxamed Cabdulle Xasan, haddan Kor. Summers waxa uu suldaanka u arkaayey in uu yahay nin danaha Ingiriiska khatar ku ah; wuxuuna aaminsanaa (Ingiriisku) in haddii xataa Seyidka iyo ciidamadiisa la jebiyo uu suldaan Maxamuud yahay nin awood u leh in uu bilaabo mucaarad aan ka Seyid Maxamed Cabdulle Xasan ka dhicin (awood yarayn) oo khatar gelin kara danaha Ingiriisku ka leeyahay "British Somaliland."

Ilaa laga soo gaadhey 1915kii, Warsangeli waxa ay u madax-banaanaayeen maamulkooda, waxana xidhiidh ganacsi ka dhexeeyey iyaga iyo Daraawiishtii Seyid Maxamed Cabdulle Xasan. Xidhiidhka ganacsi ka sokoow, Seyid Maxamed Cabdulle Xasan waxa uu qabey suldaan Maxamuud walaashiis, gabadha iyo hooyadeedna waxa ay ku noolaayeen xaruntii Daraawiishta ee Taleex. Colaadda ugu weyn ee Suldaanka iyo Seyid M.C. Xasan waxaa u sabab ahaa duulaanadii Seyid Maxamed ku qaaday degaanadii Warsangeli ee Suldaan Maxamuud Cali Shire xukumi jirey.

Duulaanadaas dadkii lagu dilay waxaa ka mid ahaa Suldaan Cali Shire wiilkiisii curad, Yuusuf suldaan Maxamuud oo ahaa ninkii dhaxalka saldanadda lahaa. Suldaanka wiilkiisa waxaa lagu dilay meesha la yidhaahdo 'Cawsane' oo u dhexaysa Buraan iyo Badhan.

1916 Turkiga ayaa xaruntii Daraawiishta u diray nin la Taliye ah, magaciisana la odhan jirey Axmed Cali. Ninkaasna waxaa aakhirkii Ingiriisku ku dilay Badweyn.

1917 Talyaaniga ayaa ingiriiska waraaq u diray una sheegay xidhiidhka dhexmaray Daraawiish iyo Turkiga, ayna haboontahay in si degdeg ah wax looga qabto arrintaas.

1918 Daraawiish ayaa xaruntii Taleex u rartay Cal iyo Sanaag, inkasta oo ay markii hore jiidali (Ceerigaabo agteeda) degeen waxa ay markii dambe isku raaceen in ay buurta Midhishi degaan, waayo waxa ay u arkeen in ay tahay degaan fiican oo lagu gaban karo, halkaasna waxa ay ka dhisteen shan daarood oo isu muuqda. Waqtigaas ciidamada Ingiriis ugu dhowi waxa ay soo fadhiyeen Dhuur-Cillaan, Laas Ciidle iyo Burco.

Hase ahaatee, qorshayaasha Ingiriiska iyo Talyaanigana Daraawiishtu, haba yaraatee, waxba kalama socon. Is balaadhinta iyo ismahadinta Daraawiishtu waxa ay keentay in ciidamadoodii kala deganaa Eyl, Ilig, Belet Weyne, Doox, Ceel gaab, Nugaal iyo kuwii xarunta cusub ee Sanaag deganaaba ay aad u kala fogaadeen isgaadhsiintoodiina ay xumaatay. Xaaladdaasi oo keentay in dhawrkii jab ee Daraawiishtu la kulantay ee ay ka mid ahaayeen Shimbabiris, Laas qoray, Indho baas, Oog iyo Karuubo ay niyadoodii iyo kalsoonidiiba ay ka tirtirtay taas oo kaliftay in rag badani Daraawiish isaga baxaan. S.M.C.Xasan, laftiisu wuu sii gaboobay wuxuuna noqday keligii tashade wixii khilaafa qoorta u dheereeya[152], dilkaas oo intiisa badan ka dhici jirey xaruntii Taleex dhexdeeda. Haddaba, iskhilaafkaas Daraawiishta dhexdeeda ka taagnaa, waxa ay dhiiri gelisay ciidamadii Ingiriiska oo markaas hub casri ah iyo awood intii ka weynba haystay.

Okt. 1919 Baarlamaankii Ingiriiska ayaa ansixiyey in Daraawiish lagula dagaalamo diyaarado sandka 1920[153]. Dagaaladii 1907dii guuldaradu ka raacday Ingiriiska waxaa keeni jirey iyada oo aan Daraawiishtu meel u khaas ah deganayn oo intay duulaan kedis ah Ingiriiska ku kiciso meel kale u guuri jirtey. Wakhtiganse Daraawiishtu sidii hore maaha oo wey degeen, daarona way dhisteen, xoolo badana way dhaqdeen, waxa ayna isku abuureen kalsooni dheeraad ah iyo ismahadin. Saldhigyadaas waaweyn ee Daraawiishtu degtayna waxa ay faa'iido ugu jirtay Ingiriiska, waayo hubka iyo diyaaradaha uu haystay ayaa u fududaynaayey inuu intuu meeshooda ugu yimaado Daraawiish cidhib tiro[154].

30 Dis. 1919 Waxaa Berbera ka soo degey 36 sarkaal iyo 189 askari oo derajadoodu kala duwanayd iyo diyaaradihii (Royal Airforce) ee Daraawiishta lagula dagaalami lahaa, iyo qalabkii farasamada ee diyaaradaha. Waxaa sidoo kale iyaguna xeebta badda cas kormeerayey (patrol) laba markab oo Ingiriisku lahaa (Odin iyo Clio), waxaa ciidan la dhigay xeebta Maydh si looga ilaaliyo in marka S.M.C.Xasan, la weeraro uusan dhinaca badda uga baxsan. Ciidamada Ingiriiska badankoodana waxaa siday markabka diyaaradaha qaada ee la odhan jirey HMS[155] ARK ROYAL.

Ciidamada Ingiriisku intii aanay Berbera ka so degin waxaa ka soo horeeyey dhawr asbuuc ka hor , ciidamo dharcad ah oo metelaayey Shirkad shidaal baadhaysa, laakiin waxa ay u xil saaraayeen in ay ka sameeyaan Caynabo gegi (garoon) diyaaraduhu si degdeg ah ugu degi karaan, waxaana la diidaayey in Soomaalidu fahanto waxa meesha ka socda, ka dibna aan sirtaasi wadaadka gaadhin. Waxaa la diyaariyey ciidamo xoog leh oo kuwa dagaalka gelaaya ka sokoow la fadhiisiyey meelihii la filaayey inuu wadaadku ka baxsan karo. Kun iyo shan boqol (1,500) oo ciidamadii qabiilada Soomaalida ka koobnaa waxaa la dhigay dhawr meelood oo dhinaca koonfurta ah.

1919 The Duke of Abruzzi (ina boqor/wakiil), wuxuu dhaqan geliyey sidii horumarinta beeraha ee Italian-Somaliland wax looga qaban lahaa. Wuxuu ahaa ninkii ku lug lahaa dhisidda Warshadda Sonkorta ee Jawhar.

Aakhirkii 1919 (oo dhan) dawladda Ingiriisku waxa ay aad ugu hawlanayd qaban qaabinta iyo soo dejinta ciidamada, waayo waxa ay doonayeen in dagaalkaasi noqdo kii ugu dambeeyey ee wadaadka iyo Daraawiish lagu dabargoyn lahaa.

Ciidanka loogu talo galay inuu duulaankaas qaado wuxuu ka koobnaa:

1. ciidanka badda oo 3 markab ka koobnaa; Ark Royal, oo laga keenay Masar, Odin iyo Clio.
2. ciidanka Cirka oo ka koobnaa 12 diyaaradood,
3. ciidanka lugta oo saddex qaybood ka koobnaa. Sir Douglas Jardine, oo ahaa Xoghayihii Guud ee wakiilka boqortooyada Ingiriiska markaas Somaliland u fadhiyey 1916-1921 wuxuu sheegay in ciidamadoodu ka koobnaayeen[156]:

b) Koox diyaarado ah (D.H9) oo haysatay lix mashiin (qori) oo kayd ah, loona yiqiinay xubinta "Z6" ee Ciidanka Cirka ee Boqortooyada Ingiriiska.

t) Rakuubley Soomali ah oo 700 oo buntukh watay.

J) Ciidan ka kooban laba qaybood oo ahaa "Kings African Rifles" oo 700 buntukh watay[157].

x) Urur badhkii (half batallion) oo ka koobnaa 1aad iyo 10aad ee ciidanka Bombada qarxiya ee ciidanka Hindiga iyo 400 oo buntukh.

kh) Ciidan aan joogto ahayn oo laga soo ururshey qabiilada Soomaalida oo 1,500 buntukh haystay iyo d) 300 oo ilaalo ahayd.

Sir Archer, oo markaas qaban qaabinta iyo dagaal gelinta ciidamada Daraawiish la dagaalamayey u xilsaaraa, ahaana wakiilkii maxmiyadda Ingiriiska Somaliland u fadhiyey, wuxuu ku dedaalay si aan wax war ah ama sir ahi u bixin si Daraawiish oo war maqabto ah lagu dhufto.

30 Dis.1919 Badhasaabkii Ingiriiska ayaa wuxuu qoray waraaq, uu ciidamaada Daraawiishta iyo dadkii kale ee Seyidka raacsanaaba ku guubaabinayo—in wadaadka iyo inta ku xeeran (khusuusiga), ninkii soo qabta , soo gacan gesha, ama soo dila oo meydkiisa keena (mid ka mid ah) dhawr iyo toban nin oo Daraawiishta ka mid ahaa; la siin doono lacag abaal marin ah.

9 Jan. 1920 Ciidankii 1aad ee lugta iyo kuwii dayuuradaha ee Ingiriiska ayaa degey Dhuur Cillaan, kana samaystay saldhig iyo gegi diyaaraduhu ka duuli karaan. Maraakiibtii iyo ciidamo la socdayna waxa ay u ambabaxeen Laasqoray, si ay gaadiid halkaas loogu diyaarshey uga rartaan, ciidankii Burco fadhiyeyna wuxuu u ambabaxay Kiridh.

21 Jan.1920 Warqadii Badhasaabku qoray nuqulkeedii ayaa meel walba Maamulkii Ingiriiska ee Somaliland ku daadiyey[158], raggii madaxooda abaal marintu (Wanted List) saaraydna waxa ay kala ahaayeen:

Tiro	Magaca	Qabiilka	Jilib	Laf (jilib)	Lacagta* Abaal Marinta
01	Maxamed Bin Cabdulle Xasan	Ogaadeen	Bahgeri		5,000.00
02	Caamir Xasan	Ogaadeen	Bahgeri		500.00
03	Yuusuf Sh.Aw Yuusuf (Yuusuf Dheere)	Ogaadeen	Bahgeri	Reer Xamar	500.00
04	Cali Cabdalla Xasan	Ogadeen	Bahgeri	Reer Xamar	500.00
05	Xaaji Axmed Warsame (Xaaji Suudi)	Habar Jeclo	Aadan Madoobe		1,000.00
06	Khaliif Cabdulle (Seyidka Walaalkii)	Ogaadeen	Bahgeri		1,000.00
07	Cabbaas Aw Muuse	Dhulbahante	Bahararsame		500.00
08	Nuur Xaashi	Warsangeli			250.00
09	Xaaji Farxad	Hawiye			500.00
10	Abshir Dhoore	Majeerteen	Cumar Maxamuud		500.00
11	Xaaji Jaamac Yuusuf (Tamiinlaaye)	Habar Yoonis	Sacad yoonis		250.00
12	Ibraahim Buqul	Habar Toljeclo	Aadan Madoobe		250.00
13	Xuseen Yuusuf (Ajuuraan)	Dhulbahante	Jaamac Siyaad		250.00
14	Mahdi Maxamed (Seyidka Wiilkiisii)	Ogaadeen	Bahgeri		500.00
15	Axmed Cumar Bin Cumar (Tage)	Dhulbahante	Bahararsame		500.00
16	Ibraahim Gioode	Habar Toljeclo	Aadan Madoobe		250.00
17	Caruurta Seyidka oo qiyaastoodu ahayd 20 midkiiba 100.00 (20x100.00)	Ogaadeen	Bahgeri		2,000.00

** Lacagtu waxa ay ahayd Rubad (Rupee) Hindida.*

21-23 Jan. 1920 Diyaaradihii Ingiriiska ayaa weerar is daba joog ah ku qaaday Jiidali iyo Midhishi (Xaruntii Daraawiishta), waxaa bamkii ugu horeeyey lagu dhuftay meeshii Seyidku fadhiyey. Waxaa la sheegay in weerarkaas markiiba 30 qof ku dhimatay, wadaadka iyo Daraawiishna waxaa ku dhacay cabsi, argagax, jaahwareer iyo walaac, isla markiibana rag badan oo madaxdii Daraawiishta ka tirsanaa ayaa xaruntii iskaga cararay.

24 Jan. 1920 Ka dib markii loo soo sheegay Daraawiish in ciidankii Ingiriiska ee lugtu kaabiga u soo saaran yahay ayey go'aansadeen in ay Nugaal u qaxaan, waayo waxa ay ka baqeen in buurta lagu go'doomiyo; wixii hanti ay haysteena halkaas ayaa looga qabsaday. Ka dibna ciidamadii Ingiriisku jidka ayey Daraawiish u fadhiisteen, si xunna waa loo baa'biiyey wixii ay hanti markaas wateen halkaas ayaa looga furtay. Waxyaabihii Daraawiishta laga furtay waxaa ka mid ahaa, qoraaladii iyo kutubtii, dahab, 1,400 oo geel ah, 450 lo ah, 50 baqal ah, 51 Rifle, 2,000 oo rasaas ah iyo 300 oo rati iyo alaabtii ku rarayd[159].

2 or3 Feb. 1920 Seyidkii iyo Daraawiishtii qaxa ahaa ee Midhishi ka yimid ayaa Taleex gaadhey, ciidamadiisii iyo xoolihiisii oo ilaa Ceerigaabo iyo Taleex inta ka dhex leh daadsanaa Ingiriiska ayaa dhexda ka helay oo hantiyey.

4 Feb. 1920 Diyaaradihii Ingiriiska ayaa Taleex soo dul joogsaday oo si xun u rusheeyey, maalintii shanaadna Ingiriisku ciidamadiisii quwadoodi wuxuu isugu keenay Qawlo, oo 10 mayl u jirta Taleex kana xigta dhinaca koonfur galbeed. Inkasta oo ciidamada Ingiriisku aanay hubin in wadaadka laftiisu Taleex joogo, Cabdiraxmaan Seyid Maxamed (Seyidka wiilkiisii) iyo Sheekh Yuusuf Cismaan Xasan (Yuusuf-Xayle), oo habeenimadii Xarunta Taleex ka baxsaday ayaa ciidamadii Ingiriiska isu dhiibay una caddeeyey in wadaadkii weli Taleex joogo ciidan xoog lehna haysto, inkasta oo ay niyad jabsan yihiin iyo weliba in ay haystaan raashin ilaa 3 sanadood ku-filan ayey u sheegeen[160].

Kowdii duhurnimo ee isla maalintaas ayaa Ingiriisku ciidamadiisii dagaal ugu dhaqaajiyey Taleex, iyadoo Daraawiishtu markaas u tabaabulshaysanayeen sidii ay ugu qaxi lahaayeen dhinaca koonfur (B/weyne), ayaa weerarkii ciidanka Ingiriiska lagu dul qabtay. Weerarkaas kedisada ahina Daraawiish wuxuu ku noqday anfariir (shock), sida ay Ingiriisku sheegtay, ciidamadii Daraawiishta waxaa ay noqdeen wax la dilay iyo wax la qabtay (marka laga reebo in yar oo Seyidka la baxsatay).

7 Feb. 1920 Colkii Ingiriiska ayaa si fiican Taleex gacanta ugu dhigay, hase ahaatee markii Ingiriisku ogaaday in wadaadkii baxsaday si xun ayey uga qooma-meeyeen, isla markiibana waxaa laga daba diray rag raacdo ah oo tiradoodu gaadheysay ilaa 700, kuwaas oo isugu jirey rakuubley, fardooley iyo lugba. Wixii cagta cagta loogu hayo firxadkii Daraawiishta, waxaa aakhiritaankii lagu gaadhey[161] Dooxada Waaw (Tuka Raq), oo Garoowe waqooyi galbeed ka xigta, halkaasna waxaa ka dhacay dagaal aad u xun oo Daraawiishi si xun ugu baab'aday.

Haddaba iyadoon la soo koobi karin tirada dadkii halkaas lagu gumaaday, Ingiriisku waxa ay magcaabeen 40 caruur ah, 7 wiil oo Seyidku dhalay iyo boqolaal Khusuusigii ka tirsanaa, wixii la qabtay iyo hantidoodiina waxa ay gacanta u gashay cadowgii Ingiriiska[162].

12 Feb. 1920 Seyidkii ayaa afar nin u kala diray Laascaanood iyo Docmo, wuxuuna yidhi "dhulkaas Daraawiish ayaan ku ogaaye iiga soo warama". Hase ahaatee, nimankii

Laascaanood loo diray markay soo noqdeen waxa ay sheegeen in caradii Ingiriis gacanta ku dhigay, dad iyo duunyana Daraawiishi gacanta nacab u gashay. Ka dibna wadaadkii wuxuu goostay in Daraawiishi meeshay doontaba ha joogtee hambadoodii isugu tagto xaruntii Khaliif Sheekh Cabdulle, halkaas ayeyna safarkoodii ka bilaabeen iyaga oo doonaayey in ay maraan jidka isku xidha Docmo, Galaadi iyo Wardheer.

Talyaaniga iyo Cali Yuusuf, oo Ingiriiska kula balamay in ay Daraawiish dhinaca Koonfur ka ilaaliyaan inaanay u gudbin, ayaa Suldaan Cali Yuusuf, ciidan uu watay Xaaji Cismaan Sharmarke, ku soo kiciyey si ay Daraawiishta Dhudhub iyo Galaadi ugu joogsadaan. Hase ahaatee, goor uu wadaadkii Galaadi ka gudbay ayey soo gaadheen, ka dibna way isaga hadheen; aakhiritaankiina wixii Daraawiish ka hadhay waxa ay isugu tageen oo degeen meesha la yidhaahdo Shinniile.

12 Feb. 1920 Ciidamadii Ingiriiska oo uu hoggaaminayey Major Payne[163], ayaa Ceel Afweyn galay, waxa ayna halkaas ka dhaceen xoolo aad u fara badan.

17 Feb. 1920 G.F.Archer, oo ahaa Badhasaabkii Somaliland ayaa warqad ku tiiqtiiqsi (jeesjees) ah wadaadka u qoray, wuxuuna u sheegay inuu Ingiriiska isu dhiibo, ka dibna la siin doono meel uu dego oo uu diintiisa iyo dariiqadiisa ugu madaxbaan yahay, balse uusan siyaasadda dawladda Ingiriiska ee dhulka Somaliland ku saabsan soo fara gelin doonin. Wuxuuna kale oo u sheegay in Soomali oo dhammi neceb tahay oo aan meela laga soo dhoweyn doonin, sidaas darteed ay dani ugu jirto ammaanka Ingiriisku ugu deeqay[164].

Feb. 1920 Markii Seyidku waraaqdii G.F.Archer, helay markiiba wuu uga jawaabay, wuxuuna u sheegay inaanu kalsooni ku qabin hadalka Ingiriiska, hase ahaatee aanu waxba ka qabin in lagu soo caddeeyo dembiyada lagu soo eedeeyey. Wuxuuna caddeeyey in Ingiriisku marwalba xaqdaro kula kacayey, wuxuuna yidhi "haddii xaqa la imariyo raalli baan noqon doonaa, dhibina maayo Habar Yoonis, Habar Awal iyo Habar Jeclo". Inkastoose Seyidka warqadiisa ay ka muuqatay tamar daro iyo calaacal, haddana marna ma muujin inuu diyaar u yahay inuu Ingiriiska isu dhiibo.

27 Abriil 1920 Ergo doonaysey in ay Seyidka la kulanta oo Ingiriisku magaalada Sheekh ka diray, ayaa heshiis kula gashay meesha la yidhaahdo Shinniile[165].

Abriil 1920 Talyaaniga maamulkiisii Banaadir ayaa waraaq ka helay S.M.C.Xasan, wuxuuna uga sheekeeyey dulmigii iyo dhibkii Ingiriisku u geystay iyo wixii dhexmaray oo dhan; sababaha loo jebiyeyna ay asal u ahayd is-khilaafkii weynaa Daraawiishta dhex maray, gaar ahaan Dhulbahantihii wadaadka daacadda u ahaa oo Ingiriiska isu dhiibay, kuwaas oo uu wadaadku tiradooda ku qiyaasay ilaa 12,000 oo hubaysanaa.

Wuxuu kale oo Seyidku Talyaaniga u sheegay inuu xuduudkiisa (koonfur) soo degey kaalmona ka rabo, uuna ka codsanaayo inuu Daraawiish iyo Ingiriis dhexdhexaadiyo, si uu Ingiriisku xaasaskii, xoolihii iyo dhulkii uu Daraawiish ka dhacay dib ugu soo celiyo, isaguna balan qaadayo in nabad laga heli doono. Intii Seyidku jawaabtii Talyaaniga iyo mid hore oo uu hore Ingiriiska uga filaayey aanay soo laaban ayaa Ingiriisku wuxuu Seyidka u diray 10 nin oo ahaa raggii ugu magaca weynaa dhulka Somaliland. Raggaasina waxa ay kala ahaayeen:

Magaca	Dariiqadiisa	Qabiilkiisa	Jilibka
Sh. Ismaaciil Isxaaq	Saalixiya (Madax)	Dhulbahante	Max'ed Muuse
Sh. C/laahi Sh. Madar	Qaadiriya (Madax)	Habar Awal	Sacad Muuse
Sh. Maxamed Xuseen	Al-Daraawiya (Madax)		
Caaqil, Cali Aadan		Habar Yoonis	Reer Sugulle, Dheriye
Caaqil, Jaamac Madar		H.Yoonis	Reer Sugulle, Reer Rooble.
Caaqil, Xaaji Ibraahim Warsame		H.Yoonis	Reer Sugulle, Baho Sugulle.
Caaqil, Xirsi Xuseen		H.Yoonis	Reer Xuseen.
Caaqil, Xaaji C/laahi Jaamac		H. TolJeclo	Reer Daahir
Caaqil, Axmed Yaasiin		H.Toljeclo	Solamadow
Caaqil, Cali Guuleed		H. Awal	Reer Axmed
Sheekh Cali Guuxaa [clxvi]			

Ergadaas oo warqad uu u sii dhiibay Badhasaabkii Somaliland, G.F.Archer, waxa ay qodobada ku qoraa ahaayeen in uu haddii uu wadaadku wanaag iyo nabad gelyo rabo, uu muddo 40 casho gudahooda uu Ingiriis isugu soo dhiibo. Archer, wuxuu kale oo Seyidka u balan qaaday:

b) In isaga iyo Dariiqadiisa loo ogol yahay in galbeed dhul laga siiyo.

t) In caruurtiisii iyo qaraabadiisii loo soo celin doono.

j) In xoolaha uu wato yeelan doono, haddii ay ku yar yihiina la siin doono xoolo baahidiisa haqab-tira.

x) Inuu uu diintiisa u madax banaan doono, haddii uu rabo inuu Makka tagona loo fududayn doono, laakiin aanu arrimaha qabiilada dhulkaas dega soo fara gelin doonin, hawsha dariiqaduna ay noqon doonto wixii shareecada ku saabsan oo keliya. Haddii si kale loo macneeyo, Seyidka diinta baristeeda keliya ayaa loo ogol yahay.

Hase ahaatee waraaq Seyidku ergadii Archer ugu sii dhiibay wuxuu ku muujiyey inuu heshiiskaas aqbalay, dhinaca kalena wuxuu ka muujiyey codsi uu ku doonaayey hantidii uga luntay xarbigii uu Ingiriiska la galay in loo soo celiyo. Hantidaas Seyidku sheeganayey oo isugu jirtey: dahab, baal goroyo, dollar, cambar, Luul, Fool Maroodi, hub, Saanad, geel, Addoon, Lacag iyo weliba dad iyo wixii daaro ku lumay, waxa ay muujinaysay inaanu aqbalin ballan qaadka Ingiriiska.

Isla mudadaas, waxaa isaguna soo laabtay Xaaji Tamiinlaaye, oo waraaq ka waday Badhasaabkii Talyaaniga ee Banaadir, Giovanni Cerrina Feroni, wuxuuna u sheegay inuu codsigii Seyidka u diray dawladda Talyaaniga oo uu jawaab ka sugaayo. Hase ahaatee Seyidkana laga rabo inuu meesha uu soo degey si nabad ah ku joogo oo aanu dadka xoolahooda dhicin, gaar ahaan Ogaadeenka halkaas deggan ee Talyaaniga la saaxiibka ah. Isla mar ahaantaasna in Seyidku uu ogaado in wixii horey ugu dhacay uu isagu isu geystay, heshiiskii Ilig ee uu jebiyey dartiis iyo wixii uu dhac iyo dulmi falay.

Waxaa kale oo Aw Jaamac Cumar Ciise[167], weriyey in Daraawiishta cuduro aad u xun xuni ku dhaceen (Furuq iyo Duumo), ayna halkaas ku dhinteen rag badan oo wadaadka garabkiisa midig ahaa. Hase ahaatee, markii Ingiriisku ogaaday in wadaadkii weli nool yahay

Daraawiishina dhaqan tahay, ayaa mar kale qaban qaabiyey sidii looga takhalusi lahaa, sidaas darteed wuxuu ku diray kuna hubeeyey qabiiladii dhulkaas deganaa.

Wuxuna ku soo bixiyey ciidan hubaysan oo Soomaali ah kana koobnaa afar qaybood, abaanduulena uu ka ahaa Xaaji Warsame Bullaale (Xaaji Waraabe), waxaana Daraawiish halkaas loogu geystay jab aan yarayn, wixii ay duunyo haysteenna maalintaas ayaa laga gacan wareejiyey.

Jabkaas xun maalintaas Seyidku wuu ka badbaaday, waxa ayna hambadii Daraawiish ka hadhay afka saartay koonfur galbeed ee Webi Shabeelle, muddo ka dibna waxa ay gaadheen meesha la yidhaahdo Qalqalooc, aakhirkiina Seyidkii iyo 100 nin oo Daraawiish ka hadhay waxa ay gaadheen Imey. Daraawiishtii B/Weyne degganaydna waxaa loo soo sheegay in Daraawiishi jabtay, Seyidkii iyo 100 nin oo la socotayna ay xaggaa iyo Imey u kaceen.

Xaaji Maxamuud Macallin (Cagadhiig), oo Daraawiishta B/Weyne haystay wuxuu go'aansaday inuu B/Weyne ku wareejiyo Suldaan Cali Yuusuf, wuxuuna war u diray Xirsi Guushaa iyo Cumar Samatar oo Ceel Buur haystay, si ay B/weyne u qabsadaan. Waxaa la weriyey in Xaaji Cagadhiig, intuu si khiyaamo ah raggii Daraawiishta ahaa ee aanu kalsoonida weyn ku qabin hubkii uga uruuriyey ayuu webiga hubkii ku guray, ka dibna intii uu ku kalsoonaa iyo wixii ay xoolo haysteen ayuu watay oo Seyidkii ka daba tegay.

May 1920 Suldaan Maxamuud Cali Shire ayaa Ingiriisku u masaafuriyey Jasiiradda Seycheles. Markii suldaan Maxamuud la xidhay waxaa codsi u qoray Muwaadiniinta Soomaaliyeed ee Midoobay (the Union of Somali Nationals) ee ku noolaa carriga Ingiriiska in Ingiriisku sii daayo suldaanka, laakiin codsigoodii waa laga diiday[168]. Kor. Summers oo codsigaas ka jawaabayey waxa uu sheegay in aanu waqtigan xaadirka ah oggolaan karin in suldaan Maxamuud Cali Shire ku soo noqdo Laas Qoray. Waxa kale oo uu sheegay "in dhalinyaradii Warsangeli ee mar walba dagaalka ku jiri jirey ay la qabsadeen nabadda (hadda) waddanka ka jirta, haddii suldaan Maxamuud Cali Shire soo noqdana ay bilaabayaan dagaaladii iyo rabshadihii uu dhalinyarada ku dhiiri gelin jirey."

Waxa kale oo Summers sheegay in codsiga in Suldaanka la soo celiyo ay ka dambeeyeen niman cuqaal (chiefs) ah oo aad ugu xidhnaa (dhowaa) Suldaan Maxamuud Cali Shire, oo rajeynaya in ay sii-deyntiisa wax (abaal marin) ku helaan, amaba ay ka cabsi qabaan in haddii aanay u hiilin (dagaalamin) ay soo noqodkiisa wax ku waayaan amaba uu ka aarsado[169].

29 Jul. 1920 Ciidamadii Suldaan Cali Yuusuf, ayaa B/Weyne yimid oo degey xaruntii Daraawiishtu faaruqisay. Waxaana la sheegay inaanay wax nafle ah ugu imaan gabadh lug la' oo socon kari weyday mooyaane[170]. Hase ahaatee, Talyaaniga oo aaminsanaa in B/Weyne dhulkii uu sheeganayey ka tirsan yahay, ayaa xanaaqay wuxuuna u dacwooday Suldaan Cali Yuusuf, wuxuuna ka codsaday inuu ciidamadiisa B/weyne kala noqdo. Si arrintaasi wanaag ugu dhammaatana Talyaanigu wuxuu Suldaanka ugu geeyey hadiyad lix boqol oo buntukh, ka dibna Suldaankii wuxuu amar ku bixiyey in ciidamadiisu ka soo baxaan B/weyne.

4 Sebtem. 1920 Suldaan Cali Yuusuf Keenadiid ayaa Talyaaniga B/Weyne ku wareejiyey, maamulkuse gacanta uma gelin ilaa 1925kii ka hor.

Isla sannadkaas Talyaaniga ayaa Mashruuc (Wershad) milixda lagu sameeyo ka dhisay Raas Xaafuun (Bari), inkasta oo Majeerteenkii dhulkaas deganaa dhawr jeer weeraro ku qaadeen Wershadaas (1925-27kii), haddana markii la gaadhey sanadkii 1933kii waxa ay wershadu soo saareysay milix (cusbo) dhan 260,000 oo tan. Milixdaasna Talyaanigu wuxuu u dhoofin jirey Hindiya, Afrikada Bari iyo Bariga fog (Far East). Baadhitaan (archeological traces) waayo dambe la sameeyey ayaa muujinaya in shiinuhu (chinese) ay Raas Xaafuun xidhiidh la lahaayeen.

1920 Duke-gii (Boqorkii) Talyaaniga ayaa wuxuu sameeyey Ururka Beeraleeyda Soomaalida –Talyaaniga—Societa Agricola Italo-Somalo (S.A.I.S), dhiiri-gelintaas beeruhuna waxa ay keentay in dad badan oo Tuni iyo Bantu Shiidle, beerahoodii laga xoogo, khasabna loogu shaqaysto in ay beerahoodii Talyaaniga u falaan. Dadkaas dhibaatadu gaadheyna waxa ay u badnaayeen dadkii deganaa Afgooye, Awdheegle iyo Buulo Mareerto[171]. S.A.I.S, oo ahayd shirkadda keliya ee dhulkaas ka amar ku taaglaysa, aakhirkii 1920kii waxa ay hanti u lahayd dhul qiyaastii gaadhaaya ilaa 30,000 oo hektar, dhulkaas oo ahaa dhulkii agagaarka Webi Shabeelle ee ugu manaafacaadka badnaa. Dadkaas Talyaaniga beeraha u fala inkasta oo mushahar la siin jirey, haddana dadku marwalba waa baxsan jireen ama waxba ma qaban jirin, taas oo shirkaddii ku kaliftay in ay sameeyaan waardiye dadka shaqada ku khasba.

1920-22 Abaaro dhacay dartood ayaa dadkii dhulka beeralayda ah ku noolaa dani ku khasabtay iyaga oo raalli ah in ay shirkadii Talyaaniga ee S.A.I.S shaqo u raadsadaan.

Okt. 1920 S.M.C.Xasan iyo Daraawiishtii uu la socday ee qaxa ahaa ayaa Iimeey gaadhey.

Ka dib markii Daraawiish la jebiyey maamulkii Ingiriiska ee Somaliland, ayaa bilaabay qorshe ah in ay lix Dugsi oo Hoose iyo Dhexe isugu jira ka furaan Somaliland. Hase ahaatee, ka dib markii dawladii Ingiriisku diiday in ay dhaqaalaha Iskuuladaas bixiso waxa ay maamulkii Somaliland ku kaliftay in ay canshuur toos ah saaraan xoolaha shacbiga[172]. Arrintaasina waxa ay abuurtay mucaarad aad u weyn iyo banaan baxyo, taas oo keentay in guddoomiyihii magaalada Burco oo Ingiriis ahaa halkaas lagu dilo.

Markii Ingiriisku arkay siday xaaladdu u qadhaadhahayna waxa ay dani ku kaliftay in ay arrintaas Iskuulada ka talo baxaan, iyaga oo ka baqay in mucaarad kii Daraawiishta oo kale ahi halkaas ka dhasho. Inkasta oo ballaadhintii Iskuulada ee goboladaasi halkaas ku fashilantay, haddana waxaa jirtay in laga bilaabo 1919kii ay jireen dhawr wiil oo Soomaaliya oo Waxbarsho Ingiriisku ugu diray Suudaan oo uu markaas xukumi jirey, waxaana la sheegay in wiilashaas waalidiintoodu ka raalli ahaayeen in waxbarasho loo diro[173].

21 Dis. 1920 Seyid M.C.Xasan, ayaa waxaa la sheegay inuu ku geeriyooday Iimeey, waxaana la sheegay inuu u dhintay "Duumo ama Influenza[174]. Dadka qaarkiis waxa ay sheegeen inuu u dhintay cudurka Furuqa."

1920 Suldaan Cismaan Yuusuf Keenadiid, ayaa qoray far af Soomaali ku qoran, taas oo aad uga duwanayd tan luqada carabiga oo waqtigaas Soomaaliya aad looga isticmaali jirey, inkasta oo culimo badani qoraalka fartaas aad uga soo horjeesteen, iyaga oo u arkaayey in ka leexadka qoraalka carabigu uu abuuraayo in dhaqanka diinta islaamka laga sii fogaado, haddana luqadii Cismaaniyaddu waxa ay aad ugu fiday dhulkii Majeerteeniya iyo meelihii kale ee qabiilkaasi deganaa iyo weliba meelo kale oo Soomaaliya ka tirsan. Waxaa kale oo luqadaas sii hir-geliyey halgankii SYL, oo u isticmaali jirey war is-dhaafsi (communication).

1920s Waxaa dhulka webiyada ee qabiilada Digil iyo Mirifle degaan laga aasaasay xisbi danaha dadkaas ka shaqeeya. Xisbigaas oo la odhan jirey 'Aljamaaciya Alkhayriyah Al-wadaniyah' (The Natioal Benevolent Organization), waxa uu markii dambe isu bedelay xisbi siyaasi ah.

1900-1920 Waxa ay ahayd mudadii ay socdeen dagaaladii Daraawiishta ee Seyid Maxamed Cabdulle Xasan, hoggaamiyaha ka ahaa .

5 Jul. 1921 G.H.Summers, oo ahaa sii-hayaha jagadii badhasaabtinimada ee Somaliland, ayaa warqad u qoray Xoghayihii Arrimaha Dibadda ee Ingiriiska Winston S. Churchill, wuxuuna u sheegay in S.M.C.Xasan, uu la joogo Karinle (Murusade). Inkasta oo Ingiriiska loo sheegay inuu Seyidku dhintay aakhirkii 1920kii, haddana marna ma helin wax xaqiijinaaya inuu Seyidku dhintay.

Sebtem. 1921 Abshir Dhoore, oo ahaan jirey Abaanduulihii guud ee ciidamada Daraawiishta oo dhan ayaa magaalada Xudur oo markaas gacanta Talyaaniga ku jirtey baxsadkii ku tegay, muddo ka dibna waxaa la weriyey inuu shaqo ka helay Sariibada (Kawaanka) xoolaha lagu qalo[175].

Okt. 1923 De Vecchi Val Cismon ayaa maamulkii fashiishtaha ahaa ee Talyaanigu u magcaabay in u noqdo Badhasaabkii (Gavornatore) "Italian Somaliland." De Vecchi waxa uu ahaa nin aad u aaminsan in Talyaaniga Soomaaliya oo dhan gacanta ku dhigo, waxa uuna aaminsanaa fikraddii ahayd "La Grande Somalia," ahayd in dhulka Soomaalidu degto oo dhin la hoos keeno xukunka Talyaaniga[176]. Isla waqtigaa De Vecchi jagada loo magcaabay waxaa jirey rag culumo u badnaa oo ka soo hor jeeday maamulkii Talyaaniga. Isla sanadkaas Sheekh la odhan jirey Suufi Baraaki ayaa mideeyey jamaacooyin deganaa meelaha ay ka mid ahaayeen Buulo, Golweyn, Muki Dumis iyo tuulooyin kale oo badan oo kulligood ka tirsanaa Shabeelaha Hoose—waxa uuna xarun ka dhigtay magaalada Baraawe.

Suufi Baraaki oo booqasho ku tegi jirey tuulooyinkaas waxa uu dadka u dhiiri gelin jirey sidii ay dhulkooda u difaacan lahaayeen. Inkasta oo faashiistihii Talyaanigu dhowr jeer digniin siiyey Suufi Baraaki, haddana ma uu joojin halgankiisii—-ugu dambayntiina waxaa lagu qasbay in uu magaalada Baraawe ka baxo. Suufi Baraaki markii uu Baraawe ka cararay waxa uu degay waqooyiga Jubada Sare, halkaas oo uu kula kulmay Shariif Caliyow Al-Sarmaani oo aad khabiir ugu ahaa diinta Islaamka iyo xeeladaha gumeysiga lagula dagaalamo.

Muddo ka dib ayaa Suufi Baraaki waxa uu ku soo noqday Shabeelaha Hoose, waxa uuna halkaas ka dhisay tuuladii loo yiqiin Day Day ama Jamaacada Day Day oo ku tirsan dhulka beesha Jidu. Shariif Caliyow Al-Sarmaani waxa uu laftiisu markii dambe u soo guuray Shabeelaha Hoose halkaas oo ka dhisay tuulo loo yaqaaney Buulo Ashraf (kama dheerayn Day Day). Waxa ayna labadii sheekh bilaabeen in ay xulufo noqdaan si ay dhulkooda uga difaacaan Talyaaniga. Waxa kale oo ay wefdi iyo kala direen hoggaamiyayaashii jamaacooyinkii Shabeelaha Hoose deganaa oo uu ka mid ahaa Sheekh Murjaan oo ahaa sheekh Qaadiriya ah oo dadka qaarkiis aaminsanaa in uu ahaa awliyo. Maamulkii Talyaaniga oo ay aad u werwer gelisay dhaqdhaqaaqyada cusub ee jamaacooyinkaas ayaa go'aan ku gaadhey in uu arrintaas wax ka qabto, ka dibna Badhasaabkii gumeysiga Talyaaniga ayaa maamumulihii Baraawe ku amray in uu Suufi Baraaki iyo xulufadiisa wada hadal la galo—si arrinta si nabad gelyo ah loogu dhammeeyo. Hase ahaatee, natiijo farxad gelisa kama soo bixin wada hadaladaas.

1923 Ka dib markii dadkii agagaarka webi shabeelle ku noolaa roobab badani u da'aan abaartiina ka soo ka kabteen ayey shirkadii Talyaaniga ee S.A.I.S, ka kala carareen. Arrintaasina waxa ay Talyaanigii ku kaliftay in ay soo celiyaan dariiqooyinkii foosha xumaa ee dadka shaqada lagu khasbaayey. Sanadkaas wixii ka dambeeyey ayeyna dawladdii 'faashiistaha' ahayd ee Talyaanigu bilowday in ay si fiican u hirgeliso mashruucyadii beeraha ee dhulka Soomaalida ee webiyadu maraan.

Maarj 1924 Sheekh Xasan Barsane[177] oo ka mid ahaa hoggaamiyayaashii dooxada Shabeelle ee gumeystihii Talyaaniga ka soo hor jeeday ayaa shir isugu yeedhay rag badan oo wax garad ah, waxa uuna kala hadlay jawaabtii uu ka celin lahaa waraaq De Vecchi u soo diray—warqaddaas oo uu ku amraayey qabiiladii halkaas degganaa in ay hubka iska dhigaan isuna dhiibaan, daacadna u noqdaan maamulkiisa. Markii shirkii la soo gebo-gebeeyey Sheekh Xasan ayaa warqaddii jawaabta ahayd u qoray De Vecchi, waxa uuna ku bilaabay sidatan: *"Bismilaahi Raxmaani Raxiim—-waan helay warqaddaadii, waana fahmey wixii ku qoraa, laakiin waxaan kuu sheegayaa in aanan aqbali karin amarkaaga, dawladdaadana aanan ka mid noqon doonin. Dawladdaadu waxa ay leedahay sharciyo u gaar ah—anaguna waxaanu leenahay sharciyo noo gaar ah, mana dhici karto in aanu aqbalo sharci aan kaayaga ahayn. Sharcigayagu waxaa uu yahay mid ku salaysan shariciga ilaahay iyo kan rasuulka, lamana mid nihin dadka kale ee sharciyadiina aqbalay, xataa dadkayaga ma jiraan wax Zaptie (ciidamadii gumeysiga) is qoray. Haddaba haddii aad timaadid dhulkayaga, waanu kula dagaalamaynaa, waxaanuna kugula dagaalamaynaa wax kasta oo suurto gal ah. Midda kale, waxaanu kuu sheegaynaa in aan adduunyadan waxba ka hadhin, 58 sano keliya ayaa ka hadhay...markaas waxa noo fiican in aanu sharaf ku dhimano annaga oo dhulkayaga difaacayna.*[178] "

Abriil 1924 Sheekh Xasan Barsane ayaa waxaa qabtay ciidamadii De Vecchi. Waxaa la weriyey in Sheekh Xasan uu ku dhintay (ama lagu dilay) xabsi Talyaanigu lahaa oo magaalada Xamar ku yaalley.

20 Okt. 1924 Ciidamadii fashiistaha Talyaaniga (Zapti) ayaa waxa ay duulaan ku qaadeen xaruntii (Day Day) Suufi Baraaki, hase ahaatee dagaalkaas ciidamadii fashiistuhu way ku fashilmeen (waa la jebiyey), ka dibna waxa ay dib ugu noqdeen Baraawe oo ahayd meeshay ka soo duuleen. Guusha dagaalkaas ka soo hoyatay Suufi Baraaki waxa uu arkay in ahayd mid mucjiso ah oo ilaahay xaggiisa ka timid, ka dibna waxa arrintaasi ku dhiiri gelisay in uu jihaad ku dhawaaqo.

Nof. (Bilowgii) 1924 Ciidamadii Talyaaniga oo dib isu soo habeeyey oo hub culus wata ayaa duulaan cusub ku soo rogaal celiyey dhammaan tuulooyinkii jamaacooyinku degganaayeen, halkaasna waxaa ka dhacay dagaalo aad u xun xun oo jamaacooyinkii dhibaato loogu geystay. Jamaacooyinku hub badan ma haysan oo waxa badankoodu ku dagaalamayeen falaaro iyo warmo[179].

Isla sannadkaas Shirkadii Talyaaniga ee S.A.I.S, waxa ay soo saartay dariiqo cusub oo dadkii beeraha uga shaqayn jirey lagu hawl gelinaayo, Taaasina waxa ay ahayd in dhulkii beeraha ku fiicnaa ee Talyaanigu horey Soomaalida uga xoogay ay shirkadii dadkii u shaqaynaayey midkiiba ay siiso dhul u gaar ah oo hal hektar ah. Ka dibna uu dhulkaas qofka shaqaalaha ahi badh isagu fasho badhka kalena shirkada u falo, isaga oo weliba lagu mushahar siinayo wax soo saarkiisa.

Hase ahaatee shirkadaha Talyaaniga oo marwalba xeelad cusub oo ay dadka ku dhiig miirtaan isku deyaaye, arrintaasi way u shaqayn weyday, Soomaalidii "gaar ahaan Bantu" beeralayda ahaydna way ka dhiidhiyeen in dhulkoodii lagu cabiidsado oo ay maxaabiis ku noqdaan, sidaas darteed way diideen in ay aqbalaan dhulkii loo qoondeeyey. Ka dibna markii Shirkadii Talyaanigu aragtay in xeeladeheedii oo dhammi shaqayn waayeen, waxa ay mar kale dani ku kaliftay in ay dadkii cudud ku maquuniyaan khasabna beeraha ugu fashaan, oo wax kale iska daaye waxa ay gaadheen heer ay ilaa Baydhabo iyo Buur Xakaba dadka ka soo afduubaan si ay beeraha ugu fashaan.

1925 Talyaaniga iyo Ingiriiska ayaa heshiis (Anglo-Italian) galay, kaas oo Talyaaniga loogu ogolaaday inuu difaacan karo dhulka Soomaalida galbeed, si uu danihiisa dhaqaalaha u ilaashado. Isla mar ahaantaasna Talyaanigu wuxuu xukuumadii Ingiriiska u oggolaaday in ay xarun ka samaystaan Harada Taana (Lake Tana) oo hadda ka tirsan dhulka Kenya maamusho.

Isla sannadkaas Talyaanigu wuxuu xoog ku qabsaday lana wareegay dhulkii jubbooyinka (British Jubbaland) ee Ingiriisku sheeganayey iyo Kismaayo. Ficilkaas Talyaanigu ku kacayna kalama tashan qabiiladii Soomalida ee dhulkaas deganaa in ay raali ka yihiin iyo in kale. Inkasta oo De Vecchi, markii Soomaaliya loo magcaabayba uu codsaday in awood loo siiyo inuu qabsado British Jubbaland July 1925kii, ka dib markii 1924kii koox Booliis ah oo Ingiriis ahi ay xadka Talyaaniga u soo gudbeen iyaga oo sheegay in ay eryanayeen niman dagaal soo sameeyey oo Suldanadii Majeerteenka ka tirsanaa.

Okt. (Dham.) 1925 Ka dib markii ciidamo xoog leh oo Talyaani ahi kana kooban cir iyo dhulba ay qabsadeen Suldanadii Hobyo, Suldaan Cali Yuusuf Keenadiid laftiisiina Xamar lagu soo xabbisay, ayaa xukuumaddii Talyaanigu waxa ay ku dhawaaqday in Hobyo degmo ka tirsan noqon doonto magaalooyinka Gaalkacyo, Ceelbuur iyo Ilig. Ciidamadaas Hobyo qabsaday oo tiradoodu gaadheysay ilaa 12 kun, waxa ay u badnaayeen ciidamo laga keenay Eriteriya, oo markaas gacanta Talyaaniga ku jirtay. Talyaanigu qabsashadii Hobyo markii uu ku guuleystay ka didbna, wuxuu duulaan ku qaaday Boqor Cismaan, oo markaas ka xoog badnaa Saldanadii Cali Yuusuf.

Arrintu si kastaba ha ahaatee, ciidamadii Boqor Cismaan waxaa la jebiyey aakhirkii 1927kii, wiilkiisiina wuxuu u cararay Itoobiya, inkasta oo uu dhawr sano ka dib Xamar ku soo laabtay, halkaas oo la sheegay in uu "Furuq" ugu dhintay. Hase ahaatee, muddo ka dib Cumar Samatar (Majeerteen), koox Majeerteen ah oo uu hoggaaminayey ayaa Ceelbuur weerartay, waxa ayna halkaas ku dileen maamulihii magaalada oo Talyaani ahaa, ka dibna waxa ay u gudbeen Itoobiya, halkaas oo ay duulaano uga soo qaadi jireen meelaha Talyaanigu deggan yahay ee xuduudka ku dhow.

1926 Waxa ay dagaalo kale oo Talyaaniga looga soo hor jeeday ka dheceen magaalooyinka—Kismaayo, Afmadow, Sarinley, Luuq iyo weliba dagaalkii sheekh Xasan Barsame, Ceel Buur, Butiyaalo, Baar Gaal, Hurdiya (Xeebaha Bari).

1926 Booliiskii ugu horeeyey ayaa laga abuuray Somaaliland[180], ujeedada ciidankaas Ingiriisku abuurayna waxaa dad badani qabeen in ay ugu weynayd inuu qabiilada Soomaalida ee dhulkaas deggan ku muquuniyo, si uu danihiisa guud ugu fushado.

May 1928 Suldaan Maxamuud Cali Shire ayaa ka soo noqday musaafiriskii uu ku joogey jasiiradda Seycheles. Suldaanku intii uu Seycheles joogay waxa uu ku guursaday gabadh waddankaas u dhalatay, waxayna u dhashay wiil iyo gabadh. Markii suldaanku ku soo noqday Laas Qoray, waxa uu arkay ciidamadiisii oo aan jirin oo Ingiriisku kala diray, Qalcadihii uu u dhistay difaaca oo la burburiyey iyo fardihii ciidamadiisu ku dagaal geli jireen oo ayda (duurka) lagu sii daayey.

Inkasta oo dhibaato weyn loo geystay oo la burburiyey awooddii uu ku lahaa dadkiisa la kala dhantaalay, markii suldaan Maxamuud soo laabtay, waxa Ingiriisku u oggolaaday in suldaanku awooddiisii suldaannimo dib u soo ceshado. Waxa kale oo Ingiriisku u muujiyey (suldaanka) ixtiraam, markasta oo ay suurto gal tahayna, waxaa maamulkii Ingiriisku qaban qaabin jirey in suldaanku la kulmo xubnaha boqortooyada. Suldaanka waxaa markii dambe Ingiriisku ku magcaabay in uu yahay *sarkaal ka tirsan boqortooyadii Ingiriiska (*Officer of British Empire)."

1928 Si Talyaanigu isgaadhsiinta dhulkii beeraha lahaa u wanaajisto, ayuu wuxu sameeyey Tareen (railway), isku xidhayey Afgooye, Villigio Duca Abruzzi (Jawhar), Aw dheegle iyo Muqdisho.

1929 Kaniisadihii Talyaanigu waxa ay maamulayeen dugsiyadii hoose oo dhan, kuwaas oo ku yiilay Marka, Baraawe, Jillib, Afgooye, Villigio, Baydhabo, Kismaayo iyo Raas Xaafuun. Dugsiyaadaas Kaniisaduhu maamulayeen iyo xataa Kaniisadihii laga dhisay Xamar. Talyaanigu dhibaato weyn kalama kulmin shacbigii Soomaalida ee la filaayey in ay ka soo horjeestaan is balaadhintii Kaniisadda[181]. Waqtigaasna caruurta Soomaalida iyo kuwa Talyaanigu isku fasal ayey wax ku baran jireen, hase ahaatee, markii Guido Corni, uu maamulkii De Vecchi, isla sanadkaas kala wareegay Guido, wuxuu kala saaray labadii qowmiyadood (Caruurtii) isaga oo u arkaayey in ay meel ka dhac tahay in ruuxa loo taliyo iyo kan taliyaa ay isku miis wax ku bartaan. Arrintu si kastaba ha ahaatee, Dugsiyadii dhexe ee 1930kii caruurta Soomaalida ah ee dhigataa tiradoodu waxa ay gaadheysey 1,390, sannadkii 1939kii tiradoodu waxa ay gaadhey ilaa 1776 arday.

Haddaba iyadoo Dawladda Talyaanigu gacan weyn ka geysan jirtey fiditaanka iyo taageerada Kaniisadaha, haddana si aan looga didin wuxuu sidoo kale Talyaanigu gacan ka geysan jirey dhisidda Masaajida iyo Mawlacyada, taas oo dadkii aqoontoodu hoosaysay u sawiraysay in Talyaanigu wax dulmi ah ku wadin diinta Islaamka. Talyaanigu wuxuu guulahaas ku gaadhey, sida gumeystayaasha oo dhan caadada u ahaydba inuu soomaalida kala iibsado midnimadoodana wiiqo, isaga oo isticmaalaayey Dariiqadii caanka ahayd ee "Qaybi oo Xukun", wuxuuna mar walba si fiican u dhaqaaleyn jirey dadka intooda sumcadda leh sida Caaqilada, Suldaanada, Ugaasyada, Malaaqyada iwm.

Tusaale ahaan, qoraal rasmi ah (official publication) oo Talyaanigu qoray 1930kii, waxa uu is fiican Biimaal ugu ammaanay in ay calanka Talyaaniga daacad u yihiin[182]. Suldaankoodii Cabdiraxmaan Cali Ciise-na waxaa aad loogu amaanay inuu danaha Talyaaniga ilaaliyo. Waxaa sidoo kale Talyaanigu amaanay Suldaankii Geledi, Suldaan Axmed Abuubakar, gaar ahaan taageerada uu Suldaanku maamulka Talyaaniga u fidin jirey.

1929 Waxaa Soomaaliland ka jirey dhawr Dugsi oo Ingiriisku maal gelin jirey. Wadaado ayaa wax ka dhigi jirey, waxa lagu bari jirey caruurta carabi (akhris iyo qorid) iyo xisaab. Hase ahaatee, 1935kii Ingiriisku wuxuu bilaabay qorshe Iskuulo cusub lagu dhaqan gelinaayo, waxaana Berbera laga bilaabay dhisme Iskuul cusub.

Sebtem. 1930 Heshiiskii ugu dambeeyey ee xuduudka Soomaaliya ee Ingiriiska iyo Talyaanigu isku haysteen ayaa la dhammeeyey. Heshiiskaas waxaa labada dhinac uga qayb galay Kor. Stafford (Ingiriis ah) iyo Dr. Enrico Cerulli, oo Talyaani ahaa.

Juun 1931 Heshiiskii Kor. Stafford iyo Dr.Enrico Cerulli, ayaa mar labaad lagu sii cusboonaysiiyey London, hase ahaatee waxaa maalinba maalinta ka dambaysa sii kordhaayey dhibaatadii ka taagnayd degaanadii Soomaalida (Ogaadeen) ee Amxaarada iyo Talyaanigu isku haysteen. Waxa ay labadooduba ku dedaalaayeen sidii ay u heli lahaayeen dad Soomaali ah oo raacsan; waxa ayna qabiilkii raaca siin jireen hub iyo dhaqaale[183]. Tusaale ahaan, isla sannadkaas laga bilaabo, Talyaanigu wuxuu abuuray ciidan ilaa 1,000 ruux gaadhaayey, oo ay saraakiil Talyaani ah xukumeen, waxa ayna xarumo ku lahaayeen Qardho, God-dheer iyo Galaadi.

Sidoo kale Olol Diinle, oo Suldaankii Ajuuraanka ahaa[184], wuxuu weeraro isdaba joog ah ku qaadi jirey dhulka Amxaarada ama Qabiilada Soomaalida ee taageeraa degganaayeeen.

Suldaan Olol Diinle wuxuu dhashay dabayaaqadii qarnigii sideed iyo tobnaad, wuxuuna ku dhashay magalaada Shilaabo oo ka tirsan dhulka Xabashidu gumeysatyo ee hadda loo yaqaano Ogaadeeniya. Halkaas oo uu dugsiga quraanka ka dhigtay kuna barbaaray. Suldaanka waxaa la sheegay in uu isaga oo lix jir ah ka soo hor jeestay Xabashidii dhulkaas imaan jirtay ee baadda (Gibirka) ka qaadi jirtay Soomaalida. Wakhtigaas maadaama dadka dhulkaas degganaa u badnaa ay xoolo dhaqato ahaayeen oo aanay lacag haysay Xabashidu waxa ay dadka ka qaadan jirtay Subag, Malab iyo wax kasta oo ay markaas anfac u arkayeen.

Soomaalidu wakhtigaas wax hub ah ma haysan oo aan ka ahayn waran, fallaadh iyo tooray. Sidaas darteed Xabashida oo hubka iyo rasaasta ka heli jirtay waddamada reer galbeedka, waxaa u suurto gashay in ay Soomaalida xoog ku muquuniyaan; dhulkoodana tartiib tartiib ugu fidaan. Wakhtigii Xabashidu dhulka Soomaalida ku fidaysay waxa ay isku dayday in ay odayaasha iyo wax garadka Soomaalida ka dhaadhiciso in ay xukunka Xabashida hoos yimaadaan, aqbalaana in ay yihiin dad Itoobiyaan ah. Suldaan Olol Diinle wuxuu ka mid ahaa odayaashii iyo wax garadkii arrintaas ka soo hor jeestay; ka dibna Xabashidu waxa ay bilowday in ay isku daydo in ay mucaaradkaas xoog ku muquuniso[185].

Sebtem. 1931 Ciidamo Amxaaro ah oo ilaa dhawr kun ahaa ayaa waxa ay weerareen xaruntii Talyaaniga ee B/Weyne. Waxa ay uga aarsanaysey, duulaankii Talyaaniga ee Mustaxiil. Hase ahaatee, ka dib markii labada dhinac wada hadalo isdhaafsadeen wixii dhacay way ka heshiiyeen, ciidamadii Xabashiduna way ka baxeen B/weyn.

1932-33 Si Talyaanigu dadkii ka baydaday u soo jiito wuxuu qoday 150 ceel, waxa ayna sameeyeen meelo dadka lagu daaweeyo. Sanadkaa gudihiisiina waxa ay fureen dhakhtar lagu taba baro rag soomaaliyeed si ay kalkalaaliyaal (Nurses) caafimaad u noqdaan. Waxaana si rasmi ah loo furay iskuulo ay maamulaan Kaniisadii Katoligu (Catholic Church).

23 Nof. 1934 Wefdi Ingiriis iyo Amxaaro ka kooban oo ay hoggaaminayeen Col.Clifford iyo Dedjazmatch Tessema Bante (Itobiyan) ayaa tegay Walwaal, markii ay ka soo noqdeen calaamadaynta xuduudka. Ciidamadii Amxaarada ee nimankaas ilaalinayey ayaa ciidamo xoog leh oo Talyaani ahi dagaal ku soo qaadeen.

5 Dis.1934 Talyaaniga ayaa wuxuu qabsaday walwaal, markii uu Xabashida kaga guulaystay dagaalkii ku dhexmaray magaalada Walwaal. Hase ahaatee, dagaalkaas huray oo Talyaanigu ku raadinayey in uu isku xidho dhulka Soomaaliya iyo Eriteriya oo uu markaas wada haystay, isma taagin ilaa laga gaadhey 7 May, 1936[186].

1936 Agaasimihii (Director) waxbarashada ee ugu horeeyey ayaa dawladdii Ingiriisku, Somaliland u magcawday. Arrintaasina mar labaad ayey waxa ay abuurtay mucaarad aad u weyn iyo banaan baxyo aan qiyaas lahayn. Banaan bixii ugu weynaa oo Burco ka dhacay, waxaa naftoodii ku waayey saddex qof oo Soomaali ah. Agaasimihii waxbarashada oo Burco yimid waxaa lagu soo dhoweeyey or, dhagax iyo qaylo, taasina waxa ay kaliftay inuu lafihiisii la baxsado, qorshihii cusbaa ee Ingiriiskuna halkaas ayuu ku baaba'ay. Sababta dugsiyada waxbarashada looga soo hor jeeday waxay ay ahayd, shaki laga qabey gumeystaha iyo in uu dadka masiixiyiin (christian) ka dhigo.

1937 Waxaa Somaliland laga aasaasay "Somali Officials Union", ururkaasna ujeedadiisu waxa ay ku koobnayd in ay u doodaan in shaqaadii (Karaaniyadii) Hindida iyo Carabtu Ingiriiska u hayeen Soomaalida loo tababaro, si dadka wadanka u dhashay dhaqaalaha wadankooda wax uga soo gaadhaan.

1938 Waxaa bilowday dagaalkii labaad (2aad) ee adduunka. Dagaalku waxa uu soo gaadhey aadna u saameeyey geeska Afrika. Rag badan oo Soomaaliya ayaa gumeystayaashii qorteen oo dagaaladaas ka qayb galay[187].

Agoos 1940 (Billowgii) Ciidamo laxaad leh oo Talyaani ah ayaa waxay ku duuleen "British Somaliland." Ciidamada Talyananigu waxa ay ka soo galeen Somaliland dhinca xuduudka Itoobiya. Markii ciidamadii Ingiriiska kuwii Talyaanigu ay qiil qiil geliyeen waxa ay iskugu tageen magaalada Berbera. Mudadii ay ciidamadii iyo maamulkii Ingiriisku isku urursanayeen magaalada Berbera waxa ay dalbadeen maraakiib si ay ugu baxsadaan Cadan oo markaas Ingiriisku haystay. Intii ciidamada Ingiriisku wadanka (Somaliland) gudihiisa ku jireen, waxa ay hubkii ka ururiyeen shacabkii wax-allaale wixii ay hub haysteen. Markii ay Berbera isugu yimaadeen Soomaalida qudha ee hubku gacantoodu ku jirey waxa ay ahaayeen booliiska iyo askartii loo yiqiin kaamil koodh (Camel Corp). Hase ahaatee, intaanu Ingiriisku Berbera ka bixin ayuu khiyaameeyey askartii Soomaalida hubkiina ka qaaday.

Waxa Soomaali goob joog ahaa sheegeen in madaxdii ciidamada ee Ingiriisku askartii Soomaalida isugu yeedhay una sheegeen in ay dhici karto in Talyaanigu qabsado inta aan maraakiibta la fuulin, sidaas darteed ay muhiim tahay in ay bartaan sidii ay hubka u dhigi lahaayeen (si nabad gelyo ah) haddii ciidamada Talyaanigu soo gaadhaan. Waxaa Soomaalidii loo sheegay in ay hubka meel isugu keenaan—kana fogaadaan, markii ay sidaas yeeleenna hubkii ayaa laga ururiyey. Waxaa nin kasta la siiyey saddex bilood oo mushahar ah, waxaana Ingiriisku u sheegay in nin waliba meeshuu ka yimid iyo reerkiisii ku laabto. Waxa uuna ballan qaaday haddii Ingiriisku soo laabtay ay shaqooyinkoodii ku noqon doonaan.

Ficilkaas Ingiriisku ku kacay waxa ay askartii Soomaalida ku noqotay fajac iyo filan waa, waxa ayna markiiba ku yaaceen xeryihii booliiska (Police Stations) si ay uga gurtaan wax ay isku difaacaan. Hubka keliya ee markaas xeryaha booliiska yaallay waxa uu ahaa waxyaabihii dadka Soomaalida ah hore looga qaaday, sida budhka, toorayda, seefaha, warmaha iyo iwm.

14 Agoos 1940 Ciidamadii Talyaaniga ayaa Berbera diyaarado ku duqeeyey ka dibna si xoog leh u weeraray. Waxaa magaaladii Berbera ka dhacay jaha wareerkii iyo cabsidii ugu weynaa. Maamulkii Ingiriiska iyo ciidamadiisiiba waxaa ku dhacay khalkhal iyo jaha wareer. Waxaana maamulkii Ingiriisku xabsiyadii ka sii daayey dadkii dembiyada u xidhnaa iyo kuwii xabsiyada dadka waalan ku jirey, magaaladiina waxa ay noqotay meel wax waalan iyo wax miyir qabaaba is dhex yaacaan. Dukaamadii iyo meel kasta oo meheradi ka furayd ayaa la boobay (bililiqaystay).

Markii duqayntii diyaaradaha Talyaanigu bilaabatay, waxaa joogsaday boobkii meheradaha, waxana dadkii u carareen jaha kasta. Dadka qaar ayaa xagga miyiga iyo buuraha u cararay, qaarna xagga badda, qaarna magaalada ayey marba dhinac u yaacayeen oo jahadii ayaa ka luntay. Waxaa la sheegay in dadkii waalaa ee xabsiga laga sii daayey qaarkood badda galeen oo sidaas ku tageen.

Intii duqaynta diyaaradaha Talyaanigu socotay, ciidamadii Ingiriisku dadkoodii ayey maraakiibta ku gurayeen, qaarna waxa ay la dagaalamayeen ciidamada Talyaaniga. Dadkii shacbiga ahaa ee Soomaalida qaar ka mid ah ayaa loo ogolaaday in ay maraakiibta Ingiriiska raacaan, gaar ahaan kuwii maamulka Ingiriiska u shaqayn jirey iyo caa'iladoodii. Diyaaradihii Talyaaniga oo markii dambe weerarkoodii sii batay waxaa la sheegay in ay doonyo badan oo dadka raacayey carab, Soomaali iyo Hindi u badnaayeen burburiyeen. Waxaana la sheegay in ay halkaas ku dhinteen dad badan oo ay ka mid ahaayeen askartii Hindida, Soomaalida iyo kuwii Carabta.

Waxaa dadkii qaxay sheegeen in haweenay Soomaali ah oo dadkii qaxayey ka mid ahayd ay naxdintii badda ku dhashay. Waxaa kale oo maraakiibta mid ka mid ah la socday nin iyo naag hindi ah oo wiil yar oo ay dhaleen ku soo ilaaway magaalada Berbera. Markii ay ogaadeen in ilmihii ka yimaadeenna waxa ay bilaabeen in ay oohin iyo baroor isku dayaan—waxayna haweenaydii dhowr jeer isku dayday in ay markabka iska tuurto[188].

Isla sannadkaas Talyaaniga ayaa dhul ballaadhan oo Itoobiya leedahay qabsaday. Markii Talyaanigu doonayey in uu Itoobiya ku duulo ayuu wuxuu bilaabay in uu Soomaalida xidhiidh fiican la yeesho si uu xulufo ula noqdo. Arrintaas Soomaalidii dhulkaas degganayd, gaar ahaan Suldaan Olol Diinle iyo dadkii raacsanaa waxa ay u arkeen in arrintaasi tahay fursad aad u wanaagsan oo ay Xabashida dhulkooda kaga kicin karaan, waxa ayna bilaabeen in ay Xabashida duulaano ku qaadaan. Wakhtigaasna Soomaalidii dhulkaas degganayd waxa ay Talyaaniga ka heshay hub ay kula dagaalami karaan Xabashida. Sidaas darteed, dhulka Xabashida laga qabsaday Soomaalidu door wayn ayey ka ciyaartay.

19 Agoos 1940 Ciidamadii Talyaaniga ayaa Berbera qabsaday. Ciidamada Talyaaniga ee Berbera qabsaday waxaa la socday ciidamo Soomaali ah (Cabrieri) oo reer kunfur ahaa kana soo dagaalamay Itoobiya iyo Eriteriyaba. Waxaa la sheegay in ciidamada Soomaalida ee Talyaaniga la socday ay hees digasho ah oo ay Ingiriiska ula jeedeen ay qaadayeen markii ay magaalada Berbera soo galeen. Erayadii heestaas waxaa ka mid ahaa: *"Annagu hidileey askari ma sinnee, annagu Kabriyeeri baan nahay. Raggii Kaamil Koodh kulaylka badee, bilayska kabeeyey baan nahay."*

Dadkii Soomaalida ahaa ee dagaalkii Talyanaaniga iyo Ingiriiska ka qaxay ee Yaman tegay waxaa la dejiyey meel la yidhaahdo "Daaral Amiir," oo uu ku deeqay suldaankii Laxaj. Markii ciidamadii Ingiriisku Somaliland ka qaxeen, waxa ay bilaabeen in ay dib isu habeeyaan. Waxa kale oo ay tageen xeryihii qaxootiga ee (Yaman) ee Soomaalidu degganayd, gaar ahaan "Daaral Amiir," si ay rag dagaalama uga qortaan. Ciidamada kale ee Ingiriisku qortay waxaa ka mid ahaa Carab iyo Hindi.

Waxaa la sheegay in ciidamadii Carabta iyo Hindida ahaa ay aad uga baqayeen in ay dagaalka Somaliland ku noqdaan, waxaana la weriyey in dhawr nin oo Carab ahaa ay maraakiibtii iska tuureen si ay dagaalka uga baxsadaan. Ciidamadii Soomaalida ee Ingiriisku qortay waxa la sheegay in ay shucuur iyo farxadi ka muuqatay. Waxaana la sheegay in ay heeso qaadayeen intii ay dhexda ku sii jireen. Heesaha ay qaadayeen waxaa ka mid ahaa: *"Talyaani jabyoo jugbaa ku dhacdee, xaggee Jarmal joogi doonaa.*[189] *"*

16 Maarj 1941 Ciidamadii Ingiriiska ee Cadan fadhiyey ayaa Talyaanigii Berbera dib uga qabsaday. Waxaana la sheegay in ciidamadii ugu horeeyey ee Berbera soo galay ay ahaayeen kuwii Soomaalida. Halkaasna waxaa lagu jebiyey ciidamadii Talyaaniga. Dagaalkaas waxaa lagu qabqabtay ciidamo badan oo kuwii Talyaaniga ah. Ciidamadii Talyaaniga ee la qabqabtay waxaa Ingiriisku u waayey xabsiyo ku filan oo ku xereeyo, sidaas darteed maamulkii Ingiriiska waxa ay ku kaliftay in uu dhiso Xabsiga loo yaqaano Mandheera.

Markii ciidamadii Ingiriisku Somaliland qabsadeen waxa ay ku duuleen ciidamadii Talyaaniga oo meelo badan oo Itoobiya ka tirsan haystay, waxa ayna qabsadeen ilaa Asmara iyo Massawa (Eriteria). Isla markaasna Soomaaliya (Koonfur) iyo dhulka Soomaalida ee Itoobiya haysato, waxaa qabsaday ciidamadii xulufada (Ingiriiska iyo Faransiiska). Waxaa dhammaan gobolada Soomaaliya (marka Jabuuti laga reebo) ay muddo toban sano ku dhowaad ah hoos joogeen calanka Ingiriiska. Dagaalkaas koonfur waxaa looga yaqaaney 'weero.' Waa erayga Talyaaniga ah 'veiro,' (dagaal) oo Soomaalidu sidaas ugu dhawaaqi jirtey.

Intii aan Ingiriiska Berbera laga qabsan, baayacmushtarka magaaladu waxa ay ahaayeen Hindi iyo Carab. Wax kasta oo dibadda laga soo dejiyana iyaga ayaa gacanta ku hayey. Markii dagaalkii dhammaaday Ingiriiskiina "British Somaliland" ku soo noqday, rag badan oo Soomaali ah ayaa helay fursad qaali ah oo ay ku galaan baayacmushtarkii Hindida iyo Carabtu qaban jireen. Raggaas oo ay ka mid ahaayeen, Jirde Xuseen, Xaaji Ibraahim Cigaal, Axmed Xaaji Cabdillaahi (Xashiish)? Xaaji Ibraahim Cismaan Food (Basbaas) Waxa ay xidhiidh fiican la yeesheen carabtii baayacmushtarka ahayd ee Cadan wax ka dhoofin jirey. Waxa ayna raggaasi fursad u heleen in ay Carabta xidhiidh fiican la yeeshaan oo lagu aamino alaabadii ay soo dejin jireen, ka dibna ay lacagta u celin jireen.

Abriil 1941 Ingiriiska ayaa dib u qabsaday Somaliland oo dhan, ka dib markii Talyaanigu in muddo ah haystay. Waxaana xaruntii maamulka Ingiriiska oo Berbera ahaan jirtay loo wareejiey Hargeysa. Maadaama mudadii dagaalkii labaad Soomaalidu hub badan gacantooda soo galay—markii Ingiriisku Somaliland dib ugu soo noqday, wuxuu ciidamadiisii "Rakuublayda" ahayd ku amray in ay "Qabiilada" hubka ka dhigaan. Sannadkaas aakhirkiisiina Ingiriisku wuxuu si fiican ugu guulaystay inuu dadka si fiican hubka uga dhigo. Waxaana Ingiriiska si wanaagsan ugu suurto gashay inuu ciidamadii Booliiska dib u dhiso. Ciidamadii ugu horeeyey ee la hawl geliyeyna waxa ay ahaayeen 800 oo Soomaali ah iyo sideed sarkaal oo Ingiriis ah.

1941 Dadka Talyaaniga ah ee Soomaaliya waqtigaas ku noolaa waxa ay tiradoodu gaadheysay sideed kun (8,000) kuwaas oo isugu jirey ganacsato, shaqaalihii maamulkii Talyaaniga u shaqayn jiray iyo xaasaskoodii. Hase ahaatee, xaaladoodii nololeed iyo tii dhaqaale oo sii xumaatay darteed ayey Talyaani badan ku kaliftay in ay xaasaskoodii Talyaaniga u celiyaan; 1943kiina waxaa Soomaaliya joogay afar kun iyo shan boqol (4,500) oo keliya, kuwaas oo ku noolaa kaalmada maamulka Talyaaniga[190].

Wakhtigii Ingiriisku Koonfur xukumayey, jaaliyadihii Talyaaniga ee Xamar degganaa waxa ay samaysteen xisbiyo dhawr ah oo xuquuqdooda/danahooda ilaaliya. Xisbiyadaas waxaa ugu magac dheeraa Christian Democrats oo aad ugu doodi jiray aayaha dadka Talyaaniga ah ee Soomaaliya degganaa. Dalinyaro Soomaali ah oo ka tilmaan qaatay xisbiyadaas, ayaa iyaguna ururkii ugu horeeyey ee Soomaaliya abuuray. Ururkaas magaciisa waxaa la odhan jirey Somali Youth Club (SYC).

1942 Berbera, Burco iyo Hargeisa ayaa Ingiriisku wuxuu ka furay 3 iskuul hoose. Inkasta oo dadka reer Somaliland muddo dheer aad uga soo horjeedeen in dhulkooda Iskuulo Ingiriis laga dhiso—haddana Ingiriisku wuxuu ku guulaystay inuu dad badan ka dhaadhiciyo qiimaha waxbarashada Yurub. Inta badanna wuxuu maamuulku isticmaali jiray xayayeysiin, taas oo u badnayd Raadiyaha la dhegaysto iyo Filimada wareega. Wuxuu kale oo Ingiriisku gacan dhaqaale ka geystay 19 Malcaamadood oo shakhsiyaad u furaa—si uu u muujiyo inaanu Diinta Islaamka ka soo hor jeedin.

15 May 1943 Waxaa Xamar laga aasaasay naadigii SYC (Somali Youth Club). Aasaaska SYC waxaa la sheegay in ay soo jeediyeen Cabdulqaadir Sheekh Sakhaawaddiin iyo Xaaji Maxamed Xuseen. Labadaas nin oo carabiga iyo culuunta diinta islaamka akhrisan jirey waxa ay tegi jiren maktabad uu lahaa nin la odhan jirey Cali Kaar. Waxaa la sheegay in maalin maalmaha ka mid ah ay Cali Kaar fikradoodii u sheegeen (in ay urur aasaasaan) . Ka dibna waxa uu kula taliyey in ay raadiyaan oo la tashadaan ninka la yidhaahdo Yaasiin Xaaji Cismaan. Wuxuuna (Cali Kaar) u tilmaamay meesha Yaasiin laga helo. Yaasiin waxa uu aad u yaqaaney afka Talyaaniga waxa uuna aad ula socday sida siyaasadda iyo maamulka gumeystayaashu u shaqeeyaan. Markii Sakhaawaddiin iyo Xaaji Maxamed la kulmeen Yaasiin, waxa uu kula taliyey in ay fikradda intaas ka balaadhiyaan, dad badan oo wax garad ahna isu keenaan oo urur loo dhan yahay sameeyaan. Ka dibna way qaateen taladii Yaasiin, markii dhawr shir oo kala duwani dhaceenna, waxaa la doortay 13 nin si ay uga shaqeeyaan dhismaha iyo dastuurka ururka. Sidaas ayeyna 13 nin ee 'leegada' loo yaqaanay ku soo caan baxeen, laakiin dadka aasaaska ururka lahaa ayey u badnaayeen.

Nimanka xisbiga aasaasay waxa ay isugu jireen culimo, rag qabiilkooda magac weyn ku lahaa iyo kuwo iska caadi ah. Ururkaas oo ay muddo yar ka dibba magaciisii iyo dhaqdhaqaaqiisiiba sii kordhay, wuxuu taageero weyn ka helay Soomaalidii wax baratay iyo Somali-Gendarmerie (askartii Ingiriiska u shaqayn jirtey). Midda kale ee ururka magaciisa sii kordhisay waxa ay ahayd, iyada oo Ingiriiiskiiskii Koonfur qabsaday aanu cadow SYC u arkayn. Waayo dadka Ingiriisku cadowga u arkaayey waxa ay ahaayeen Jaaliyaddii Talyaaniga ee Soomaaliya degganayd oo doonaysay in xukunkii milateri ee Talyaanigu soo noqdo iyo dadkii Soomaalida ahaa ee Talyaaniga taageersanaa.

Magacyadii nimankii SYC aasaasay	**Qabiil**
Cabdulqaadir Sheekh Sakhaawadiin	Digil
Cali Xuseen Cali (Cali Barduuro)	Majeerteen
Cusmaan Geedi Raage	Abgaal
Daahir Xaaji Cusmaan (Dhega weyne)*	Majeerteen
Dheere Xaaji Dheere	Reer Xamar
Khaliif Hundow Macallin	Baraawaan
Maxamed Cabdalla Faarax (Xayeesi)	Habar Awal
Maxamed Cali Nuur (Fareenajo)	Abgaal
Muxamed Cusmaan 'Baarbe'	Tunni
Maxamed Faarax Hilowle	Abgaal
Seyiddiin Xirsi Nuur	Majeerteen
Xaaji Maxamed Xuseen	Reer Xamar
Yaasiin Xaaji Cismaan*	Majeerteen

* Walaalo

Isla waqtigaas, waxaa sidoo kale sii xoogaystay ururadii siyaasadeed ee Somaliland. Somali National Society (SNS) oo la aasaasay wakhtigii dagaalkii labaad waxaa isaguna ku soo biiray xisbiigii Somali National League (SNL). SNL wuxuu markiiba ku dhawaaqay in uu u halgami doono midaynta Soomaalida; lana dagaalami doono qabyaalada iyo kala qaybinta; isla mar ahaantaasna uu dhiirin gelin doono kobcinta waxbarashada. Waxaa kale oo isla waqtigaas soo shaacbaxday koox la magic baxday "Isaaqiya Association." Ururkaas oo dhaqdhaqaaqiisu aad caan uga ahaa Kenya, wuxuu keliya oo u doodi jiray danaha reer Isaaq.[191] Hase ahaatee, aqlibiyadda Isaaqu waxa ay raacsanayd xisbiga SNL. Waxaa kale oo halganka xoriyadda ee 'British Somaliland' door weyn ka qaatay, soona kordhiyey aqoon cusub ardaydii dibadaha, gaar ahaan Suudaan ka soo laabtay; iyo askartii ka qayb galay dagaalkii 2aad ee soo noqday—markii dagaalkii dhammaaday.

1943 Waxaa la sheegay in Soomaaliya (Koonfur) ay isku filaasho ka gaadhay xagga cuntada daruuriga ah, taasna waxaa u sabab ahaa maamulkii Ingiriiska ee dhulka ka talinaayey oo dadkii beeraleyda ahaa ku dhiiri geliyey sidii ay u kordhin lahaayeen wax soo saarka cuntada aasaasiga ah; sida sonkorta, galeyda iwm. Wuxuu kale oo Ingiriisku deyn siiyey shirkadihii Talyaaniga ee beeraha badankooda lahaa, si ay wax soo saarkooda u kordhiyaan awoodna ugu yeeshaan in ay shaqaale badan qortaan, isla mar ahaan taasna u soo iibsadaan shidaal ay qalabka beeraha (Cagafcagafyada) ku socodsiiyaan.

1944 Odayaashii (Hoggaamiyayaashii) qabiilada Ogaadeen ayaa Xukuumaddii Ingiriiska ka codsaday inaanay dhulkooda Xabashida (Itoobiya) gacanta u gelin. Hase ahaatee, si Xabashidu u soo jiidato odayaashii ku kacsanaa ayey odayaashii qabiilada dhulkii la isku haystay degganaa mushahar kii Ingiriiska mid ka badan u qortay. Waxaa kale oo la weriyey in ay jireen odayaal labada dhinacba mushahar ka qaata•

Waqtigaas oo SYL aad xoog ugu lahayd dhulka Ogaadeeniya, waxa ay Amxaaradu aad ugu dedaashay sidii ay xisbigaas u mamnuuci lahayd. Hase ahaatee, waxaa ka dhiciyey (celiyey) maamulkii Ingiriiska oo markaas u arkaayey in jiritaanka SYL isaga dani ugu jirto. Waxaana markii dambe la aasaasay urur (xisbi) la odhan jiray Somali Mutual Relief Association (SMRA) oo la sheegay inuu taageero dhaqaale ka heli jiray Amxaarada; kana soo horjeeday siyaasadda SYL.

1944-45 Cudur Geela Somaliland ku dhacay oo ka dhashay "Sun Ingiriisku Ayaxa ku buufinayey" ayaa waxaa ka dhashay banan baxyo iyo rabshado ka dhacay magaalooyinka Burco iyo Ceerigaabo; iyadoo Ingiriiska lagu eedeeynaayey inuu si ula kac ah xoolaha u sumaynaayey. Dagaal khilaafkaas ku saabsan oo ka dhacay meel magaalada Ceel Afweyn u dhow waxaa ku dhintay wadaad la odhan jirey Aw Cabdillaahi Ducaale iyo nin kale.

1945 Ingiriiska iyo Xabashida ayaa heshiis cusub gaadhey (Anglo-Ithiopian), kaas oo ay ku heshiiyeen in tareenkii Jabuuti iyo Dirir-Dhaba isku xidhayey lagu celiyo jidkii uu mari jirey, wixii dagaalkii labaad ka horeeyey. Waxaa kele oo Ingiriiska ciidamadiisiii loo ogolaaday in ay sii maamulaan dhulkii Hawd iyo "Reserve Area." Xaaladdii Soomaaliyana guud ahaan waxa ay noqotay meel gumeystayaashu ku gorgortamaan, iyadoon haba yaraatee dadkii dhulka u dhashay aan waxba lagala tashan[192]. Waa markii gabyaagii Faarax Nuur[193] lahaa:

Ingiriis Axmaariyo Talyani, wey akeekamiye

Arligaa la kala boobayaa nin u itaal roone

..Anse ila ah aakhiro sabaan iligyadiisiiye

Waa duni ninkaad aamintaa kuu abeeys yahaye

Waa duni xaqii la arkayaa la arjumayaaye

Waa duni akhyaartii lahayd iib ku doon tahaye

Anse ila ah aakhiro sabaan iligyadiisiiye

...Odayaashan loo yeedhay ee la anfac siinaayo

Asaxaabihii bayna yidhi gaal ha aaminine

....Hadaad niman Islaamiyo tihiin aadan ubadkisa

oydaan Ilaahay ka go'in hayna oodina.

Sidoo kale isla sannadkaas, dhinaca Soomaliya (koonfur), gaar ahaan nawaaxiga webi Shabeelle waxaa soo wajahay dhibaato aad u weyn oo xagga dhaqaalaha ah, waayo dagaalkii dhexmaray Talyaaniga iyo xulafadii Ingiriiska ayaa wuxuu abuuray bililiqaysi iyo dadkii beeralayda ahaa ee shirkadaha Talyaaniga u shaqayn jirey oo shaqooyinkoodii waayey, kuna ururay magaalooyinkii waaweynaa (gaar ahaan Xamar), halkaasna ay shaqo la'aan iyo dhaqaale xumo ku qabsatay. Askartii Ingiriiska ee dhulkaas loo diray wax waayo aragnimo ah uma lahayn sidii loo xallin lahaa dhibaatooyinkii halkaas ka jirey iyo sidii ay u maamuli lahaayeen shacabka.

1945 Maxkamadihii "Caaqilada" ee Somaliland oo awalba aan awood weyn lahayn ayaa tirtirmay, iyadoo awooddii Maxkamaduhu si toos ah Maamulkii Ingiriiska gacanta ugu gashay. Maxkamadihii Somaliland ka jiray oo ay fulin jireen Caaqilo (chiefs) iyo Qaadiyo; waxa ay badanaaba fulin jireen arrimaha shakhsiyaadku isku haystaan iyaga oo u eegi jiray (xukunka) Shareecadda Diinta Islaamka. Arrimaha aad u adkaadana waxaa loo gudbin jiray Qaadiga Guud oo Hargeysa fadhiyey.

1945 Dagaalkii labaad ee adduunka oo bilowday 1939kii ayaa dhammaaday. Markii dagaalkii labaad ee adduunku dhammaaday Ingiriiskuna dib u qabsaday "British Somaliland," Xaaji Faarax Oomaar-na la xidhay halgankii iyo dhaqdhaqaaqii 'Caddiyatu Raxmaan' aad ayuu u yaraaday, markii dambena xafiiskii Caddiyatu Raxmaan waxaa la wareegay naadi cusub oo la odhan jirey Somali National Society (SNS). Naadiga SNS waxaa hoggaamiye ka ahaa Maxamuud Uur-Doox. Uurd-Doox waxa uu ahaa nin wax bartay afka carabigana wax ku qora[194]. Intii aanu Uurd-Doox SNS aasaasin waxa uu dhawr goor tegay magaalada Muqdisho halkaas oo uu kula kulmay rag ka tirsanaa naadigii Somali Youth Club (SYC). Naadiga SNS muddo aan aad u dheerayn ayuu dhaqdhaqaaqiisii socday, markii uu sii daciifayna waxaa meeshii la wareegay naadigii National Union Front (NUF). Naadiga NUF waxaa kale oo loo yaqaaney "Nafta." Waxa isla mudadaas isna la aasaasay naadigii la odhan jirey Somali National League (SNL).

Markii dagaalkii labaad ee adduunku dhammaaday waxa dadyowgii la gumeysan jirey ee Soomaalidu ka mid ahayd bilaabeen in ay xornimadooda u halgamaan. Marka Somaliland la eego, dadkii halgankaas ku jirey waxaa ugu magac dheeraa saddex nin oo kala ahaa:

Sheekh Bashiir Xaaji Yuusuf , Xaaji Faarax Oomaar iyo Xaaji Ismaaciil 'Telefoon.' Sheekh Bashiir iyo Xaaji Faarax waxa ay ka dhasheen beesha Habar Jeclo, Xaaji Ismaaciil-na waxa uu ka dhashay beesha Dhulbahante (Jaamac Siyaad).

Sheekh Bashiir waxa la sheegay in uu ku dhashay xaruntii Daraawiishta. Aabihiis Xaaji Yuusuf X. Xasan Fiqi, waxa uu ka tirsanaa raggii magaca lahaa ee Daraawiishta. Xaaji Yuusuf waxa uu ka mid ahaa raggii Daraawiishta ka baxsaday khilaafkii 'Canjeel Tala-waa.' Markii Xaaji Yuusuf baxsaday, Bashiir (Sheekh Bashiir) waxa uu ahaa sagaal jir.[195] Waxaa la weriyey in Seyid M.C. Xasan layn jirey 'caa'iladda' ninkii Daraawiish ka baxsada, laakiin waxaa Sheekh Bashiir weriyey in Seyidku dhaqaaleyn jirey, laakiin markii raggii Daraawiish ee Seyidka ficiladiisa hore u ogaa ay weydiiyeen sababta uu Bashiir u dhaafay waxa la sheegay in uu ugu jawaabay "iska daaya waxaan ogahay in uu gaalo badan ka xanaajin doonee."

Markii Daraawiis la jebiyey (1920) Bashiir waxa uu ahaa sagaal jir, ka dibna markii Seyid Maxamed arkay in ciidamadiisii jabeen ayuu rag dhinaca Burco tegayey ka codsaday in ay

Bashiir wadaan oo aabihiis Xaaji Yuusuf u geeyaan. Waxa kale oo uu ninankii Bashiir kaxeeyey u faray fariin Xaaji Yuusuf—"ilaali ninkaas yar, waxa uu noqon doonaa nin gumeysiga dhiba, ayuu yidhi." Waxaa la sheegay in markii Xaaji Yuusuf wiilkiisii (Bashiir) loo keenay uu si xad-dhaaf ah u farxay, ka dibna ku ballan qaaday "in aanu qof reer Xasan Nuur[196] amaba Bahgeri ah dibad ku soori doonin[197]."

Sheekh Bashiir markii uu weynaaday (sidii Seyidku sii saadaashey) waxa uu noqday nin diinta Islaamka aad ugu fiican, waxa uuna bilaabay in uu xukunkii gumeystahii Ingiriiska ka soo horjeesto. Sheekh Bashiir waxa uu u lebisan jirey sida daraawiishtii Seyid Maxamed Cabdulle Xasan. Waxa uu marwalba sidan jirey tooray iyo seef isaga oo weliba magaalada la dhex mari jirey. Waxaa la sheegay inkasta oo maamulkii Ingiriisku mamnuucay in wax hub ah magaalada Burco lala dhex maro—Sheekh Bashiir marnaba ma uusan aqbalin amarka Ingiriiska oo isaga oo hubaysan ayuu magaalada dhex mushaaxi jirey.

Markii dagaalkii labaad ee adduunku (World War II) bilowday, waxaa la sheegay in Sheekh Bashiir abaabulay rag tiradoodu gaadhayso ilaa 700 si ay ula dagaalamaan maamulkii Ingiriiska ee xoogga ku haystay dhulka Soomaalida. Kolkii maamulkii Ingiriisku arrintaas ogaaday Sheekh Bashiir waa la qabtay, waxaana lagu xidhay magaalada Berbera. Waxaa Sheekh Bashiir xabsiga laga sii daayey markii Talyaanigu uu Ingiriiska ka qabsaday "British Somaliland."

1945 Sheekh Bashiir oo cadan ka soo laabtay ayaa waxa la sheegay in isaga iyo koox uu watey ay weerar ku qaadeen gurigii ninkii guddoomiyaha (District Commissioner) ka ahaa magaalada Burco. Ninka guddoomiyaha ahaa oo la odhan jirey Mr. Champers oo gurigiisii rasaas lagu furay isaga waxba ma gaadhin, laakiin waxaa la sheegay in Soomaali ilaaliye (waardiye) ahaa halkaas ku dhintay. Ka dibna Sheekh Bashiir iyo nimankii la socday waxa ay galeen buurta Buur-Dhaab oo dhinaca bari ka xigta magaalada Burco. Markii arrintaasi dhacday ka dib, markiiba maamulkii Ingiriisku waxa uu bilaabay baadhitaan iyo ciddii ka dambeysay. Waxaa la sheegay in niman Habar Jeclo (Jeesif) ahaa ay Ingiriiska u sheegeen in ninka arrintaas ka dambeeyey uu ahaa Sheekh Bashiir.[198] Ka dibna waxaa looga daba tegay Buurdhaab waxaana lagu dilay isaga iyo nin kale (caalin) meesha la yidhaahdo Daba-Buur-Dhaab. Caydiid Lafcambe oo gobolkaas (Togdheer) u dhashay, markii dambese u guuray Hargeysa—aadna ay isugu gabyi jireen nin ay ilmaadeer ahaayeen oo la odhan jirey Abokor Cawed Bayle ayaa gabaygiisa ku soo daray dilkii Sheekh Bashiir, isaga oo ku eedaynaaya in tolkiis shirqoolka lagu dilay ka dambeeyeen. Wuxuu yidhi:

1. Rakiig baan noqdaa Bari markuu ruux ka soo galo'e
2. Halkaad igu ruxaysaan qalbiga waan ka soo raraye
3. Nin raqdii Bashiir ogi dhankaa (Togdheer) uma riyaaqeene

Waxaa isaguna gabaygii ugu tiiraanyada badnaa ee ka hadlaya sidii foosha xumayd ee Sheekh Bashiir loo dilay tiriyey gabyaagii caanka ahaa ee Xaaji Aadan Afqalooc, waxa uuna yidhi:

1. Dorraad baa Bashir lagu shanaqay daar agtiina ahe
2. Dahriga iyo laabtay rasaas kaga daloolsheene

3. Digashiyo dihaaniyo cag baa loogu sii daraye
4. Meydkiisa daahira markii dibada loo saarey
5. Ee aaska loodiidey waad wada dul joogteene
6. Ma damqane jidhkiinuye markaa waad ku digateene
7. Nasab hadaad durrayadii tihiin kama dareerteene
8. Waa dabac idiin gooniyaan duulna waafaqine

Xaaji Faarax Oomar ayaa isaguna ka mid ahaa raggii doorka weyn ka soo qaatay halgankii gumeystaha looga soo hor jeeday ee Somaliland. Xaaji Faarax waxa uu wax ku bartay India, waxa uuna muddo u shaqayn jirey maamulkii Ingiriiska ee "British Somaliland." Waxaa la sheegay in markii dambe isaga iyo maamulkii Ingiriiska khilaaf dhex maray. Waxaa kale oo la weriyey in khilaafka ugu weyni ka dhex jirey Faarax Oomaar iyo Ina Igare oo ahaa nin Ingiriisku aad ugu kalsoonaa, ahaana ninkii ugu derajada sareeyey Soomaalidii Ingiriiska u shaqayn jirtey mudadaas. Faarax sida la weriyey waxa uu badanaaba u doodi jirey xaquuqda Soomaalidii Ingiriiska u shaqayn jirtay (askar iyo shaqaalaha caadiga). Mudadii uu Ingiriiska u shaqayn jirey Faarax waxaa loo sheegay in uu arrimaha siyaasadda faraha kala baxo, laakiin markii uu shaqadii ka tegay ayuu hawlahaas aad u dhex galay.

Qiyaastii (1922) ayaa Xaaji Faarax Oomaar waxaa Ingiriisku u masaafuriyey jasiirad Yamen u dhow oo la yidhaahdo Kamaran (galbeedka magaalada Al-Xudeydah). Inkasta oo khilaafaad ka jirey sababta Ingiriisku Faarax u masaafuriyey, dadka qaarkiis waxa ay weriyeen in arrintaas Ina Igare ka dambeeyey, ka dib markii uu warqad (been ah) qoray, warqaddaas oo u ekayd in ay ka timid Seyid Maxamed C. Xasan kuna socotay Faarax Oomaar[199]. Waxyaabihii warqadda ku qoraa waxaa la sheegay in ay ka mid ahaayeen 'ammaan' Seyidku u soo jeedinayey Faarax Oomaar iyo dagaalka uu gaalada Ingiriiska kula jiro—isaga oo weliba ku dhiiri gelinayey in uu halganka halkaas ka sii wado. Faarax Oomaar waxaa la sheegay in lala masaafuriyey Sheekh reer Axmed (Sacad Muuse) ahaa oo la odhan jirey Sheekh Ibraahim Xujaale. Muddo markii ay jasiiraddas ku xidhnaayeen ayaa Faarax iyo Sheekh Ibraahim dib loo soo celiyey. Arrintu si kastaba ha ahaatee, mar kale ayaa Faarax Oomaar Ingiriisku u masaafuriyey waddanka Itoobiya, dhulka Adari (Harar)—halkaas oo uu muddo ku noolaa.

Waxaa kale oo ka mid ahaa raggii halganka Somaliland ku jirey Xaaji Ismaaciil Telefoon oo ka dhashay reerka Dhulbahante, Jaamac Siyaad. Xaaji Telefoon oo ahaa nin wax bartay kuna noolaa inta badan Ingiriiska, Canada, iyo Carabta, dagaalkiisu waxa uu ahaa xagga qoraalada dacwada ah ee uu xafiiska gumeystaha u qori jirey (Colonial Office). Waxaa kale oo la sheegay in uu xidhiidh la lahaa nin geesi ahaa oo u Liibiya dhashay oo la odhan jirey Cumar Mukhtaar lana dagaalami jirey gumeystihii Talyaaniga.

Xaaji Ismaaciil Telefoon, waxa la sheegay in isaga oo 15 jir ah uu Somaliland ka tegay. Waxaa la sheegay in uu markii hore markab Cadan ka raacay ka dibna uu tegay waddanka Siiriya (Syria), ka dibna uu u gudbay Masar halkaas oo markab ka raacay ka dibna uu tegay waddanka Ingiriiska, halkaas oo uu muddo badan deganaa. Xaaji Ismaaciil waxa uu ahaa nin dhalinyaro ah oo aad ugu dedaalay in uu wax-isbaro. Inkasta oo aanu jaamacad gelin, Xaaji Ismaaciil waxa uu aad u akhristay buugaag aad u fara badan siyaasadda adduunka iyo xornimo-doonka dadyowgii Yurub gumeysan jirtay. Waxa kale oo la weriyey in mudadii uu Xaaji Ismaaciil uu Ingiriiska joogay uu diinta Islaamka aad u bartay (luqadda Ingiriiska ayuu ku bartay). Mudadaas uu Ingiriiska joogay waxa kale oo uu Xaaji Ismaaciil la kulmay dad Afrikaan ah oo Ingiriiska deganaa una dedaali jirey sidii dadyowgoodu ay xornimo u heli lahaayeen. Sidaas darteed, Xaaji Ismaaciil waxa uu bilaabay in uu u doodo xornimada Soomaalida, waxa uuna khudbado ka akhriyi jirey beerta xoriyadda London ee loo yaqaan "High Park." High Park waxa ay ahayd meel qofkastaaba wixii uu tabanayo kaga hadlo oo la dhegaysto.

Waxaa kale oo la sheegay in Ismaaciil bartay ilaa 40 nin oo baarlamaanka Ingiriiska ka tirsanaa oo uu ka dhaadhicin jirey dhibaatada lagu hayo dadka Soomaalida ah ee xukunka Ingiriiska ku hoos jirey. Xaaji Ismaaciil waxa uu xidhiidh fiican ka dhexeeyey Xaaji Faarax Oomaar oo u gudbin jirey waxa waddanka (Somaliland) gudihiisa ka socda. Waxyaabaha ama eedaha Xaaji Faarax u gudbin jirey Ismaaciil Telefoon waxaa ka mid ahaa sida fool xumada ah amaba caddaalad darada ah ee gumeystaha Ingiriisku kula dhaqmo dadka Soomaalida ah ee xukumo. Wararkaas Xaaji Faarax u diray Ismaaciil Telefoon waxa uu qaar ka mid ah ku qoray jaraa'idka waddanka Ingiriiska, arrintaasina waxa ay fadeexad ku noqotay xukuumaddii boqortooyada Ingiriiska.

Sheekooyinka (warbixinta) Xaaji Faarax gudbiyey ee Ismaaciil jaraa'idka Ingiriiska ku soo qoray waxaa ka mid ahaa: maalin maalmaha ka mid ah ayaa hal geela oo Xaaji Faarax lahaa waxaa soo qabtay nin la odhan jirey Haad-Qoyey oo qaybta booliiska ee joogay. Xaaji Faarax waxaa lagu xukumay in uu bixiyo laba rubood oo canshuur ah. Faarax wuu diiday in lacagtaas, isaga oo ku dooday in aanay hashiisu iib-ahayn, sidaas darteed ay khalad tahay in canshuur laga qaado. Markii khilaafkii hashu batay Xaaji Faarax waxa uu warqad u qoray Badhasaabkii "British Somaliland" isaga oo kaga cabanaya in guddoomiyaha degmada Burco uu dadka uu xukumo bani-aadanimada ka baxsan ula dhaqmo. Waxyaabaha kale ee Xaaji Faarax uu guddoomiyaha Ingiriiska ku eedeeyey waxaa ka mid ahaa—in dadka marka dembiyo yar yar lagu soo eedeeyo la karbaasho, sharaftoodana meel looga dhaco.

Nin oday ah oo aan waraystay waxa uu ii sheegay in uu u soo taagnaa iyadoo oday aad u da'weyn la karbaashayo. Waxa uu yidhi: "waxaan ahaa wiil aad u da'yar[200]. Waxaan xasuustaa maalin maalmaha ka mid ah in la soo qabtay nin aad u da'weyn, waxaan u malaynayaa in uu wadaad ahaa. Waxa uu madaxa ku xidhnaa cumaamad, qoortana waxaaa ugu jirey tusbax. Markii meesha la keenay ninka odayga ah waxaa wadey askartii Ingiriiska oo isugu jirey Soomaali iyo Hindi. Waxa uu ka xidhnaa labada gacmood, ka dibna laba askari ayaa gacmaha ka qabtay. Waxaa meeshii ku soo ururay dad badan oo caruur badani ku jirtay. Ka dibna ninkii odayga ahaa ayaa badhida loo qaawiyey, waxa ayna bilaabeen nimankii askarta ahaa in ay karbaashaan. Markii odayga la karbaashayey wax hadal ah ma odhan, laakiin wuu qamuuyeysanayey (dibinta ayuu qaniinayey). Waxyaabo badan oo noloshayda soo maray ayaan illaawey, laakiin sharaf dhaca (humilation) odaygaas lagu sameeyey qalbigayga marna wuu ka go-i waayey. Waxa ay arrintaasi iigu muuqataa sidii wax shalay dhacay!"

Eedaha kale ee maamulkii Ingiriiska loo soo cambaareeyey waxaa ka mid ahaa in wiil 15 jir ah oo reer Burco ahaa lagu soo eedeeyey in uu gabadh caashaqay ka dibna la karbaashey. Waxaa kale oo Ingiriiska lagu eedeeyey in ay jireen niman dhakhaatiir isku sheega (unqualified), laakiin dadka daaweyn jirey—oo weliba qaarkood dadka qali jireen. Faarax

Oomaar waxa uu falka noocaas ah ku sheegay in ay caafimaadka iyo nolosha dadka dhulkaas khatar ku tahay.

Markii eedahaasi soo if-baxeen, badhasaabkii "British Somaliland" ayaa fariin u soo diray Faarax Oomaar si uu ula kulmo. Arrintu si kastaba ha ahaatee Faarax Oomaar waa diiday in uu la kulmo badhasaabka. Markii Faarax diiday in uu la kulmo badhasaabkii, ayaa badhasaabkii waxa uu isugu yeedhay odayaashii, salaadiintii, caaqiladii iyo culumaa'ul diinkii, waxa uuna (badhasaabkii) ka codsaday raggaas in ay eedeeyaan Faarax Oomaar iyo ragga la mid ka ah ee ka soo hor jeeda maamulka Ingiriiska. Ka dibna waxa ay dhammaantood saxeexeen waraaq ay ku taageerayaan maamulka "British Somaliland," warqaddiina waxa loo diray boqortooyadii Ingiriiska. Raggaasi waxa kale oo ay warqaddaas ku caddeeyeen in Faarax Oomaar, Ismaaciil Telefoon iyo wixii la mid ahiba aanay metelin qabiilada dhulkaas degganaa.

Tallaabadaas odayaasha beeluhu ku kaceen, waxa ay dad badan oo wax garad ah ku noqotay filan-waa iyo wax aan la qaadan karin. Waxaana muddo yar ka dib soo baxay dad wax garad ah oo siyaasadda odayaasha ka dhan ah, waxaana bilowday dhaqdhaqaaq ka dhan ah fikradaha odayaasha ee maamulka Ingiriiska lagu taageerayo. Muddo yar ka dibna waxaa magaalada Burco laga furay naadi la odhan jirey caddiyatu Raxmaan (Nimco Ilaahay ku siiyey). Naadigaas oo ay qaban qaabintiisa iska lahaayeen Faarax Oomaar iyo rag halganka kula jirey, waxaa furitaankiisa ka soo qayb galay Ismaaciil Telefoon. "Ismaaciil waxa uu ahaa nin aad u qurux badan, waxa uuna gashanaa lebis (Suite) iyo qoor xidh (tie); waxa uuna sitey shandad gacanta ah (brief case)...waxa ay ahayd markii iigu horeysay ee aan arko nin sidaas u lebisan oo haybadaasi ka muuqato. Dhammaan caruurtu waxa ay daawanayeen quruxda iyo haybadda ka muuqatey Ismaaciil Telefoon.[201]"

Markii Ismaaciil Telefoon Burco yimid, waxaa la weriyey in Xaaji Faarax Oomaar ka codsaday in uu Laas Caanood tago, si uu tolkiis ugu soo guubaabiyo in ay gumeystaha Ingiriiska uga soo hor jeestaan. Inkasta oo Xaaji Ismaaciil Telefoon diinta islaamka si fiican ugu bartay Ingiriiska, kuma uusan aqoonin Afka-carabiga. Waxaa la sheegay in isagoo masaajid Laas caanood ku yaallay khudbad ka akhriyaya uu dhowr jeer yidhi God Said (Ilaahay waxa uu yidhi), ka dibna aad lagu kacay—isaga oo lagu eedeeyey in uu Ilaahay "God" ku tilmaamay. Waayo gaalka cad uun baa ilaahay "God" ku odhan jirey. Dadka qaarkii waxa ay weriyeen in Xaaji Ismaaciil Telefoon lagu qasbay in uu magaalada ka baxo, waayo dadka qaarkiis ayaaba ka shakiyey in uu yahay "gaal" iyo in kale.

Mudadaas waqti ku dhow waxaa magaalada Berbera laga aasaasay urur la odhan jirey Somali Officers Union. Ujeedada ugu weyn ee ururkan loo aasaasay waxa ay ahayd in uu ilaaliyo una dodo xuquuqda shaqaalaha Soomaalida ah ee u shaqeeya maamulka "British Somaliland." Waxaa waqtigaas jirey in shaqaalaha Hindida ah iyo kuwa Carabta ah ee "British Somaliland" u shaqeeyaa ay ka mushahar badnaayeen kuwa Soomaalida ah. Waxaa kale oo la sheegay in ururka shaqaalaha u doodi jirey ay sidoo kale taageeri jireen naadiga Caddiyatu Raxmaan.

Maarj 1945 Waxaa Xamar loogu yeedhay dhammaan xubnihii (xoghayayaalkii) SYC ee gobolada kala duwan maamuli jirey. Kulankaas Xamar lagu qabtay waxa ay SYC rabtay in looga wada hadlo sidii naadiga SYC magaciisa iyo dastuurkiisaba wax looga bedeli lahaa. Markii SYC la aasaasay ma ahayn urur siyaasadeed (waqtigaas Ingiriisku ma oggolayn urur siyaasadeed) ee waxa uu ahaa naadi (club) dhalinyarada Soomaalidu ku kulanto. Hase ahaatee, maadaama xaaladdii siyaasadeed iyo wadcigii Soomaalidu is-bedeleen nimankii SYC madaxda ka ahaa waxa ay u arkeen in naadiga laga dhigo mid siyaasadeed. Kulankaas dhammaadkiisiina waxaa la isku raacay in magaca cusub ee SYC uu noqdo Somali Youth League (SYL). Maamulkii Ingiriisuna waa uu aqbalay dhalashada SYL—isaga oo aad uga shaki qaba. Naadiga SYC waxyaabihii ugu waaweynaa ee uu qabtay waxaa ka mid ahaa—in uu fidiyo magaca ururka iyo in uu dhiso maamulo hoose (local administration) oo dadka dhibaatooyinkooda xaliya. Meelaha SYC aad xoogga ugu lahayd waxaa ka mid ahaa N.F.D.

1945 (Aakhtirkii) Xisbigii SYC wuxuu magaciisii u bedelay SYL (Somali Youth League). Wuxuuna noqday urur siyaasad ahaan xoog leh, wuxuuna laamo ku yeeshay Ogadeen, Hawd, Somaliland iyo NFD. Wuxuuna ururku bayaan ku soo saaray in ay hadafkoodu ku salaysnaado 4 ujeeddo:

1. In ay mideeyaan Soomaalida oo dhan.
2. In dhalinyarada wax la baro iyadoo la isticmaalaayo hab iskuulaadka casriga ah ee dunida ka socda.[202]
3. In dastuur ahaan loo tirtiro ama loola dagaalamo waxyaabaha danaha ummadda Soomaaliyeed ka soo horjeeda.
4. In la hor mariyo lana dhaqan geliyo, laguna dhiiri geliyo dhalinyarada isticmaalka luqaddii Soomaaliga ee Cusmaaniyada

1946 Guddi maamul ayaa Ingiriisku wuxuu ka abuuray degmooyinkii koonfurta ee Talyaaniga horey u gumeysan jirey. Ingiriisku wuxuu guddigaas u xilsaaray sidii ay uga soo warbixin lahaayeen xaaladda nololeed ee degmooyinkaas; gaar ahaan xagga beeraha, daaqa xoolaha, biyaha, shoqo la'aanta iyo cunto yarida (food scarecity).

Isla waqtigaas waxaa sii kordhay hungurayntii gumeystayaashii dhulalka Soomaalidu degto horey u xukumi jirey. Gaar ahaan waxaa damac weyni galay Xabashida oo heshiishkii Anglo-Ethiopia loogu aqoonsaday 1942 iyo 1944 in ay leedahay dhulalkii loo yiqiinay Ogaadeen iyo Hawd, haddana dalbatay in loo soo celiyo, iyo Talyaaniga oo isaguna dalbay in dhulkii koonfurta ee laga qabsaday 1941kii loo soo celiyo[203].

Abriil 1946 Xoghayihii Arrimaha Dibadda ee Ingriiska Ernest Bevin, ayaa wuxuu u soo jeediyey 4tii quwadood (Ingiriiska, Faransiiska, Midowga Sofiyeti iyo Maraykanka) ee waqtigaas, in dhulalka Soomaalidu degto ay sida ay markaas ku sugnaayeen loo dhaafo. Markaasna marka Jabuuti laga reebo inta kale oo dhammi waxa ay hoos imaanayeen Xukuumaddii Ingriiska. Fikradaha ay wadamadaasi kala qabeen waxa ay ahayd:

Ingiriiska: Maamulka isagu hayo inta Soomalidu xornimo buuxda ka qaadanayso (British Trusteeship for Greater Somalia).

Faransiska: In Talyaaniga loo dhaafo (qaybtii uu haysan jirey).

Maraykan: In maamul caalami ah (International Administration) loo xilsaaro.

Midowga Sofiyeti: Wuu ka soo horjeestay (fiito ayuu saaray) in Soomaalida la mideeyo. Sababta uu sidaas u yeelayna waxa ay ahayd baa la yidhi, isaga oo si gaar ah Xabashida u taageersanaa oo aan doonayn in dhulka Xabashidu haysato laga wareejiyo.

Waxaa aakhiritaankii ay isku raaceen in xaaladda guddi afarta quwadood ka kala socota loo xilsaaro, Soomaaliyana loo diro guddi xaqiiqo baadh ah, soona dersa rabitaanka shucuubta Soomaalida ee dhulkaas ku noolaa.

Jul. 1946 Waxaa kulankii ugu horeeyey yeeshay Guddigii la Talinta Maamulka Ingiriiska (Protectorate Advisory Council). Shirkaas oo Badhasaabkii Ingiriiisku marti geliyey, waxaa ka soo qayb galay dad badan oo degmooyinka Somaliland ka kala yimid, waxa ay sidoo kale oo matelayeen qaybaha kala duwan ee bulshada. Shirkaas oo muddo todobaad ah socday, waxaa looga wada hadlay arrimo badan oo ay ka mid ahaayeen: horumarinta beeraha, dhibaatada fakhriga (poverty), dhibaatada ciyaala suuqa (Juvenile delinquency), fidinta maxkamadaha, xayiridda (control-ka) daaqa iyo dhaqdhaqaaqa xoolaha; gaar ahaan dhulka hawd (reserve area)—oo mar walba khilaaf iyo muran weyni ka taagnaayeen.

Abriil 1947 Waxaa magaalada Xamar ka dhacay dagaal xun oo ay isaga hor yimaadeen Soomaali iyo Carab Soomali (Yamaniyiin). Dagaalkaas waxa la sheegay inuu sabab u ahaa ka dib markii Carabtii oo banaan baxaysa, socotana Suuqa Xamar weyne (Afar Irdoodka) ay nin Soomaliyeed dhaawac gaadhsiiyeen kuna af-lagaadoodeen. Banaan baxaas waxa ay Carabtu Ingiriiska oo markaas Xamar maamulayey kaga codsanayeen in Soomaaliya xukunka waddanka Yamen la hoos geeyo; iyaga oo ku doodaya inaan Soomaalidu is maamuli karin[204]. Dagaalkaas oo la magac baxay "*Ha noolaato*" waxaa lagu laayey Carab badan, waxaana la bililiqaystay hantidoodii; iyadoo weliba qaar badan guryahoodii laga bara kiciyey. Waxaa markii dambe kala dhex galay oo dagaalka joojiyey ciidamadii Ingiriiska ee Xamar maamulayey.

1947 Xisbigii S.Y.L ayaa isaguna si fiican ugu fiday Somaliland, taasina waxa ay werwer weyn ku dhalisay maamulkii Ingiriiska oo horayba aad uga walaacsanaa S.N.L, iyo xisbiyadii kale ee Somaliland ka jirey. Wuxuuna Ingiriisku markiiba bilaabay in uu S.Y.L. ku dacaayadeeyo in uu yahay xisbi faashiiste (shuuci) ah, isaga oo dadka reer Somaliland uga digayey in ay ku dhiiran ku biiradda xisbigaas. Inkasta oo aqlibiyadda Somaliland ay u badnayd Isaaq, haddana waxaa muuqatay in cududa amaba maamulka S.Y.L. ee Somaliland ka dhisnaa u u badnaa qabiiladii Daaroodka ee reer Somaliland, gaar ahaan Dhulbahante iyo Warsangeli. Arrintaasina waxa ay dhalisay in xubnihii Isaaqa ee S.Y.L. ku biiri lahaa ay sii yaraadeen.[205]

Isla sannadkaas waxaa Hargeysa ka dhacay rabshado waaweyn oo ay Isaaqu dhexdoodu iskaga soo horjeedeen. Khilaafyadaas waxaa u sabab ahaa xisbiyadii S.N.L. iyo U.S.P. oo la isku deyey in la mideeyo iyo qolyihii Isaaqiya taageersanaa oo labada ka soo horjeeday. Waxaa kale oo arrimahaas sii huriyey dadka oo u loolamayey (competition) shaqooyinkii Ingiriiska, oo markii hore ay u badnaan jireen reerka Habar Yoonis, oo qabiiladii kalena doonayeen in ay la qaybsadaan.[206]

1947 Ingiriisku wuxuu koonfur (ex-Italian Somalia) ka furay 19 Iskuul oo hoose. Intaan Ingiriisku koonfur Talyaaniga ka qabsan, waxaa ka furaan (jirey) 13 Iskuul oo hoose. Ingiriisku wuxuu isu muujinayey inuu Soomaalida "Fashiistihii" Talyaaniga ka xoreeyey, wuxuuna ku dedaalay inuu bedelo wejigii cunsirinimada ee Talyaanigu Soomaalida kula dhaqmi jirey.[207]

25 Maarj 1947 Waxaa la aasaasay Hizbia Digil Mirifle (HDM), waxaana madax loogu doortay Sheekh Cabdalla Sheekh Maxamed. Xisbigaas oo ay ku midoobeen Digil iyo Mirifle, Somali Bantu; iyo dad asalkoodu ahaa Carab. Waxaa la weriyey in ururkani badanaaba taageero dhaqaale ka heli jirey Talyaaniga. Sababta ururkani dhinaca Talyaaniga ugu xagliyeyna waxa ay ahayd, iyaga oo ka soo horjeeday in dhulkooda beeralayda ah "Soomaali Maryoolay" ku soo fidaan, ka dibna u taliyaan. Xisbiga HDM waxa asalkiisu ka soo dhismay Aljamaaciya Al-khayriyah Al-wadaniya.

1947 Qabiiladii Soomaalida ee dhulka Itoobiya gumeysato degganaa oo dhan marka laga reebo Ciise, waxa ay ka soo hor jeesteen in dhulkooda Xabashida lagu wareejiyo.[208] Waxa ayna Ingiriiska ka codsadeen in cabashadooda Qaramada Midoobay loo gudbiyo. Hase ahaatee, Ingiriisku dheg uma jalaqsiin cabashadii Soomaalida dhulkaas deggan, wuxuuna go'aansaday inuu dhulkaas Xabashida ku wareejiyo...wuxuuna Ingiriisku ku adkaystay inuu tixgelinayo heshiiskii uu Xabashida la galay 1942 iyo 1944 ee la odhan jirey Anglo-Ethiopian. Markii wareejintaas lagu dhawaaqayna waxaa magaalada Jigjiga ka dhacay mudaaharaad aad u weyn, waxaana ku dhintay 25 qof oo Soomaali ah.

6 Jan. 1948 Waxaa magaalada Xamar yimi wefdi ka socday afartii waddan (Maraykanka, Ingiriiska, Faransiiska iyo Midowga Sovieti) ee dagaalkii labaad ee adduunka ku guuleystay (4 powers). Ujeedada ugu weyn ee safarkaasu waxa uu ahaa in ay soo baadhaan xaqiiqada rabitaanka dadka Soomaalida ah. Waayo waqtigaas waxaa socotay dood aad u weyn oo ku saabsan ciddii lagu wareejin lahaa waddamadii la gumeysan jirey ee dalalkii gumeysan jirey (sida Talyaaniga) dagaalka looga adkaaday. Waqtigaas shantii gobol (Hawd iyo Reserve area, Somaliland, Jabuuti, Somalia iyo NFD) afar ka mid ah, marka laga reebo Jabuuti oo Faransiisku haystay, waxaa afarta kale haystay Ingiriiska.

Arrintu si kastaba ha ahaatee, waqtigii Ingiriisku Soomaaliya (koonfur) haystay, waxaa jirey nacayb weyn oo dadku u qaadeen, waayo waxaa jirey Soomaali badan oo ciidamadii, amaba maamulkii Talyaaniga u shaqaynaayey oo Ingiriisku shaqooyinkii ka eryey. Waxaana la sheegay in Ingiriisku ciidan ahaan uun u joogo mooyaane aanu haba yaraatee aanu horumarka dalka iyo dadka mid-na waxba ku soo kordhin. Arrimaha noocaas ah ayaa ugu weynaa in Soomaalidu Ingiriiska nacdo. Inkasta oo Soomaalidu Talyaaniga necbayd, haddana waxaa SYL iyo Soomaalidii siyaasiyiinta ahayd u caddaatay in xaaladoodu tahay laba daran mid dooro, shacbi badanina ay door bidayeen in haddii aanay xornimo buuxda qaadanayn, in Talyaaniga dantoodu ku jirto. Waxaa iyaguna magaalada Xamar deganaa jaaliyad Talyaani ah oo aad xoog (siyaasad iyo dhaqaaleba) u lahayd.

Haddaba markii la ogaadey wefdiga afarta quwadood ka socda ee imanaya, Talyaanigii iyo dadkii Talyaaniga taageersanaa (pro-Talyan) waxa ay sii qaban qaabiyeen banaan bax weyn oo wefdigaas lagu tusinayo in shacbi weynaha Soomaaliyeed uu Talyaaniga raacsan yahay. Waxa ay qaban qaabiyayaasha banaan baxaasi diyaariyeen dad aad u fara badan oo la safay jidadka dhinacyadooda, laga bilaabo Xamarweyne ilaa laga gaadhayo garoonka diyaaradaha Xamar. Dadkaas oo ay ka muuqatay shucuur aad u weyni waxa ay ruxayeen calanka Talyaaniga iyaga oo ku dhawaaqayey 'Viva la Italia.' Dadkaas banaanbaxa ka qayb galay waxa ay isugu jireen Soomaali, Carab iyo Jaaliyaddii Talyaaniga ee Xamar deganayd. Waxaa kale oo isla markaas la cabsi geliyey dadkii Talyaaniga ka soo horjeeday. Waxaana la sheegay in qofkii la dareemo in uu Talyaaniga ka soo horjeedo jidka lagu garaacayey.

Nimankaas wefdiga ahaa waxa ay ku noqotay filan-waa (surprise) markii ay arkeen dadka Talyaaniga taageersani sida ay u badan yihiin. Waxaa kale oo ka sii yaabiyey in intii ay jidka sii socdeen ee guriga martida ka gaadhayeen—aan marna indhahoodu qaban Soomaali ama SYL Talyaaniga ka soo horjeedda. Afartii maalmood ee ugu horeysay ee wefdigaasi Xamar joogay, waxa ay la kulmayeen dad badan oo Talyaaniga taageersan, waxaa kale oo la sheegay in dadka baabuurta ku wadey, kuwa wax u karinayey iyo kuwii waxa wefdigaasi u baahan yahah oo dhan u soo qabanayey ay ahaayeen dad ka tirsan jaaliyadda Talyaaniga. Laga bilaabo maalintii wefdigaasi yimid, hoggaamiyayaashii SYL waxa ay maamulkii Ingiriiska ka codsanayeen in uu u oggolaado in ay sameeyaan banaan bax ay Talyaaniga kaga soo horjeedaan. Waxaa kale oo hoggaamiyayaashii SYL sidoo kale codsanayeen dadkii Talyaaniga taageersanaa, gaar ahaan odayaashii Soomaalida in aan lagu faro gelin banaanbaxaas ay SYL doonaysay in ay sameeyaan. Ugu dambayntii, Ingiriisku waxa uu SYL u oggolaaday in ay banaanbax samayn karaan 11ka bisha.

Waxaa la weriyey in Xaaji Maxamed Xuseen uu soo jeediyey fikradda ah in afarta quwadood (four powers) wada xukumaan Soomaaliya. Michael Mariama oo Soomaalida la taliye u ahaa waxa la sheegay in uu soo jeediyey fikrad ah—in ay Soomaalidu doortaan in Ingiriiska lagu wareejiyo. Waayo marka laga reebo Jabuuti oo Faransiisku xukumey, afarta gobol ee Soomaalida waxaa gacanta ku hayey Ingiriiska, waxa ayna Michael iyo rag kale oo wax garad ahaa ula muuqatay in doorashada Ingiriisku tahay sida ugu fudud ee Soomaalidu ku midoobi karto.

11 Jan. 1948 Ka dib markii SYL loo oggolaaday in ay banaanbax samayn karaan, waxa ay bilaabeen is diyaarin weyn oo habeenkii oo dhan aan laga seexan. Waxa kale oo iyaguna dhinacooda iska qaban qaabinayey dadkii Talyaaniga taageersanaa oo weliba laga cabsi qabey in ay weeraro ku qaadaan dadka SYL taageersan ee Talyaaniga ka soo hor jeeday. Sidii laga cabsi qabey waxaa dadkii Talyaaniga taagersanaa ay bilaabeen in ay weeraro ku qaadaan meelihii taageerayaasha SYL isku qaban qaabinayeen, waxaana markiiba la soo sheegay in 'Pro-Talyankii' isku weegaareeen xafiiskii SYL, dadka qaarkiisna (maadaama isgaadhsiintu xumayd) waxaa la gaadhsiiyey in 'Pro-Talyankii' qabsaday xafiiskii SYL. Sidaas darteed, taageerayaashii SYL banaanbax keliya isuma qaban qaabin ee waxa kale oo ay isu diyaariyeen dagaal. Waxa kale oo ay SYL iyo taageerayaashiiba ku tashadeen in aan Soomaalida Talyaaniga raacsan wax la yeelin, laakiin gaalada Talyaaniga ah la laayo.

Sidii la filaayey waxaa la sheegay in dadkii 'Pro-Talyanka[209]' ay markii waagii beryey ay dadkii SYL taageersanaa duulaano ku qaadeen. Waxaana la sheegay in labadii qof ee ugu horeeyey ee ay dileen ay ahaayeen Xaawo Cusmaan (Xaawo Taako) iyo nin loo yaqaaney 'Abu-kaato.' Markii dilkaasi dhacayna waxaa taageerayaashii SYL bilaabeen in ay taageerayaashii Talyaaniga (caddaankii) ay weeraro ku qaadaan. Dagaalkaas oo ahaa mid si xun loogu dagaalamay, muddo laba saacadood gudahooda waxaa nafta laga qaaday 52 Talyaani ah, waxaana la dhaawacay boqolaal kale. Waxaa Talyaaniga ku dhacay jabkii ugu weynaa ilaa iyo intii uu ciidda Soomaalida cagaha soo dhigay, waxaana ku adkaatay meeshii meydkooda iyo dhaawacooda la kala dhigi lahaa (waxaa dhaawacii iyo meydkii Talyaaniga la iskugu geeyey Café Nationale iyo Kaniisaddii Talyaaniga). Waxaa markii dambe arrintii soo dhex galay ciidamadii Ingiriiska, halkaas oo dad badan oo hoggaamiyashii SYL iyo dhalinyaradii taageersanayd lagu xidhxidhay.

Raggii Ingiriisku qabqabtay ee la xidhay waxaa ka mid ahaa:

1. Xaaji Maxamuud Cabdulle Dirir (Xaaji Qarmuune) (waxa lagu xukumay sanad)
2. Muuse Boqor (waxaa lagu xukumay laba sano)
3. Xaaji Cali Xawaadle (waa la sii daayey)
4. Jimcaale Barre (waxaa lagu xukumay laba sano)
5. Faarax Hoolif (waxaa lagu xukumay sanad)
6. Ciise Galaal (waa la sii daayey)

Waxaa kale oo iyaguna la qabqabtay oo Ceel Buur la geeyey (lagu xidhay):

1. Xaaji Diiriye Xirsi
2. Maxamuud Maalin-Guur
3. Maxamed Axmed 'Otaawiyo'
4. Daahir Xaaji Cusmaan
5. Cali Xirsi 'Janna Gale'

Dagaalkaas oo Soomaalidu u taqaaney 'Hanoolaato,' waxa uu bedelay wejigii siyaasadeed ee Soomaaliya, waxa kale oo uu jaha wareer 'confusion' ku abuuray nimankii afarta quwadood ka socday oo laga filaayey in ay 'report' wadamadoodii ku celiyaan. Markii dagaalku dhacay ka dib, hoggaamiyayaashii SYL waxa ay ka codsadeen afartii quwadood in ay la kulmaan, waana ay ka aqbaleen. Hogaamiyayaashii SYL waxa ay u sheegeen wefdigaas waxa Soomaalidu rabto (in shanta gobol ee Soomaalidu degto midoobaan iyo in aanay doonayn in Talyaanigu xukumo).

Maalintii[210] wefdiga afarta quwadood baxayeen waxaa jidadkii laga bilaabo Xamarweyne? Ilaa laga gaadhayo garoonka diyaarahadaha safnaa Soomaalidii SYL taageersananayd oo calanka Soomaalida lulaya. Maalintaas qof keliya oo Talyaaniga taageersan lama arag. Waxaa la sheegay (Ladane) in nimankaas wefdiga ahaa aad uga xumaadeen dadka 'caddaanka' ah ee sida xun loo laayey, waxaana hoggaamiyayaashii SYL iyo taageerayaashuba aaminsanaayeen in go'aanka aayaha Soomaaliya ku saabsan uu ku xidhnaan doono dareenkooda iyo waxa ay kala kulmeen Xamar, taas oo laga cabsi qabey in ay Talyaaniga (maadaama dad badan laga laayey) u calool debcaan, kuna taliyaan in isaga (Talyaaniga) Soomaaliya lagu wareejiyo.

Markii wefdigaasi Muqdisho ka dhoofeen waxa ay tageen magaalada Baariis (Paris), oo ahayd xaruntii Qaramada Midoobay (The League of Nations), halkaas oo ay wadamadoodii 'war-bixin' ku siiyeen. Waxaa la sheegay in nimankaas 'war-bixintoodu' caadifad iyo wixii ay Xamar kala soo kulmeen u badnayd. Laakiin waxa ay isku raaceen in Soomaalidu 95% ay SYL taageersanaayeen[211].

Dagaalka Xamar waxa uu bedelay wejigii siyaasadeed ee Soomaaliya wixii laga yeeli lahaa, waxaana afartii quwadood go'aan ku gaadheen in ay arrinta U.N uga wada hadlaan, ka dib-na go'aamiyaan wixii laga yeeli lahaa.

1948 (Bilowgii) Waxaa ka N.F.D. furmay dhaqdhaqaaqii S.Y.L. Hase ahaatee, taasi waxba kama bedelin xaaladda siyaasadeed ee Soomaalidii N.F.D waayo waxaa weli hortaagnaa sharciyadii (xadidayey dhaqdhaqaaqa siyaasadeed) 1902 iyo 1934 oo aan Ingriiska waxba laga bedelin.

1948 Waxaa la aasaasay urur la odhan jirey "Nasrullahi"oo u doodi jirey xuquuqda dadka Soomaali galbeed.

Feb. 1948 Waxaa maamulkii Ingiriiska ee Muqdisho xabsi-daa'in (life imprison), ku xukumay nin la odhan jirey Maxamuud Maxamed Aaden (facia de faraiame). Ninkaas oo la dhashay ninkii la odhan jirey (Soobe), waxaa Ingiriisku ku soo eedeeyey in uu ka mid ahaa raggii 52-ka nin ee Talyaaniga ah dilay. Maxamuud waxaa xabsiga laga sii daayey maalintii Talyaaniga xukunka Soomaaliya lagu wareejinayey. Waxaana la sheegay in ay sii daayeen niman SYL ka tirsanaa oo xabsiga waardiye ka ahaa. Markii xabsiga laga sii daayeyna waxaa la saaray gaadhi isla habeenkaas, waxaana laga gudbiyey xuduudka Itoobiya; dhowr habeen ka dibna waxa uu akhbaar ka soo diray magaalada Addis Ababa[212].

15 Sebtem. 1948 Waxaa wada hadal uga bilowday Baariis afartii quwadood wixii arrinta Soomaaliya, Eriteria iyo Libiya laga yeeli lahaa, waxaase markii go'aan Soomaalida aad uga xanaajiyey gaadhey Midowga Sovieti (Ruushka)[213]. Go'aanka Ruushku waxa uu ahaa in Talyaaniga loo celiyo dhammaan wadamadii uu hore u gumeysan jirey (Soomaaliya, Eriteriya iyo Liibiya.) Maadama aanu Ruushku ka mid ahayn gumeystayaashii Yurub, arrintaasi waxa ay Soomaalida ku noqotay filan-waa. Markii Ruushku go'aankaas gaadhey ka dib, waxaa kulan gaar ah yeeshay 3dii waddan ee kale, waxa uuna go'aankoodii u dhacay sidatan:

<u>Liibiya:</u> In saddex qaybood loo qaybiyo.
Qayb la siiyo Boqor Sunuusi la siiyo (Ingiriiskuna sii xukumo)
Qayb Talyaaniga la siiyo iyo
Qayb Faransiiska la siiyo.

<u>Eriteriya:</u> In laba qaybood loo qaybiyo.
Qayb Xayle Salasse la siiyo iyo
Qayb Suudaan la siiyo.

<u>Soomaaliya:</u> In Talyaaniga lagu celiyo, waqti la'aan iyo shuruud la'aan.

Markii go'aankaas lagu dhawaaqay, waxaa laga sheegay idaacadda BBC, waxayna filan-waa 'shock' ku noqotay Soomaalidii meel kastaba ha joogaane. Waxaa markiiba taar (telegram) soo diray Cabdullaahi Ciise waxa uuna hoggaamiyayaashii SYL u sheegay in ay qaban qaabiyaan banaanbax aad u ballaadhan oo Soomaalidu ku muujinayaan in ay go'aankaas aad uga soo hor jeedaan.

Haddaba maadaama 4tii quwadood isku khilaafeen wixii xaaladda saddexdaas wadan laga yeeli lahaa, waxaa arrintii isugu biyo –shubatay in qadiyadda 3da wadan loo gudbiyo shirka guud ee Qaramada Midoobay (General Assembly) oo ku aadanayd 16 September, 1948. Ka dibna waxaa golihii ammaanku go'aan ku gaadhey in fadhi gaar ah loo qabto wixii aayaha 3daas waddan laga yeeli lahaa.

Okt. 1948 Waxaa U.N loo diray Cabdullaahi Ciise Maxamuud oo ahaa xoghayihii guud ee SYL, si uu uga qayb galo shirka U.N ee arrimaha Soomaalida looga wada hadlayo. Cabdullaahi waxaa la sheegay in uu sii maray (transit) waddanka Ingiriiska, halkaas oo nin la odhan jirey Cali Nuur ka raacay. Waxaa la sheegay in (Ladane) maamulkii Ingiriisku isku deyey in uu diyaaradda ka habsaamiyo, isla mar ahaantaas-na waxaa la sheegay in hanjabaad iyo caga-jugleyn loo geysatay, waayo talada Cabdullaahi SYL sii fartay ayaa waxa ay ahayd in aan Soomaalidu Ingiriis iyo Talyaani midna doonayn ee afarta quwadood oo dhammi xornimada si wada jir ah u gaadhsiiyaan Soomaaliya. Cabdullahi Ciise iyo madaxdii SYL waxa ay ku sii wada tashadeen in Cabdullaahi uu la soo socodsiiyo sida arrintu u dhacdo.

1949 Suldaan Olol Diinle iyo toban nin oo kale oo ahaa kuwii ay siyaasad ahaan iyo halgan ahaanba aad isugu dhowaayeen Xabashidu xidhay. Nimankaas markii hore waxaa la isugu keenay magaalada Qalaafe, ka dibna waxaa loo gudbiyey Harar halkaas oo looga sii gudbiyey Addis Ababa…Xabsiga "Alanbaqa"—*xabsiga aan ka soo noqoshada lahayn.* Tobankaas nin waxa ay isugu jireen qabiilo kala duwan oo ay ka mid ahaayeen Ajuuraan, Baantu (reer shabeelle) iyo Ogaadeen. Waxaana ka mid ahaa laba nin oo Suldaanku adeer u ahaa oo la odhan jirey Cabdikariim Diiriye Olol Diinle iyo Cabdullaahi Diiriye Olol Diinle. Waxaa kale oo raggaas ka mid ahaa rag Suldaanka hablihiisa qabey[214].

1949 Xaaji Faarax Oomaar ayaa maamulkii Ingiriiska ee "British Somalilad" u oggoladay in uu Somaliland ku soo noqday. Waxaa la sheegay in Xaaji Faarax Oomaar markii uu Somaliland ku soo noqday aanu indhaha wax fiican ka arkeyn oo indho la'aan ku dhowaa. Waxaa la weriyey in Xaaji Faarax isla sanadkaas ku geeriyooday magaalada Hargeysa.

19 Abriil –31 May 1949 Waxaa la qabtay kulan gaar ah oo golaha ammaanka ee U.N go'aan kaga gaadheyey fikradihii 4ta quwadood hore u soo jeediyeen ee ku saabsanayd aayaha Soomaaliya, Eriteriya iyo Liibiya. Kulankaas waxaa lagu tuuray (rejected) go'aanadii 4ta quwadood (the 4 powers) hore u gaadheen ee saddexdaas waddan lagu qaybinaayey.

5 Okt. 1949 Hoggaamiyayaashii SYL ayaa waxa ay taar (telegram) u direen Cabdullahi Ciise, iyaga oo u sheegaya in meesha xaaladdu marayso. Waqtigaas Soomaalida suurto gal uma ahayn in ay telefoon toos ah u diraan New York. Taarka laftiisa waxaa loo geynayey maamulka Ingiriiska oo iyaguna kontorooli jirey waxa Soomaalidu dibadda u dirayso. Sidaas darteed, nimankii taarka dirayey waxa ay go'aansadeen in ay si sarbeeb ah u diraan taarka waxa ayna ku qoreen 'Tua Madre sta Bene,' taas oo macnaheedu yahay hooyadaa way iska fiican tahay[215]. Laakiin macnaha guud ee taarku ka turjumayey waxa uu ahaa nin meeshii Xamar dhibaato ka taagan tahay, xafiisyadii SYL-na la xidhay. Cabdullaahi Ciise waxa uu markiiba nuqulkii (copy) gaadhsiiyey xubnihii U.N-ka. (Waxa uu taarku ku qoraa Talyaani, Ingiriisi iyo Carabi).

Markii taarkii xubnihii U.N-ka gaadhey waxa ay noqotay arrintii dib loo eego, waxa ayna xubnihii U.N go'aan ku gaadheen in arrinta Soomaaliya golaha U.N-ka la soo dhex dhigo si looga foodo. Go'aankaasi markii uu dhacay waxa ay yididiilo aad u weyn gelisay Cabdullaahi ciise iyo hoggaamiyayaashii SYL ee waddanka gudihiisa joogey.

21 Nof. 1949 Qaramada Midoobay (UN) aayaa go'aamiyey in Soomaaliya (ex-Italian Somalia) xukunka Talyaaniga muddo toban sano ah hoos tagto. In kasta oo banaanbaxyo aad u waayn dadkii Talyaaniga ka soo horjeeday sameeyeen, go'aankaas si qabow ayaa loo soo dhoweeyey; wax rabshado ahina kama dhicin Xamar. Dooda xaaladda Soomaaliya iyo wixii laga yeeli lahaa waxaa aad u sii murgiyey qowmiyadihii Talyaanigu gumeysan jiray oo iyagana doodi ka taagnayd sidii laga yeeli lahaa.[216] Waqtigaasu waxa uu ahaa markii Soomaalida koonfur, aftidii laga qaaday ay Talyaaniga ku doorteen in uu xukumo (transitional period).

Xubnaha UN ee codka (vote-ka) dhiibanayey waxa ay tiradoodu ahayd 57 (wadan) Hase ahaatee, todoba ka mid ahi waxay isugu yireen wax aan joogin iyo kuwo aan codkoodii dhiiban. Ka dibna waxaa codkoodii dhiibtay 50kii soo hadhay. Arrinta laga codaynayey ee meesha taalay waxa ay ahayd arrintii 3da quwadood (Maraykan, Ingiriis iyo Faransiis) ay soo jeediyeen ee odhanaysay in Talyaaniga waqti la'aan iyo shuruud la'aan Soomaalida lagu celiyo iyo fikrad kale oo odhanaysay in mudada Soomaalida quwad shisheeye sii maamulayso ay ahaato mid xadidan, waqti cayimanna leh.

Talyaaniga oo inuu codad badan helo aad uga shaqeeyey, markii golaha la soo fadhiistayba waxa uu hubaal u ogaa in 33 xubnood isaga codka siinayaan. Hase ahaatee, Talyaanigu waxa uu baahnaa 2/3 oo codadka ah si Soomaaliya loogu celiyo. Inkasta oo aan Soomaalidu awood weyn u lahayn in ay waddamo badan ka dhaadhiciyaan xaggooda (to influence), haddana waxa ay hubeen markii galaha la soo fadhiistay in 16 waddan codkooda siinayaan. Si haddaba Talyaanigu ugu guuleysto arrintiisa waxa ay ahayd in uu helo 34 cod, waddanka soo hadhay ee aan cidna cod u ballan qaadin waxa uu ahaa Haiti. Haiti waa jasiirad yar oo Maraykanka u dhow oo dadka degani ay yihiin dad madow oo Afrika laga keenay waqtigii is-addoonsiga.

Inkasta oo markii hore Talyaanigu ka rajo qabey in ninka Haiti ka socday uu Talyaaniga u foodayo, ninkaasi wuu aamusnaa ilaa intii cod bixintii laga soo gaadhey, ka dibna waxa uu codkiisii siiyey Soomaalida. Ninkaas oo sababta uu codkiisa Soomaalida u siiyey ka hadlay, waxa uu sheegay 'in uu yahay nin madow oo Afrika laga soo qafaashey, sidaas darteed aanu damiirkiisu u oggolaan karin in uu codkiisa gumeyste siiyo si uu dadka walaalihiisa ah ee madow dib ugu sii addoonsado." Ka dibna waxa uu codkii (vote-kii) ku dhammaaday Talyaaniga oo 33 helay iyo Soomaalida oo 17 cod heshay, halkaasna waxaa ku soo af-jarmay rajadii Talyaanigu ka lahaa in uu Soomaaliya shuruud la'aan iyo waqti la'aan dib ugu xukumo. Maalintaas foodku (vote) dhacayey waxaa Soomaalida goob-joog uga ahaa Cabdullaahi Ciise Maxamuud iyo nin la odhan jirey Ismaaciil…oo isagu markaas magaalada New York deganaa. Waxaa kale oo la sheegay in lix nin oo Soomaali ah oo Talyaaniga taageeriyey (Abgaal iyo Raxanweyn) ay iyaguna ay shirka joogeen.

Arrintu si kastaba ha ahaatee waxaa markii dambe 4tii quwadood, iyaga oo awoodda Qaramada Midoobay isticmaalaya go'aan ku gaadheen in Talyaaniga Soomaaliya loo dhiibo muddo 10 sano (transitional period) ah, ka dibna ay xornimadooda qaataan.

1953 Iskuulkiii ugu horeeyey oo gabdhaha loogu talo galay ayaa Burco laga furay. Inkasta oo beryihii hore Dugsiyada Ingiriiska aad looga soo horjeeday, haddana kan si fiican ayaa loo soo dhoweeyey; wuxuuna Iskuulkani kordhiyey qiimihii 'Yaradka"ee gabdhaha laga qaadan jirey. Isla sannadkaasna waxaa la furay dugsigii sare ee ugu horeeyey Somaliland.

1953 Suldaan Olol Diinle ayaa waxaa lagu dilay Xabsiga "Alanbaqa" loo yaqaan ee Itoobiya. Waxaa la sheegay in sun cunto loogu daray, taas oo ahayd xeelad caan ah oo Xabashidu dadka ka soo horjeeda ku disho. Ka dib ay ku dodo in qofkaasi u dhintay tii ilaahay[217].

28 Feb. 1954 Ingiriisku isaga oo aan haba yaraatee tix-gelin Soomaalidii dhulka "reserve area" degganayd, ayuu xabashida heshiis cusub la galay. Wuxuuna si toos ah Itoobiya ugu wareejiyey dhulalkii Hawd iyo Reserve Area. Dhammaan maamulkii (shaqaalihii) dhulkaas degganaana ee Ingiriiska waxa lagu amray in ay ka baxaan, marka laga reebo 'xafiis yar' oo ku yaallay Jigjiga. Xafiiska oo uu maamule ka ahaa John Drysdale. Ujeedada ugu weyn ee Mr. Drysdale xafiiskaas loogu reebay waxa ay ahayd inuu ilaaliyo xuquuqda daaqsinta ee xoolaha Soomaalida ee dhulkaas. Arrintu siday doontoba ha ahaatee, arrintaas Ingiriisku ku tallaabsaday waxa ay lama filaan iyo fajac ku noqotay dadkii Soomaalida ahaa ee dhulkaas degganaa iyo kuwii reer Somaliland; waxaana isla markiiba la sameeyey bannaan baxyo aad u waaweyn oo dadku ku muujinayeen in ay ka xun yihiin 'munaafaqnimada' Ingiriiska. Waxaana markiiba Wefdi loo diray London si ay dacwadooda ugu soo bandhigaan.

Inkasta oo magaalooyinkaas wefdigu booqday xoogaa beer jileeca (sympathy) looga muujiyey, haddana faa'iido la taaban karo kama soo helin. Ka dib markii dawladdii ku meel gaadhka ahayd ee Soomaaliya Talyaaniga lagu wareejiyey, dhaqdhaqaaqyadii siyaasadeed ee S.N.L iyo U.S.P. ee Somaliland ka jiray way iska yaraadeen. Inkasta oo xafiisyadoodii furaayeen, shirarkooduna caadi isaga socon jireen, dhaqdhaqaaq weyn oo xagga siyaasadda ahi kama jirin. Arrintuse waxa ay is bedeshay ka dib markii Ingiriisku dhulkaas Soomaaliyeed Itoobiya ku wareejiyey; waxaana si weyn u soo laba kacleeyey dhaqdhaqaaqii siyaaasadeed ee gumeystaha looga soo horjeeday. Dhaqdhaqaaqyadaas kuwii ugu caansanaana waxaa ka mid ahaa kulan weyn oo ay qaban qaabiyeen rag (Guddi) ay ka mid ahaayeen Aaden Axmed, Michael Mariama, Axmed Xasan, Sulub Caalin iyo Cabdalla Xaaji Faarax—Guddigaas oo la magac baxay National United Front (NUF), kaas oo markii dambe noqday xisbi siyaasadeed oo Michael Mariams hoggaamiye ka yahay. Michael Mariama wuxuu si gaar ah door weyn uga ciyaaray shirkii guddiga afarta waddan (Ingiriiska, Maraykanka, Faransiiska iyo Ruushka) ee dagaalkii 2aad ku guuleystay lahaa ee arrinta Soomaalida looga hadlayey. Ololahaas siyaasadeed ee cusub wuxuu soo jiitay dad aad u fara badan oo Soomaaliya meeshay doonaanba ha joogaane. Arrimaha ugu waaweyn ee guddigaas Ingiriiska laga codsanaayeyna waxaa ka mid ahaa:

- In Ingiriisku ka noqdo bixitaankii dhulalkii Hawd iyo 'Reserve Area.'
- In Somaliland xornimadeedu la siiyo, loona tix geliyo in ay ka mid noqoto Barwaaqo Sooranka Ingiriiska (British Common Wealth).

Kacdoonkaas siyaasadeed ee cusubi wuxuu xoogaa garawshiyo (sympathy) ku abuuray maamulkii Ingiriiska ee Somaliland. Hase ahaatee, waxaa cadaatay in Ingiriiska arrintii farahiisa ka baxday. Waayo, wax kale iska daaye, xafiiskii Ingiriiska ee Jigjiga ku yiilay ayaa awoodiisii sii yaraatay, xuquuqdii dadkii Soomaaliyeed ee Hawd iyo 'Reserve Area' degganaana waxba wuu u qaban waayey. Heshiiskaas Xabashida iyo Ingiriisku wada galeen wuxuu ahaa mid asalkiisu ka soo jeeday, heshiiskii Ingiriiska iyo Xabashidu 1897, iyo kuwii 1942 iyo 1944kii. Xoghayihii Gumeysiga (Colonial Secretary) u qaabilsanaa—isaga oo difaacaya bixinta dhulkaas iyo taageerada Ingiriisku taageeray Xabashida ayaa khudbad uu ka jeediyey 1955kii Guriga Baarlamaanka (The House of Commons) wuxuu sheegay in bixinta dhulkaas ay asal u tahay heshiiskii 1897kii ; sidaas darteedna aanay sahlaneyn in haba yaraatee wax laga bedelo.

1954 Guddiyaal la doortay oo aan awood maamul siyaasadeed lahayn ayaa ka shaqaynaayey magaalooyinka Hargeysa iyo Berbera, mana jirin cid kale oo aan Ingiriiska ahayn oo maamul siyaasadeed lahayd.

Dagaal xun ayaa ka dhex socday Habar Jeclo iyo Dhulbahante.

1954 Waxaa Jabuuti laga sameeyey Guddiga Xuduudka (Territorial Council).

1954 Suldaan Maxamuud Cali Shire ayaa waxa uu Cadan kula kulmay boqoraddii Ingiriiska Queen Elizabeth II. Halkaas oo ay (boqoraddu) ku siisay "Billad Sharaf." Inkasta oo Ingiriisku mudadii dambe aad u qaderin jirey suldaan Maxamuud, haddana Ingiriisku marna ma fulin fikrad uu (Ingiriisku) hore u qabey oo ahayd in suldaan Maxamuud, suldaan guud looga dhigo qabiiladii ku hoos noolaa maamulkii "British Somaliland."

1955 (Bilowgii) ayaa wiil uu dhalay Boqor Xayle Salaase oo la odhan jirey ALula Mokenen, oo Badhasaaab ka ahaa Harar (dhulka Soomaalida waxaa laga xukumi jirey Harar) ayaa wuxuu Harar ku casumay odayaal badan oo qabiiladii dhulkaas degganaa si uu ula kulmo. Ujeedada ugu weyn ee Mokenen odayaasha ugu yeedhay waxa ay ahayd in uu ogaado waxa ay rabaan iyo fikradda ay ka qabaan in Soomaalidu ka mid noqoto waddanka Itoobiya. Odayaashii Soomaalidu waxa ay Mokenen u sheegeen in aanay waxba kala hadli karin ilaa dawladdiisu ay sii deyso odayaasha u xidhan (kuwii Suldaan Olol Diinle lala xidhay). Markii Mokenen ogaadey fikradda iyo meesha ay taagan yihiin odayaasha Soomaaliyeed ayuu wuxuu u gudbiyey Addis Ababa si ay ula kulmaan Boqor Xayle Salaase. Ka dib markii Odayaashii Xayle Salaase la kumeen wuxuu u sheegay in odayaashii 'shalay' (maalin ka hor) la laayey oo koronto (electric shock) lagu dilay. Ka dibna odayaashii lafahoodii ayey la soo baxsadeen[218].

1955 Rag badan (caaqilo ayey u badnaayeen) oo reer Burco ahaa kana soo kala jeeday beelaha Habar Yoonis iyo Habar Jeclo ayaa maamulkii Ingiriiska ee "British Somaliland" qabqabtay ka dibna la isugu geeyey magaalada Saylac halkaas oo ay muddo lix (6) bilood ah ku xidhnaayeen. Raggaas waxaa Ingiriisku ku eedeeyey in dagaalkii labada qabiill (HY iyo HJ) ka dhex socday ay iyagu hurinayeen. Waxaana la weriyey in dagaalkii lada qabiil joogsaday mudadii odayaashaasi xidhnaayeen.

Muddo ka dib waxaa khilaaf weyni ka dhex dhacay guddoomiyihii Ingiriiska ee magaalada Burco, Ian Smith iyo odayaashii (caaqiladii) labada qabiil (HY iyo HJ), waxa ayna markii dambe uga dacwoodeen Badhasaabkii "British Somaliland" ee Hargeysa fadhiyey. Toddoba caaqil (3 HJ iyo 4 HY) oo labada qabiil ka kooban ayaa warqad u qoray Badhasaabka iyaga oo ka codsanaaya in Ian Smith laga bedelo[219]. Ian Smith oo la sheegay in uu ahaa nin aad u dhib badan waxa ay Soomaalidu u tiqiinay "Ismiidh." Ka dib markii Badhasaabkii warqaddii cabashada ee caaqilada akhriyey waxa uu go'aansaday in u 'Ismiidh' Burco ka bedelo, wuxuuna u bedelay koonfurta Soomaaliya oo markaas Ingiriisku xukumayey (ka dib markii uu Talyaaniga ka qabsaday).

Nasiib darro muddo ka dib ayaa waxaa "British Somaliland" ku soo noqday "Ismiidh" oo la soo dalacsiiyey—loona soo magcaabay Badhasaabka "British Somaliland." Ka dibna todobadii caaqil ee dacweeyey iyo taageerayaashoodii ayuu u masaafuriyey Jasiiradda Sacaada-diin oo u dhow magaalada Saylac. Xilligii Ingiriisku dhulka Somaliland xukumayey waxaa la sheegay in uu odayaal oo badan (in ka badan 100) uu u masaafuriyey oo ku xabbisay Jasiiradaha Sacaada Diin oo u dhow Saylac iyo Jasiiradda Kamaraan oo u dhexaysa Cadan iyo Saylac oo sidoo kale ahaan jirtey meel lagu dejiyo dadka Xajka u socdo si caafimaadkooda loogu sii baadho. Ragga Jasiiradda Sacaada Diin la geeyey waxaa ka mid ahaa Faarax Oomaar oo ka mid ahaa raggii Ingiriiska ka soo hor jeeday.

Dhowr sano ka dib ayaa "Ismiidh" xisbigiisii (Ingiriiska) doorashadii laga helay, ka dibna waxaa laga qaaday jagadii Badhasaabnimada. Markii "Ismiidh" jagadii laga qaaday waxa uu degay magaalada Mombasa (Kenya) oo markaas Ingiriisku xukumi jirey. Dhowr sano ka dib markii Soomaaliya xornimadeedii qaadatay ayuu "Ismiidh" waxa uu ku soo noqday Soomaaliya waxa uuna degay magaalada Muqdisho, halkaas oo uu kula noolaa xaaskiisa oo Soomaali ahayd. "Ismiidh" waxa uu Xamar ka furtay Baar la odhan jirey "Baar Ismiidh," halkaas oo ay ku kulmi jireen rag badan oo maamulkii Ingiriiska ee "British Somaliland" u shaqayn jirey.

Abriil 1956 Ka dib markii kacdoonkii Soomaalidu joogsan waayey, ayaa dawladdii Ingiriisku Wefdi u dirtay Itoobiya si ay ula kulmaan Boqorka laftiisa una soo bandhigaan qorshe dawladda Ingiriisku dhulkii Hawd iyo 'Reserve Area' dib uga 'iibsanayo.' Hase ahaatee Xabashida sheekadaasi way u cuntami weyday. NUF waxa ay sidoo kale ku guuleysan weyday qorshe ay ku codsanaysay in xaaladda looga shiro Qaramada Midoobay, laguna dhammeeyo maxkamadda caalamiga ah ee Hague, Holland.

1956 Golaha shacbigu (legislative Assembly) markii Soomaalidu maamulka Talyaaniga kala wareegaysay, wuxuu ka koobnaa 70 kursi; kuwaas oo toban (kursi) ka mid ah loo qoondeeyey dadkii aqlibadoodu yarayd (minority). Jaaliyadda Talyaaniga iyo Carabta midkiiba afar (4) kursi ayaa la siiyey. Bakistaaniyiinta iyo Hindida midkiiba kursi (1) ayaa la siiyey. Guddiga doorashooyinka iyo maamul la wareegga (ee Soomaalida) waxaa awood loo siiyey waxyaabihii xeerar hooseedka amaba maamulka. Hase ahaatee, awoodda ugu weyn waxa ay mar walba ku jirtay gacanta Talyaaniga.

Waxaa doorashadaas Soomaalida ka qayb galeysana looga baahnaa in ay Carabi ama Talyaani si fiican ugu hadli karaan. Doorashadaas oo nimanka oo keliya loo ogolaa, si hoos ahaaneed ahna loo qaadaayey waxaa laga qaaday ilaa miyiga (baadiyaha). Lixdankii kursi ee Soomaalida u qoondaysnaa 43 ka mid ah waxaa ku guuleystay xisbigii S.Y.L; 13-na Hisbiya Digil Mirifle Society (H.D.M.S.). Saddexna Somali Democratic Party (Xisbiga Dimoqraayiyadda ee Soomaaliyeed); Kursi keliyana waxaa ku guuleeystay Ururkii Midowga Mareexaan (Marehan Union). Maadaama kuraasida badankoodii ay S.Y.L heshayna, waxa ay soo dhistay dawladdii ugu horeysay ee ku meel gaadhka ahayd; waxaana Ra'iisal Wasaare loo doortay Cabdullaahi Ciise, oo ahaa Habar Gidir.

Doorashadii 1956kii ee S.Y.L ku guuleysatay, sidan ayey ururka xubnuhiisu (reer ahaan) isugu dhafnaayeen: Daarood 50%, Hawiye 30%, Digil iyo Mirifle 10% iyo inta soo hadhay oo heshay 10%. Arrintu si kastaba ha u dhacdee, tiradaas badan ee Daaroodku helay, dad badan oo Hawiye ahaa ayey colaad ku abuurtay, waxaana aakhirkii rag siyaasiyiinta Hawiye ka tirsanaa abuureen Xisbi cusub oo la odhan jiray Ururka Dhalinyarada Hawiye (Hawiye Youth League)[220].

Ururkii Dhalinyarada Hawiye, doorashadii (1956kii) wax kursi ah kuma guulaysan, hase ahaatee walaacii raggaas Hawiye ka qabay S.Y.L wuxuu isbedelay, ka dib markii Cabdullaahi

Ciise dawladdii uu dhisay 5 wasiir Hawiye siiyey; Daaroodna 2ba waasiir, iyo Dir oo hal wasiir helay. Habka Cabdullaahi Ciise dawladda u qaybiyey siyaasiyiintii Daarood way ka xanaajisay, waayo waxa ay ula muuqatay inuu Hawiye golaha wasiirada u badiyey. Taasina waxa ay keentay in siyaasiyiin badan oo Daarood ahi xibigii S.Y.L. k a baxaan samaystaanna xibsi cusub oo la magac baxay GREAT. Sidoo kale, H.D.M.S xubnihii ka tirsanaa, waxa ay iyaguna aad uga xanaaqeen, habkii Cabdullaahi Ciise dawladda u dhisay; waxa ayna ku eedeeyeen inuu xaqiraad darteed golaha wasiirada uga reebay. Colaaddaasina waxa ay meeshii ugu xumayd gaadhey ka dib markii Cismaan Maxamed Xuseen la dilay (assassination)-1956; ka dibna ay (H.D.M.S) ay u sameeyeen xusweyn, kuna dhawaaqeen inuu Mujaahid ahaa.

Khilaafkaas siyaasadeed ka sokoow, dawladdii Cabdullaahi Ciise dhisay waxa ay wajahday marxalad cusub oo ahayd sidii dhaqaalaha waddanka loo dhisi lahaa; wuxuuna maamulkiisii soo jeediyey dhawr arrimood:

- In la helo maal gelin iyo kaalmo shisheeye
- In cashuur dadka laga qaado iyo
- Sidii xal loogu heli lahaa khilaafkii dhulka ee Soomaalida iyo Xabashidu isku haysteen.

Waxa ay kale oo dawladdii Cabdullaahi Ciise mamnuucday awooddii Qaadiyadu wax ku xukumi jireen wakhtigii Talyaaniga. Sababta uu sidaas u yeelayna waxa ay ahayd si Diinta iyo maamulka dawladda loo kala fogeeyo. Waxa ay kale oo dawladdu mamnuucday xisbiyadii magacyada 'Qabiilka' lahaa; iyadoo dad badani u arkayeen in arrintaas loola dan lahaa xisbigii Digil iyo Mirifle—wuxuuna xisbigaasi markii dambe magaciisii u bedelay 1957 'Hisbiya Dastuur Mustaqil Somali (H.D.M.S).' Waxa ay kale oo dawladdu mamnuucday magacyadii 'yasidda' ahaa ee dadka loogu yeedhi jiray sida Midgaan (Boon), Kaboole iwm.

25 Agoos 1956 Shir boqorkii Itoobiya kaga hadlay magaalada Qabridaharre, wuxuu ku caddeeyey in Soomaalidu ka tirsan yihiin dadyowga Itoobiya. Isla mar ahaantaasna horumarinta Soomaalida xil ka saran yahay dawladda Itoobiya. Hadalkaas Boqorkuna wuxuu sii qarxiyey tiiraanyadii iyo kacdoonkii Soomaalida; waxa ayna dadkii Somaliland ku adkaysteen in ay xornimo buuxda helaan. Si haddaba maamulkii Ingiriiska ee Somaliland u qaboojiyo dareenkii reer Somaliland wuxuu ku dedaalay in ay kordhiyaan xagga horumarinta, dhaqaalaha, waxbarashada iyo dalacsiinta shaqaalihii Soomaalida ahaa ee Ingiriiska u shaqaynaayey. Isla sannadkii 1956kii markii dawladdii Ingiriiska cadaadiskii dadkii reer Somaliland ku sii batay waxa ay ku dhawaaqday in ay ka shaqayn doonto sidii Somaliland xornimadeeda loo siin lahaa. Isla mar ahaantaasna, waxa ay dawladda Ingiriisku muujisay inaanay waxba ka qabin haddii ay dadka reer Somaliland doonaayaan in ay la midoobaan Soomaaliya (Former Italian-Somaliland).

1957 Waxaa Badhasaabkii Ingiriiska ee Somaliland dhisay Golihii Baarlamaanka (Legislature Council) ee ugu horeeyey, kuwaas oo tiradoodu ahayd lix lagana soo xulay 25 Musharax—kuwaas oo doodweyni ku dhexmartay magaalada Hargeysa. Guddigan la doortayna waxa ay ka kala tirsanaayeen 'qabiilada' ee ma ahayn rag laga soo xulay xisbiyadii mucaaradka; mana ahayn guddi xornimo raadis majaraha u hayey. Balse wuxuu guddigu xoojinaayey maamulkii Ingiriiska ee Somaliland ka jirey. NUF sidoo kale markay ku guuleysan weyday soo celintii Hawd iyo 'Reserve Area,' way lumisay taageeradii shacabka reer

Somaliland. Sidoo kale, S.N.L. iyo S.Y.L dhinac ayey uga leexdeen codkoodii heerka qaran ahaa ee dhulalka maqan lagu baadi goobaayey, waxa ayna ku dambeeyeen xisbiyo xuquuqdooda gaarka ah uun difaacda.

Inkasta, oo rajadii lagu soo celin lahaa Hawd iyo 'Reserve Area' iskeed isaga gudhay, haddana tixgelin weyn ayey xisbiyadii Somaliland ka jirey ka sameeyeen sidii Soomaaliya (Former Italian-Somaliland) loola midoobi lahaa. Isla sannadkaasna (1957) kulankii ugu horeeyey ee guddigu yeesheen waxa ay ku codsadeen in la helo tiro badan oo Soomaalida metesha.

Jul. 1957 Xaaji Maxamed Xuseen oo markaas Qaahira ku sugnaa ayaa S.Y.L Guddoomiye (chairman) u doortay, taas oo ay keentay kala qaybsanaantii siyaasadeed ee xubnaha ururka dhex taalley. Markii Xaaji Maxamed Xamar ku soo laabtayna wuxuu qaaday olole uu ku eedaynayo maamulkii Cabdullaahi Ciise iyo Madaxweynihii Golaha Shacbiga, Aadan Cabdulle Cismaan (Aaden Cadde); oo uu xaataa ugu yeedhay magaca 'Shamun' oo ahaa nin Lubnaaniis ahaa (madaxweynena noqday) oo reer galbeedka daba-dhilif u ahaan jirey.

Xaaji Maxamed wuxuu duulaankaas weyn ee siyaasadeed u qaaday isaga oo doonaayey in 'siyaasiyan' Soomaalida lagu xidho Carabta, gaar ahaan waddanka Masar. Wuxuu kale oo Xaajigu aad uga soo horjeeday in Afka Soomaaliga lagu qoro xarfaha Roomaanka (Roman Alphabets); wuxuu isagu doonaayey in Af-Soomaaliga Xarfaha Carabiga lagu qoro. Maarj 1957 ayaa dawladdii Cabdullaahi Ciise waxa ay soo saartay wargeyskii ugu horeeyey oo Af-Soomali ku qoraa, ka dib markii dad aad u fara badan ka soo horjeesteenna waa la joojiyey (2ba cadad keliya ayaa soo baxay). Ololahaas weyn ee Xaaji Maxamed dawladdii Cabdullaahi Ciise ku qaaday, wuxuu keenay iska hor imaad aan xad lahayn oo kasbay in S.Y.L dhexdeedii ku sii qaybsanto.

Sebtem. 1957 Dawladdii ku meel gaadhka ahayd ee Soomaaliya (former Italian-Somaliland) ayaa waxa ay soo saartay sharci cusub oo lagu abuuray laba guddi, mid xagga siyaasadda qaabilsan iyo mid xagga farsamada ah (technical) oo guddiga siyaasadda la talisa. Waajibaadka ugu weyn ee labadaas guddi wuxuu ahaa sidii loo qori lahaa Dastuurkii waddanka lagu maamuli lahaa; iyada oo weliba laga tusaale qaadanayo waddamadii Afrikaanka ahaa ee Soomaaliya xornimada ka hor qaatay[221].

Waxaa kale oo siyaasad ahaan si xun foodda isula galay dawladdii S.Y.L ka soo jeedday iyo Xisbigii H.D.M.S, waayo S.Y.L waxa ay ku doodaysay in waddanku mid qudha yahay ayna dawladdu wada maamusho, meesha ay madaxda H.D.M.S ay ku doodayeen in ay dhulkooda iyo maamulkiisa u madax banaanaadaan, waxa ayse oggolaayeen in maamul guud oo (Federal) ahi ka dhexeeyo. Waxa ay kaloo madaxda H.D.M.S u dacwoonayeen in dadka Digil iyo Mirifle takoor lagu sameeyey dawladdii Cabdullaahi Ciise dhisayna maamulkeedii laga qadiyey. Inkasta oo H.D.M.S aanay ku faraxsanayn maamulkii Cabdullaahi Ciise, haddana dhibatada ugu weyn ee S.Y.L haysatay waxa ay ahayd kala qaybsanaantii Hawiyaha iyo Daaroodkii S.Y.L ka tirsanaa. Waxaana Cabdullaahi Ciise dawladdiisii aad loogu cambaareeyey in maamulkiisu aad ugu ladhan yahay kii Talyaaniga oo aanu ku dedaalayn hawshii xornima gaadhsiinta iyo dedaalkii ku saabsanaa midaynta Soomaalida.

1957 Waxaa Jabuuti lagu doortay Guddi (Legislature Council), kuwaas oo xilkoodu ahaa 'Arrimaha Gudaha.' Doorashadii ugu horeysay ee Baarlamaanka (Jabuuti) waxaa ku guuleystay xisbigii 'Union Republicaine,' xisbigaas oo ka koobnaa Soomaali, Canfar iyo Carab; waxaana hoggaamiye u ahaa Maxamuud Xarbi. Xisbiga ka soo horjeeday oo isaguna ka koobnaa inta xisbiga Maxamuud Xarbi ku jirta. Waxaa xisbigan hoggaaminayey Xasan Guuleed Abtidoon, oo isaguna Ciise ahaa sida Maxamuud Xarbi. Doorashooyinkii markii ay dhammaadeen ka dib, waxaa la dhisay wasiiradii oo uu u madax (Guddoomiye) noqday Badhasaabkii Gumeysigu (Colonial Governor). Guddoomiye ku-xigeenna waxaa loo doortay Maxamuud Xarbi.

1957 Waxa ay ahayd markii ugu horeysay ee Soomaalidii N.F.D degganayd loo oggolaaday in ay doorashooyinka ka qayb geli karaan. Sannadkii 1959 kiina lix Soomaali ah ayaa waxaa lagu daray Golaha Baarlamaanka (Legislative Council), kuwaas oo la sheegay in ay danaha Soomaalida ilaaliyaan.

1958 Cod guud oo shacbiga Jabuuti laga qaaday, aqlibiyadoodii (badankoodii) waxa ay ku foodeen inaanay u baahnayn madaxbanaani buuxda, balse ay ku hoos sugnaadaan maamulka Faransiiska. Waqtigaas codaynta la soo bandhigay saddex dhaqdhaqaaq ayaa jirey 1) qolo aaminsanayd in Jabuuti xornimo buuxda u halganto, 2) qolo taageersanayd in Jabuuti xornimo qaadato, laakiin 'Soomaaliweyn' la midawdo, iyo 3) qolo aaminsanayd in maamulka Faransiiska la hoos joogo.

Abriil 1958 Xaaji Maxamed Xuseen, ayaa jagadii madaxnimada S.Y.L laga xayuubiyey; ka dib markii muddo badan xubnaha xisbigiisu ka wada hadlayeen sidii dagaalkii iyo khilaafkii dhexdooda ay u xallin lahaayeen. Guushaas Xaajiga jagada looga xayuubiyeyna waxaa badankeeda lahaa Aadan Cabdulle Cismaan (Aadan Cadde), oo ku guuleystay inuu ridida Xaajiga xubnaha Daarood iyo Hawiye ee S.Y.L u mideeyo. Hase ahaatee, Xaaji Maxamed oo nin aad codkar ah ahaa, caqlina u dhashay sidaas kuma hadhine, markiiba wuxuu aasaasay xisbi cusub oo la odhan jirey 'The Greater Somali League.' Xisbigaas oo Soomaalidu u tiqiinay 'Great', wuxuu taageero weyn ka helay dhammaan dadkii aan S.Y.L ku qanacsanayn ama ka xanaaqay.

Agoos 1958 Waxaa maamulkii Talyaaniga ee Soomaaliya uu soo bandhigay in la hirgeliyo barnaamij xil ku wareejin loogu diyaarinayo Soomaalidii (Somali officials) maamulka. Dadkaasna waxaa loogu talo galay in ay xilka la wareegaan, marka Soomaalida xornimada buuxda qaadato.

Oktobar 1958 Doorashooyinkii Dawladaha Hoose ee Soomaaliya (Former Italian-Somaliland) ayaa la qabtay. Doorashooyinkaas oo loogu loolamayey (tartamayey) 663 kursi, S.Y.L waxa ay ku guuleysatay 416, H.D.M.S 175, 'Great-na' waxa ay heshay 36 kursi; iyo Liberal Party oo helay 27 kursi.

Maadaama S.Y.L ay caddaatay in aan cidina xisbigooda cod ku gaadhi Karin, gaar ahaan 'Great' oo ay markii hore ka cabsi qabeen, ayaa haddana S.Y.L damaaci ka galay sidii ula xaali lahaayeen ama midnimada H.D.M.S u kala dhantaali lahaayeen. Haddaba H.D.M.S oo xagga kuraasida kaalinta labaad ahaa, siyaasiyiintii S.Y.L waxa ay ula muuqatay in sida ugu fudud ee H.D.M.S loo kala jebin karo ay ahayd in dhinaca 'qabiilka' laga maro; waayo xubnaha H.D.M.S waxaa ku jiray qaar reeraha Daarood iyo Hawiye ka soo jeeday; kuwaas ayeyna S.Y.L doonaysay in ay soo jiidato.

Xeeladdaas cusub ee H.D.M.S loola yimina, waxa ay ka xanaajisay siyaasiyiin badan oo Digil iyo Mirifle ah; waxa ayna ku doodeen in markii dawladdu ku dhawaaqday 'mamnuuca' xisbiyada magaca 'qabiilka' wata iyaga loola jeeday, haddana ay S.Y.L afaara-qabiil (qabyaalad) ku dhaqmayso. Arrintu si kastaba ha ahaatee, maadaama xisbiga H.D.M.S uu maamulayey Dawladaha Hoose ee dhulka Digil iyo Mirifle, xil weyn oo siyaasadeed iskama saarin loolankii siyaasadeed ee dawladda Xamar. Waxaa kale oo arrintaas sabab u ahaa in raggii dawladda jagooyinka ka hayey ee Digil iyo Mirifle ay u arkayeen in mustaqbalkoodu ku jiro, in ay S.Y.L la shaqeeyaan.

Haddiise aad eegtid dareenka guud ee waqtigaas, H.D.M.S iyo 'Great-ba' waxa ay u arkayeen in S.Y.L si caddaalad darro ah doorashooyinka ku maamushay waxa ayna labada xisbi qaban qaabiyeen banaan baxyo waaweyn; aakhiritaankiina waxa ayba qaadaceen in ay doorashada ka qayb galaan. Qaskii ugu weynaase wuxuu dhacay markii Wasiirkii Arrimaha Gudaha oo Daarood ahaa (Xaaji Muuse Boqor), uu ka xanaaqay Masaarida oo la odhan jirey waxa ay taageero u fidin jirtey xisbiga 'Great;' ka dibna uu xidhay xafiiskii 'Great.' Dood (muran) laxaadleh oo wasiirka iyo Golaha Shacbiga ka dhexdhashayna wuxuu aakhiritaankii sababay in Wasiirkii Arrimaha Guduhu is-casilaad soo qaddimo, waxaase lama filaan noqotay; markii degdeg looga aqbalay. Jagadiisiina waxaa sii hayey (si ku meel gaadh ah) Ra'iisal Wasaaraha. Waxa ayse arrintii meel xun gaadhey ka dib markii wasiirkii qudha ahaa ee Daarood ee dawladda ku hadhay uu codsaday inuu is-casilo; si uu magaca reerka (Daarood) u ilaaliyo, waase laga diiday inuu is-casilo.

Waxyaabahan oo dhammi waxa ay dheceen markii ay muuqatay in Cabdullaahi Ciise iyo xulufadiisa aan cidi u babac dhigi karin. Tusaale ahaan, kuraasidii Baarlamaanka ee loo tartamayey oo la gaadhsiiyey ilaa 90. Waqtigaas doorashada waxaa loo tartamayey 29 kursi, oo 22 ka mid ah S.Y.L ku guuleysatay; labana (2) waxaa helay Liberal Party, shantii (5) soo hadhayna waxaa ku guuleystay firqo yar oo ka go'day H.D.M.S—waayo H.D.M.S si rasmi ah ayay doorashada u qaadacday.

23 Nof. 1958 Maamulkii Faransiiska ee Jabuuti ayaa amar ku bixiyey in doorashooyin cusub la qabto, ka dib markii uu (Faransiisku) Baarlamaankii kala diray. Taasina waxa ay keentay in xisbigii Maxamuud Xarbi oo loo dan-lahaa 'kala qaybsamo.' Waxaana soo ifbaxay shan kooxood oo doorashada ka qayb gelayey: 1) laba kooxood oo Canfar ah, 2) laba kooxood oo Soomaali iyo Canfar iskugu dhafan oo is-bahaystay oo ay kala hoggaaminayeen laba nin (Maxamuud Xarbi iyo Xasan Guuleed Abtidoon) oo iska soo horjeeday. Koox kastana waxaa loo qoondeeyey kuraasi is leeg. Sidaas darteed, Xasan Guuleed, oo aqlibiyada Canfarta codkooda helayna wuxuu si fiican uga guuleystay Maxamuud Xarbi. Ka dibna markii Maxamuud Xarbi cadaadis weyn oo siyaasadeed la saaray, wuxuu u baxsaday Qaahira, halkaas oo uu uga sii gudbay Muqdisho halkaas oo uu 1959 uga qayb galay aasaaskii xisbigii 'The National Pan-Somali Movement.' Markii Baarlamaankii cusbaa ee Jabuuti la dhisayna waxaa Guddoomiye ka noqday Xasan Guuleed Abtidoon.

1958 Khilaafkii Talyaaniga iyo Xabashida u dhexeeyey ee dhulka 'Ogaadeeniya' ku saabsanaa (xIligii daakhiliyadda Soomaaliya) ayaa Qaramada Midoobay (U.N) waxa ay u saartay guddi 3 ruux ka kooban, si ay arrintaas xal ugu helaan. Hase ahaatee, markii is-maandhaaf ka yimi habkii guddigaasi baadhitaanka u samaynaysay, ayaa U.N. waxa ay boqorkii Norway ka codsatay inuu magcaabo ruux caalamka magac ku leh (caan ah)—si uu guddigii hore loo magcaabay la taliye ugu noqdo. Wuxuuna magcaabay Mr. Trygve Lie, oo xoghayaha guud ee Qaramada Midoobay hore u ahaan jirey, waxaana laga codsaday inuu soo jeediyo qodobo (terms) labada dhinac (Talyaaniga iyo xabashida) isku raaci karaan. Sanadkii 1959kii waxyaabihii Mr. Trygve Lie soo jeediyeyna waxa ay Talyaaniga iyo Xabashidu isku raaceen in ay dib uga wada hadlaan.

Arrintu si kastaba ha ahaatee, sheegashooyinkii iyo waxyaabihii labada dhinac soo bandhigeen qolona kumay qancin, xaaladdiina waxa ay ku dambeysay is-af-garanwaa, waayo Xabashidu waxa ay ku adkaysatay in khilaafka lagu dhammeeyo heshiiskii Talyaaniga iyo Xabashida dhex maray 1908 deedii; meesha Talyaanigu ku adkaystay in heshiisyadii kale ee caalamiga ahaa ee arrintan ku saabsan la tix geliyo laguna xalliyo; oo weliba la sii tix geliyo xaaladda iyo arragtida qabiilada kala duwan ee Soomaalida ku sugan dhulkaas.

Feb. 1959 Ka dib markii dastuurkii Somaliland la soo saaray, isla sannadkii ku xigay ayaa xoghayihii gumeysigu (colonial Secretary) Mr. Allan Lennox-Boyd, ayaa wuxuu sheegay in dawladdiisu u diyaartahay in ay la munaaqashooto Soomaaliya (former Italian-Somalia), gacanna ay ka geysan doonto sidii labada dhinac oo xor ah loo mideyn lahaa.

1959 Waxaa la aasaasay xibigii la odhan jirey United Somali Party (USP). Xisbigaas oo ay ku midoobeen qabiilada Dhulbahante, Gadabuursi iyo Warsangeli, waxaa lagu aasaasay magaalada Laas Caanood, waxaana shirk guddoomiye ka ahaa Suldaan Maxamuud Cali Shire.

Maarj 1959 Guddi cusub oo ka kooban 12 xubnood laguna magcaabay (un-official) iyo 15 xubnood oo lagu magcaabay (official) ayaa Somaliland laga abuuray. Shan iyo tobanka xubnood ee (official-ka) ahaa waxa ay la shaqaynaayeen Badhasaabkii Somaliland Mr. Theodore Pike, isla markaasna ahaa guddoomiyaha guddiga.

Doorashadaas guddiyada oo si qarsoodi ah loo qabtay, oo ay rag keliyi ka soo qayb galeen, S.N.L way qaadacday Waayo S.N.L waxa ay codsatay in xisbigoodu guddoomiye ka noqdo guddiga 12ka xubnood ka koobnaa ee (un-official-ka) ahaa; sababtoo ah xisbiga S.N.L wuxuu isu arkaayey inuu aqlibiyadda dadka reer Somaliland haystay. Inkasta oo la filaayey in U.S.P. ka faa'iidaysan doonto, haddana 12kii nin ee la doortay (legislative council) 7 ka mid ahi waxa ay u foodeen NUF, afarna (4) xisbina kama tirsanayn, midka soo hadhayna wuxuu xubin ka ahaa U.S.P.

Xisbiyadaas Somaliland ka jiray, dhammaantood way isku raacsanaayeen istiqlaalka (xornimada) iyo midaynta Soomaali weyn, laakiin waxa ay ku kala taganaayeen mudada macquulka ah ee himiladaas lagu gaadhi karo. Marka laga reebo Habar Jeclo oo aad u taageersanayd NUF, oo doonaysay in Ingiriisku toban sano sii maamulo[222]. Isaaqa intiisa kale waxa ay taabacsanaayeen xisbiga S.N.L. Inkasta oo Warsangeli, Dhulbahante iyo Gada Buursi taageeradoodu u badnayd xisbiga U.S.P[223], haddana waxaa jiray rag badan oo qabiiladaas ka tirsan oo aad u taageersanaa S.Y.L. Maadaama S.Y.L xarunteedu ahayd Muqdisho, madaxdeeduna siyaasadda Soomaaliya (former Italian-somalia) ku legdamayeen, laanta S.Y.L ee Somaliland ma lahayn barnaamij habaysan oo ay ku xoojinayeen siyaasadda xisbigooda. Isla sannadkaas (1959) Wefdi ka kala socday dhammaan xisbiyadii Somaliland ka jirey iyo ururo kale oo siyaasiin ahaa ayaa waxa ay ka qayb galeen shirweynihii lagu aasaasaayey "The National Pan-Somali Movement" kaas oo la doonaayey in lagu mideeyo dhammaan dadyowga Soomaalida ah. Kulankaasna waxaa ugu weynaa laba arrimood oo la isla meel dhigay:

- Sidii Soomaali oo dhan loo midayn lahaa (si nabad gelyo ah) iyo
- In la abuuro xidhiidh aad u weyn oo lala yeesho wadamada Afrika iyo Aasiya.

Abriil 1959 Maamulkii Talyaaniga ayaa wuxuu magcaabay guddoomiye dhaqan geliya sidii maamulka loo Soomaaliyeen (Somalization) lahaa.

Abriil 1959 Xasan Guuleed Abtidoon ayaa waxaa loo doortay Baarlamaanka Faransiiska (French National Assembly), jagadiisii Guddoomiye ku-xigeenka Baarlamaanka Jabuutina waxaa la wareegay Axmed Diini oo Canfar u dhashay.

May 1959 Mar labaad ayaa S.Y.L dib ugu doortay Cabdullaahi Ciise Ra'iisal Wasaare. Doorashadaasina ma ahayn mid si fudud ku timi, is jiid jiidkii iyo khilaafaadkii siyaasadeedna aad bay u sii xoogeysteen.

Juun 1959 Cabdullaahi Ciise ayaa dawladdii dhisay, taas oo ka koobnayd 15 wasiir iyo xoghaynyo hoosyimaada (under secretaries). Waxaana jagooyinkii ugu muhiimsanaa si isleeg loogu qaybiyey Daarood, Hawiye iyo Digil iyo Mirifle. Jagooyinka ugu muhiimsan ee Digil iyo Mirifle la siiyey waxaa ka mid ahaa Wasaaradda Warshadaha, Maxamed Cabdi Nuur iyo Wasaaradda Arrimaha Guud, Cabdi-Nuur Maxamed Xuseen. Jagooyinkaas raxan weyn la siiyey waxa ay muujinayeen, dedaalkii S.Y.L u gashay (wakhtigii doorashada) sidii ay Digil iyo Mirifle u qancin lahayd.

Inkasta oo S.Y.L isu haysatey in ay cidwalba qancisay, haddana waxaa markiiba ku soo baxay siyaasiyiin Majeerteen ahaa oo aan xisbiga madaxdiisa ku qanacsanayn. Raggaasna waxaa hoggaaminayey Cabdirashiid Cali Sharma'arke oo markaas jaamacadda Rooma, qaybta cilmiga siyaasadda ka qalin jebiyey. Cabdirashiid wuxuu 1949kii ahaa xoghayaha S.Y.L. Ragga kale oo S.Y.L ee dawladdii Cabdullaahi Ciise mucaaradka ku noqday waxaa ka mid ahaa, Cabdirisaaq Xaaji Xuseen, oo Guddoomiyaha S.Y.L ahaa 1956kii. Nimankan oo xisbigoodii 'Great' iyo Guddoomiyihii Xaaji Maxamed Xuseen, dib u dhac siyaasadeed u keenay, waxaa loo oggolaaday in ay S.Y.L dib xubno uga noqdaan; halgankii nimankaasina wuxuu aakhiritaankii sababay in dawladda dib la isugu shaandheeyo 1960kii.

Arrintu si kastaba ha ahaatee, halgankii u dhexeeyey shaqsiyaadka, kursi doonka iyo qabiilaysiguba sidii ayuu u sii socday ilaa laga soo gaadhey wakhtigii xornimada (June 1960) iyo 'midayntii Soomaaliya iyo Somaliland; ka dibna waxa ayba noqotay ka dar oo dibi dhal.

Jul. 1959 General de Gaulle oo Faransiiska xukumay, booqasho gaaban oo uu Jabuuti ku tegay wuxuu ku caddeeyey "muhiimadda Xeebta Jabuuti dalkiisa u leedahay, aanuna marnaba niyadda ku hayn in ay sina xukunka iyo awoodda –dawladdiisu u sii daynayso[224]. Markii 1960kii la soo gaadhey, waxaa aad u sii batay dad Canfar iyo Soomaaliba isugu jirey oo 'Soomaaliweyn' iyo xornimo buuxda u doodaayey. Faransiiskuna wuxuu aad ugu dedaalay sidii haba yaraatee aan arrintaasi u dhicin.

Haddaba sida ugu fudud ee uu (Faransiisku) guushaas ku gaadhi kareyna waxa ay ahayd inuu Canfarta iyo Soomaalida oo markii horeba khilaaf weyni u dhexeeyey kala qaybiyo—arrintaasna kala kaashado Xabashida oo iyaduna labadaas qoloba dhibaato siyaasadeed ka haysatay. Xabashida dhexdeeda waxaa la mamnuucay dhammaan dhaqdhaqaaqyadii siyaasadeed iyo cidii u doodaysey 'Soomaaliweyn' iyo xornimo raadis; waxa ayna Xabashidu soo jeedisay in cidii (Soomaalida) horumar rabtaa barato 'Afka Amxaariga.' Sidaas darteed, 1960kii waxaa jiray lix nin (Soomali) oo madax ah iyo hal nin oo Baarlamaanka ku jiray iyo rag kale oo oo badan nawaaxiga 'Ogaadeeniya' arrimaha hoose ee Soomaalida loo shaqaaleeyey; gaar ahaan xagga maamulka iyo booliiska.

Jul.1959 Maamulkii Talyaaniga ee Soomaaliya ayaa wuxuu sameeyey guddi ka shaqaysa, siday u dooran lahayd dad xilalka kala duwan ee dawladda loo tababaro; kuwaas oo waxbarasho (scholarship) dibadda loogu diro. Guddigaas waxaa madax u ahaa Xeer Ilaaliyii (Attorney General) ee Talyaaniga, laba madaxda Soomaalida ahayd iyo laba siyaasadda ka madax banaan.

Dis. 1959 Soomaalida (Koonfur) iyo Xabashida ayaa waxa ay isku raaceen in arrinta xuduudka (British Line) ku saabsan dib loo dhigo, ilaa wada hadal iyo heshiis dambe laga gaadhayo[225].

Wakhtigii Ingiriiska iyo Somaliland wada hadalka xornimada ku jireen, wufuudii Somaliland way diideen in ay ansixiyaan heshiiskii Ingiriiska iyo Xabashida dhex maray 1897kii, iyaga oo ka baqay in Ingiriisku dhulkaas dhaxal u helo. Arrinta ugu weyn ee qabiiladii dhulka Hawd degganaa khusaysey xagga daaqsinta xoolaha ayey ahayd. Xornimadii Somaliland ka hor, Xabashidu waxa ay sheegtay inaanay qabiilada reer Somaliland daaqi doonin 'Hawd.' Arrintu si kastaba ha ahaatee, wax yar ka dib maalmihii xornimada, waxa ay Xabashidu sheegtay in ay daaqsinta qabiiladaas u oggolaan doonto.

Dis. 1959 Shir uu yeeshay Golaha Guud ee Qaramada midoobay (UN), ayaa isku raacay in xilkii Talyaaniga ee Soomaaliya 1da Jul. 1960 la soo gebogabeeyo, maalintaasina noqoto maalinta Soomaalidu xornimo buuxda hantido oo iyadu isu maamusho. Go'aankaas U.N ee Soomaaliya xornimada ku qaadaneysayna wuxuu sii kordhiyey kacdoonkii dadkii reer Somaliland xornimada Ingiriiska kaga dalbayeen; isla markaasna ay ugu doodayeen sidii ay 'walaalahooda' Soomaaliya ula midoobi lahaayeen. Hase ahaatee, labadii xisbi ee Somaliland ugu waaweynaa, S.N.L iyo U.S.P way isku khilaafsanaayeen, arrintaas ku darsanka (midwoga) degdegga ah ee Soomaaliya; waayo Maxamed Xaaji Ibraahim Cigaal oo dawladda Somaliland markaas hoggaamiye ka ahaa wuxuu soo jeediyey inaan arrintaas lagu degdegin—lagana shaqeeyo sidii labada dhinac marka hore isu habayn lahaayeen.

Waxaa arrintaas 'midowga' degdegga ah aad u taageersanaa kuna raacsanaa U.S.P Michael Mariama, oo ka tirsanaa Golaha Sharciga (Legislative Council). Fikradda kooxdaasina waxa ay ahayd in marka hore la 'midoobo,' ka dibna wixii dhibaato ah laga wada hadlo ama la dhammays tiro. Arrintu si kastaba ha ahaatee, natiijadii waxa ay ku dambeysay xaggii dadka rabitaankiisu u badnaa oo ahayd in Soomaaliya si degdeg ah loola midoobo 'wixii dib ka yimaada la arki doonaaye!'

13 Feb. 1960 Doorashadii Guddiga Golaha Baarlamaanka cusub ee "British Somaliland" ayaa la qabtay. S.N.L waxa ay ku guulaysatay 20 ka mid ah 33kii kursi ee loo tartamayey, meesha NUF ay kursi keliya ku guulaysatay. U.S.P. oo Daaroodka Somaliland dega iyo Dir (Ciise iyo Gadabuursi) ku bahoobeen; xulufana noqday waxa ay ku guulaysatay 12 kursi. Sidaas darteed, S.N.L iyo U.S.P waxa ay noqdeen (maadaama ay aqlibiyaddii kuraasida heleen) labada xisbi ee dadka reer Somaliland meteli kara. Waxaana xisbi walba laga doortay laba nin oo magaca 'Wasiir' wata. 1) Cabdi Xasan Buuni, U.S.P (Gadabuursi), 2) Maxamed Xaaji Ibraahim Cigaal, S.N.L, (H/Awal,Ciise Muse), 3) Cali Garaad Jaamac, U.S.P, (Dhulbahante)- 4) Axmed Xaaji Ducaale (Axmed Kayse), S.N.L. (H/Jeclo, Muuse Abokor). Muddo ka dibna labadii xisbi ee S.N.L iy U.S.P waxa ay Ra'iisal Warsaare u doorteen Maxamed Xaaji Ibraahim Cigaal oo jagadaas muddo afar casho ah hayey intii aan "British Somaliland" ku biirin Soomaalidii Koonfurta..

Kulankii ugu horeeyey ee Soomaalida iyo Boqortooyadii Ingiriisku uga wada hadlayeen madaxbanaanida iyo "British Somaliland" iyo midnimada laba gobol (Waqooyi iyo Koonfur) ayaa waxaa lagu qabtay magaalada London. Ragga ka socday Soomaalida "British Somaliland" waxa ay ahaayeen afar wasiir iyo nin xoghayn u ahaa[226]:

1. Maxamed Xaaji Ibraahim Cigaal, Ra'iisal Wasaare
2. Axmed Xaaji Ducaale (Axmed Kayse), Dhaqaalaha
3. Cali Garaad, Waxbarashada
4. Xaaji Ibraahim Nuur, Caafimaadka
5. Maxamuud Cabdi Caraale, Xoghaye

Waxaa kale oo iyaguna la socday Badhasaabkii "British Somaliland" iyo dhawr wasiir oo Ingiriis ah kana tirsanaa maamulkii "British Somaliland[227]." Waxaa kale oo iyaguna shirkaas lagu casumay in ay ka soo qayb galaan shan nin oo ka socday Soomaalidii koonfureed. Shantaas nin oo ay casumeen raggii Soomaalida ahaa ee "British Somaliland" ka socday, ujeedada ugu weyn ee loo casumay waxa ay ahayd in ay haddii xornimada "British Somaliland" Ingiriisku oggolaado, ay heshiiskii isku-darsanka (The Act of Union) wada saxeexdaan.

Wefdigii Soomaalida iyo Badhasaabkii "British Somaliland" waxa ay la kulmeen Mr. MacLead oo ahaa wasiirkii Xafiiska gumeysiga (British Colonial Office) ee Ingiriiska. Mr. Maclead waxa uu wefdiga Soomaalida ah iyo badhasaabkiiba weydiiyey waxa shacabka Soomaalidu rabaan. Waxa ay kulligood ku jawaabeen in Soomaalidu rabaan in ay madax-banaani helaan ka dibna ay walaalahooda koonfureed la midoobaan 1da Juulaay, 1960[228]. Inkasta oo nimanka "British Somaliland" ay aad uga shaki qabeen in Ingriiisku si fudud xornimada "British Somaliland" ku wareejinayo, fadhigaas ayaa Mr. MacLead iyo dawladdiisii ku go'aamiyeen in dadka "British Somaliland" xornimadooda la siiyo 26ka bisha Juun, 1960.

Markii arrintu sidaas u dhacday ayaa waxaa kulmay labadii wefdi ee ka kala socday waqooyi iyo koonfur waxa ayna bilaabeen sidii ay uga wada hadli lahaayeen isku-darsanka (Union). Maadaama aanay Soomaalidu wax qareenno (lawyers) wadan waxa ay ku kaliftay in ay "lawyer" ka qortaan magaalada London, kaas oo ka caawiyey sharcigii midnimada (the Act of Union). Qodobadii ugu muhiimsanaa ee sharciga lagu qoray waxa ka mid ahaa in 1) Soomaalidu lahaato, maamul qudha (central government), calan qudha iyo hal magaalo madax. Waxa kale oo ay isku raaceen in marka ay dhulkoodii ku noqdaan ay magcaabaan guddi labada dhinac ka kooban oo si fiican uga soo baaraan-dega qodobada midnimada (Act of Union) iyo sidii dawlad wada jir ah loo dhisi lahaa.

Markii nimankii Soomaalidu markii ay dhulkoodii dib ugu noqdeen, waxa ay abaabuleen guddigii qodobada midnimada ka shaqayn lahaa, waxa ayna doorteen 20 nin[229] oo ka kala socday koonfur iyo waqooyi. Guddigaas 20ka nin ka koobnaa waxa ay ku kulmeen magaalada Xamar, waxa ayna isla jeex-jeexeen qodobadii midnimada iyo habkii dawladda loo dhisi lahaa. Waxyaabaha ay go'aanka ka gaadheen waxaa ka mid ahaa:

- In dawladda cusubi lahaato calan qudha
- Madaxweyne qudha
- Ra'iisal Wasaare qudha
- Magaalo madax keliya iyo
- Baarlamaan keliya.

Waxaa guddigu muddo ka doodayey magaalada caasimad loo dooran lahaa iyo in ay dawladdu noqoto nidaam 'federal' ah ama dawlad dhexe (central government." Aakhirtaankiina waxa ay isku raaceen in maamulku noqdo dawlad dhexe (Central Government), caasimadduna ay noqoto magaalada Xamar. Inkasta oo dadka qaarkiis door bidayeen dawlad 'federaal' ah, waxa guddigii isku raaceen in dhaqaale dartiis aanay suurto gal ahayn in dawlad 'federaal' ah la sameeyo, ka dibna waxa la isku raacay in la dhiso dawlad dhexe (Central Government)[230].

Dhibaatada ugu weyn ee taagnayd ee werwerka laga qabey waxa ay ahayd iyada oo aan la hayn tira guud (census) oo dadka laga qaaday, taas oo lagu go'aamin karey gobol kasta tirada baarlamaanka ee ka soo bixi kartey. Arrintaasina waxay markii dambe u hoggaamisay maamulkii cusbaa in lagu shubto (la xado) doorashooyinkii magaalooyinka ka dhacay.

6 Abriil 1960 Golihii Baarlamaanka (Legislative Council) ee Somaliland xubnihiisa oo dhan ayaa taageeray iskuna raacay codka (haa) in xornimo degdega ah laga dalbo Ingiriiska, isla markaasna si degdeg ah loola midoobo 'walaalaha' Soomaaliya. Waxaana laga tanaasulay fekrad hadda ka hor la qabey oo ku saabsanayd in labada dhinac (Somaliland iyo Soomaaliya) ay Barwaaqo Sooran (British Common Wealth) ka mid noqdaan. Shan casho ka dibna Ra'iisal Wasaarihii Ingiriiska ayaa guriga Baarlamaanka (House of Commons) ka sheegay in dawladdiisu taageersan tahay madaxbanaanida Somaliland iyo la midowga Soomaaliya. Isla markaasna wuxuu sheegay in Xoghayihii Gumeysiga (The Colonial Secretary) Mr. Iain Maclead uu qaban doono shir (arrintan ku saabsan) bilowga bisha May. Si arrintaas loogu sii googol dhigona, badhtamihii Abriil ayaa labada dhinac ee Soomalidu waxa ay ku kulmeen magaalada Xamar. Waxa ayna labada dhinacba isku raaceen in ay si wada jir ah u dhistaan dawlad Madaxweyne, Ra'iisal Wasaare, hal (1) Baarlamaan; Golaha Wasiiradda iyo 'calan' midaysan ka kooban. Waxa ay kale oo isku raaceen in inta si fiican la isu qaban qaabinayo ay maxkamadaha iyo hab maamul dhaqameedkii gobolada ka jiray ay kala madax banaanaan doonaa.

2 May 1960 Madaxdii Somaliland iyo wefdi uu wato ayaa waxa ay dawladdii Ingiriiska kula kulmeen London si ay uga wada hadlaan soo gebogebaynta maamulkii

Ingiriiska ee Somaliland, wuxuuna shirkaasi ku dhammaaday si degganaansho iyo is-ixtiraam ku dhisan.

4 May 1960 Xoghayihii Xafiiska Gumeysiga ee Ingiriiska ayaa shaaca ka qaaday in dawladdiisu go'aansatay in ay qaban qaabinayso in Somaliland xornimadeeda la siiyo 26 Juun 1960[231]. Hase ahaatee, Ingiriisku bixinta xornimada hal (1) qodob/arrin ayaa ku xidhay, taas oo ahayd 'inaanay Ingiriiska ula muuqan inuu heshiis qoran/saxeexan oo ku saabsan heshiisyadii 1884 iyo 1886 (Anglo-Somalis) uu la galo madaxda Somaliland,' laakiin looga baahan yahay masuuliyiinta 'qabiilada' reer Somaliland in ay si cad (public) ay u caddeeyaan in ay aqbaleen go'aamada xornimada lagu siiyey. Arrintaasna weftigii Somaliland wuu aqbalay.

24 May 1960 Odayaashii/Guurtidii (Council of Elders) ayaa shir uga fadhiistay qodobadii xornimada ee Ingiriisku soo jeediyey.

26 Juun 1960 British Somaliland, ayaa xornimadeedii Ingriiska ka qaadatay.

Juun 1960 Cali Caarif Burhaan oo Canfar ahaa ayaa jagadii Guddoomiye ku-xigeenka Baarlamaanka kala wareegay Axmed Diini. Isla waqtigaas Baarlamaanka Jabuuti oo ka koobnaa 32 kursi, 14kii kursi ee Faransiisku Soomaalida u qoondeeyey 13 ka mid ah waxaa haystay Canfarta. Maamulka hoggaamintuna wuxuu gacanta u galay Canfarta. Xisbigii ugu caansanaa ee Soomaalidana (The Somali Nationalist) wuxuu noqday mucaarad iyo wax dibadda u cararay.

1 Jul. 1960 Soomaaliya "Italian-Somaliland," ayaa xornimadii hantiday, isla mar ahaantaasna waxa ay ahayd maalintii la mideeyey Somaliland iyo Soomaaliya. Maadaama labada dhinac labada dastuur oo kala duwan lahaayeen, waxaa la isku raacay in dastuur guud (mida) la samaysan doono sannad ka dib, kaas oo shacbiga loo soo bandhigi doono; ka dibna afti (referendum) laga qaadi doono. Waxaana la isku raacay magaca cusub ee waddanku noqon doono Jamhuuriyadda Somalia (The Somali Republic).

7 Jul. 1960 Baarlamaankii cusbaa ee Jamhuuriyadda Soomaliya ayaa wuxuu isku raacay in uu af-hayeen (Ra'iisul Baarlamaan) noqdo Jaamac Cabdillaahi Qaalib, oo Isaxaaq, H/Yoonis, ahaa kana tirsanaa xisbigii S.N.L. Hase ahaatee, waxaa dhibaato weyni ka timi amaba la isku khilaafay ninkii (Ra'iisal Wasaaraha) dawladda dhisi lahaa.

22 Jul. 1960 Markii muddo dheer doodi ka taagnayd la iskuna khilaafsanaa dhismaha dawladda ayaa aakhiritaankii Baarlamaankii isku raacay in uu Aadan Cabdulle Cusmaan (Aadan Cadde) oo ka dhashay qabiilka Ujeejeen, loo doortay madaxweyne ku meel gaadh ah; muddo hal (1) sano ah. Markii la doortay ka dibna, Aadan Cadde waxa uu Ra'iisal Wasaare u doortay Cabdirashiid Cali Sharmarke. Cabdirashiid waxa uu sameeyey 14 wasiir; afar ka mid ahna wuxuu ka dhigay qolyihii Somaliland ka socday. Waxa ayna ahaayeen: 1) Cabdi Xasan Buuni, U.S.P (Gadabuursi)—ku xigeenka Ra'iisal Wasaaraha, 2) Maxamed Xaaji Ibraahim Cigaal, S.N.L, (H/Awal,Ciise Muse), Wasiirka Difaaca, 3) Cali Garaad Jaamac, U.S.P, (Dhulbahante)- Wasiirka Waxbarashada, 4) Axmed Xaaji Ducaale (Axmed Kayse), H/Jeclo -Wasiirka Beeraha.

Dhinaca kale wasaaradihii ugu muhiimsanaa ee ay qaateen siyaasiyiintii koonfur, waxaa ka mid ahaa, Cabdirisaaq Xaaji Xuseen, S.Y.L, (Majeerteen) oo ay Cabdirashiid aad isugu fiicnaayeen isku reerna ahaayeen, wuxuu noqday Wasiirka Arrimaha Gudaha; Cabdillaahi Ciise, S.Y.L (Habar Gidir), oo ka tanaasulay jagada Ra'iisal Wasaaranimada oo uu hayn jiray (transitional government) wuxuu noqday Wasiirka Arrimaha Dibadda. Baarlamaankuna wuxuu waqtigaas ka koobnaa Somaliland (33) iyo dhinaca Soomaaliya (koonfur) oo ahaa (90).

Markii labada gobol midoobeen ka dib, waxaa markiiba maamulkii Soomaalida soo food saaray dhaqaale xumo aad u weyn oo u baahatay xal degdeg ah, waxa ayna dani kaliftay in labadii gumeyste (Ingiriis iyo Talyaani) kaalmo dawladdu weydiisato. Ingiriisku wuxuu ballan qaaday in uu Somaliland sannadka ugu horeeya, ka dib markay xornimada qaadato uu siin doono £1 1/2 milyan oo lacagta Ingiriiska ah, ka dibna sannad walba siindoono kharash ay ka 'munaaqashoodeen.' Wuxuu kale oo (Ingiriisku) ballan qaaday, in doorashada ka dib uu ilaa intii lix bilood ah shaqaalaha maamulka iyo madaxdii Ingiriiska musharaharka ka qaadan jirey u sii wado. Talyaaniguna sidoo kale wuxuu ballan qaaday inuu £300 oo milyan oo lacagta Ingiriiska ah siindoono.

Dhismihii dawladdii Jamhuuriyadda ka dib, Baarlamaankii dalka waxaa ka dhex abuurmay loolan siyaasadeed. Waxaa kale oo dad badani dareemeen, in midnimadii Xamar la isugu tegay, aanay wax weyn bedelin qabyaaladdii Soomaalida dhexdeeda ka jirtey. Xisbigii S.N.L oo xubnihiisu Isaaq ahaayeen, markii ay Xamar yimaadeen awooddoodii aad ayey u sii yaraatay, magacoodiina wuxuu noqday mid aan macno weyn ku fadhiyin. Xisbigii U.S.P oo isugu jirey Daaroodka Somaliland iyo Dir (Ciise iyo Gadabuursi), waxa ay Daaroodkii ka tirsanaa ku biireen S.Y.L oo markaas ugu awood weynaa xisbiyaddii Soomaaliya oo dhan ka jirey, Daaroodkuna xoog siyaasadeed ku lahaa. Dirkii U.S.P ka dirsanaana waxa ay u kala qaybsameen Hawiye iyo Isaaq.

Guud ahaan, S.N.L, U.S.P iyo G.S.L (Great[232]) kulligood awoodoodii siyaasadeed aad ayey u yaraatay, S.Y.L-na iyadoo itaal darradooda ka faa'iidaysanaysa ayey bilowday in ay dacaayad ku furto—kuna eedayso in ay xisbiyadaasi dhinaca siyaasadda Carabta u xaglinayaan. Waxaa kale oo sii xoogaystay dareenkii siyaasiyiinta reer Soomaaliland, gaar ahaan kuwa Isaaqa ah oo in dhaqaale ahaan dhulkoodii wax maal gelin ah lagu samayn; inkasta oo dadka qaarkood aaminsanaayeen in nasiib darrada Somaliland haysatay ay ahayd ka maqnaanshaha Ingiriiska (oo la rabey inuu caawiyo) iyo Jamhuuriyaddii oo siyaasad ahaan aad ugu xidhantay Talyaaniga; taas oo gacanta sare siisay reer koonfurkii.

Sebtem. 1960 Suldaan Maxamuud Cali Shire ayaa dhintay. Suldaanka waxaa da'diisa lagu qiyaasay in uu ahaa 85 sano.

Okt. 1960 Diyaarad ay la socdeen Maxamuud Xarbi iyo lis nin oo kale oo uu ka mid ahaa Cabdiraxmaan Gabood ayaa burburtay. Waxa ay Soomaalidu sheegeen in Faransiiska iyo xulufadiisii Soomaalidu ka danbeeyeen. Marka diyaaradaasi burburtay Maxamuud iyo Cabdiraxmaan waxa ay ka soo noqdeen safar ay ku tegeen Shiinaha iyo Yurubta bari, waxa ay u soo socdeen Muqdisho• Nimankaas gobonimodoonka ahi markaas diyaaradda ka soo raaceen Geneva, Switzerland halkaas oo kula kulmeen mas'uuliyiin Qaramada Midoobay ka tirsan• Waxaa la sheegay in diyaaraddii ay la socdeen Bambo (Bomb) lagu rakibay, ka dibna ay soo dhacday oo ay kulligood ku dhinteen. Waxaa la sheegay in mu'aamaradddaas laga qaban qaabiyey xafiiskii safaaradda Faransiiska ee Muqdisho, waxaana dadka qaarkiis weriyeen in mu'aamaradaas uu qaban qaabiyey nin reer Jabuuti ahaa oo Faransiiska basaas u ahaa.

1960 Baarlamaankii ayaa Aadan Cabdulle Cismaan (Aadan Cadde), dib ugu doortay madaxweyne. Ra'iisal wasaarena wuxuu ka dhigtay Cabdirashiid Cali Sharma'arke.

1960 Soomaalidii N.F.D (Northern Frontier District) ayaa xayiraadii siyaasadeed laga qaaday, isla mar ahaantaasna odayaashii qabiilada dhulkaasi waxa ay ku dhawaaqeen in ay doonayaan 'xornimo buuxda' in ay Kenya ka qaataan, isla mar ahaantaasna diyaar u yihiin in ay walaalahooda 'Jamhuuriyadda Soomaaliya' ku biiraan. Waxa ay odayaashaasi rajo ka qabeen in arrintaas Ingiriisku gacan ku siin doono, maadaama uu isu-taggii Somaliland iyo Soomaaliya (ex Somali Italia) uu qayb ka qaatay; hase ahaatee rajadaasi riyo ayey noqotay, ka dib markii Ingiriisku faraha ka laabtay.

Markii Ingiriisku ogolaaday xisbiyada siyaasiga ah waxaa gobolka NFD laga furay dhawr xisbi. Xisbiyadaas waxaa ugu caansanaa:

1. Nothern Frontier Democratic Party (NFDP)
2. Nothern Providence Peoples Progressive Party (NPPPP)
3. Nothern Providence Peoples National Union (NPPU)
4. Northern Providence Peoples Patriotic Front (NPPPF).

Inkasta oo Xabashidu aad uga dagaalantay ra'yigii (Soomaaliweyn) ee Mr. Bevin soo jeediyey, haddana Abriil 1960kii markii Somaliland xornimada loo oggolaaday, wasiirkii arrimaha dibadda ee Ingiriisku khudbaddii uu guriga Baarlamaanka (House of Commons) ka jeediyey wuxuu ku sheegay in arrintan (xornimada) aanay wax is bedel (xagga xuduudka) ah aanay ku abuurayn; isaga oo ula jeeday wadamada Faransiska, Itoobiya iyo Kenya. Arrintaas natiijadeedii iyo rajadii Soomaalidii reer N.F.D-na sidaas ayey ku dambeysay. Dhawr bilood ka dib markii Badhasaabkii Ingiriiska ee Kenya N.F.D tegayna, wuxuu sii hiyi kiciyey Soomaalidii iyo odayaashii markii uu u sheegay in mustaqbalkooda waxa ay ka damacsan yihiin Ingiriisku tix gelin doono.

Maarj 1961 Shirkii labaad ee Wadamada Afrikaanku Qaahira ku yeesheen, weftigii Soomaalidu wuxuu la kulmay wadamo badan oo aad uga soo horjeeda fikrada Soomaaliweyn iyo in goboladii maqnaa Soomaaliya lagu soo daro. Shirkii labaad oo Afrikaanku laba bilood ka dib ku qabteen Monrovia, Liberia waxaa lagu soo gebo gebeeyey in Jamhuuriyada Somaaliya iyo dawladaha ay xuduudka isku hayaan ay iyagu khilaafkooda dhammaystaan.

20 Juun 1960 Waxaa Soomaaliya (waqooyi iyo koonfur) laga qabtay (sameeyey) afti guud (referendum), oo loogu talo galay in ay shacbigu codkooda ku dhiibtaan, si dastuurkii cusbaa loo ansixiyo. Codaynta dastuurka cusub waxaa la sheegay in rag badan oo ka tirsan madaxdii SNL ee Xamar joogay ay qaadaceen. Waxaa kale oo la sheegay in ilaa 100,000 oo qof (dadkii waqooyiga) ee aftida dastuurka u fooday ay _ MAYA codkoodii ku bixiyeen. Waxaa sidoo kale, dad badani MAYA ku codeeyeen (foodeen) qabiiladii Digil iyo Mirifle ee taageersanaa xisbiga H.D.M.S.[233]

6 Jul. 1961 Baarlamaankii dalka ayaa wuxuu qabtay doorashadii madaxweynanimada. Doorashadaas oo ahayd mid aad iyo aad u adag, markii 3 goor lagu ceshay (codayntii), waxaa ku guuleystay Aaden Cabdulle Cismaan (Aaden Cadde) oo Mudulood (Ujeejeen) u dhashay. Aaden Cadde, wuxuu ka guuleystay Sheikh Cali Jimcaale oo Xawaadle u dhashay.

Markii 3 asbuuc laga soo wareegayna, Cabdirashiid Cali Sharmarke ayuu mar labaad Ra'iisal Wasaare u magcaabay. Cabdirashiidna wuxuu dhisay dawlad 16 wasiir ka kooban, wasiiraduna waxa ay u badnaayeen S.Y.L iyo S.N.L/USP (labadan xisbi gaashaanbuur ayey noqdeen Sebtem. 1960).

14 Agoos 1961 Markii dawladdii Cabdirashiid dhisay ka dib, waxa ay Baarlamaankii ula muuqatay in wasiiradu/wasaaraduhu aad u badan yihiin, dhaqaala ahaanna aan la awoodi karin. Sidaas darteed, Baarlamaankii ayaa wuxuu soo saaray sharci cusub oo dawladda lagu dhimayo—laguna soo koobayo 12 wasiir. Arrintaas Baalamaanku gaadhey Cabdirashiid aad ayuu uga xanaaqay, wuxuuna ku dhawaaqay inuu is-casiley. Haddaba maadaama, Cabdirashiid markaas ahaa nin Barlamaanka badankiisu ku kalsoonaa inuu dawladda isku hayn karo ayey wxay (Baarlamaanku) ka codsadeen inuu ka noqdo; ka dibna wuu ka aqbalay.

19 Agoos 1961 Cabdirashiid ayaa dawlad 12 wasiir ka kooban soo dhisay.

Sebtem. 1961 Shirkii lagu qabtay Belgrade, Yugoslavia, Soomaalidu wax natiijo ah oo dhulalka maqan ku saabsan kalama kulmin. Waayo khilaafaadka ku saabsan dhulalka la isku haystaa waxa ay ahayd arrin aad u xaasxaasi ah oo dawlad kastaa ka gaabsanaysay.

Okt. 1961 Madaxweyne Aadan Cabdulle Cismaan ayaa booqasho ku tegey waddanka Gaana (Ghana). Taageeradii arrinta dhulalka maqnaa ku saabsanaydna ee uu madaxweynihii Ghana (Dr. Nkrumah) ugu tegayna kuma guulaysan, waayo Dr. Nkrumah wuxuu aaminsanaa in Afrika oo dhammi midowdo, taas oo uu u arkaayey in dhibaatooyinka gumeystayaashii reer Yurub abuureen ee xuduudyada ku saabsanaa looga bixi karo. Wuxuuse ku raacay in dadyow kasta oo isku dhaqan, isku dad ah isku xidhnaantooda xagga wada noolaanshaha iyo xagga dhaqaalaha la tix geliyo. Arrintu si kastaba ha ahaatee, danihii gaarka ahaa ee waddan kasta oo Afrikaan ah iyo doodihii midwoga Afrika ku saabsanaa ayaa waxa ay meesha ka saareen in Itoobiya iyo Kenyaba loo arko gumeystayaal amaba loo nisbeeyo wax la mid ah.

1961kii markii doorashooyinkii Kenya la qabtay, degmooyinkii Soomaalidu aqlibiyadda ka ahayd, sida Gaarisa, Wajeer, Mandheera iyo Mooyaale; waxa ay samaysteen xisbi qudha 'North Eeast Province.' Hase ahaatee, 1,622 oo qof keliya ayaa in ay foodaan isu diiwaan geliyey, maxaa yeelay Soomaalida badan koodu waxa ay doorashada u qaadaceen in loo arko in ay dhalashada Kenya (Kenyan Citizenship) aqbaleen. Waxaana doorashadaas ku soo baxay ninkii keligii beratemaayey Cali Aadan Loodh (Lord) oo shil baabuur markii dambe ku dhintay; waxaana bedelay A.R. Khaliif.

Ka dib markii doorashooyinkii 1961kii dhammaadeenna waxaa aad u sii xoogaystay dhaqdhaqaaqii siyaasadeed ee N.F.D ee xornimada raadinayey, waxaana si joogto ah Xamar booqasho ku tegi jirey hoggaamiyayaasha mucaaradka iyo hoggaamiyayaasha qabiilada si ay dawladda Soomaaliya caawimaad (xagga xornimada) uga helaan. Taasina waxa ay keentay in Nofember 1961 Baarlamaankii Soomaaliya isku raacay in N.F.D xornimadeeda hantido, isla markaasna la midowdo 'walaalaheeda' Jamhuuriyadda Soomaaliya; waxa ayna ku ballan qaadeen in dawladdu ku dedaali doonto wax kasta oo arrintaas suurto gelin kara.

Nof. 1961 Golaaha Baarlamaanka ee dawladdii Soomaaliya ayaa waxa ansixiyeen (foodeen) mooshin odhanayey in NFD ku soo biirto (ka midnoqoto) Jamhuuriyadda Soomaaliya. Arrintaasi waxa ay aad u dhiiri gelisay dhaqdhaqaaqyadii NFD ee xornimada Soomaalida u halgamayey.

Dis. 1961 Ciidamadii Ingiriiska ee "British Somaliland" ayaa maamulkii ku wareejiyey ciidamadii Soomaalida.

Dis. 1961 Waxaa dhicisoobey afgembi (inqilaab) ka dhacay magaalada Hargeysa. Inqilaabkaas oo ay hoggaaminayeen dhalinyaro saraakiilka ah oo Isaaq u badnaa, laakiin rag qabiilada kale ee reer Somaliland-na ku jireen, waxaa la sheegay in ay sabab (jawaab) u ahayd askartii Koonfurta oo si degdeg ah loo dallacsiiyey markii ay Talyaaniga xornimada ka qaateen. Sidaas darteed saraakiisha iyo askarta gobolada wooqi waxa ay arrintaas u arkayeen khiyaamo iyo musuqmaasuq ay reer "Koonfurtu" ogaan iyo ula kac u sameeyeen. Sababta ugu weyn ee Af-gembigaasu u fashilmay waxa ay ahayd iyadoo hoggamiyayaashu ay arrinta ka qariyeen sarkaakiishii iyo askartii ka hooseysay. Waxaa la sheegay inuu sheegay (fashilay" inqilaabka askari Dhulbahante ahaa oo la odhan jirey "Dhillo Casar."

Ka dib markii inqilaabkii fashilmay dhammaan raggii af-gembiga isku deyey xabsiga ayaa loo taxaabay. Arrintaas inqilaabka oo duufaan siyaasadeed kicisay, waxaa markiiba Xamar la isla dhexmaray in ay inqilaabkan ay ku lug lahaayeen rag Isaaqa oo dawladda ka tirsan. Arrintu si kastaba ha ahaaatee, sannad ka dib ayaa dhalinyaradii Inqilaabka ku kacday maxkamad Xamar lagu saaray[234]. Haddaba maadaama aanu hore u jirin sharci arrintan oo kale loo 'cuskadaa' nimankii maxkamadii waxba kuma xukumin. Hase ahaatee, badankoodii shaqadii ayaa laga eryey qaar kalena derajadoodii ayaa laga naaqusay; kuwii daacadnimada dawladda u muujiyeyna ee uu ka mid ahaa "Dhillo Casarna" waa la dalacsiiyey.

Jan. 1962 Shir lagu qabtay Lagos (Nigeria), waxaa waddamadii Afrikaanku ku go'aamiyeen in arrinta Soomaaliya loo saaro guddi go'aan ka soo gaadha wixii laga yeeli lahaa khilaafka ka taagan dadyowga Soomaaliyeed ee xukuumadaha Kenya iyo Itoobiya ku hoos jira.

Feb. 1962 Shir ay qabteen wadamada Bariga iyo Badhtamaha Afrika (East and Central Africa) oo taageersan fikraddii Dr. Nkrumah ee midwoga Afrika ayaa waxa ay soo jeediyeen in dhammaan dhulalka Soomaalida la mideeyo, ka dibna ay hoos yimaadaan Midowga Wadamada Afrikada Bari oo Soomaaliya, Itoobiya iyo Kenyaba ka mid ahaayeen. Hase ahaatee, fikraddaasi waxa ay markii dambe keentay dhibaato 'tafsiirkeedii' muran keenay. Waayo su'aasha meesha timi waxa ay ahayd dhulalka Soomaalida ma wxaa la midaynayaa intaan aan dalalka Afrikada Bari la midayn, mise marka wadamada Afrikada Bari la mideeyo ka dib.

Feb. 1962 Shir ay ka soo qayb galeen Soomaali (ururo) badan oo reer N.F.D. ahaa, kuna saabsanaa dastuurka Kenya ayaa lagu qabtay London, 'Lancaster House.' Inkasta oo dad badan oo shirkaas ka soo qayb galay ay ka soo horjeedeen 'la midowga' Soomaaliweyn, haddana saddexdii xisbi ee wadaniga ahaa; inkasta oo ay qabiil u qaybsanaayeen haddana way isku raaceen la midowga jamhuuriyadda Soomaaliya.

Weftiga Soomaalida (N.F.D) oo uu hoggaaminayey A.R. Khaliif, wuxuu ku dooday "in intaan dastuur Kenya wax ka bedelaaya la samayn, waa in dadka uu metelaayo loo ogolaado madaxbanaani buuxda si ay hadhow la midowga Soomaaliweyn ugu diyaar-garoobaan—intaan Kenya xornimada qaadan." Hase ahaatee codsigaas Mr. Khaliif waxaa si kulul uga soo horjeestay weftigii labadii xisbi ee Kenyaanka ahaa (K.A.N.U iyo K.A.D.U) ka socday.

Arrintu si kastaba ha ahaatee, xoghayihii gumeysiga (Mr. Maudling), wuxuu shirkaas ka sheegay inuu go'aansaday inuu magcaabo guddi baadhitaan ku soo samaysa xaaladda dadka N.F.D ku nool, lanagana soo qaado cod guud oo ku saabsan sida ay aayahooda uga tashan lahaayeen; si loo meel mariyo natiijada baadhitaankaas ka soo baxda inta aan Kenya xornimada qaadan.

1962 Shir lagu qabtay Lancaster House (London) oo looga wada hadlayey xornimada Kenya, weftigii ka socday NFD, gaar ahaan xisbigii Northern Providence Peoples Patriotic Front (NPPPF) ayaa shirkii ka baxay ka dib markii Ingiriisku diiday in Soomaalidu shirka soo hor dhigaan doodoodii ku saabsanayd sabaha dadka reer NFD ay u rabaan in ay madax-banaani u gaar ah qaataan; ka dibna la midoobaan walaalahooda Soomaaliyeed.

Codsigaas Soomaalida waxaa si weyn uga soo hor jeestay labadii xisbi ee Kenyaanka metelayey ee Kenyan African National Union (KANU) iyo Kenyan African Democratic Union (KADU). Tom Mboya oo KANU madax ka ahaa waxa uu ku hanjebay in haddii dawladda Soomaaliya aanay joojin sheegashada NFD ay ka Kenya qabsan doonto gobolka Juba (Jubaland).[235] Waxa kale oo nimanka Kenyaanku diidmadaas qayaxan sabab uga dhigeen in haddii N.F.D xornimo loo oggolaado in qabiilada kale ee reer Kenya iyaguna ku dayan doonaan (oo xornimo ku dhawaaqi doonaan) taasina ay abuuri karto colaad iyo dagaallo ka dhex aloosma qabiiladaas. Waxa ay kale oo labadaas xisbi ku doodeen in dad badan oo ka mid ah qabiilada N.F.D deggan aanay ka raali ahayn in ay Soomaaliya la midoobaan, sidaas darteed ay u furan tahay qofkii doonaya inuu isagu Soomaaliya u guuro. Labadaas xisbi intaas kuma hadhine, waxa ay ku sii doodeen in "Soomaalidu ay reer guuraa yihiin oo ay Kenya (N.F.D) socod ku yimaadeen, sidaas darteed haddii ay doonayaan in ay dhulkoodii ku noqdaan ay u banaan tahay."

Hoggaamiyihii NPPPF Deeqow Macallin Stambuul iyo xoghayihii guud ee NPPPF Mr. Wako Hapi, waxa ay iyaguna ku doodeen in dadka reer NFD ay dhaqan ahaan, diin ahaan iyo asal ahaanba ay ka mid yihiin dadka Soomaaliya ku dhaqan, sidaas darteedna ay aad u adag tahay in ay Soomaalidu ku hoos-noolaadaan dhaqan iyo diin (kiristaan) ka duwan.

Si haddaba xaaladda Ingiriisku u qaboojiyo Soomaalidana u qanciyo, xoghayihii gumeysiga ee Ingiriiska Mr. Reginald Maulding ayaa soo jeediyey in arrinta gobolka NFD loo saaro guddi madax-banaan oo soo baadha rabitaanka dadka Soomaaliyeed ee gobolkaas ku dhaqan. Dawladdii Soomaaliya oo xaaladda talaabo-talaabo ula socotey waxa ay boqortooyadii Ingiriiska uga digtay in aanay mar kale khalad iyo xaq-darro ka gelin dadka Soomaalida ah (sidii uu u bixiyey dhulka Hawd iyo Reserve Area). Arrintaas Soomaalidu meelay joogaanba way u riyaaqeen, waxaana meelo badan laga sameeyey banaan baxyo lagu taageeraayo xornimada N.F.D.

Maarj 1962 Waxaa la hirgelyey nidaam lagu midaynaayo labadii maamul ee kala duwanaa, sida maamulka dawladaha hoose, gobolada, iyo mushaharka shaqaalaha. Waqtigaas ka hor, labada dhinac maamulkooda hoose way u kala madax banaanaayeen. Arrimaha ay aad ugu kala duwanaayeen waxaa ka mid ahaa, shaqaalaha Somaliland oo ka mushahaaro badnaa kuwa Soomaaliya, sharcigan cusubse mushaharkooda waa la simay. Sidoo kale, inkasta oo dawladdu isku dayday in ay xagga dhaqaalaha Somaaliland wax ka qabato, haddana cabashadii Isaaqu way ka soo rayn weyday iyaga oo u arkaayey in si caddaalad darro ah loola dhaqmo; raggii ay Baarlamaanka u doorteenna ayba Xamar ka soo noqon waayeen. Tusaale ahaa, waxaa la hadal hayn jiray in Xubnaha Baarlamaanka 'Reer Somaliland' Hargeysa ku shiri doonaan si ay arrimahaas wax uga qabtaan—laakiin arrintaasi weligeed may dhicin.

Maarj 1962 Ra'iisal wasaarihii Soomaaliya Cabdirashiid Cali Sharmarke oo arrintaa (N.F.D) ka hadlay, wuxuu si xun u cambaareeyey 'imbiryaaliyadda' Faransiiska iyo Itoobiya, wuxuuna uga digay dawladdii Ingiriiska xaaladda N.F.D. haddii aanay xornimo buuxda siin. Waayo wuxuu yidhi "ma rabno in khaladaadkii Soomaalida hore looga galay dib loogu sameeyo.[236] Arrintaasi heerka ay gaadheyna waxa ay kaliftay in 31 xubnood oo Baarlamaankii Soomaalida ka tirsanaa ay 'mooshin' soo hor dhigaan Golaha Baarlamaanka, kaas oo ay ku dalbayeen in dawladda kalsoonada lagala noqdo . Waxa ayna dawladda ku eedaynayeen in ay ka tanaasushay waajibaadkii Soomaaliweyn iyo midnimada.

Arrintu si kastaba ha ahaatee, dawladdii Cabdirashiid Cali Sharmarke, waxa ay go'aansatay sidii qaynuunka Soomaaliya qoraayey, kaas oo ahaa in xaaladaha dhulalka maqan wadiiqooyin xasilooni iyo nabad gelyo ah lagu raadiyo. Waxa ayna maamulkii Muqdisho bilaabeen in ay xafiiska arrimaha dibadda ee Ingiriiska ku cadaadiyaan sidii Soomaalida xornimadooda loo dhaqan gelin lahaa.

Hase ahaatee, Ingiriisku wuxuu ku dedaalay inuu arrintaa fulinteeda aad uga gaabsado, isaga oo sheegay in laga war sugo natiijada guddigii loo xilsaaray arrinta N.F.D. Xaajadiise waxa ay u badnaatay in Ingiriiskii u janjeedhsado dhinaca xisbiyadii Kenyaanka ee qadiyadda N.F.D. sida tooska ah uga soo horjeeday.

20 Juun 1962 Afti guud oo dastuurkii cusbaa loo codaynaayo (foodayo) ayaa Soomaalida laga qaaday. Dastuurka cusub khilaaf weyn ayaa ka taagnaa, gaar fikradaha ay ka qabeen dadkii degganaa labada gobol (waqooyi iyo koonfur) ee midoobay. Aftidaas xubnihii S.N.L ee Xamar joogay badankoodii way qaadaceen in ay ka qayb qaataan; codkii shacbiga Somaliland laga qaaday ilaa 100,000 oo la diiwaan geliyey (codeeyey) in ka badan _ ayaa dastuurkaas 'maya' ku codeeyey ama diiday dastuurka cusub.

Marka dhinaca shacbigii 'koonfurta' la eego, gaar ahaan qabiilada Digil iyo Mirifle oo aan si weyn ugu qanacsanayn siyaasaddii waqtigaas jirtey, dad badan oo ka tirsanaa 'Great' iyo H.D.M.S ayaa ka soo horjeedeen dastuurka. Dadka Digil iyo Mirifle oo in ka badan 1_ milyan oo codeeyey, ilaa 100,000 iyo xoogaa ayaa diiday dastuurka cusub[237]. Natiijadaasina waxa ay sii qarxisay dareenkii iyo qalalaasihii siyaasadeed ee dawladda iyo shacbiga ka dhextaagnaa.

Jul. 1962 Dawladdii Soomaaliya ayaa iyadoo ka faa'iidaysanaysa dabaaldeggii madax banaanida ayaa Xamar ku casuntay xubno ka tirsanaa labadii xisbi ee Kenya (KANU iyo KADU). Labadaas xisbi oo ay kala hoggaaminayeen Jomo Kenyatta (KANU) iyo Roland Ngala (KADU); waxaana loo qaabilay si weyn oo sharaf leh, iyadoo weliba labada hoggaamiyeba la siiyey billad sharfyo. Arrintu si kastaba ha ahaatee, shirar kala jaad jaad ah oo madaxdii Soomaalidu nimankaas la yeelatay, waxaa ka soo if baxay khilaaf aad u weyn xagga arrinta NFD ku saabsan ka dib markii ay nimankii Kenyaanka ahaa ay ku adkaysteen in NFD tahay gobol ka mid ah waddanka Kenya, sidaas darteedna aanay dawladda Soomaalida u haboonayn in ay arrintaas ka hadasho. Waxa ayna rajadii dawladdii Soomaalidu noqotay in ay ka war sugaan natiijada ka soo baxda guddigii NFD loo xil saaray.

Okt. 1962 Waxaa Kenya yimid guddigii xaalka NFD loo xilsaaray. Guddigaas oo ka koobnaa Xaakim Nijeeriyan (Nigerian) ah iyo Janaraal Kanadiyaan ah (Canadian) ah. Guddigaas oo go'aankoodii soo saaray lix toddobaad ka dib, waxa ay sheegeen in dadka NFD ku nool boqolkiiba laba iyo lixdan (62%) ay isku raaceen in ay xornimadooda Kenya ka qaataan; isla markaasna Soomaaliya la midoobaan. Iyadoo weliba ay fikraddaas la qabeen jinsiyadihii kale ee Soomaalida la degi jiray ha ugu badnaadeen "Muslimiinta Galla (Oromo)." In kasta oo codkii iyo aftidii aqlibiyadii Soomaalidu sidaas u dhacay, Ingiriiskii ballantiisii wuu ka baxay—arrintii xornimada NFD-na waxa ay noqotay mid la hakiyo ilaa inta Kenya xornimada ka qaadanayso—si aayaha shacbiga Soomaaliyeed ee NFD ku noolaa mustaqbalkooda gacanta Keenyaanka si toos ah ugu dhaco.

Haddaba rajadii Soomaalida oo iska sii yaraatay ayaa Ra'iisal wasaaraheedii u dirtay dalka Ingiriiska sannadka aakhirkiisii, wuxuuna kulan kooban la yeeshay Mr. MacMillan iyo Xoghayihii Arrimaha Dibadda. Hase ahaatee, taasina waxba kama bedelin mawqifkii Ingiriisku ka taagnaa xaaladda NFD.

1962 (Xagaagii) Waxaa la aasaasay Somali Democratic Union (SDU), waxaana madax u noqday Xaaji Maxamed Xuseen—isla markiibana wuxuu xisbigaasi bilaabay inuu xulufo ka dhex raadsado dhammaan xisbiyadii ugu waaweynaa dalka (marka laga reebo S.Y.L). Waxaase la weriyey in S.N.L in ay SDU xulufo la noqto dib uga dhacday (gaabsatay), taas oo la sheegay in ay sabab u ahayd in xubnaha S.N.L oo isu arkayey in ay dawladda jagooyink qiimo leh ka haystaan. Waxaa kale oo iyana soo if-baxay khilaaf weyn oo u dhexeeyey S.N.L iyo U.S.P, muddo ka dibna waxaa 'waqooyi' loo diray 3 wasiir (2ba S.N.L ahaa iyo mid U.S.P ahaa) si ay muftaaxa dhibaatadaas ama kala jabkaas u soo helaan. Arrintu si kastaba ha ahaatee, saddexdii wasiir gacmo madhan ayey la soo noqdeen; ka dib markii ninkii U.S.P raggii S.N.L k a socday ku khilaafay fikraddii ay soo jeediyeen oo ahayd in madaxdii (officers) 'waqooyiga' joogtay qaar ka mid ah xilka laga qaado si dhibaatada loo yareeyo.

Isla sannadkaas badhtamihiisiina laba xubnood oo S.N.L ahaa Maxamed Xaaji Ibraahim Cigaal, oo ahaa wasiirkii Waxbarashada iyo Sheekh Cali Ismaaciil, Wasiirrkii Gaashaandhigga ayaa in ay is-casileen ku dhawaaqay. Istaqaaladaas (is-casilkaas) wuxuu sumcad weyn u keenay labadii wasiir ee reer Somaliland. Xubnihii kale ee S.N.L ka tirsanaana waxa ay bilaabeen in ay ku dhiiradaan in ay mucaaradaan dawladda; iyaga oo taageero u muujiyey go'aanka Maxamed Xaaji Ibraahim Cigaal iyo Sheekh Cali Ismaaciil. Isla mudadaasna dawladdu waxa ay soo saartay sharci 'cashuuraha' lagu kordhinayo, sharcigaas oo sababay sixir barar xagga cuntada ah. Ka dibana waxaa banaan bax weyn laga sameeyey magaalada Hargeysa.

Ganacsatadii reer Hargeysa oo arrintaas si xun uga soo hor jeedayna waxa ay u guureen Buurta 'Naasa Hablood" halkaas oo ay muddo joogeen. Dadkii baayacmushtarka ahaana waxa ay qaar badani alaabtooda ku iibinayeen dhirta hoosteeda, iyaga oo diidan in canshuur laga qaado.

Feb. 1963 Shir lagu qabtay Tanganyika (Tanzania) oo ku saabsanaa 'isbahaysiga Afrika iyo Aasiya' wuxuu la isku raacay go'aan ah in N.F.D. xornimadeeda Kenya ka qaadato. Laakiin shirka waxaa laga diiday codsigii Soomaalida ee ahaa in Itoobiya loo tixgeliyo gumeyste maadaama ay weli dhul Soomaaliyeed xoog ku haysato.

8 Maarj 1963 Mr. Duncan Sandys, oo ahaa xoghayaha cusub ee "Gumeysiga" ee dawladda Ingiriiska ayaa ku dhawaaqay go'aankii Ingiriiska ee ku saabsanaa xaaladda gobolka NFD. Wuxuuna yidhi "NFD waxa ay ka mid ahaan doontaa gobol ka mid ah gobolada Kenya, waxa ayna lahaan doontaa ismaamul hoose oo xor ah, iyadoo lagu dhaqi doono 'dastuurka' Kenya u degsan; lana xaquuq noqon doonta lixda gobol ee kale ee Kenya ka kooban tahay." Arrintaasna wuxuu Ingiriisku u yeelay si uu Kenyaanka iyo Xabashida oo labadooduba midnimada Soomaaliweyn ka soo horjeeday ugu qanciyo. Wuxuuna si axmaqnimo ah ugu axdi furay qadiyaddii Soomaalida iyo ballan qaadyadii uu hore u galay. Go'aankaas Ingiriisku waxa uu ka hor imanayey rabitaankii dadka reer N.F.D. oo afti hadda kor hor laga qaaday 87% ku go'aansaday in ay Kenya ka go'aan.

Markii ay maqleen go'aankaas, Soomaalidii gees ka gees fajac iyo filanwaa ayey ku noqotay, madaxdii iyo Caaqiladii iyo dadkii xilalka u hayey Kenyana way is casileen. Xisbiyadii mucaaradkuna waxa ay shaaca ka qaadeen in aanay doorashooyinka guud ee dalka (Kenya) ka dhici doona aanay ka qayb geli doonin. Dhinaca Soomaaliyana dadkii aad ayey dawladda ugu kaceen iyaga oo ka codsanaayey in ay Ingiriiska si toos ah xidhiidhka siyaasadeed ugu jaraan. Arrintaas oo Ra'iisal Waasarihii Cabdirashiid culays weyn ku haysay waxaa la sheegay in dawladdiisii go'aansatay in ay Ingiriiska xidhiidhka u goyso. Hasee ahaatee intaanu Cabdirashiid go'aankii dawladda ku dhawaaqin ayaa daqiiqadihii ugu dambeeyey Safiirkii Ingiriiska Muqdisho u fadhiyey la xidhiidhay Cabdirashiid una sheegay in dawladdu xal cusub oo arrinta N.F.D ku saabsan soo diyaarinayso. Ayaan daro sidii dawladda Ingiriiska 'Axdi" ka bixidda ugu caadada ahayd ayaa muddo yar ka dib Safiirkoodii sheegay inaan dawladdiisu aanay wax xal cusub ah oo arrinta N.F.D lagu furdaaminayo haynin.

12 Maarj 1963 Soomaaliya ayaa dawladdii Ingiriiska xidhiidhkii siyaasadeed si toos ah ugu goysay. Waxa ay sidoo kale Soomaalidii diideen in ay aqbalaan £ 1.5 milyan (lacagta Ingiriiska) oo Ingiriisku sannadkii caawimo u siin jirey Soomaaliya. Dawladdii Muqdisho lafteedu ma yaraysane waxa ay dawladdii Ingiriiska ka mamnuucday in diyaaradaheedu hawada Soomaaliya maraan, waxa ayna albaabada u xidhay xaruntii war lalinta ee BBC ay ku lahayd Soomaaliya ee ay Bariga Dhexe uga tebin jirtay wararka. Arrintu siday doontaba ha ahaatee, waxaa halkaas ka caddaatay in Ingiriisku danihii iyo xidhiidhkii uu ka lahaa Soomaaliya ay uga muhiimsanaayeen xidhiidhak uu Kenya iyo Itoobiya la lahaa.

Dadka xaaladda siyaasadeed ee Soomaaliya iyo Ingiriiska waagaas la socday waxa ay ku doodeen in haddii Soomaaliya ay ka tirsanaan lahayd 'Barwaaqo Sooranka Ingiriiska' (The British Common Wealth) ay ku adkaan lahayd (Ingiriiska) inuu dhulalka Soomaaliya dhib yaraan u bixiyo.

May 1963 S.N.L iyo xubno badan oo S.Y.L ka tirsanaa, ahaana kuwii taageeray Sheekh Cali Jimcaale, ayaa waxa ay aasaaseen xisbi cusub oo la odhan jirey Somali National Congress (SNC). Ka dibna, waxa ay dadka aqlibiyadoodu yartahay (minority) ku dhiiri geliyeen in ay xisbigan ku biiraan. Xubnaha aasaasay SNC waxa ay ka koob naayeen 200 xubnood. Aasaaska SNC waxaa aad looga soo dhoweeyey (taageeray) goboladii waqooyi, dhinaca koonfurtase wax xiiso ah loogama muujin. Arrintu siday doontaba ha ahaatee, waxaan si fiican u kala caddayn in ay S.N.C iyo S.D.U noqon karaan awood xoog leh oo ka guulaysan karta S.Y.L iyo in ay H.D.M.S lafteedu ku xidhmi doonto si awoodda S.Y.L loo wiiqo; waxa ayse su'aalahaasi noqdeen kuwo loo dhaafo doorashooyinkii dawladaha hoose iyo Baarlamaanka oo dhacayey sannadka aakhirkiisa.

Isla bishaas (May) cod Baarlamaanku ku kala qaybsamay (52 iyo 42) wuxuu ku ansixiyey in haweenka gobolada waqooyi (Somaliland) foodi karaan, sida kuwa koonfurta. Inkasta oo haweenka reer Somaliland ka qayb galeen cod dhiibashadii guud ee dastuurka, looma oggolayn in ay ka qayb qaataan doorashooyinka caadiga ah (sida kan baarlamaanka).

May 1963 Shir lagu qabtay Addis Ababa, Itoobiya, inkasta oo dawladii Soomaalidu markii hore qaadacday in ay ka qayb gasho, haddana markii dambe way yeeshay. Khudbadii madaxweynihii Soomaaliya Aadan Cabdulle Cismaan (Aadan Cadde) halkaas ka jeediyey.[238] Inkasta oo uu guul ka gaadhey doodiisa ku saabsanay Itoobiya iyo qaybtay ka qaadatay qaybsigii Soomaaliya, haddana natiijo la taaban karo ma uusan gaadhin. Waxna kama ay bedelin meeshii adduunyadu qaddiyada Soomaalida ee waddamadaas ku hoos noolaa ku saabsanayd.

Juun 1963 waxaa la bedelay sharcigii qodobkiisu ahaa 29, ee mamnuucayey inaan Diinta Islaamka mooyaane, diin kale waddanka laga faafin karin. Arrintaasi waxaa la sheegay in ay ka dambeysay cadaadis ka yimi dawladaha reer galbeedka ee siyaasadda Soomaalida ku lug lahaa.

Jul. 1963 Kulankii sannad-laha ahaa ee shirweynaha (Congress) S.Y.L waxa ay qaadday olole aad u weyn oo ay kaga hortegayeen isbahaysiga xisbiyada kale ee ka soo horjeeday. Isla kulankaasna waxaa la bedelay Xoghayihii S.Y.L oo ahaa nin aad u da'weyn, Sheekh Maxamuud Maxamed Faarax (Ogaadeen), waxaana lagu bedelay nin dhalinyaro ahaa oo loo arkaayey inuu ka firfircoon yahay.

Xoghayihii cusbaa oo khudbad aad u kulul kulanka ka jeediyey wuxuu yidhi "waa in ay S.Y.L noqotaa gacanta dawladda," falsafaddaas oo S.Y.L hadda ka hor u muujisay in ay 'dawladdu noqoto xisbi keliya oo iyadu hoggaamiso[239].' Arrintu si kastaba ha ahaatee, cabsidii S.Y.L xisbiyada kale ka qabtay waxa ay u ekaatay mid aan rumoobin, waayo rag badan oo xisbiyada mucaaradka hoggaamiyayaal ka ahaa waxa ay iska door bideen in ay 'mushaharkii' badnaa ee dawladdu siin jirtey aanay isu qoonsan—dadkii soo doortay dareenkoodu siduu doonaba ha ahaadee. 'Dib u go'ii Isaaqu ku hanjebayeyna waxa ay noqotay arrin aan raad qaadin.'

Isla bishaasna (Jul.) dawladdu waxa ay soo bandhigtay sharci cusub oo 78 qodob ka kooban. Qodobadaasi waxa ay qorayeen in dawladdu si adag u xayirto (kontoroosho) xisbiyada iyo shirarka, isla mar ahaantaasna maxkamadda sare ayaa awood loo siiyey in ay kala diri karto xisbiyada siyaasiyiinta, haddii ay xadgudub ku sameeyaan 'dastuurka dalka' u degsanaa. Ka dib markii Golaha Shacbiga (Baarlamaanka) la soo hordhigayna, 72 xubnood ayaa 'Haa) ku codeeyey, 10 xubnoodna way diideen (Maya), hal (1) ninna wuu ka aamusay; koox kalena iyagoon codkoodii dhiiban ayey 'xanaaq' dartiis albaabka uga dareereen[240].

Jul. 1963 Dawladda Itoobiya iyo niman metelaaya Kenya (weli xornimo buuxda ma helin Kenya waqtigaas) ayaa waxa ay ku kala saxeexdeen heshiis isgaashaan-buuraysi ah oo Soomaalida ka dhan ah.

Agoos 1963 Waxaa la soo saaray sharci lagu midaynaayo (koonfur iyo waqooyi) dawladaha hoose iyo maamulada degmooyinka. Dhammaadkii sannadkana, waxa ay ahayd arrin dhammays tiran in waddanka sharci qudha lagu maamulo.

Agoos 1963 Shir Soomaaliya iyo Kenya ku kulmeen ayaa waxaa lagu qabtay magaalada Rooma (Rome) ee waddanka Talyaaniga. Shirkaas oo uu dhexdhexaadiye iyo qaban qaabiye ka ahaa Ingiriisku, wuxuu Ingiriisku la saftay Kenya. Wuxuuna ninkii Ingiriiska Afhayeenka dawladda Ingiriiska u ahaa sheegay in ay dawladdiisu go'aan ka ay gaadhey uu ku salaysan yahay go'aankii wadamada Afrikaanku Addis Ababa ku gaadheen ee kala qaybinta Afrika ka soo horjeeday.

Isla mar ahaantaasna codsigii Soomaalidu soo jeedisay ee lahaa in dhulka khilaafku ka taagan yahay ee N.F.D ay maamulaan guddi ka kooban Soomaaliya iyo Kenya amaba maamulka dhulkaas loo dhiibo Qaramada Midoobay (United Nations) inta arinta xal looga helaayo— 'cid dheg u jalaq siisay ma jirin." Shirkiina sidaas ayaa looga kala kacay. Aakhirkii 1963kii ee Kenya xornimadeeda Ingiriiska ka qaadatay, Soomaaliya waxaa loo arkayey dal carqalad ku ah "midnimada Afrika." Waqtigaas laga bilaabona Soomaaliya waxa ay u janjeedhsatay sidii ay kaalmo dhaqaale uga heli lahayd wadamada reer galbeedka ee Aaya ka tashiga shucuubta Soomalida ka soo horjeeday.

Nof. 1963 Ra'iisal wasaarihii Soomaaliya, Cabdirashiid Cali Sharmarke ayaa ku dhawaaqay in dawladdiisu diiday kaalmadii "milateri" ee wadamada reer galbeedku u balan qaadeen, taas oo gaadheysay £ 6.5 milyan. Wuxuuna aqbalay ballan qaad £ 11 milyan gaadheysay oo Midowga Sofiyeeti (Former Soviet Union) u soo jeediyey. Isla bishaas doorashooyinkii Dawladaha Hoose ee la qabtay 904tii kursi ee loo beratamaayey 665 ka mid ah waxaa ku guuleystay S.Y.L (Dawladda Cabdirashiid) 105 kursi Somali National Congress (SNC), intii soo hadhayna xisbiyadii aqlibiyada yaraa.

12 Dis. 1963 Kenya ayaa xornimadeedii boqortooyadii Ingiriiska ka qaadatay. Isla mar ahaantaasna waxa ay (Kenya) ka mid noqotay 'Barwaaqo Sooranka Ingiriiska' (British Common Wealth). Soomaali badan ayaa waqtigaas aaminsanayd in haddii Soomaaliya markii ay xornimada raadinaysey ay ku biiri lahayd 'Barwaaqo Sooranka Ingiriiska' in aanay dhacdeen in dhulkooda Itoobiya iyo Kenya a siiyo.

28 Dis. 1963 Wasiirkii Gaashaandhigga ee Boqortooyadii Itoobiya, S/Gaas Iyassu Mingeshu ayaa Kenya booqasho ku tegay si uu ugala xaajoodo sii xoojinta heshiiskii isgaashaan-buuraysiga ahaa ee ay hore u galeen bishii Juulaay 1963[241]. Isgaashaan-buuraysigaas ciidan ka sokoow, waxa ay labada wadadanba dhinaca siyaasadda uga midoobeen in ay ka soo horjeestaan oo weliba cambaareeyaan sheegashada Jamhuuriyadda Soomaaliya ee dhulalka N.F. D , Hawd iyo Reserve Area (Ogadeeniya.) Waxa ayna wadamada adduunyada, gaar ahaan Ururka Midowga Afrika iyo Qaramada Midoobey ka codsadeen in ay Jamhuuriyadda Soomaaliya ku khasbaan in ay dhulalkaas ay sheeganayso ka tanaasusho.

1963 – 1973 Gobolka Baali (Bale), oo ay degaan Aruusha iyo Oromo, oo ah labada qolo ee Soomalida ugu dhaqanka dhow, ayaa ku kacdoomay xukunkii Xabashida. Waxaana dagaal ku qaaday Xabashida Wako Guto (Oromo). Hase ahaatee, markii ciidamadii Xabashidu duulaan xoog leh ku qaadeen Wako Guto iyo ciidamadiisii waa la jebiyey. Waxaana Wako Guto lagu kalifay inuu Xayle Salaase heshiis nabadeed la galo. Waxaana Wako Guto la siiyey cinwaanka (derajada) Dajazmach (eeg p. Gilkes, The Dying Lion, London 1975). Hase ahaatee, Qaxootigi badan oo cadaadiskii Xabashida ka baxsaday ayaa Soomaaliya u gudbey wakhtigii Maxamed Xaaji Ibraahim Cigaal Ra'iisal Wasaaraha ahaa iyo weliba intii Maxamed Siyaad Barre xukunka haystay.

Jan. 1964 Shir madaxda Afrikaanku ku kulmeen oo lagu qabtay Tuuniisiya, ayaa waxa ay isku raaceen fikradda ku saabsan abuuritaanka Soomaaliweyn (shanta Soomaaliya). Hase ahaatee dhibaatooyinkii xuduudyada ee gumeystayaasha Yurub abuureen iyo arragtidii odhanaysay in Afrika la mideeyo xuduudyadiina meeshoodii hore lagu dhaafo, ayaa kaliftay in arrinta Soomaalida sideedii hore loo dhaafo.

Feb. 1964 Dagaal ayaa ka dhex dhacay Jamhuuriyaaddii Soomaaliya iyo xukuumaddii Itoobiya. Dagaalkaas oo ka dhacay magaalooyinka ay ka mid ahaayeen, Doolow, Feer-Feer iyo Tog-wajaale, wuxuu ahaa mid muddo si goos-goos ah uga socday xuduudka dhulka Xabashidu xoogga ku haysatao. Dagaaladaas intaan ciidamada Soomaalidu tooska uga qayb gelin waxaa wadey niman gobonimo doon ah oo uu hoggaamiye ka ahaa Makhtal Daahir. Makhtal waxaa markaas ka hor Boqortooyadii Xayle Selaase (Haile Selasse) ku xukuntay dil, laakiin Boqorka ayaa mar dambe toban sano oo xadhig ah ugu bedelay. Dagaalkaas waxaa markii dambe soo dhexgalay Ururka Midowga Afrika oo dhexdhexaadiyey labada dal. Waxaana lagu heshiiyey in labada waddan ku kulmaan dalka Suudaan. Ka dibna waxa ay labada waddan isku af-garteen:

- Xabad joojin deg deg ah
- In la magcaabo guddi ka kooban saraakiil labada dhinac ka socota oo baadha sababaha keenay dagaalka
- In dhinac kast xuduudyada labada ciidanba ka durkaan masaafo dhan 20 Mayl.[242]

30 Maarj 1964 Doorashooyinkii Baarlamaanka ee Soomaaliya ayaa la qabtay, S.Y.L waxa ay ku guulaysatay 69 kursi, S.N.C. 22 kursi, S.D.U. 15 kursi, H.D.M.S 9 kursi, intii soo hadhayna waxa ay ku guuleysteen 8 kursi. Doorashooyinkaasi markii ay dhammaadeena Cabdirashiid waxaa laga qaaday jagadii ra'iisal wasaaranimada, waxaana lagu bedelay Cabdirisaaq Xaaji Xuseen oo isaguna Majeerteen ahaa. Arrintaasi waxa ay ka xanaajisay dad badan oo siyaasiyiin ahaa gaar ahaan reerka Hawiyaha. Nin Abgaal ah oo arrintaas Shirib (gabay) ka teriyey wuxuu yidhi *"Risaaq miyaa Rashiid ka roon, inta kale ma rootibaa Rasuulku ha idin reed (dhinac) maree."*

Utuntaasina waxa ay keentay kala jab weyn oo S.Y.L dhexdeedii ah ka dib markii Cabdirisaaq dawlad cusub dhisayna, Cabdirashiid wuxuu ku dedaalay sidii aan dawladda cusub waxba uga socon lahayn iyo sidii uu u maamuli lahaa xisbigiisii (S.Y.L). Waxaa iyaguna mucaaradkii Cabdirashiid ku soo biiray ilaa 36 ruux oo xisbiyadii kale ka soo baxay (xisbiyadii kale ee yar yaraa). Hase ahaatee, ka dib markii Cabdirisaaq laftiisu kasbaday taageerayaal xibigiisii ka tirsanaa wuxuu ku guuleystay inuu kursigii ku sii sugnaado ilaa intii laga gaadhayey doorashadii lagu doortay tii ku xigtay.

Dis. 1965 Madaxweynihii Tanzania Julies Nyerere iyo guddoomiyihii OAU (The Organization of African Union) Kenneth Kaunda oo ahaa madaxweynihii waddanka Yugaandha (Uganda)—ayaa waxa ay isku dayeen in ay heshiis nabadeed oo arrinta NFD ku saabsan ku dhex-dhexaadiyaan Soomaaliya iyo Kenya. Shirka dhex-dhexaadinta oo Caruusha (Arusha) lagu qabtay, go'aamadii ka soo baxay waxaa ka mid ahaa in Jamhuuriyadda Soomaaliya ka tanaasusho sheegashada NFD iyo in Mr. Deeqow Macallin Stambuul iyo saaxiibadaas (madaxdii NPPPF) dawladda Kenya falal '*shifto*' ku eedaynaysay ka cafido. Ugu dambayntiina Stambuul iyo saaxiibadiis waxaa loo masaafuriyey Soomaaliya.

21 Juun 1966 Jamhuuriyaddii Soomaaliya ayaa xidhiidhkii siyaasadeed u goysay waddanka Kenya, waqtigaas wixii ka dambeeyeyna waxaa bilowday dagaaladii xornimadoonkii NFD iyo ciidamadii Kenya dhex mari jirey. Dagaaladaas oo maamulkii Kenyaanku u bixiyeen '*shifta*' waxay ay ahaayeen kuwo dhibaato aad u culus (naf iyo dhaqaaleba) loogu geystay dadkii Soomaaliyeed ee NFD ku noolaa. Laga bilaabo 1963 ilaa 1993 waxaa gobolkaas lagu maamulayey cudud milateri (martial law).

Juun 1967 Waxaa la qabtay doorashooyinkii madaxweynanimada. Aadan Cabdulle Cismaan oo ay u banaanayd inuu beratanka ka qayb galo wuxuu taageerayey Cabdirisaaq Xaaji Xuseen. Cabdirashiid Cali Sharmarke oo mucaarad ku ahaana waxaa taageerayey Maxamed Xaaji Ibraahim Cigaal oo S.N.C hore uga ahaan jiray hoggaamiye, laakiin markan ku biiray S.Y.L si uu jagada Ra'iisal wasaaranimada u helo haddii Cabdrishiid madaxweyne loo doorto. Doorashadiina waxaa ku guuleystay Cabdirashiid, oo lix sano loo doortay inuu xilka hayo. Bishii Juulayna wuxuu Cabdirashiid jagadii Ra'iisal wasaaranimada u magcaabay Maxamed Xaaji Ibraahim Cigaal. Waxaa la weriyey in guushaas doorashada Cabdirashiid iyo Cigaal ay ku lug lahayd lacag fara badan oo ay ka heleen ciidanka sirdoonka (CIA) ee Maraykanka[243] Sababta Maraykanku lacagta u bixiyenayeyna waxa ay ahayd inuu soo af-jaro maamulkii Aadan Cabdulle Cismaan oo xidhiidh wanaagsan la lahaa xukuumaddii burburtay ee la odhan jirey Midowga Soofiyati (The Soviet Union). Waxaa kale oo Maraykanku kalsooni weyn ku qabey Maxamed X. Ibraahim Cigaal oo aragtida uu reer galbeedka ka qabey aad u wanaagsanayd.

Sebtem. 1968 Maxamed X. Ibraahim Cigaal ayaa wuxuu ka qayb galay shir ay madaxweynayaashii Afrika (O.A.U) kaga qayb galeen magaalada Kinshasa, Zaire. Shirkaasna waxaa la sheegay in Cigaal si gaar ah ula kulmay weftigii ka socday dawladda Itoobiya, halkaas oo ay kaga wada hadleen xaaladda dhulka Xabashidu gumeysato.

Okt. 1968 Cigaal ayaa wuxuu booqasho ku tegay magaalada Caruusha, Tanzania. Halkaasna wuxuu kula kulmay madaxweynihii Kenya ee waqtigaas Jomo Kenyatta, waxa ayna ku heshiiyeen in ay xidhiidhkii labada waddan soo celiyaan; isla markaasna ay si nabad gelyo ah xaaladda N.F.D ku xaliyaan. Waxa ay kale oo ku heshiiyeen in dhexdhexaadintaas labada waddan uu qayb ka qaadan doono madaxweynihii Zambia, Keneth Kaunda.

Isla mar ahaantaasna maamulkii Cabdirashiid iyo Cigaal waxa ay xidhiidhkii siyaasadeed la soo ceshadeen Ingiriiska, oo bixintii N.F.D ka mas'uul ahaa; sidoo kalena gacan weyn ka geystay dagaalkii mucaaradka N.F.D. (Shifta ayaa dawladda Kenya mucaaradka u bixisay) isaga oo gacan milateri oo mucaaradka lagula dagaalamo u fidiyey dawladda Kenya. Waxaana maamulka cusubi yareeyey dacaayaddii iyo dhaleecayntii reer galbeedka. Arrintu si kastaba ha ahaatee, kulamadaas kala duwan ee Cigaal la yeeshay musuuliyiinta Xabashida iyo Kenya waxa ay dad badan oo Soomaali ah, gaar ahaan kuwii mucaaradka ahaa u fasirteen in maamulka cusubi gacan wareejiyey dhulalkii maqnaa; iyadoo weliba lagu eedeeyey Cigaal inuu laaluush ka qaatay dawladahaas. Waxaana muddo yar ka dibna Muqdisho lagu qabtay banaanbaxyo lagu cambaaraynaayo Cigaal iyo Cabdirashiid maamulkooda.

1968 Madaxweyne ku xigeenkii Maraykanka Humphrey ayaa booqasho ku tegay Soomaaliya.

1968 Smith (Ismiidh) ayaa waxaa lagu dilay magaalada Xamar. Waxaa la sheegay in uu dilkiisa ka dambeeyey nin Majeerteen ah oo "Ismiidh" waqtigii maamulkii Ingiriiska ee "British Somaliland" ku dilay aabihiis meel Garoowe u dhow. Ninkaas aabihiis waxaa la dilay markii Ingiriisku koonfur Talyaaniga ka qabsaday.

Maarj 1969 Waxaa dhacay doorashooyinkii guud ee dalka. Doorashooyinkii hore ee doorashooyinka iyo xisbiyadu waxa ay sheegeen kuwo ku dhisan hab beeleed (qabiil), waxaase dawladdu markan soo saartay shirci cusub oo mabnuucaya in nidaam qabiil doorasho ama kursi lagu raadiyo. Waxa ayna dawladdu soo jeedisay in xisbiyadu ahaadaan kuwo dadku u dhan yihiin oo aan magac reer keliya lagu wadin. Wejigan cusub ee siyaasadeedna wuxuu keenay in ay soo baxaan dad aad u fara badan oo xisbiyo cusub abuura. Waxa ay arrintaasi si gaar ah u dhiiri gelisay dad badan oo shaqaale caadi ahaa oo aan iyagu xisbiyadii qabiilada ka mid ahayn. Taasina waxa ay keentay in rag badan oo shaqaalihii dawladda ahaa ay fasax dheer qaataan si ay doorashooyinkaas uga qayb galaan, taas oo ay lacag badani kaga baxday. Arrintu si kastaba ha ahaatee, wejigan cusub ee siyaasadeed wuxuu keenay dhibaato hor leh oo tii qabiilka ka daran, waayo xisbiyadii ayaa tiradii ka batay; waxa ayna tiradoodii gaadhey in ka badan 62.

Waxaa kale oo siyaasaddii khalkhal sii geliyey ka dib markii Jeneraal Maxamed Abshir oo Booliiska waddanka haystay (madax ka ahaa) uu si lama filaan ah isu casilay, isaga oo dawladda ku cambaareeyey in xisbigii S.Y.L. Booliiska ku qasbay in gaadiidka Booliiska dadka S.Y.L u foodaya lagu guro, oo la geeyo goobaha doorashada.[244] Xisbiyaadaas faraha badan iyo qalalaasaha cusub ee siyaasadeedna waxa ay dhaliyeen in magaalooyin badan oo wadan ka tirsan banaanbaxyo laga sameeyo; waxaana la weriyey in banaanbaxyadaas ilaa 40 ruux naftoodii ku waayeen.

Doorashooyinkaas oo ay ka qayb galeen 1,002 oo qof oo ka kala socday 62 xisbi, waxa ay u tartamayeen 123 kursi. S.Y.L waxa ay ku guuleysatay 73 kursi, S.N.C 11, H.D.M.S. 3, iyo intii soo hadhay (46) oo ay kala jajabsadeen xisbiyadii yaryaraa. Doorashadaas is garab yaaca iyo qaska ahayd waxa ay khatar gelisay jiritaankii iyo horumarkii waddanka. Nimankii kuraasida Baarlamaaka loo doortay waxa ay markiiba isku shubeen Xamar, halkaas oo nin walba isaga oo baabuur kala jiidan lagu wado Golihii Baarlamaanka lagu geeyey. Waxa ayna sidii siyaasadda Soomaalida u caadada ahayd ilaaween shacbigii soo doortay iyo danahoodii.

Kuwii laga guuleeystay waxa ay markiiba bilaabeen dacwo iyo qaylo iyaga oo ku andacoonaya in doorashooyiinkii (foodkii) lagu musuqmaasaqay. Waxa ayna qaar badan oo ka mid ahaa dacwad ka xereeyeen Maxkamaddii Sare ee dalka. Inkasta oo ay ku guuleysan waayeen oo maxkamaddii sheegtay inaanay awood u lahayn, kharashyadaas oo ragga qaarkiis sheegeen in ay kaga baxday in ka badan $15,000 (dollars) haddana maamulkii Cabdirashiid iyo Cigaal waxa ay ku dedaaleen in ay waxkasta diktatooriyad iyo cabudhis ku wadaan; taas oo ku sii abuurtay kacdoon siyaasadeed.

Sidoo kale, markii Cigaal dawladdii dhisay—waxaa caddaatay in utuntii u dhexaysay S.Y.L oo Reerka Daarood awood weyn ku lahaa iyo S.N.C. oo ay isbahaysi ku ahaayeen Isaaq, Hawiye iyo Dir aanay waxba iska bedelin; waxa ayna xubnihii S.N.C caddaysteen ama muujiyeen in ay yihiin mucaarad si weyn uga soo horjeeda awoodda weyn ee Daaroodku ku leeyahay maamulka dawladda.

15 Okt. 1969 Waxaa magaalada Laascaanood lagu dilay madaxweynihii Soomaaliya, Cabdirashiid Cali Sharma'arke. Madaxweynaha waxaa si ula kac ah u toogtey nin ka mid ah askartii ilaalinaysey. Markii madaxweyne Cabdirashiid la dilay Cigaal waddanka Maraykanka ayuu booqasho ku joogay, isla markiibana si degdeg ah ayuu Xamar ugu laabtay. Waxaana la weriyey in Cigaal rabey in Xaaji Muuse Boqor uu madaxweyne noqdo, waayo Cigaal wuxuu kalsooni ku qabey in Muuse Boqor inuusan Cigaal jagada Ra'iisal wasaaranimada ka qaadi doonin.

20 Okt. 1969 Shirkii xubnaha S.Y.L yeesheen waxa ay isku raaceen in Xaaji Muuse Boqor madaxweyne noqdo. Cigaalna waxaa loo ansixiyey in jagadii Ra'iisal wasaaranimada aan laga bedelin. Muuse Boqor iyo Cigaal waxa ay ahaayeen laba nin oo aad isugu wanaagsan. Markii Cabdirashiid iyo Cigaal doorashadii u ordayeenna Muuse Boqor wuxuu ka ciyaaray doorweyn.

21 Okt. 1969 Janaraal Maxamed Siyaad Barre, iyo koox askar (25) ah oo uu hoggaaminayey ayaa waddanka inqilaabay, iyaga oo nimankii Baarlamaanka hore ugu jiray badankoodii Xidhxidhay. Muddo yar dhexdeedna waxa ay ku dhawaaqeen inaan dastuurkii hore ee waddanka lagu dhiqi jiray la tirtiray. Waxa ayna ahaayeen[245]:

Tiro	Magac	Derajada	Qabiilka	Jilib
01	Maxamed Siyaad Barre	S/Gaas	Mareexaan	Reer Diini
02	Jaamac Cali Qoorsheel	S/Gaas	Warsangeli	Cumar
03	Maxamed Caynaanshe Guuleed	S/Guuto	Habar Yoonis	Reer Caynaanshe
04	Xuseen Kulmiye Afrax	S/Guuto	Abgaal	Wacaysle
05	Salaad Gabayre Kediye	G/Dhexe	Abgaal	Wacaysle
06	Ahmed Saleebaan Cabdalla	Gaashaanle	Dhulbahante	Maxamuud Garaad

07	Maxamed Sheekh Cusmaan	G/Dhexe	Murarsade	Sabti
08	Maxamuud Maxamed Mire	G/Dhexe	Ogaadeen	Reer Cabdulle
09	Maxamed Cali Samater	G/Dhexe	Tumaal	
10	Maxamed Cali Shire	Gaashaanle	Dhulbahante	Maxamuud Garaad
11	Ismaaciil Cali Abokor	Gaashaanle	Habar Jeclo	Samane Abokor
12	Cabdalla Maxamed Faadil	G/Dhexe	Carab	Yamani
13	Maxamuud Geelle Yuusuf	Janaraal	Majeerteen	Cismaan Maxamuud
14	Cali Mataan Xaashi	G/Dhexe	Mareexaan	Reer Diini
15	Axmed Maxamuud Cadde (Qoorweyne)	G/Dhexe	Abgaal	Harti Abgaal
16	Axmed Maxamuud Faarax (InaLax was)	Gaashaanle	Habar Awal	Ciise Muuse
17	Muuse Rabbiile Good	Gaashaanle	Gadabursi	Maxamed Case
18	Axmed Xasan Muuse	Dhamme	Habar Jeclo	Maxamed Abokor
19	Maxamed Cumar Jees	Dhamme	Ogaadeen	Reer Isaaq
20	Cusmaan Maxamed Jeelle	Dhamme	Xawaadle	Cabdalle
21	Abdulrisaaq Maxamuud Abubakar	Dhamme	Majeerteen	Cumar Maxamuud
22	Cabdulqaadir Xaaji Maxamed (Massalle)	Dhamme	Mareexaan	Guuleed Faarax
23	Bashiir Cilmi Yuusuf	Gaashaanle	Habar Gidir	Sacad
24	Faarax Wacays Dhuule	Dhamme	Ciise	Horoone
25	Cabdi Warsame Isaaq	G/Dhamme	Dir	Gaadsan

1 Nof. 1969 Waxaa askartii waddanka qabsatay ku dhawaaqday xubnihii Golaha Sare ee Kacaanka (The Supreme Revolutionary Council (S.R.C.) Waxaana Guddoomiyhii Golaha Sare ee Kacaanka noqday Maxamed Siyaad Barre, madaxweyne ku xigeenna Jaamac Cali Qoorsheel, oo hore u ahaan jirey Taliye Ciidamada Booliiska ah.

Isla maalintaas oo ahayd kow iyo toban maalmood ka dib markii Maxamed Siyaad Barre iyo saraakiishii la socotay ee ay xukunka waddanka qabsadeen, ayaa Maxamed Siyaad Barre waxa uu magcaabey niman tiradoodu gaadheysay 14 (shacbi) in ay noqdaan golaha xoghaynta (Council of Secretaries). Ujeedada ugu weyn ee nimankaas Maxamed Siyaad Barre u magcaabay waxa ay ahayd in ay maamulka sii wadaan inta saraakiisha wadanka qabsatay ka fahmayaan sida nidaamka maamulka dawladdu u shaqeeyo. Waxa sidoo kale nimankaas loo xilsaaray in ay soo qoraan dastuur cusub oo waddanka lagu dhaqo[246]. Markii gudigaasi muddo ka doodayeen dastuurka cusub, waxa ay isku raaceen dastuur cusub, ka dibna waxa ay nuqulkii (draft) ugu horeeyey u geeyeen Maxamed Siyaad Barre. Waxyaahabaha ugu muhiimsan ee dastuurkaas ku qoraa waxaa ka mid ahaa:

1. in Maxamed Siyaad Barre ahaado madaxweyne awood kooban leh (ceremonial president) ilaa inta doorasho cusub laga qabanaayo
2. in dhammaan raggii Golaha Sare ee Kacaanka (askartii waddanka afgembiday) ay qabtaan shaqadii xubnaha Baarlamaanka—ilaa inta Baarlamaan cusub laga dooranayo.
3. in golaha xoghayntu (council of secretaries) ay maamulka dawladda wadaan ilaa inta dawlad cusub oo xaq lagu doortay laga dhisaayo.

Arrintu si kastaba ha ahaatee, Maxamed Siyaad Barre dastuurkii ku meel gaadhka ahaa ee laga sugayey in uu fikradda uu ka qabo ka dhiibto ama ansixiyo—wax jawaab ah kama bixin, waxaana ka soo wareegay muddo sideed bilood ku dhow intuu jawaabta la aamusnaa.

Markii arrintu halkaas marayso ayaa waxaa xanaaqay dhawr nin oo ka tirsanaa raggii arrintaas loo xilsaaray. Nimankas xanaaqay waxaa ka mid ahaa Dr. xasan Cali Mirreh, Maxamuud Geelle Cilmi (Dhurwaa), Dr. Maxamed Aadan iyo Cabdalla Aw Faarax Xirsi. Nimankaas oo dhowr jeer isku deyey in ay madaxweynaha cusub la kulmaan si ay arrinta ugala hadlaan, uma ay suurto gelin in ay la kulmaan. Ugu dambayntii, waxa nimankaas u caddaatay in Maxamed Siyaad Barre meermeerinayo oo aanu doonayn in uu dastuurkaas ansixiyo. Ka dibna waxay ay nimankaasi go'aansadeen in ay xilalka ay hayaan iska casilaan.

Bilowgii 1970 Janaraal Maxamed Faarax Caydiid iyo Janaraal Cabdullaahi Yuusuf, ayaa la xiray, ka dib markii Janaraal Maxamed Siyaad, iyo 25kii sarkaal ee wadanka inqilaab ka qabsaday ay is khilaafeen. Caydiid iyo Cabdullaahi Yuusuf mudadii ay xabsiga ku jireen waxaa la weriyey in ay la kulmeen dhibaato aad u weyn iyaga oo ku jirey, takoor (solitary Confinement).

10 Jan. 1970 Maxkamadii Badbaada Qaranka ayaa la abuuray, taas oo lagu caddeeyey sharciga lambarkiisu ahaa 3.

26 Jan. 1970 Waxaa la soo saaray sharciga Lambarkiisu ahaa 8, kaas oo ogolaanayey in qofkasta oo siyaasad u xidhan xabsiga ku hayn karaan ilaa iyo intay arrintooda ka dhammaysanayaan. Isla mar ahaantaasna waxaa sharciga lagu caddeeyey inaan qofkaas loo ogolaan doonin qareen metala oo arrintiisa ka dooda.

15 Feb. 1970 Ciidankii Sirdoonka Dawladda (NSS) ayaa la abuuray, waxaana la soo saaray sharciga lambarkiisu ahaa 14. Kaas oo ciidamada NSS-ta u ogolaanayey in ay qofkasta oo kacaan diidnimo lagu tuhmo gurigiisa amar la'aan ay geli karaan, xidhina karaan. Isla mar ahaantaasna hantidiisa lala wareegi karo haddii uu denbigaasi ku cadaado[247].

1 Maarj 1970 Dr. Xasan Cali Mirreh, Maxamuud Geelle Cilmi (Dhurwaa), Dr. Maxamed Aadan iyo Cabdalla Aw Faarax Xirsi oo ka tirsanaa golihii xoghaynta (Council of Secretaries) ayaa waxa ay u sheegeen Maxamed Siyaad Barre in ay jagooyinkii ay hayeen iska casilayaan. Maxamed Siyaad Barre waxa uu ugu jawaabey in ay ka war-sugaan (isaga).

7 April 1970 Waxaa la soo saaray sharciga lambarkiisu ahaa 17, kaas oo qof kasta oo NSS-tu soo xidho ka mamnuucayey inuu yeesho qareen ka difaaca waxa lagu eedaynayo.

27 Abriil 1970 Jaamac Cali Qoorsheel ayaa la xidhay. Waxaa la sheegay in lala xidhay 25 nin oo kale oo Habar Yoonis u badnaa. Qoorsheel iyo raggii lala xidhay waxaa askartii waddanka qabsatay ku eedeeyeen inuu "quwado shisheeye", gaar ahaan Maraykan iyo Jarmalka u adeegayo. Waxaana raadiyaha qarank laga saari jirey heeso lagu eedaynaayo sida "*Qoorsheel qoorta gooyaay, musuqmaasuq miiska saara.*"

Isla sannadkaas waxaa Golihii Sare ee Kacaanku (G.S.C.) guul ka gaadhey degganaanshaha iyo nabadda dalka guud ahaan. Waxaana la dhaqan geliyey shaqaalihii maamuli lahaa hay'adaha dawladda, iyada oo aan si qabyaaladi ku jirto loo eegin. Waxaa kale oo maamulkii G.S.C. shaqooyin u abuuray dhalinyaradii badnayd ee bilaa camalka ahayd ee magaalooyinka tubnayd, iyaga oo badankoodii laga hawl geliyayey barnaamij la odhan jiray 'Crash Program,' oo laga shaqaaleeyey dhismaha jidadka iyo qodida beeraha. Isla sannadkaasna wuxuu G.S.C. soo saaray sharci lagu tirtirayo xeerkii Soomaalida ee Magta (diyada) lagu kala qaadan jiray. Wuxuuna ku dhawaaqay in qofkii qof dila isagana la dili doono.

12 Jul. 1970 Markii nimankii dastuurka ku khilaafay M.S.Barre ay muddo shan bilood ku dhowaad ah wax jawaab ah ka waayeen ayey jagooyinkii ay hayeen ka tageen[248]. Nimankaas qaar ka mid ahi waddanka ayey ka baxeen, sida Dr. Xasan Cali Mirreh iyo Cabdalle Aw Faarax Xirsi, qaar kalena waxa ay noqdeen baayacmushtar.

10 Sebtem. 1970 Waxaa la soo saaray sharciga Lambarkiisu ahaa 54, kaas oo jideynayey in qofka la dilo haddii uu falalka qaarkood ku kaco, sida dilka, xatooyada xoolaha dadweynaha iyo ka soo horjeedka qaranka[249]. Wuxuuna ahaa sharcigii lagu abuuray maxkamadda Badbaadada Qaranka. Waxyaabaha dilka loo cuskanayeyna waxa ay u badnaayeen kacaanka iyo nabad gelyadiisa.

Sebtem. 1970 Yuusuf Cismaan Samater (Berda Cad) oo ahaa Qareen madax banaan (Private Lawyer) ayaa xabsiga loo taxaabay. Markii la qabtay wuxuu rabay inuu u dhoofo Qaahira si uu uga qayb galo aaskii geeridii madaxweynihii Masar, Jamaal Cabdinaasir. Jamaal Cabdinaasir wuxuu ahaa madaxweynihii ugu magaca dheeraa wakhtigaa caalamka carabta iyo afrikaba. Barda Cad, markii uu dhawr bilood xidhnaa ka dib ayaa la sii daayey.

10 Okt. 1970 Waxaa la soo saaray sharciga qodobkiisu ahaa 1, kaas oo NSS-ta u ogolaanayey in ay awood u leedahay in qof kasta oo siyaasad dawladda ku lid ah looga shakiyo ay xidhi karto, isla markaasna ay intay doonto xabsiga ku hayn karto; iyada oo aan wax maxkamad ah la soo taagin.

10 Okt. 1970 Waxaa la soo saaray sharciga lambarkiisu ahaa 64, kaas oo lagu tirtirayey (Habeas Corpus) kaas oo dawladda ka mamnuucayey in qofka gurigiisa la galo lana xidho oo la iska hayo iyadoon wax maxkamad ah la hor keenin amaba qofka laga hor joogsado inuu yeesho qareen difaaca.

Okt. 1970 Markii la gaadhey sannad guuradii koowaad ee ka soo wareegtay dhalashadii G.S.K. Maxamed S. Barre wuxuu ku dhawaaqay in wadanku qaadan doono Hantiwadaagga Cilmiga ku dhisan. Waxa ayna dawladdu soo saartay halhayso cusub oo aya ka mid ahaayeen, wada jir, isku kalsoonaan, iyo iskaa wax u qabso. Caaqiladdii iyo odayaashii beelaha u talin jirayna waxaa lagu bedelay magac cusub—Nabad doon. Waxa ayna dawladdu caddaysay in nabadoonadu ahaadaan kuwo dawladda iyo kacaanka daacad u ah, kuwii dawladda ka soo horjeestana talaabo laga qaadi doono. Si isku xidhnaashihii iyo is taakulayntii qabiilka looga kaaftoomana dawladdu waxa ay balan qaaday in ay 'aasi' doonto dadka aan qaraabada iyo cid aasta midna lahayn ee magaalooyinka ku dhinta.

Isla Sannadkaas Waxaa la aasaasay Golaha Hanuuninta Dadweynaha, iyadoo weliba lagu dhawaaqay in hantidii dadku gaarka u lahaa ay noqon doonto hanti guud, oo dawladu la wareegi doonto.

1970 Waxaa xoogaystay dhaqdhaqaaq (siyaasadeed) ay wadeen dhalinyaro Ogaadeen ah oo u badnaa kuwo wax bartay, kuwaas oo waddanka Soomaaliya gudihiisa iyo dibaddiisa kala degganaa. Ka dibna waxaa xeryo tababar laga furay waddanka (Soomaaliya) gudihiisa si loo diyaariyo raggii halganka Xabashida lala gelayo ka qayb geli lahaa.

Bilowgii 1971 Wuxuu kacaanku soo saaray ololihii ugu weynaa ee shuuciyadda iyo nidaamka Midowga Soofiyati lagu dhaqan gelinaayey, kaas oo la odhan jirey "Hantiwadaagga Cilmiga ku Dhisan." Waxaa tuulo kasta iyo magaalo kasta laga soo saaray dadkii iyadoo la wada sido 'naxash' oo la leeyahay waxaa la aasayaa qabiilkii dadku ku dhaqmi jiray. Isla mar ahaantaasna waxa ay dawladdu soo jeedisay halhaysyo cusub oo kacaanka lagu dhaqan gelinaayo; kuwaas oo ay ka mid ahaayeen, 'hadal yar iyo hawl badan,' iyo 'hanuunsanaan.' Qofkii hadalkiisu batona waxaa loo taxaabay xabsiga. Waxaana aragtida cusub ee kacaanka lagu bedelay meeshii aragtida diinta islaamku shacabka Soomaaliyeed ugaga jirtay. Waxaana halhays cusub noqday, Marx, Lenin iyo Jaalle Siyaad, taas oo dadkii wax garadka ahaa ay ku magcaabeen 'a New Holly Trinity, ' saddexda muqaddiska ah. Waxaa kale oo soo shaac baxay laba halhays oo cusub— kacaan diid iyo 'af-miishaar,' kuwaas oo iyaguna noqday kuwo lagula dagaalamo dadka siyaasadda dawladda ka dhanka ah.

May 1971 Waxaa la xidhay koox saraakiil u badnayn oo Maxamed Siyaad Barre ku soo eedayey in ay inqilaab maleegayeen. Kooxdaas waxaa ka mid ahaa; G/Dhexe Salaad Gabeyre Kediye, Janaraal Maxamed Caynaanshe Guuled, iyo G/Dhexe. Cabdulqaadir Dheel.

May 1971 Yuusuf Cismaan Samater (Berda Cad) ayaa xabsiga dib loogu celiyey. Berda Cad oo aan fursad u helay inaan waraysto (Feb. 2001, Boston, USA), wuxuu ii sheegay in sababta markii horeba loo sii daayey ay ahayd in lagu daro kooxdan "inqilaabka" lagu eedeeyey oo dil loo diyaarinayey.

5 April 1972 Golihii Sare ee Kacaanka (G.S.K.), ayaa wuxuu la wareegay awoodii Maxkamadaha iyo sharci dejintii waddanka ka jirey.

May 1972 Yuusuf Cismaan Samater (Berda Cad) ayaa xabsigii laga sii daayey ka dib markii dawladdii dembigii ay ku soo eedaysay maxkamadda ka hor caddayn kari weyday. Sida Berda Cad ii sheegay, caddaynta keliya ee eedaysanayaasha lagu hayey waxa ay ahayd, markhaatiyaal ay ku fureen saaxiibadood. Ragga Saaxiibadood ku markhaati furay waxaa ka mid ahaa S/Guuto Maxamed Sh. Cismaan[250].

23 Jul. 1972 Waxaa la toogtey, Janaraal Maxamed Caynaanshe Guuleed, oo ahaa madaxweyne ku-xigeenkii G.S.K. ee waqtigaas, G/Dhexe Salaad Gabayre Kediye, Wasiirkii wasaarada shaqada ee waqtigaas, xubinna ka ahaa G.S.K. (Golihii Sare ee Kacaanka), iyo G/le. Cabdulqaadir Dheel, oo sarkaal hore ahaan jirey laakiin aan markaas wax jago ah hayn. Dad aan arrintan waxa ka weydiiyey waxa ay ii sheegeen in Cabdulqaadir Dheel aanu af-gembigaas saraakiisha looga shakiyey aanu ku lug lahayn, laakiin M.S. Barre ugu daray cabsi (siyaasadeed) oo uu ka qabey Dheel. Waxaa kale oo dadka qaarkood weriyeen in ulajeedada ugu weyn ee M.S. Barre ay ahayd in dadka kale ay ku quustaan, maadaama saddex qabiil oo waaweyn saraakiishoodii qoorta loo dheereeyey (la dilay).

21 Okt. 1972 Luqadda Afka Soomaaliga ayaa si rasmi ah loogu dhawaaqay[251].

1973 Xukuumadii Maxamed Siyaad Barre, ayaa waxa ay mamnuucday kulanka bulshada (shirarka), sida tacsida, aroosyada iwm.[252] Sharcigaas cusub ee la soo saaray ma noqon mid waara, waayo waxa ay ahayd wax bulshada ku cusub, wayna adkaatay sidii xukuumaddu u hirgelin lahayd.

11 Nof. 1973 Waxaa xukuumaddii Maxamed Siyaad Barre xidhay Maxamed Ibraahim Warsame (Hadraawi). Hadraawi waxa ka mid ahaa raggii waqtigaas xagga fanka iyo suugaanta Soomaalida ugu caansanaa. Waxa waqtigaas isaga iyo rag kale oo ay ka mid ahaayeen Maxamed Xaashi Dhamac (Gaariye), Saciid Saalax Axmed iyo Muuse Cabdi Cilmi ay sameeyeen dhawr riwaayadood oo caan ahaa oo ay ka mid ahaayeen 'Aqoon iyo Afgarad' iyo 'Tawaawac.' Waxa waxa kale oo Hadraawi ka qayb galay maanso muddo dheer socotay oo la odhan jirey 'Siinley,' oo ragga ka qayb galay uu ka mid ahaan abwaanka caanka ah ee Cabdi Qays. Riwaayaddii ugu dambeysay ee Hadraawi lagu xidhay waxa ay ahayd'Tawaawac,'taas oo uu midhaheeda (heesaha) lahaa, Saciid Saalax Axmed iyo rag kalena ay hab-masrixiyeedka lahaayeen. Hadraawi markii la xidhay waxaa la geeyey tuulo la yidhaahdo Qansax Dheere oo ka tirsan gobolka Bay.

1974 (Bilowgii) Waxaa Soomaaliya ka dhacday abaar aad u xun oo dad iyo xoolo fara badani ku naf waayeen. Abaartaas oo ka dhacday gobolada Waqooyi Galbeed, Bari, Sanaag, Togdheer, Galgaduud, Mudug, Bay, Bakool iyo Gedo waxaa dadkii ku dhintay lagu qiyaasay ilaa 25 kun oo qof[253]. Maamulkii Maxamed Siyaad Barre si degdeg ah ayuu talaabooyin uga qaaday sidii dadkaas wax loogu qaban lahaa. Ololahaas dawladdu qaaday oo lagu magcaabay 'Gargaarka Deg Degga ah,' waxaa lagu raray dad tiradooda lagu qiyaasay ilaa 150,000 kuwaas oo la dejiyey gobolada koonfur. Raridda dadkaas bara kacay, waxa qayb weyn ka qaatay dawladdii Midowga Soofiyati (USSR), iyaga oo ciidamadii USSR ku daabuleen (gureen) diyaarado waaweyn oo loo yaqaaney 'Antonov." Dadkii loo qoondeeyey in ay beero falato noqdaan waxaa la dejiyey degmooyinka Sablaale, Kurtunwaarey iyo Dajuuma; kuwii 'kalluumaysatada' loogu talo galayna waxaa la dejiyey degmooyinka Eyl, Garacad, Cadale iyo Baraawe. Inkasta oo dad badan raristaas lagu badbaadiyey, haddana waxa ay dad badani markii dambe isweydiiyeen sababta dadkaas dhulka aanay "ab iyo isirtoona" u lahayn loola doontay. Dadkii la raray ee agagaarka webiyada la dejiyey qaar badan ayaa markii dambe duumo (kaneeco) iyo cuduro cusub oo aanay hore u qabin u dhintay. Faa'iidada ugu weyn ee dadkaasi ka heleen dib u dejinta waxa ay ahayd iyada oo caruurtoodii reer miyaga ahayd iskuulo lagu daray, markii dambena qaar badan oo ka mid ahi jaamacado galeen. Arrintu si kastaba ha ahaatee, dadkii da'da weynaa badankoodii dhulalkii ay ka yimaadeen markii hore ayey dib ugu noqdeen.

1974 Jaamacadda Carabta ayey Soomaaliya ku biirtay.

Jun. 1974 Yuusuf Cismaan Samater (Berda Cad) ayaa dib loo xabisay. Waqtigaas oo shirkii Midowga Afrika (OAU), Xamar ka socday; waxaa waqtigaas la xidhxidhay dad badan oo wax garad ahaa. Sababta dadkaas loo xabbisayna waxa ay ahayd, iyadoo xukuumaddii Maxamed S. Barre, ka werwer qabtay in dadkaasi la hadlaan wufuudda ka kala socotay waddamada Afrikaanka ah.

12 Sebtem. 1974 Boqor Xayle Salaase ayaa waxaa afgembiyey koox saraakiil ah oo ciidamada Itoobiya ka tirsanayd, waxaana jagadii madaxweynaha qabtay Minguste Xayle Marriam.

Nof. 1974 Doorashooyinkii Jabuuti waxaa kuraastii oo dhank ku guuleystay Xisbigii Canfarta ee Cali Caarif hoggaamiyaha ka ahaa. Xisbigii Soomaalida ee la odhan jiray 'Ligue Populaire Africaine pour L'Independence (L.P.A.I) waxba ma helin. Xisbigii ugu firfircoonaa ee la odhan jiray 'Front de la Cofedes Somalis (F.L.C.S.),' weli mamnuuc buu ka ahaa loomana oggolayn inuu doorashada ka soo qayb galo. Xisbigaas (F.L.C.S.) xafiiskiisu wuxuu ahaa magaalada Xamar.

Bill Jan. 1975 Xukuumaddii Maxamed Siyaad Barre, ayaa waxa ay ku dhawaaqday in ay tirtirayso sharcigii shareecada Islaamka ku dhisnaa ee ku saabsanaa xaquuqda sinaanta ragga iyo haweenka. Waxa uu gaar ahaan sharciga cusubi aad uga hadlay sharciyadii ku saabsanaa dhaxalka ragga iyo haweenka; kaas oo madaxweynaha laftiisu yidhi "waxa uu ku dhisnaa caddaalad darro." Arrintaasina waxa ay noqotay mid dad aad u fara badani qaadan waayeen, maadaama ummadda Soomaaliyeed 99% ay muslim ahaayeen. Ka dibna waxaa si aan gabasho lahayn uga soo horjeestay culimadii diinta aqoonta u lahaa. Ka dibna xabsiyada ayaa loo taxaabay culumaa'uldiin aan tiradooda la soo koobi karin.

19 Jan. 1975 Toban sheekh oo ka mid ahayd culimadii xidhnayd ayaa *Maxkamadii Badbaadada Qaranku* dil ku xukuntay.

23 Jan. 1975 Tobankii Sheekh ee dilka ku xukunaa ayaa la toogtey, waxa ayna magacyadoodu kala ahaayeen:

1. Sh. Axmed Sh. Maxamed
2. Cali Axmed Warsame
3. Xasan Cabsiiye Diiriye
4. Sheekh Axmed Iimaan
5. Sheekh Muuse Yuusuf
6. Maxamuud Siyaad Xirsi
7. Cali Jaamac Xirsi
8. Aadan Cali Xirsi
9. Suleymaan Jaamac Maxamed
10. Yaasiin Cilmi Cawl.

Feb. 1975 Yuusuf Cismaan Samater (Berda Cad) oo xabsigii dib loogu ceshay maalintii 10ka sheekh (wadaad) la toogtay ayaa xabsiga laga sii daayey).

May 1975 Safiirkii Faransiiska ee Soomaaliya ayaa F.L.C.S. Soomaaliya ka af-duubtay. Maamulkii M.S. Barre, oo qayb weyn ka qaatay sii daynta safiirka, waxa ay xoogaa hagaajisay xidhiidhkii Soomaalida iyo Faransiiska oo aan hore u wanaagsanayn.

1975 Janaraal Maxamed Faarax Caydiid, ayaa xabsigii laga sii daayey, isla mar ahaantaana waxaa laga dhigay la taliyaha madaxweynaha ee madaxtooyada, muddo ka dibna waxaa loo magcaabay Safiirka Soomaaliya Indiya u fadhiya; halkaas oo uu joogay ilaa 1989kii. Caydiid jagooyinka uu hore u soo qabtay waxaa ka mid ahaa, Maareeyaha Wakaaladda Daawada iyo La taliyaha Madaxweynaha.

1975 Waxaa muuqatay in mucaaradkii Mingistu Haile Mariam ka soo horjeeday aad u batay, ciidamadiisiina ay ku adkaatay in ay cabudhiyaan dhammaan qawmiyadihii ka soo horjeeday. Xukuumaddii Maxamed Siyaad Barre-na way bedeshay iska indha tirkii umadihii Xabashidu cadaadinaysay. Waxaana Xamar laga furay xafiiskii W.S.L.F. (Western Somalia Liberation Front), oo ay markaas xubno ka ahaayeen Oromo Muslim ah, Aruusi iyo Ogaadeen; waxaana Xamar yimid S/Guuto Wako Guto, oo garab iyo gaashaanba dawladda Soomaaliya ka doonayey.

20 Okt. 1975 Dawladdii Maxamed Siyaad Barre ayaa waxa ay xabsiga ka sii daysay, dhowr nin oo badankoodu ilaa muddo shan sano siyaasad u xidhnaayeen. Raggaas wxaa ka mid ahaa: Maxamed Xaaji Ibraahim Cigaal, Jaamac Cali Qoorsheel iyo Yaasiin Nuur Bidde.

Nof. 1975 Qorshihii ugu horreeyey ee lagu qaban qaabinayey "aasaaskii Jabhadda Xoraynta Somali Galbeed—Western Somalia Liberation Front (WSLF) iyo dagaalkii Itoobiya lagu qaadi lahaa ayaa lagaga wada hadlay fadhi ka dhacay magaalada Qoriyoow (Near Balcad). Fadhigaas oo saddex maalmood socday waxaa ka soo qeyb galay rag tiradoodu gaadheysay ilaa 300 oo nin kana socdey qaxootigii ku sugnaa dalka Soomaaliya ee ka soo qaxay dhulka Ogaadeeniya. Kulankaas waxaa la laysku tusiyey in dawladda Xabashidu aad tamar ahaan u liidato, sidaas darteed ay suurta-gal tahay in haddii dagaal lagu qaado laga guuleysan karo. Waxaana la sheegay in isla markiiba la qaban qaabiyey raggii wajiga koowaad ee dagaalkaas ka qayb geli lahaa. Waxaana dhowr maalmood dabadeed amar la siiyey boqollaal rag ah in ay xuduudka ka tallabaan si ay u soo fuliyaan waajibaadyo (dagaal) la faray. Ciidamadaas waxaa la sheegay in uu sii dhoweeyey Gaashaanle Sare Galaal oo uu gaadhsiiyey ilaa degmada Bar-daale ee Baydhabo iyo Luuq u dhexeysa. Waxaa la sheegay in hadaladii uu ciidamadaas kula sii dardaarmay ay ka mid ahaayeen: "*Dawladdii soomaaliyeed iyo shacabkeedii, wixii ay idiin heli kareen waa ay idin siiyeen, wixii intaas dhaafsiisan waxaad ku leedihiin Itoobiya ee u doonta.*"

Ciidamadaas oo sitey hub culus, laakiin aan casri ahayn, waxa ay ka tallaabeen xuduudka "beenta" ah ee koonfurta Itoobiya iyo Soomaaliya. Markii ciidamadaasi gudaha Itoobiya galeen, waxa ay isu qaybiyeen labo qaybood oo u kala kicitimay gobolada Baali iyo Siidaamo[254]. Ciidamadaas Qayb ka mid ah oo ka koobnaa 750 oo awr watey waxaa hoggaamiye ka ahaa Ruube. Ciidamadaas oo markay gaadheen galbeedka gobolka Baali isu sii qaybiyey labo kooxood. Waxaa koox ka mid ah hoggaamiye ka noqday Ruube waxaa ayna ciidamadaasi ku negaadeen degmada Delo[255].

Kooxda labaad waxaa hoggaamiye ka noqday Siraaji Xaaji Isaaq Daadi waxa ay aadeen dhanka waqooyiga iyo agagaarka degmada Ginir. Ruube intuusan Baali gaadhin, waxaa la sheegay in uu fariin u diray Waaqow Guuto (hoggaamiye Oromo ahaa) oo howshan odey ka ahaa . Waaqow markiiba wuxuu ciidankii Ruube ku soo xoojiyay rag kale oo tababar ugu jiray xeryo Soomaaliya ku yiil. Ciidammada Siidaamo loo diray waxaa dusha ka heystay nin la yiraahdo Cabdullaahi Xaaji Xasan, oo ka dhashay reerka Geri oo ka mid ahaa rag tababar (ciidan) ku soo qaatay Waqooyiga Kuuriya (North Korea). Waxaa la sheegay in intii ciidankaasi dhexda ku sii jireen ay meelo dhowr ah dagaal iskaga hor yimaadeen ciidamadii Xabashida.

Markii ay dagaaladaasi dhaceen, dowladdii Soomaaliyeed waxaa ay guddoonsatey in ay dagaalka ballaariso oo ay iska hormariso jabhado sita magacyo kala duwan oo ka dagaal gala gobollo kala duwan. Magacyadii la isla gartay waxaa ka mid ahaa Jabhadda Xornimodoonka Soomaali Galbeed —Western Somali Liberation Front (W.S.L.F.) iyo (Somali Abo Liberation Front S.A.L.F.[256]).

Aakhirkii 1975 Yuusuf Cismaan Samater (Berda Cad) ayaa xabsigii laga sii daayey, ka dib markii Muuse Boqor (Soddoggii) oo u gabadhiisa qabay uu arrintii fara geliyey, isaga oo Maxamed S. Barre toos ugu tegay kana codsaday in haddii aan ninka (Berda Cad) dembi cad lagu hayn la sii daayo farahana laga qaado.

Dis. 1975 Ka dib markii Cali Caarif iyo madaxweynihii Faransiiska, Giscard Estaing heshiis dhex maray waxa ay ku dhawaaqeen in Jabuuti xornimadeeda qaadan doonto. Hase ahaatee, Faransiisku joogi doono xeryaha ciidamada. Arrintaasna waxaa si xun u cambaareeyey xisbigii L.P.A.I oo isagu xornimo buuxda doonaayey.

Inkasta oo awoodda maamul oo dhammi gacanta Canfarta ku jirtay, waxa ay dhexdooda si xun u kala qaybsameen ka dib markii Suldaan Cali Mire (Canfar ahaa) oo xukumayey dooxada Hawaash (Awash) oo xabashidu intay ku duushay dad badan ka xasuuqday qax ku yimi Jabuuti. Baxsashadii Suldaankuna waxa ay keentay in Canfartii dhulkaas degganayd ay samaystaan Jabhad Mucaarad ah oo la odhan jirey Afar Liberation Front (A.L.F.) Jabhaddaas cusubi waxa ay qiilqiil gelisay Tareenkii isku xidhi jirey Jabuuti iyo Itoobiya, waxa ayna A.L.F. dhawaaqday in ay dhulkooda Xabashida ka xorayn doonaan.

Jan. 1976 Kulan ka dhacay tuulada la yiraahdo Yaaq-bariweyn ee u dhow degmada Wanlaweyn, ayaa waxaa lagaga dhawaaqay magaca jabhadda W.S.L.F. Halkaas waxaa lagu doortey guddi uu magacaabay Maxamed Siyaad Barre, waxaana la sheegay in ay ku ayideen rag dhulka Xabashidu haysato u dhashay oo madaxweynaha taageersanaa. Waxaa kale oo la weriyey in fadhiga W.S.L.F lagu aasaasay ay Maxamed Siyaad Barre iyo saraakiil sare ee dowladdiisa ahaa ay maamulayeen.

Waxaa kulankaas lagu doortey 25 xubnood oo gole dhexe ah, kuwaas oo ay ka mid ahaayeen 10 nin oo jaamacado ka soo qalin jebiyey, 5 ka mid ah waxaa ay wax ku soo barteen dalka Masar, waxaa kale oo ka mid ahaa hal qof oo haween ah. Ugu yaraan 3dex ka mid ah guddiga waxa ay tababar ku soo qaateen dalka Waqooyiga Kuuriya. Waxaa kale oo la sheegay in golaha kulanku ka dhacay dadka isugu yimid intooda badani ahaayeen reerka Ogaadeenka.

Xoghayaha guud ee golaha WSLF lagu aasaasay waxaa loo doortey Cabdullaahi Xasan Maxamed oo xilligaas shaqaale ka ahaa wasaarada waxbarashada Soomaaliya. Cabdullaahi waxa uu ka dhashay reerka Bartire.

Inkasta oo sida la weriyey magacaabidda Cabdullaahi ay ka timid Maxamed Siyaad Barre, waxaa talada lagu doortay lahaa Gaashaanle Sare Maxamuud Shiikh Yuusuf.[257]

Waxaa kale oo guddoomiye ku xigeenka WSLF loo doortay Maxamed Diiriye Cabdi (Uurdoox) oo markaas xabsiga ka soo baxay. Waxaa kale oo la weriyey kulanka ururka WSLF lagu aasaasayey aanu ahayn mid doodi ka furayd, marka laga reebo magaca ururka oo isaga laga dooday. Waxaa kale la isku afgartay (fadhigaas) dhulka la yiraahdo Soomaali galbeed inta uu noqonayo. Waxaa la xadeeyay xuduuddii dhulka Ogaadeeniya, waxaana lagu heshiiyay sidatan : dhanka waqooyi in uu ku eg yahay webiga Hawaash, koonfurna degmada Feerfeer, dhanka bari degmada Ceelcad, gabeedkana degmada Mooyaale.

Qabiilka Oromo oo iyagu ugu badan dadka Itoobiya dega ayaa iyaguna ka mid ahaa dadkii maamulka Xabashida dagaalka kula jirey. Hase ahaatee, xilligaas WSLF la aasaasayey jabhaddii "Somali Abbo" jinaaxeedii (garabkeedii) siyaasadda lama aasaasin, inkasta oo ay rag badan oo Oromo ahi dagaal ku jireen. Inkasta oo dhul badan oo ka mida meelaha fadhiga Soomaali Galbeed (Ogaadeeniya) lagu xadeeyey uu ahaa degaan Oromo (Somali Abo), haddana dadka Oromadu fadhigaas laguma casumin in ay ka soo qayb galaan. Hase ahaatee, lix bilood ka dib, markii maamulkii Maxamed Siyaad Barre ku guuleystay aasaaskii WSLF ayaa waxaa la aasaasay jabhaddii Somali Abbo (S.A.L.F). Waxaa kale oo la weriyey in 'nuqsaan' weyni ka muuqatay in fadhigaas WSLF lagu aasaasay ay ka maqnaayeen beelo badan oo Soomaaliyeed oo dega gobolka "Ogaadeeniya."

Feb. 1976 Halgamayaal ka tirsanaa F.L.C.S. ayaa waxa ay afduubeen Baabuur Bas (bus) ah oo caruur arday ah oo askartii Faransiisku dhaleen siday, waxa ayna kala gudbeen xadka Lawyo Caddo. Nimankaas Baska afduubay waxa ay Faransiiska ku xidheen inuu waddankooda (Jabuuti) xornimo buuxda oo aan waxba ku xidhnayn (unconditional) siiyo. Hase ahaatee, waxa ay arrintii sii murugtay ka dib markii askartii Faransiiska oo markaas xoog is bidayey ay xuduudka ka gudbeen oo nimankii wax afduubay weerareen halkaasna dad ku dhinteen; ka dib markii askartii Soomaalida iyo kuwii Faransiiskuna rasaas isku fureen. Duulaankaas Faransiiska oo xukuumaddii Soomaalida wax lama filaan ah ku noqotayna waxa ay abuurtay is cambaarayn labada dhinac ah iyo xidhiidhkii siyaasadeed oo mar kale si xun u sii murga. Dhacdooyinkaasina waxa ay sii qarxiyeen kacdoonkii siyaasadeed ee Jabuuti gudaheeda. Waxaana aad u sii batay tiradii dadka xornimada dalbaayey. Cali Caarif oo Ra'iisal Wasaare ahaana, sumcaddiisii ayaa sii xumaatay. Raggii Baarlamaanka ka tirsanaa ee markii hore Cali Caarif taageeri jirayna way ka leexdeen, markii uu arkay inuu meel cidla ah isa soo taageyna wuu is casilay.

May 1976 Yuusuf Cismaan Samatar (Berda cad), ayaa xabsiga loo taxaabay. Waxaana hoygiisii rasmiga ahaa noqday 20 jirow xabsigii la odhan jiray. Labaatan Jirow oo ku yaallay meel u dhexaysa Baydhabo iyo Xudur, wuxuu ahaa xabsig ugu dhibka badan oo loo diri jirey dadka siyaadda u xidhan (gaar ahaan kuwa xabsi daa'inka ah). Berda Cad wuxuu xabsiga ku jirey wax yar ka hor, ilaa intii xukuumadii Maxamed Siyaad Barre, ka dhacaysey Jan. 1991. Berda cad wuxuu ahaa maxaabiistii ugu xabsiga dheerayd intii Maxamed S. Barre xukunka haystay.

Juun (Badh) 1976 Madaxdii jabhadda Oromada iyo kuwii WSLF ayaa fadhi (kulan) ku yeeshay degmada Qoryooley, gobolka Shabeelaha Hoose. Kulankaas waxaa ka soo qeyb galay saraakiishii hoggaaminayay kooxaha dagaalka wadey iyo odayaal ka kala socday dadkii xeryaha qaxootiga gobolladaas degganaa. Fadhigaas waxaa lagu doortay 9 nin oo guddiga fulinta ah, waxaana xoghaye guud loo doortay Ruube, ku xigeenna waxaa loo doortay Waaqoow Guuto Waxaa kale oo la weriyey in ragga kulankaas isugu yimid laba ka mid ahaa tacliintoodu gaadhsiisnayd heer jaamacadeed. Hase ahaatee, sababta Ruube loo doortay ay ahayd isaga oo xidhiidh fiican la lahaa Soomaalida. Fadhiga waxaa kale oo lagu guddoonsadey calan uu ururka Abboo leeyahay iyo in dagaalka lagula jiro Xabashida la joogteeyo. Hase ahaatee, waxaa muran weyni ka dhashay markii la isku deyey in la sawiro joqraafiga (Maabka) uu dhulka Soomaali Abboo ku fadhiyo. Waayo WSLF dhulka ay calaamadaysatay (maab ahaan) waxaa ka mid ahaa gobolka Baali intiisa badan iyo koonfurta gobolka Siidaamo, halkaasna waxaa ka dhashay khilaaf labadii jabhadood isku mari-waayeen.

Waxaa kale oo muran weyni ka dhashay magacii jabhadda loo bixin lahaa, waxaana fadhigaasi ku sigtay in la isku af-garanwaayo oo lagu kala kaco. Hase ahaatee waxaa markii dambe la soo bandhigay aragtiyaal kala duwan oo ku saabsan magaca ururku yeelan doono. Qolo waxaa ay soo jeediyeen in la qaato magaca Soomaali Galbeed oo uu Waaqow Guuto horey u isticmaali jiray sannadihii 1960-aadkii, hase ahaatee, waxaa ku qanci waayey xubnihii Oromada ka socday oo iyagu rabey in meesha magaca 'Soomaaliga ah' laga saaro oo magac Oromo lagu bedelo. Magaca Oromo oo qayaxanna Soomaalida ayaa diidanayd, waayo waxaa jirey Oromo badan oo diintoodu tahay kirishtaan, afkooduna yahay Af-amxaariga, kuwaas oo ku milmey siyaasadda Itoobiya. Oromada noocaas ah waxa ay ciidammada Itoobiya ku lahaayeen saraakiil iyo askar badan, waxaa laga xusi karaa oo ka mid ahaa Tafare Baante oo ahaa janeraalkii uu Mingiste ka qabsaday xukunka.

Magacyada la soo bandhigay waxaa ka mid ahaa (Jabhadda Baali iyo Siidaamo), hase ahaatee si wadajir ah ayaa loo diiday. Ugu dambeyntii waxaa leysku waafaqay magaca ah (Soomaali Abboo) kaas oo magaca Soomaalina lagu xusay, ereyga Abboona lagu xusay. Abboo waa eray ay isugu yeedhaan dadka gobolada Baali iyo Siidaamo deggan, waana eray la macna ah halka ay Soomaalidu (Waryaa) isugu yeedho. Sidaas baana muwaafaqo (heshiis) lagu helay, la iskuna raacay magaca Soomaali Abboo.

Waxaa sidoo kale muran adag dhaliyey shakhsiyadda (Identity) ay jabhaddu yeelaneyso iyo degaankeeda. Ragga Golaha fulinta loo doortay badankoodu waxa ay ahaayeen raggii sannadihii 1960-aadkii ka soo qayb qaatay dagaalladii Itoobiya lala galay, mana ahayn rag awood siyaasadeed oo weyn ku lahaa gobolada laga dagaal gelayo. Waxaa dhulkaas laga qaderin jiray odayaasha (traditional leaders), Sidaas darteed, waxaa go'aan lagu gaadhey in fikradda lagu dagaal gelayo ay ahaato mid diini ah, dagaalkana loo yeelo weji ah "jihaad" gaalo iyo islaam ka dhexeeya. Arrintaas markaas loo arkayey in ay keeni karto taageero weyn oo laga helo Oromada muslimka ah ee dhulkaas degta.

1 Jul 1976 Ka dib markii la kala diray Golihii Sare ee Kacaanka, waxa ay dawladdii M.S. Barre abuurtay Xisbigii Hantiwadaagga Kacaanka Soomaliyeed (X.H.K.S.). Waxaana Xoghaye Guud ka noqday Madaxweynaha laftiisa. Soomaalida oo ah dad aad ugu xeel dheer naasays bixinta iyo magacyo bedelka (xagga dacaayadda) waxa ay X.H.K.S. ku magcaabeen (Xaasidkii Hooyadii ka Xaday Sonkorta (X.H.K.S.). Sonkortu waxa ay ka mid ahayd waxyaabihii aad u adkaaday in la helo, waqtigii Kacaanku dalka maamulayey.

Jul. 1976 Ka dib markii Cali Caarif is casilay ayaa waxaa jagadii Ra'iisal wasaaranimada kala wareegay Cabdalla Maxamed Kaamil oo isaguna Canfar ahaa, horena u ahaan jiray xoghayihii guud ee maamulkii Cali Caarif. Cabdalla oo jagadaas maamulkii Faransiisku u magcaabay, wuxuu markiiba dhisay dawlad cusub oo ku meel gaadh ah ilaa inta xornimada laga qaadanayo, kana kooban xisbiyadii siyaasiyiinta oo dhan.

Dis. 1976 Somali Democratic Action Front (SDAF), ayaa la aasaasay, waxaana xoghaye guud ka noqday Cismaan Nuur Cali (Qonof), oo Wasiir hore ka ahaan jirey maamulkii M.S.

Barre, ee ugu horeeyey ee 1969kii.[258] Muddo yar ka dib markii la aasaasay SDAF, waxaa dhacay dagaalkii maamulkii Maxamed Siyaad Barre Itoobiya la galay, sidaas darteed halgankii SDAF ma noqon mid hana-qaada. Raggii SDAF wax ka aasaasay waxaa ka mid ahaa:

1. Yuusuf Cali Haaruun, Habar Yoonis
2. Yuusuf Dirir, Habar Yoonis
3. Cabdiraxmaan Saalax, Habar Jeclo
4. Xaaji Cumar 'Sterlin' Abgaal
5. Dr. Xasan Cali Mirreh, Majeerteen
6. Cusmaan Nuur Cali (Qonof), Majeerteen
7. Maxamuud Geelle Cilmi (Dhurwaa), Habar Gidir

1977 (Bilowgii) Jabhaddii loo yaqiinay 'Jabhadda Xoraynta Soomaali Galbeed,' ama Western Somalia Liberation Front (W.S.L.F.), hoggaamiyasheeduna Ogaadeen u badnaayeen, ayaa waxa ay bilowday in ay duulaano ku qaado magaalooyinkii Soomaalida ee Xabashidu xoogga ku haysatay (Dhulka Hawd iyo Reserve Area). Inkasta oo jabhadda qabiilo kale ku jireen, maadaama hoggaamiyayaasha jabhaddu u badnaayeen Ogaadeen, waxaa Soomaalida badankoodu jabhadda W.S.L.F. u yaqaaneen "Jabahadda Ogaadeenka.

Maarj 1977 Waxaa Baariis lagu qabtay kulan looga wada hadlayey u diyaar garowga madaxbanaanida Jabuuti, waxaana lagu casumay hoggaamiyayaashii xisbiyada (Canfar iyo Soomaaliba); waxaase ka soo qayb galay kuwii raacsanaa maamulkii Cabdalla Maxamed Kaamil. Dadkii shirkaas Baariis isugu yimina waxa ay isku raaceen in dadka reer Jabuuti laga qaado Afti guud (Referendum) oo la weydiinaayo in ay doonayaan in Jabuuti xornimo buuxda qaadato iyo in ay xukunka Faransiiska ku hoos jirto; waxaa kale oo la isku raacay in bisha May Aftida la qaado iyo in weliba xubnaha Baarlamaanka/Wakiilada (Chamber of Debuties) la kordhiyo.

Xilagaas doorashadu dhacaysey xisbiyada Soomalida waxaa ugu magac weynaa labadii xisbi ee L.P.A.I iyo F.L.C.S. Rag ka tirsanaa taageerayaashii Cali Caarifna waxa ay go'aansadeen in ay abuuraan xisbi cusub oo lagu magcaabay Rassemblement Populaire Pour L'Independence (R.P.I.), kana koobnaa 33 ciise ah 30 Canfar ah iyo 2 Carab ah.

Inkasta oo xisbiyadii Canfartu ku dhawaaqeen in la qaadaco Aftida madax banaanida, boqolkiiba todobiyo todobaatan (77%) dadkii reer Jabuuti way foodeen, boqolkiiba sagaal iyo sideetan (89%) waxa ay codkoodii ku dhiibteen in Jabuuti xornimo buuxda qaadato. Canfartii Aftida Guud ka soo horjeedayna ilaa boqolkiiba toban (10%) ayaa codkoodii maya ku dhiibtay.

Maarj 1977 Fidel Castro, madaxweynihii Kuuba (cuba) oo ay markaas Soomaaliya iyo Itoobiya shuuciyadda ku wada jireen ayaa labada wadan dhex galay, isaga oo isku deyaayey inuu sumcadda Shuuciyadda ilaaliyo. Wuxuuna Maxamed Siyaad Barre iyo Minguste-ba kala hadlay midnimada Shuuciyadda ee markaas Ruushkku hoggaamiyaha ka ahaa, iyo in Ogaadeen la siiyo 'Ismaamul' hoose oo madax banaan (Autonomy). Arrintu si kastaba ha ahaatee, arrintaasi ma qancin dadkii dhulkaas ku noolaa ee xornimada buuxda dalbaayey.

May 1977 Isla waqtigaas waxaa sii xumaaday xidhiidhkii maamulkii madaxweynihii Maraykanka, Jimmy Carter iyo kii madaxweyne Mingistu. Arrintaasina waxa ay ka dambaysay ka dib markii Carter kula dooday Minguste inuu la heshiiyo Eriteriyiinta oo wax u ogolaado. Hase ahaatee markii Minguste taladaas diiday Carter wuxuu ka joojiyey kaalmadii milateri ee joogtada ahayd. Arrintaas waxaa ka horeeyey in bishii Abriil Minguste uu xidhay xaruntii Isgaadhsiinta Kagnew ee Asmara (Maraykanka ayaa isticmaali jirey).

Minguste oo wacad furkii Jimmy Carter ka xanaaqay ayaa waxa uu booqosho degdeg ah ku tegay Moosko (Moscow) isla mar ahaantaasna wuxuu eed iyo cambaarayn dusha uga tuuray 'wuxuu ugu yeedhey' imberyaaliyadda (Imperialism) Maraykanka, Jimmy Carter-na wuxuu ku magcaabay inuu yahay 'munaafaq.'

May 1977 Khabiiro (la taliyayal) ka tirsan ciidamada Kuuba (Cuba) ayaa wefdi ku tegay Addis Ababa si ay maamulka Minguste Xayle Mariam ugala talin lahaayeen, dagaalka Itoobiya iyo Soomaaliya ka dhex socday. Markii dagaalkii Soomaaliya iyo Itoobiya si rasmi ah u bilawday, ciidamadii Kuubaanku waxa ay la safteen kuwii Xabashida.

1977 (gugii) Jabhaddii Oromada waxa ay ku guuleysatay in ay gobalka Baali (Bale) badankiisii gacanta ku dhigto. Dhinaca Waqooyigana dagaalkii Eriteriya (Eriteria), wuxuu gaadhey xaalad aad u qadhaadh, iyadoo jabhadidihii Eriteriya dhulka badankiisii gacanta ku dhigeen, oo marka laga reebo Asmara iyo Massawa, oo askar aad u niyad jabsan oo mitid ahi difaaca kaaga jirtey, hase ahaatee kaabiga loo saaraa.

16 May, 1977 Xasan Guuleed Abtidoon oo ka dhashay beesha Ciise, ahaana hoggaamiyihii xisbiga L.P.A.I. ayaa waxaa loo doortay inuu noqdo madaxweynihii wakiiladii la doortay (President of the Council). Xubnahaas la doortayna waxa ay ka koobnaayeen toban wasiir; lix xisbigiisii (L.P.A.I.) ah iyo inta kale oo ahayd Canfar. Xisbigii F.L.C.S. waxba ma helin.

27 Juun 1977 Jabuuti ayaa xornimadeedii hantiday, waxa ayna la baxday Jamhuuriyadda Jabuuti. Waxaana Madaxweynihii ugu horeeyey ee Jamhuuriyadda noqday Xasan Guuleed Abtidoon oo qabiilka Ciise ka dhashay. Ra'iisal Wasaarena waxaa noqday Cabdalla Maxamed Kaamil. Xasan Guuleed isaga oo taageero weyn (cudud iyo dhaqaale) ka haysta dawladda Faransiiska wuxuu markiiba ku dhawaaqay in "Jabuuti tahay Jamhuuriyad ka madaxbanaan waddamada Afrikada Bari (Itoobiya iyo Soomaalia), cidii arrimahooda siyaasadeed soo fara gelisana loo arki doono daandaansi." Halkaasna waxaa ku biyo-beeshay rajadii Soomaalidu qabtey ee ahayd in Jabuuti la midoobi doonto Soomaaliya.

27 Juun 1977 Maalintaas oo ahayd maalintii Jabuuti xornimadeeda u dabaal degeysay, waxaa fagaagaraha magaalada Addis Ababa ku gaardiyey 70'000 oo ciidamo Kuubaan (Cuban) iyo Ruush isugu jira. Waxaa sidoo kale isla waqtigaas aad hoos ugu dhacay (nabad gelyo la'aan darteed) isku xidhnaashihii magaalooyinka Jigjiga, Harar iyo Dirir Dhaba. Isla mar ahaantaasna W.S.L.F ayaa waxa ay bilowday in ay duulaano is daba joog ah ku qaado xeryihii ciidamada Xabashida ee Ogaadeeniya degganaa.

Jul. 1977 W.S.L.F ayaa waxa ay sheegatay in ay xoraysay magaalada Godey oo ahayd jid (strategic) aad u muhiim ah. Isla mar ahaantaasna Miguste ayaa wuxuu xukumaddii

Maxamed Siyaad Barre ku eedeeyey in ay dagaalkaas ka dambayso, wuxuuna Minguste adduun weynaha ka codsaday kaalmo lagaga hortago dagaalkaas xad gudubka ah.

Jul. 1977 Dagaalkii Soomaaliya iyo Itoobiya ayaa si rasmi ah u bilowday, wuxuuna dhammaaday 1978, ka dib markii Soomaalida si xun loo soo jebiyey. Sababtuna waxa ay ahayd Midowga Soofiyati (the Soviet Union) iyo Kuuba (Cuba) oo dagaalka toos uga soo qayb galay.

Agoos (Bilowgii) 1977 Dhexdhexaadin ay O.A. U. isku dayey in ay dagaal kaga hortagto ayaa fashilmay ka dib markii Itoobiya diiday in shirkaas looga wada hadlo qadiyadda madax banaanida dhulka Soomaalida (Ogaadeeniya) ama loo oggolaado W.S.L.F. in ay wada hadalkaas ka qayb gasho. Isla bishaas aakhirkeediina Maxamed Siyaad Barre ayaa wuxuu booqasho ku tegay Moosko (Moscow) si uu garab uga helo, madaxweynihii Midowga Sofiyeti Leonid Brezhnev; nasiib darro, Maxamed Siyaad wuxuu kala soo noqday gacmo madhan.

7 Sebtem. 1977 Maamulkii Minguste wuxuu xidhiidhkii siyaasadeed u jaray Soomaaliya, isla maalintii ku xigtayna Itoobiya iyo Kenya ayaa shir jaraa'id oo ay si wada jir ah u soo saareen, Soomaaliya ku cambaareeyey in ay dhul balaadhsi wado. Inkasta oo heshiish difaac oo Soomaalida lagaga hor tegaayo labadaas waddan ka dhexeeyey, haddana Kenya dagaalkii labada waddan u dhexeeyey gacmaha ayey ka labaatay; waxa ayse Itoobiya u oggolaatay in ay hubka dekedda Mombasa ka soo degsan karto iyo in diyaaradaha Soomaaliya ee looga shakiyo in ay hub sidaan aanay hawada Kenya mari karin. Isla bishaasna waxaa la sheegay in diyaarado kuwa dagaalka ah oo fara badan Ruushku ka dejinayey magaalada Addis Ababa.

Isla mudadaas W.S.L.F[259] waxa ay ku guulaysatay in ay qabsato magaalada Jigjiga oo ahayd saldhig ciidan oo aad u weyn; welibana ciidamadii Xabashida ee la jebiyey sidaas lagagama hadhin ee waxaa la eryanayey ilaa magaalada Harar. Muddo yar ka dibna ciidamadii Soomaalidu waxa ay gacanta ku dhigeen magaalada Dirir Dhabe oo ay Soomaalida kula noolaayeen Oromo Muslim ah. Maamulkii Maxamed Siyaad Barre oo isku deyey inuu soo jiito oo taageero ka helo dadyowga dhulkaas deggan, wuxuu dhaqan geliyey magac cusub oo 'Somali Abo' la yidhaahdo, taas oo ku muujinayey in ay yihiin dad Soomaali ah. Wuxuuna taageero weyn u fideyey jabhad dadkaasi aasaasteen oo la odhan jirey S.A..L.F. (Somali Abo Liberation Front). Dadkii waqtigaas siyaasadda la socday waxa ay sheegeen in S.A.L.F ahayd farac ka tirsan W.S.L.F. aasaaskeedana uu ka dambeeyey Maxamed Siyaad Barre.

13 Okt. 1977 Maamulkii Maxamed Siyaad Barre ayaa wuxuu amar ku bixiyey in dhammaan ciidamadii iyo jaaliyaddii Ruushka (Midowga Sofiyeti) ay waddanka muddo toddobaad ah uga baxaan. Ciidamadaas iyo caa'iladooda oo tiradoodu gaadheysay ilaa 6,000 waxa ay badankoodu degganaayeen magaalooyinka Berbera iyo Xamar. Waxaa gaar ahaan aad u fadhiyey Berbera ciidamo laxaad leh oo ay ka mid ahaayeen, kuwa Maraakiibta, Gujisyada (Sub Marines) iyo diyaaradaha dagaalka. Inkasta oo Ruushka lagu amray inuu waddanka ka baxo, xidhiidhkii siyaasadeed looma goyn. Waxaa sidoo kale lagu amray in ay waddanka ka baxaan ciidamadii iyo dadkii Kuuba (cuba) waddanka joogay, isla mar ahaantaasna waxaa loo jaray xidhiidhkii siyaasadeed.

Maalintaas caydhinta Ruushka lagu dhawaaqayna waxaa fagaarayaashii magaalooyinka waaweyn oo dhan isugu soo baxay dad aad u tira badan oo taageersanaa in la eryo Ruushka, iyaga oo ku dhawaaqaaya '*erya erya Ruush kaba weyne— gaajadaada la guur.*' Waxa ay kale oo arrintaasi aad u sii kordhisay sumcaddii Maxamed Siyaad Barre, dareenkii dadkana waxaa aad u saameeyey dhacdooyinka dagaalka. Dagaalkaasi wuxuu soo celiyey wadanimadii duugoowday iyo dardar cusub oo Soomaalinimo ah. Dadkiina waxa ay u qaybsameen wax dagaalka toos u gala iyo wax hiil iyo hoo-ba dawladda la garab istaaga. Xataa waxaa la gaadhey heer reer miyigii xoolo iyo wiilal dagaalka gala ku deeqaan. Waxaana soo noqday heesihii, gabayadii wadaninimada ee xilliyadii xornimo doonka caanka ahaa. Qof kasta oo awoodaana wuxuu iibsaday raadiye (Radio) si uu arrimaha dagaalka ugala socdo. Xamaasaddaas iyo waddanimada lama filaanka ahina waxa ay dadkii ilowsiisay "in muddo ah" qaskii iyo maamul xumadii xukuumaddii Maxamed Siyaad Barre.

18 Okt. 1977 Diyaarad Jarmalku lahaa oo ay Falastiiniyiini soo af-duubeen oo gegida diyaaradaha Muqdisho taagnayd ayaa ciidamo Jarmal ah oo dawladdii Maxamed Siyaad Barre taageero buuxda ka haysta hujuum ku qaadeen. Ciidamadaasina waxa ay ku guuleysteen in ay dadkii rakaabka ahaa badbaadiyaan. Diyaaradaas la af-duubay guusha laga gaadhey oo maamulkii Maxamed Siyaad Barre sumcad weyn u soo jiidday, waxa ay ku dhiiri gelisay inuu waddamadii reer galbeedka caawimo (xagga dagaalka) weydiisto. Hase ahaatee, waddamadii reer galbeedku dheg uma jalaqsiin codsigii Maxamed Siyaad Barre.

Nof. (Aakhirkeedii) 1977 Waxa ay ciidamadii W.S.L.F (ciidamadii Soomaliya) sheegteen in ay qarka u saran yihiin in ay gacanta ku dhigaan magaalada Harar oo magaalo Muslim ah oo taariikh weyn leh. Waxaana rajadoodii soo dhowaatay, ka dib markii la sheegay in jabhadihii xoraynta Canfarta (A.L.F.) iyo Oromoda (O.L.F.) oo is bahaystay, kana soo horjeeday xukuumaddii Minguste ay qabsadeen jidkii keliya ahaa ee isku xidhaayey Harar, Assab iyo Jabuuti; halkaasna ay hakad ku gelisay hubkii iyo qalabkii Ruushka ee ka soo degeyey magaalada Assab oo markaas ahayd dekedda keliya ee Itoobiya wax uga soo degi kareen. Arrintu si kastaba ha ahaatee, guushii Harar laga filaayey ma ay caano dhalin, ciidamadii Soomaalida uma suurto gelin in ay galaan Harar. Labada dhinacna waxa ay muddo dheer is dhaafsanayeen hubka 'daran dooriga' u dhaca (Artillery).

Dist. 1977 Maxamed Siyaad Barre ayaa wuxuu booqasho ku tegay waddanka Iraan isaga oo weydiisanayey kaalmo hub iyo dhaqaaleba. Isaga oo Maxamed Siyaad weli Iraan booqasho ku jooga ayaa diyaaradihii Xabashida ee dagaalka ay weerar ku qaadeen magaalooyin ay ka mid ahaayeen Hargeysa, Arabsiyo, iyo Gebiley. Taageero la'aantii iyo jaah wareerkii xukuumaddii Maxamed Siyaad Barre haysaytayna waxa ay ku kaliftay inuu mar labaad reer galbeed, gaar ahaan Maraykanka dib ugu noqdo, isaga oo markaas u tusinaayey in qadiyadda Soomaaliya danta reer galbeedka tahay maadaama Midowga Sofiteti (Ruush) iyo Kuuba ay dagaalka si toos ah ugu jiraan.

Inkasta oo Maraykanku hadda ka hor ballan qaad u sameeyeyna kolkan wuu isbedelay, isaga oo ku andacooday in Soomaaliya joojiso dagaalka ay ku wado Itoobiya iyo caawimaadda ay u fidiso W.S.L.F., isla mar ahaantaasna ka tanaasusho aaminsanaanta 'Soomaali weyn.' Carab, Afrikaan, Yurub iyo cid kale oo maamulkii Soomaaliya dayeyba arrintu waxa ay u muuqatay in nasiibkii xagga Soomaalida ka jeedo. Isla bishaas (Disember) waxaa Itoobiya xoog ugu soo qulqulayey ciidamadii Ruushka iyo Kuubaanka ee la soo dejinayey (si ay Soomaalida ula dagaalamaan).

Feb. 1978 Soomaaliya waxa ay si cad ugu dhawaaqday in ay dagaalka Itoobiya si toos ah uga qayb qaadanayso, ciidamadeedana dib u habaynayso. Waxaana sidoo kale cadaatay in hubkii xoogga lahaa ee Ruushka ee Itoobiyaanka u soo degaayey iyo ciidamadii Kuubaankuba si toos ah u hawl galeen dagaalkiina marxaladdiisii ugu adkayd galay.

Maarj (bilowgii) 1978 Waxaa soo shaac baxay ayaan daradii ugu weynayd ee ciidamadii Soomaalida ee Itoobiya ka dagaalamayey ku habsata, ka dib markii ciidamo xoog leh oo ilaa 8,000 gaadhaayey fadhiyeyna inta u dhexaysa Jigjiga iyo Harar si naxariis darro ah diyaaradihii dagaalka ee Midowga Sofiyeti (Ruush) duuliyayaashiisu wadeen u rusheeyeen (duqeeyeen). Waxaa iyaguna dhulka ciidamadii Soomaalida hujuun kaga soo qaaday ciidamada qaybta 10aad ee Xabashida iyo weliba ciidamo aad u hubaysan oo Kuubaan (Cuban) ahaa. Ciidamadaas huwanta ahi waxa ay wateen lixdan ilaa toddobaatan Kaare (Tanks) iyo hub badan oo cusub oo Ruushku keenay, waxa ayna ka soo galeen Jigjiga dhinaca waqooyi oo aan Soomaalidu haba yaraatee filayn. Waxaa ciidamadii Soomaalida lagu sameeyey dhabar jebin aad u xeelad dheer, iyadoo hub aad u culus iyo ciidamo fara badan xaggooda dambe laga soo dejiyey, ka dibna madaafiic iyo hubka daran dooriga u dhaca lagu asqaysiiyey. Sidaasaana Jigjiga lagu qabsaday. Inkasta oo ay ciidamadii Soomaalidu isku dayeen in ay shacbigii Soomaalida ee dhulkaas degganaa meesha ka daad gureeyaan oo badbaadiyaan, haddana wakhtiga ayaa ku simi waayey oo waxa ay arrintii noqotay in qof walbaaba cagaha wax ka dayo, si uu lafahiisa ula baxsado.

9 Maarj 1978 Maxamed Siyaad Barre ayaa ku dhawaaqay in codsi xagga Maraykanka ka yimi dartii uu ciidamadiisii 'Ogaadeeniya' kala soo bixi doono, isaga oo sidoo kale Ruushka iyo Kuubaankana ka codsaday in ay dhulkaas ka baxaan. Arrintu si kastaba ha ahaatee, jabkii iyo argagaxii wuxuu dawladdii Soomaaliya iyo shacbigiiba (gaar ahaan kuwii xuduudka degganaa) ku abuuray baqdin hor leh, waayo waxaa u cadayd inaan Xabashida iyo xulufadoodu halkaas ku ekaanayne jamhuuriyadda u soo gudbi doonaan dhul badana qabsan doonaan. Cabsidaasina waxa ay kaliftay in dawladdii Somaaliya shacbigii xuduudka degganaa iyo weliba qaar ka mid ah kuwii waqooyi degganaa hub ay isku difaacaan u qaybiso. Nasiib wanaag ciidamadii huwanta ahaa xuduudkii ma soo dhaafin ee waxa ay ku ekaadeen dhulkay horey u haysteen, waxaana dhulkaas dib looga dhaqan geliyey maamulkii Xabashida.

Ka dib markii ay caddaatay inaan ciidamadii huwanta ahaa dhulkay dib u qaybsadeen aaanay meelna uga socon xukuumaddii Maxamed Siyaad Barre si xun ayey uga sii xanaaqday iyaga oo ku eedaynaya in ay dhul Soomaaliyeed xoog ku haystaan. Isla mudadaas Maxamed Siyaad Barre wuxuu booqasho ku tegay waddanka Shiinaha (China), wuxuuna isaga oo Shiinaha joogay ku dhawaaqay inaanu joojin doonin taageerada uu u fidiyo W.S.L.F. Sidoo kale, waxa ay Xabashidu shaaca ka caddaysay in haddii aan qaranimadooda iyo xuduudkooda Soomaaliya tix gelin aany iyaguna cid kale (Soomaaliya ayey ula jeeday) ixtiraami doonin.

Marka laga reebo Ruushka iyo Kuuba, wadamadii qaybta libaax ka qaatay jabkii ciidamada Soomaalida waxaa ka mid ahaa Koonfurta Yemen, Yuhuudda, Liibiya iyo wadamadii la odhan jiray Yurubta Bari ee iyaguna shuuciyadda ka tirsanaa. Wixii hoog iyo jab Soomaalidii loo geystayna, taageero la taaban karo dawladda keliya ee u geysatay waxa ay ahayd Shiinaha; gaar ahaan xagga dhaqaalaha iyo caawintii W.S.L.F.

Sida fool xumada ee dawladdii Soomaaliya loo jebiyey iyo taageero la'aanta, waxaa qayb ahaa ka mas'uul ahaa Maxamed Siyaad Barre laftiisa oo Safiirada iyo ragga arrimaha dibadda u magcaabi jirey dad daacad u ah maamulkiisa ama la reer ah, aanse haba yaraatee u eegi jirin awoodooda iyo aqoontooda siyaasadda dibadda. Halkaasna waxaa ku lumay rajadii wadamada dibada looga dhaadhicin lahaa qadiyadda dhulalka la gumeysto. Waxaa kale oo xukuumaddu ka seexatay u ololayntii iyo soo noolayntii qadiyadda dhulalka Soomaalidu ku nooshahay ee gacanta dawladaha kale ku jira.

Waxaa kale oo shacbiga Soomaalida lama ilaawaan ku noqotay in Ingiriiska iyo Talyaaniga oo qaybinta dhulka Soomaalida iyo bixintaba ka mas'uul ahaa oo eray taageero ah oo ay ka geystaan iska daayee, la safnaa Xabashida. Arrintu si kastaba ha ahaatee, dad badan oo Soomaali ah waxaa ka dhaadhac sanayd in taageerada weyn ee Itoobiya la siiyey ay u sabab ahayd mid diin ku salaysan. Dagaalkii markii u dhammaadayna waxaa soo baxay su'aalo badan in ay dadkii isweydiiyaan:

1. horta dagaalka loo galay?
2. Muxuu ahaa hadafka W.S.L.F?
3. W.S.L.F ma Ogaadeen uun bay dhul u raadinaysay mise dadkii dhulkaas degganaa oo dhan?

Markiibana waxaa bilaabatay shuxshux la leeyahay war dagaalkani wuxuu ahaa mid Daarood wato oo Ogaadeen dhul loogu raadinayo. Waxaana markiiba soo shaac baxay in la soo fago oo laga sheekeeyo utuntii u dhexaysay, Ciise iyo Ogaadeen, Isaaq iyo Ogaadeen, Oromo iyo Ogaadeen iyo dadyowgii kale ee dhulkaas degganaa. Waxaadna moodaysay in shacbigu iyaga oo jabkii loo geystay ka cadhaysan ay isku deyayeen in ay jawaab u helaan kumanyaalkii ciidan iyo shacbiba lahaa ee dagaalkaas ku naf waayey iyo hantidii ku burburtay.

9 April 1978 Inqilaab dicisoobay ayaa waxaa isku deyey koox saraakiil ah oo Majeerteen u badnaa, oo ay hogaaminayeen kor. Maxamed Sheekh Cismaan (Ciro) iyo Kor. Cabdullaahi Yuusuf. Ka dib markii inqilaabkii fashilayna todobo iyo toban raggii la qabtay ka mid ahaa ayaa la toogtey in badana xabsiyada ayaa loo taxaabay. Raggii la toogtay waxaay kala ahaayeen[260]:

Tiro	Magac	Derajada	Qabiil
01	Maxamed Sheekh Cismaan (Ciro)	Kornayl	MJ-Cumar Maxamuud
02	Siciid Jaamac Nuur	G/LE	MJ-Ciise Maxamuud
03	Siciid Maxamed Jaamac	G/LE	MJ-Cusmaan Maxamuud
04	Bashiir Abshir Ciise	Dhamme	MJ-Cusmaan Maxamuud
05	Caagane Axmed Yuusuf	Dhamme	MJ-Cumar Maxamuud
06	Cabdullaahi Faarax	Dhamme	Hawiye, Xawaadle
07	Cabdullaahi Nuur	Dhamme	Hawiye,
08	Ibraahim Maxamuud Xirsi	Dhamme	Isaaq, H/Yoonis
09	Cabdisalaam Cilmi Warsame	Dhamme	MJ-Cumar Maxamuud
10	Maxamed Siciid Cabdulle	L/XLE	Hawiye, Habar Gidir
11	Cabdulwahaab Axmed Xaashi	L/XLE	MJ-Cumar Maxamuud
12	Aadan Warsame Yare	L/XLE	MJ-Cumar Maxamuud
13	Cabdi Ugaas Cusmaan	L/XLE	Hawiye, Murursade

14	Cabdiraxmaan Macallin Bashiir	L/XLE	MJ-
15	Cabdulqaadir Geelle Cumar	L/XLE	MJ-Cusmaan Maxamuud
16	Faarax Xalwo	S/XLE	MJ-Cusmaan Maxamuud
17	Cabdulqaadir Warsame Yare	Rayid	MJ-Cumar Maxamuud

9 Abriil 1978 Waxaa Xabsiga laga sii daayey abwaan Maxamed Ibraahim Warsame (Hadraawi). Muddo ka dibna waxaa maamulkii Maxamed Siyaad Barre ka dhigay Agaasimaha Waaxda Fanka ee Akadeemiyaddii Cilmiga Fanka iyo Suugaanta.

Nof. 1978 Shir ay qaban qaabiyeen dadkii taageersanaa jabhaddii WSLF ayaa waxa ay ku codsadeen hoggaamiyayaashii in xubnaha golaha wax laga bedelo, laguna daro dad aqoon leh oo u qalma derajada loo dhiibayo. Ka dibna waxaa la isku afgartay in la kordhiyo xubnaha golaha dhexe, lana gaadhsiiyo ilaa 150 qof. Arrintu si kastaba ha ahaatee, xubnihii cusbaa iyo halgankii jabhadda midna ma hano qaadin, waayo xaaladda siyaasadeed ayaa waxa ay ku soo beegantay xilligii dagaalka Itoobiya lagu jirey ee Soomaalida lagu jebiyey.

Feb.1979 Waxaa magalada Nayroobi (Nairobi) ee waddanka Kenya ku kulmay laba kooxood oo mucaarad ku ahaa xukuumaddii Maxamed Siyaad Barre. Ragga halkaas ku kulmay waxa ay ka wada hadleen sidii loo aasaasi lahaa koox cusub oo mucaarad ah. Ragga halkaas ku kulmay waxaa ka mid ahaa:

1. Dr. Xasan Cali Mirreh
2. Cali Barre Jaamac (Ciddi Libaax)
3. Cabdullahi Yuusuf
4. Maxamed Abshir Walde
5. Cabdullaahi Maxamed Xasan

Markii muddo falanqayn lagu jirey, waxa ay nimankaasi isku raaceen in ay jabhad cusub abuuraan. Ka dibna waxa ay la xidhiidheen maamulkii Minguste Xayle Mariam si oggolaansho iyo taageero looga helo. Maamulkii Minguste waxa uu u sheegay in aanay suurto gal ahayn in ay ku dagaal galaan jabhad aan magac lahayn. Sidaas darteed ay (nimankaasi) u baahan yihiin in ay qabtaan shirweyne guud (congress) kaas oo lagu dhisayo jabhad cusub. Waxa kale oo kulankaas lagu go'aamiyey in jabhaddii SDAF magaceeda la isticmaalo maadaama ay dawladda Itoobiya hore u aqoonsanayd. Ka dibna waxa ay go'aan ku gaadheen in ay shirweyne ku qaban qaabiyaan Addis Ababa.

1979 Nin la odhan jirey Maxamed-Cali oo ka dhashay qabiilka Isaaq (Habar Yoonis), ayaa waxa uu dagaal hubaysan ka bilaabay dhulka Hawd iyo Reserve Area "Ogaadeen." Maxamed-Cali waxa uu hore uga tirsanaan jirey jabhaddii 'Gobonimo-doonka Soomaali galbeed' ama loo yaqiinay Western Somalia Liberation Front (W.S.L.F). Dadka qaarkiis waxa ay weriyeen in Maxamed-Cali markii uu jabhadda ku biiray uu u sheegtay in uu yahay Ogaadeen, ka dib markii la ogaaday in uu Isaaq yahay-na la "ximi-yahay" oo si shisheeye loola dhaqmay. Markii ciidamada Soomaalida lagu jebiyey dagaalkii ay Itoobiya la galeen, W.S.L.F. dagaaladii ay la geli jirtay ciidamada Xabashida aad ayey u yaraayeen, laakiin waxaa la sheegay in ay baad (gibir) ka guri jirtay qabiiladii dhulkaas degganaa ee Isaaqu ka mid ahaa.

Sidaas darteed, waxaa la sheegay in Maxamed-Cali uu ka mid ahaa raggii ka xanaaqay sidii W.S.L.F. ula dhaqmi jirtey dadka Isaaqa ah ee reer miyiga ah, waxa isaga iyo rag kale oo Isaaq ahi ay markii dambe aasaaseen jabhad la odhan jirey Qaybta 4aad ama (4aad), laakiin magaca hirgalay ee aad loogu yaqiinay waxa uu ahaa "Jabhaddii Maxamed-Cali." Jabhadda W.S.L.F. taageerada ugu weyn (hub iyo dhaqaale) waxa ay ka heli jirtay dawladdii Soomaaliya, sidaas darteed, dad badan oo Isaaq ahaa waxa ay aaminsanaayeen in dhicidda iyo baadista W.S.L.F. Isaaqa ku hayso, ay tahay arrin lagu heshiis yahay (Dawladda Soomaaliya iyo W.S.L.F.). Jabhadda Maxamed-Cali waxa ay ahayd meesha halganka Isaaqu ka bilowday, waxa ayna ahayd wadadii fududaysay in SNM la aasaaso.

Feb. 1979 Waxaa gurigii G/Sare Cabdillaahi Jaamac Galaal ee Xamar ku yaallay ka dhacay kulan aya isugu yimaadeen rag badan oo Isaaq ah. Raggaas waxaa ka mid ahaa 15 sarkaal iyo rag badan oo dawladda u shaqayn jirey, iyo qaar baayacmushtar ah. Nimankaas waxaa ka mid ahaa G/Sare Maxamed Xaashi Diiriye (Lixle), G/Sare Cabdillaahi Jaamac Galaal iyo G/Sare Maxamed Axmed Faarax (Foud). Shirkaas oo sir ahaa, waxa raggaasi uga wada hadleen arrimo badan oo danaha Isaaq khuseeya, laakiin waxaa ugu muhiimsanaa sidii jabhadda Maxamed-Cali loo taageeri lahaa, iyo doorka saraakiisha, shaqaalaha iyo baayacmushtarkuba ay ka qaadan lahaayeen arrimaha dawladda lagu mucaaradayey oo markaas dhaqdhaqaaqoodii bilowday.

Waxaa isla waqtigaas Xamar yimid odayaal Habar Awal u badan oo ergo ugu socday in ay Maxamed Siyaad Barre kala hadlaan in uu soo xabsiga ka sii daayo Maxamed Xaaji Ibraahim Cigaal. Waxaa waqtigaas iyaguna magaalada Xamar joogay odayaal Isaaq ah oo magac weyn lahaa oo kulligood dano gaar ah (shaqsiya) u socday. Odayaashaas waxaa ka mid ahaa:

1. Maxamed Xaaji Ducaale 'Dhoola Yare,' Caaqil, Habar Jeclo
2. Cali Xirsi, Caaqil, Habar Jeclo
3. Cabdi-Waraabe, Ciida-gale
4. Aadan X. Maxamed Siraad, Habar Awal
5. Suldaan Cabdi (Jibriil Abokor)
6. Suldaan Maxamed Faarax (Arab)

Kulankaas saraakiisha waxa uu ku soo aadey fursad wanaagsan oo saraakiishu ay odayaasha kala hadli karaan danta guud, iyo midnimada Isaaq. Waxaa la sheegay in nimankii saraakiisha ahaa ay is-qaybiyeen oo ay odayaashii mid-mid ula kulmeen, kana codsadeen in ay cod-midaysan Maxamed Siyaad Barre ula tageen, una gudbiyaan wax-kasta oo reerka Isaaq tabanayo. Taladaas saraakiishu soo jeediyeen odayaashii waa ay aqbaleen, ka dib-na, waxaa ay odayaashii iska xuleen (doorteen) 8 nin oo sideeda haamood (laamood) ee Isaaq metela. Waxa ayna cod buuxa ula tageen Maxamed Siyaad Barre, iyaga oo waxa ay tabanayeen oo dhan u sheegay, kana codsaday in uu si degdeg ah wax uga qabto. Waxyaabaha ay ka codsadeen waxaa ka mid ahaa:

- In uu xabsiga ka sii daayo ragga Isaaq (Cigaal ka mid yahay) ee siyaasadda u xidhxidhan
- In dhibaatooyinka W.S.L.F. ku wado dadka Isaaq ee reer miyiga ah ay ka joojiso
- In horumarinta iyo nabad gelyada gobolada waqooyi dawladdu wax ka qabato.

Waxaa la sheegay in Maxamed Siyaad Barre odayaashii ka aqbalay qodobadii ay ula tageen, laakiin waxaa la sheegay in aanu (M.S. Barre) waxba ka fulin arrimihii uu odayaasha ka aqbalay. Fikraddaas midaysay ee odayaasha Isaaq M.S. Barre ula tageen, waxa la sheegay in ay ahayd markii 3aad (taariikhda) ee Isaaq iyaga oo midaysay arrin danta guud (ee Isaaq) isku raacaan. Labada mar ee kala waxa la sheegay in ay kala ahaayeen 1) Dagaalkii Seyid Maxamed Cabdulle Xasan iyo Daraawiish looga oo hor jeeday iyo 2) go'aankii ay ku gaadheen in ay Ingiriiska xornimadooda ka qaataan, isla mar ahaantaasna la midoobaan 'walaalohooda koonfureed.'

13 Juun 1979 Waxaa magaalada Xamar laga aasaasay urur la odhan jirey Ururka Dhallinyarada Gobonimo-doonka Soomaali Galbeed (U.DH.G.S.G.). Ururka U.DH.G.S.G waxa uu ka soo dhex baxay WSLF—iyada oo ujeedada loo aasaasay ahayd in la xoojiyo doorka dhalinyarada Soomaali Galbeed kaga aadan tahay halganka xornimo raadiska. Dhalinyaradaasi waxa ay bilaabeen in ay abaabulaan isuna keenaan ururada bulshada ee kala duwan kuna jirey halganka gobonimo raadiska. Waxaa la weriyey in dhaqdhaqaaqyadaas badan ee dhalinyaradu waddey ay ka xanaajisay raggii hoggaamiyayaasha ka ahaa WSLF iyo maamulkii Maxamed Siyaad Barre oo isagu toos u maamuli jirey jabhaddii WSFL.

Agoos 1979 Dastuur cusub ayaa la sameeyey, kaas oo abuuray 177 xubnood oo la odhan jirey Golaha Shacbiga. Waxaana Dastuurkaas lagu caddeeyey in Soomaaliya hal Xisbi (Xisbigii hantiwadaagga) oo keliyaa ka jiri doono, madaxweynuhuna (M.S.Bare) uu noqon doono Xoghayaha Guud ee Xisbiga Hantiwadaagga Kacaanka Soomaaliyeed.

1-8 Feb.1980 Waxaa Addis Ababa ka dhacay shirweynihii hore (Feb. 1979) looga wada hadlay in lagu aasaaso jabhad laga soo hor jeedo maamulkii Maxamed Siyaad Barre. Waxaana kulankaas oo mucaarad badani ka soo qayb galeen hormuud u ahaa maamulkii SDAF iyo raggii hore Nayroobi ugu kulmay ee Dr. Xasan Cali Mirreh ka midka ahaa. Shirweynahaas oo muddo sideed maalmood ah socday waxaa go'aan lagu gaadhey in jabhad cusub lagu dhawaaqo, magacii SDAF-na laga gudbo. Waxaana la isku raacay jabhad cusub oo magaceeda la odhan jirey Jabhadda Badbaadinta Soomaaliyed—Somali Salvation Front (SSF).

8 Feb. 1980 Waxaa lagu dhawaaqay abuuritaankii SSF. Shirweynaha SSF waxaa isugu yimid dad badan oo qabiilo kala duwan ka tirsan. Ragga u sharaxnaa in loo doorto Guddoomiyaha ururka cusub waxaa ka mid ahaa Kornayl Cabdullaahi Yuusuf oo aad ugu dagaalamay in jagadaasi aanay dhaafin, hase ahaatee waxaa aad uga soo hor jeestay raggii tacliinta lahaa ee hore xubnaha uga ahaan jirey SDAF. Doorashada guddoomiyaha SSF oo uu shir guddoomiye ka ahaa Dr. Xasan Cali Mire, waxa ay ahayd mid muran aad weyni uga dhashay, ugu dambayntiina (markii laba habeen laga doodayey) waxaa guddoomiye loo doortay Mustafe Xaaji Nuur oo ahaan jirey weriye u shaqeeya Laanta Af-Soomaaliga ee BBC. Waxaa kale oo la isku raacay in ururka (jabhadda) magaca loo aqoon doonaa uu yahay 'Kulmis[262],' magacaas oo muujinaya midnimo iyo in Soomaalidu u dhan tahay. Waxa isla markaasna lagu dhawaaqay xubnihii/hoggaamiyayaashii ururka oo kala ahaa:

1. Yuusuf Cali Haaruun, Habar Yoonis
2. Yuusuf Dirir, Habar Yoonis

3. Cabdiraxmaan Saalax, Habar Jeclo
4. Xaaji Cumar 'Sterlin' Abgaal
5. Dr. Xasan Cali Mirreh, Majeerteen
6. Mustafe Xaaji Nuur, Habar Awal
7. Maxamuud Geelle Cilmi (Dhurwaa), Habar Gidir

Isla maalintaas doorashadu dhacday SSF waxa ay sheegatay in dagaal ay quwadaha mucaaradku ciidamadii Xukuumadii M.S. Barre la galeen, khasaare aad u weyna ugu geeysteen, kana dileen 52 askari.

2-3 Jul.1980 SSF, waxa ay sheegtay in dagaal qadhaadh oo ay la galeen Ciidamadii xukuumaddii M.S. Barre, ay kaga dileen 72 askari.

6 Agoos 1980 SSF, waxa ay sheegtay in xafiiskeedu noqon doono Wardheer.[263]

21 Agoos 1980 Xukuumadii M.S. Barre, ayaa heshiis waxa ay la gashay Maraykanka. Heshiiskaasna waxaa la isku raacay in ciidamada dawladda Maraykanku isticmaalaan Dekedaha iyo Garoomada diyaaraha ee Soomaaliya, gaar ahaan dekada Berbera iyo Garoonkeeda diyaaradaha. Dawladda Maraykankuna waxa ay balan qaaday in ay lacag siin doonto maamulkii M.S. Barre, lacagtaas oo lagu magcaabay ka caawinta xagga nabad gelyada (Security Assistance). Mudadii u dhexaysey 1980 ilaa 1991kii, lacagta Soomaaliya la siiyey waxa ay gaadheysey $200.1 milyan.(oo doolarka Maraykanka ah). Lacagtaas xukuumadii M.S. Barre, la siiyey $60 milyan waxa ay ahayd deyn, $140.1 milyanna waxa ay ahayd deeq. Ciidamadii Maraykankuna waxa ay Berbera ka guureen aakhirkii 1990kii, ka dib markii nabad gelyadii nawaaxigaasi sii xumaatay.[264]

21 Okt.1980 Bandow ayaa dalka oo dhan lagu soo rogey, iyada oo loola jeeday in lagu cabudhiyo cid kasta oo dawlada waxyeelo siyaasadeed u geysan karta.

1980's Xasilooni la'aan aad u fara badan ayaa wadanka ka jirtey iyadoo dad badani aaminsanaayeen in ay u keentay cawaaqib xumadii siyaasadeed ee dagaalkii 1977dii lala galay dawladii Amxaarada.

1980 (Xajkii) Magaalada Jidda ee wadanka Sacuudi Carabiya ayaa waxaa ka dhacay kulan ay isugu yimaadeen rag badan oo Isaaq ahaa, kana kala socday waddanka gudihiisa iyo dibaddiisaba. Ujeedada ugu weyn ee shirkaasi waxa uu ahaa sidii la isugu xidhi lahaa halganka gudaha iyo dibadda ee Isaaq dawladda kaga soo horjeedo. Raggii waddanka gudihiisa ka socday waxaa ka mid ah, Saleebaan Nuur, Cabdi Shaybe iyo Maxamed Axmed Faarax (Foud). Ragga kulankaas ka qayb galay waxaa ka mid ahaa guddigii Isaaq ee Sacuudiga degganaa ee ay ka mid ahaayeen, Xasan Aadan Wadaad-Diid, Maxamed Xaashi Cilmi iyo Cabdiraxmaan Xasan Cawl.

Jan. 1981 Qaraxyo ayaa meelo badan oo Xamar ka tirsan ka dhacay, taasisina waxa ay keentay in la xidhxidho dad badan oo loo tirinayey in ay Midowgii Sofiyati (Soviet Union) u ahaayeen taageerayaal.

30 Jan.1981 SSF, Raadiyow Kulmis waxa ay ka sheegtay in shir jaraa'id oo ay ku qabatay Washington D.C., ay ku caddaysay ujeedooyinka ay u dagaalamayso. Kuwaas oo ay ka mid ahaayeen:

1) In ay xukuumada Maxamed Siyaad Barre, maja xaabinayso.

2) In dawlad ku meel gaadh ah oo dadka oo dhammi u siman yahay ay dhisi doonto.

3) In ay Dastuur cusub ku samayn doonto muddo 12 bilood (Sannad) gudahood ah.

4) In ay diyaarin doonaan dawlad dimoqraadi ku dhisan, isla markaasna ay qaban doonaan doorashooyin madaxbanaan oo xaq ku dhisan.

5) In dawladaasi mid dhexdhexaadda noqon doonto xagga siyaasadda dibadda.

6) In ay taageeri doonaan ururada xaq u dirirka ah meel kasta oo ay joogaan iyo kuwa la dagaalamaya midab-takoorka Africa iyo meelaha kaleba ka jira.

Isla sannadkaas WSLF ayaa waxa ay qabatay shirweyne—kaas oo ay ka soo qayb galeen aqoon yahanno, salaadiin, culuma-diin, ururada haweenka, dhallinyaro iyo xubno ka tirsana jabhaddii WSLF. Shirkaas waxaa lagu doortay xubnihii golaha dhexe oo ka koobnaa 51 qof, waxaana guddoomiye loo doortay Maxamed Diiriye Cabdi (Uur-doox). Waxaa kale oo shirkaas lagu ansixiyey dastuur cusub oo qeexaya hadafka iyo himilada WSLF.

Arrintu si kastaba ha ahaatee, waxaa la sheegay in maamulkii Uur-doox aanu hano-qaadin. Waxaa la weriyey in ay dhibaatada u sabab ahayd Uur-doox iyo maamulkii Maxamed Siyaad Barre iska hor yimid, waxaana markii dambe lagu qasbay (Uur-doox) in uu xilka WSLF iska wareejiyo[265].

21 Feb.1981 Cafis guud ayaa Maxamed.S.Barre, u fidiyey dhammaan dadkii dalka dibada uga cararay, kuwaas oo uu ku magcaabay kuwii wadanka denbiga ka galay wixii ka horeeyey 14kii Feb.1981kii. Cafiskaasna waxaa loo ogolaa qofkii wadanka gudihiisa mudo saddex bilood gudohood ah ku soo laabta.

Maarj. 1981 Ilaa intii laga gaadhayey abuuritaankii SSDF (Somali Salvation Democratic Front) jabhaddii SSF, dagaaladii dhuumaalaysiga ahaa ayey wadey, waxa ayna hoggaamiyayaasheedii sheegteen— marar badan in ay laayeen ciidamo fara badan oo ilaa toban kun gaadhaya, oo ka tirsanaa xukuumaddii M.S. Barre ka tirsanaa.

Abriil 1981 Maxaabiista siyaasadda u xidhnayd Soomaaliya waxaa lagu qiyaasay 5'000 ilaa 10,000.

6 Abriil 1981 Somali National Movement (SNM)- {Jabhada Dhaqdhaqaaqa Soomaaliyeed}, ayaa la aasaasay. Jabhadda aasaaskeeda waxaa fikraddeeda lahaa niman Isaaq ahaa oo deganaa waddanka Sacuudi Carabiya, waxaase lagaga dhawaaqay magaalada London ee waddanka Ingiriiska, halkaas oo markii dambe noqotay meel ay ka soo baxeen taageerayaal aad u fara badan oo SNM magaceedii aad kor ugu qaaday. Markii dambena taageeridda SNM waxa ay aad ugu fidday Carabta, Maraykanka, Yurub, iyo meel kasta (sida Kenya) oo dad Isaaq ah oo badani degganaayeen. Nimanka SNM aasaasay waxa ay ku dhawaaqeen in ay wax kasta oo suurto gal ah ay kula dagaalami doonaan xukuumadii Maxamed Siyaad Barre. Waxaa kale oo aanay ku dhawaaqin, laakiin 'ajandahooda' ahaa in si taageero buuxda loo helo Isaaqa waddanka gudihiisa iyo kuwa ku nool dibadaha la isku xidho (la mideeyo). Raggii SNM aasaasay waxaa ka mid ahaa:

1. Axmed Jimcaale (Guddoomiyihii ugu horeeyey)
2. Maxamed Xaashi Cilmi
3. Axmed Ismaaciil Cabdi (Duqsi)
4. Xasan Ciise Jaamac
5. Xasan Aadan Wadaad-Diid

Fikradda lagu abuuray SNM waxaa gogol dhig u ahaa oo laga raad raacay Jabhad 1979kii uu aasaasay nin la odhan jirey Maxamed-Cali (Habar Yoonis). Jabhaddaas oo loo yiqiinay "Jabhaddii Maxamed-Cali."

8 May 1981 Afar qof ayaa dil lagu xukumay iyadoo lagu soo eedeeyey in ay quwado shisheeye u adeegayeen.

Juun 1981 Ninman dhalinyaro oo u badnaa baayacmushtar iyo aqoon yahanno ayaa waxa ay ku kulmeen shir (fadhi qaad) magaalada Hargeysa. Kulaankaas dhalinyaradu waxa uu dhacay maalin ka dib arooskii Maxamed Baaruud Cali (ina Baaruud) oo dhalinyaradaas ka tirsanaa saaxiibna la ahaa. Fadhigaas waxaa lagu falanqeeyey horumar la'aanta gobolada waqooyi ka taagnayd, gaar ahaan xaaladda dhakhtarka Hargeysa oo aad iyo u xumayd. Xaaladda dhakhtarku ku sugnaa waxaa warbixin dheer ka bixiyey Dr. Maxamuud Sh. Xasan Taani, Dr. Aadan Yuusuf Abokor iyo Dr. Maxamed Cali Sulub. Warbixintaas dhakhaatiirta ka dib, waxa dhalinyaradii halkaas isugu timi, gaar ahaan kuwii baayacmushtarka ahaa ay balan qaadeen in ay qayb ka qaadanayaan dib u dhiska iyo dib u habaynta dhakhtarka, waxa ayna ballan qaadeen lacag in ay bixinayaan.[266]

Maalintii dhaliyaradu go'aanka gaadheen maalintii ku xigtay ayaa waxa loo sheegay in ay magaalada booqasho ku joogaan Saleebaan Axmed Faarax (ina Laxwas) iyo Axmed Maxamed Siilaanyo oo ahaa madax ka tirsan xukuumaddii Maxamed Siyaad Barre. Waxaa la sheegay in ujeedada ugu weyn ee wefdigaas magaalada u yimaadeen ay ahayd in dadka baayacmushtarka ah kala hadlaan sidii ay gacan uga geysan lahaayeen xaaladdii Iskuulada oo aad u xumaa una baahnaa dayactir iyo dib u hagaajin. Markii nimankii dhalinyarada ahaa ee kulanku dhexmaray ay imaatinka wefdigaas maqleen, waxa ay isugu yimaadeen fadhi kale, waxa ayna go'aan ku gaadheen in ay la kulmaan wefdigaas, runtana u sheegaan in ay ku fashilmeen (madaxdaasi) wax u qabadka iyo horumarinta gobolada ay u dhasheen.

Kulankii wefdiga ee nimanka dhalinyarada ahi sugayeen waxa uu ka dhacay guriga shaqaalaha ee Hargeysa, waxyaabihii laga wada hadlaayey waxaa ugu weynaa dhibaatooyinkii xagga caafimaadka iyo waxbarashada ka taagnaa. Waxyaabihii wefdigaasi ku taliyeen waxaa ka mid ahaa in dadka baayacmushtarka ah iyo shacbiguba ay gacan ka geystaan sidii horumarinta gobolka, gaar ahaan xagga caafidaadka iyo waxbarashada gacan ka geystaan. Inkasta oo dadka baayacmushtarka ahi diyaar u ahaayeen in ay gacan taakulo ka geystaan xaaladda dhaqaale ee mashruucyadaas, haddana waxaa khilaaf weyni ka taagnaa habka tamarucaas loo ururinayo iyo cidda maamulaysa. Dadka baayacmushtarka ahi waxa ay doonayeen in hawshaasu dawladda ka madax banaanaato, waayo waxa ay ka cabsi qabeen in lacagtooda meel aan loogu talo gelin ay marto.

Markii nimankii wefdiga ahaa khudbadoodii dhammaysteen, nimankii dhalinyarada ahaa ee soo tashaday ayaa waxa ay nimankii wefdiga ahaa ka codsadeen in ay xaaladda ka hadlaan. Intasta oo la sheegay in markii hore loo diiday, waxa dhalinyaradii qaar ka mid ahi weriyey in Axmed Maxamed Siilaanyo u oggolaaday in ay hadlaan. Ka dibna waxa ay bilaabeen in ay mid-mid u kaceen (30kiiba) kana hadlaan dhibaatada gobolka ka taagan. Waxaa ugu horeeyey Dr. Maxamuud Sh. Xasan Taani oo isagu xaaladda dhakhtarka Hargeysa aad xog-ogaal ugu ahaa. Waxaa isla waqtigaas magaalada Hargeysa joogay wefdi Jarmal ah oo ka socda Dhakhaatiirta aan Xuduudka lahayn (Doctors without Borders), oo qalab badan oo ay ka mid ahaayeen daawooyin iyo sariiro u keenay Dhakhtarka Hargeysa. Qalabkaasi waqtigaas waxa uu yaallay dekedda Berbera, wuxuuna (qalabkaasi) ka mid ahaa waxyaabihii khilaafku ka taagnaa, waayo dhalinyaradu waxa doonayeen in aan dawladdu gacanta la gelin.

Waxyaabaha ugu waawyn ee dadka gobolada waqooyi dawladda kaga cabanayeeen waxaa ka mid ahaa in dawladdu haba yaraatee aanay goboladooda waxba u qaban, wax kasta oo dadku u baahdaana ay Xamar ka doontaan. Isla mudadaas waxaa jirey joornaal yar oo UFO la odhan jirey oo si qarsoodi ah Hargeysa uga soo bixi jirey. Joornaalkaas oo uu qori jirey Maxamed Baaruud Cali, waxyaabaha uu ka hadli jirey waxaa ka mid ahaa dhibaatooyinka dhaqaalaha, bulshada iyo siyaasadda ee goboladaasi ku sugnaa. Jaraa'idka UFO oo aan dawladdu garaneyn meesha uu ka soo baxo iyo cidda soo saarta midkoodna waxa uu askartii iyo maamulkii gobolada waqooyi ku abuuray werwer aad u weyn. Erayga UFO waxa loo yaqaanaa ufada ama dabaysha ka ka soo horaysa marka roobku da'ayo. Sidaas darteed, sababta ugu weyn ee dawladdu uga shakiday waxa ay ahayd in 'Ufada' wax daba socdaan.

Agoos 1981 Xukuumaddii Maxamed.S.Barre, ayaa xidhiidhkii siyaasadeed (Diplomacy) u gooysey Libiya iyadoo Mucamaru Qadaafi ku eedeeysey inuu taageero u fidiyo Jabhadda Badbaadinta Soomaaliyeed (SSF).

19 Sebtem. 1981 Jabhadii loo yiqiinay Jabhadda Dimoqraadiga Badbaadinta Soomaaliyeed (SSDF), ayaa la aasaasay, isla mar ahaantaana guddoomiye loo doortay Kornayl Cabdullaahi Yuusuf. SSDF waxaa laga abuuray saddex jabhadood oo isbahaystay, kuwaas oo kala ahaa:

1) Somali Salvation Front (SSF)- {Jabhadda Badbaadada Soomaaliyeed.

2) Democratic Front For The Liberation of Somalia (DFLS)-{Jabhadda Dimoqraadiga Xoraynta Soomaaliya} Axmed C/raxman Caydiid-(Guddoomiye).

3) Somali Workers Party (SWP)-{Xisbiga Shaqaalaha Soomaaliyeed.}Xuseen Saciid jaamac – (Guddoomiye), SSDF waxaa looga dhawaaqay Raadiyow Kulmis, kaas oo ay markii hore ka hadli jirtey SSF.

20 Okt. 1981 Xukuumaddii Maxamed Siyaada Barre, ayaa waxa ay sheegtay[267] in maxaabiis ka badan ilaa 5,000 la sii deyn doono, iyadoo la caddeeyey in dadkaas la cafiyey aanay ku jirin dadkii dembiga ka galay qaranimada, nabadgelyada, iyo midnimada waddanka, kuwaas oo run ahaantii loola jeeday dadkii siyaasadda u xidhnaa.

27 Okt.1981 SSDF, waxa ay sheegatay in ay guulo waaweyn ka gaadhay dagaal ay la gashay Ciidamadii xukuumaddii Maxamed Siyaad Barre, isla markaasna boqolaal ciidamadiisa ahi ay SSDF ku soo biireen. Waxa ayna wadamada reer galbeedka ka codsadeen in ay ay caawimaada ay xukuumaddaas u fidiyaan joojiyaan.

Okt-Dis. 1981 Waxaa magaalada Hargeysa dawladdu ku xidhxidhay nimankii dhalinyarada ahaa ee wefdigii Axmed Maxamed Faarax (ina Laxwas) hoggaaminayey kala dooday arrimaha dhaqaalaha ee gobolada waqooyi. Dhalinyaradaas oo tiradoodu gaadheysay ilaa 30, waxaa la qabqabtay mudii u dhexaysay bisha okt. iyo disember. Markii dhalinyaradaas la xidh xidhay, su'aalihii ugu badnaa ee la weydiinaayey waxa ay u badnaayeen haddii ay akhriyeen joornaalka UFO ama ogyihiin cidda soo saarta[268]. Dhalinyardaas xadhigoodii oo noqday mid gobolada waqooyi aad u kiciyey, waxaa markii dambe loo yaqaaney kooxdii UFO. Waxa kale oo la weriyey in xadhigii dhalinyardaasi noqday arrintii ugu weynayd ee dadkii goboladaas deganaa, gaar ahaan Isaaqa midaysay. Waxaa sidoo kale dadkii goboladaas ku abuurmay dareenkii ugu xumaa iyo aamin la'aantii shacbigu dawladda ka qabey. Waxaa dad badan ka dhaadhici weyday sababta dawladdu uga soo horjeesatay mashaariicda horumarinta, sidaas darted waxaa dad badani iska dhaadhiciyeen in ogaan iyo ula kac goboladaas hor-u-marka loogu diidan yahay.

1 Nof.1981 Shan sarkaal ayaa nabad gelyo siyaasadeed weydiistay Libiya, goostayna in ay ku biiraan SSDF. Nimankaas waxaa la weriyey in ay ka mid ahaayeen Cabdullaahi Maxamed "Cabdullaahi Faash" iyo Cabdiraxmaan Caydiid.

25 Nof.1981 Shan nin oo xukuumadii Maxamed Siyaad Barre, ka tirsanaa (Wasiirkii hore ee Warfaafinta iyo laba nin oo X.H.K.S (SRSP), horey uga tirsanaan jirey ayaa Beirut (Lebnon) kaga dhawaaqay in ay SSDF ku biirayaan.[269]

25 Nof. 1981 SSDF waxa ay qeexday hadafkeeda siyaasadeed oo ay ka mid ahaayeen qodobo dhawr ah:

1) In la burburiyo xukuumadda Maxamed Siyaad Barre.

2) In la diyaarin doono Dastuur cusub

3) In Baarlamaan Dimoqraadiyad ku dhisan la habbeeyo.

4) In ciidamada Cirka, badda, iyo dhulkaba ee Maraykanka waddanka Soomaaliya laga saaro.

5) ka mid noqoshada wadamada siyaasadoodu dhexdhexaadka tahay iyo in wadamada deriska ah xidhiidh fiican lala yeesho, gaar ahaan kuwa geeska Africa.

6) Taageerida ururka Jaamacadda Carabta , ka soo horjeedistooda heshiistkii 1979kii dhexmaray Masar iyo Yuhuudda.

7) Taageerista PLO, iyo dhammaan jabhadaha Xornimo doonka ah ee ka soo horjeeda gumeysiga iyo midab kala sooca.

1982 (Bilowgii) Waxaa ciidamadii Maxamed Siyaad Barre dileen Kor. Cabdillaahi Xaaji Siciid, oo qabiilka Isaaq ka dhashay. Ninkaas oo la sheegay in lagu dilay Buuhoodle, waxaa markii dambe maydkiisa la keenay magaalada Burco. Dilka Kor. Cabdillaahi waxa uu dhiiri geliyey in saraakiil badan oo Isaaq ahaa ay ciidamada dawladda ka baxsadaan kuna biiraan jabhaddii SNM ee Itoobiya joogtay. Saraakiisha sanadkaas gudubtay waxaa ka mid ahaa Kor. Aadan Sheekh Maxamed, Kor. Axmed Dhagax iyo Maxamed Kaahin. Falalka dilka ah ee gobolada waqooyi ka socday waxa kale oo ay ka xanaajiyeen dad badan oo Isaaq ahaa, kana mid ahaa madaxda dawladda. Waxaa la sheegay in markii Kor. Cabdillaahi Xaaji Siciid la dilay ka dib, uu shir (Isaaq) ka dhacay gurigii Ismaaciil Cali Abokor ee Xamar, shirkaas oo lagu go'aamiyey in xafiiska SNM oo markaas ku yaaley London, loo soo raro Itoobiya, halkaasna maamulka Maxamed Siyaad Barre lagaga soo duulo. Isla sanadkaas ayaa maamulkii (xafiiskii) SNM ee London loo wareejiyey Itoobiya.

Kor. Cabdillaahi Xaaji Siciid waqtigii la toogtey waxaa ciidamada waqooyi haystay Janaraal Janaraal Maxamed Xaashi Gaani oo ka dhashay qabiilka Mareexaan aadna ay isugu dhowaayeen Maxamed Siyaad Barre. Dilka kornayl Cabdillaahi waxa uu noqday arrin hurdada ka kicisay 'wake up call' raggii Isaaqa ahaa ee ciidamada dawladda ku jirey, gaar ahaan kuwii saraakiisha ahaa. Waxaana markiiba bilowday kacdoon hoose oo Isaaq dawladda uga soo hor jeedo. Xagga milateriga waxaa door weyn ka ciyaaray Janaraal Maxamed Xaashi Diiriye (Lixle) oo u xilsaaraa dirista iyo noolinta saraakhiisha iyo askarta doonaysey in ay ku biiraan jabhadda SNM.

22 Feb. 1982 Waxaa magaalooyinka Hargeysa iyo Burco ka dhacay banaan baxyo (Dhagax tuur) ay hoggaaminayeen ardayda dugsiyada dhexe iyo sare. Dhagax tuurkaas oo ay iskaga hor yimaadeen ardayda iyo askartii dawladdu waxa bilaabay ardaydii dhiganasay dugsiyada sare ee Faarax Oomaar iyo 26 Juun, ka dibna wuxuu dhagax tuurkaasi ku fiday iskuuladii kale ee magaalooyinkaas, gaar ahaan Hargeysa oo dhagax tuurkii ugu weynaa ka dhacay. Maalintaas dhagax-tuurku dhacay, waxa ay ahayd maalintii maxkamadda la saari lahaa dhalinyaradii kooxdii 'UFO,' waxaana dadka badankiisu aaminsanaa in dhalinyaradaas dawladdu dil ku xukumayso. Sidaas darteed, ayaa banaan baxaasi u dhacay si ficilka dawladda looga hor tago. Banaan baxaas oo ahaa kii ugu horeeyey ee waddanka ka dhaca intii askartu waddanka qabsatay, waxaa markiiba ciidamadii dawladdu isticmaaleen rasaas waxayna dileen arday, dhowrna way dhaawaceen waxayna xidheen arday iyo shacbi tiradoodu gaadhayso boqolaal, waxaa markiiba magaalooyinkaas lagu soo rogey bandow lixda galabnimo bilowda lixda subaxnimona dhammaada (6:00 p.m – 6:00 a.m.)

23 Feb. 1982 Waxaaa maxkamad la saaray kooxdii UFO (30 nin), waxaana xabsiyo dhaadheer lagu xukumay 20 ka mid ah. Xukunkoodiina waxa uu u dhacay sidatan:

Kooxdii UFO

#	Magac	Xukun
1	Dr. Maxamed Cali Sulub	3 sano
2	Cumar Ciise Cawaale	3 sano
3	Cali Cige Faarax	3 sano
4	Maxamed Macalin Cabdi	6 sano
5	Axmed Muxumed Madar	6 sano
6	Maxamuud Cabdi Jiciir	6 sano
7	Xuseen Maxamed Ducaale (Berberaawi)	20 sano

8	Cabdillaahi Cali Yuusuf (Colaad)	20 sano
9	Yuusuf Cabdillaahi Kaahin (ina geydh)	20 sano
10	Cabdiraxmaan Cabdillaahi X. Aadan (Cabdiraxmaan Masale)	20 sano
11	Axmed Xuseen Caabi	20 sano
12	Dr. Aadan Yuusuf Abokor	20 sano
13	Baashe Cabdi Yuusuf	20 sano
14	Aadan Warsame Said	20 sano
15	Dr. Maxamuud Sh. Xasan Taani	20 sano
16	Dr. Osmaan Meygaag	20 sano
17	Maxamed X. Maxamuud Cumar-Xaashi	30 sano
18	Maxamed Cali Ibraahim	35 sano
19	Axmed Maxamed Yuusuf (Jabane)	Xabsi Daa'in
20	Maxamed Baaruud Cali (in Baaruud)	Xabsi Daa'in

1982 Waxaa magaalada Nasareet (Itoobiya) lagu qabtay shirweyihii (Congress-kii) koowaad ee SNM. Shirweynahaas waxaa lagu doortay guddi cusub oo ururka hoggaamisa. Waxaa guddigaas ka mid ahaa:

1. Sheekh Yuusuf Cali Sheekh Madar, Guddoomiye
2. Xasan Aadan Wadaad-Diid, Guddoomiye ku-xigeen
3. Axmed Ismaaciil Cabdi (Duqsi), Xoghaye Guud
4. Maxamed Xaashi Cilmi, Dhaqaalaha
5. Xasan Ciise Jaamac, Siyaasadda

1982 SNM, waxa ay bilawday in ay weeraro dhuumaalaysi ah waddanka gudihiisa ka qaadaan.

24 Feb. 1982 Arday dawladda ku banaan baxaysay ayaa Hargeysa ayaa ciidamadii dawladdu rasaas ku furtay, halkaas oo ardaydii qaar ka mid ahi ku dhinteen kuwo kalena ku dhaawacmeen.

1 Maarj. 1982 Bandowgii Okt.1980kii ayaa dalka laga qaaday.

29 Maarj. 1982 iyo 8dii April 1982 rag ka kala socdey SMM iyo SSDF ayaa Itoobiya ku kulmay, iyaga oo ku falanqeeyey shirarkaas sidii labada urur u meel marin fikradihii ay isla meel dhigeen ee ahaa in labada urur midoobaan si ay cudud xoog leh oo maamulka Maxamed Siyaad Barre ridi kara u noqdaan. Arrintu si kastaba ha ahaatee, waxaa la sheegay in labada dhinac ku heshiin waayeen sidii labada jabhadood loo midayn lahaa.

1 May 1982 Maxamed Ibraahim Warsame (Hadraawi) ayaa ka baxsaday xukuumaddii Maxamed Siyaad Barre, kuna biiray jabhaddii SNM. Mudadii Hadraawi SNM ka tirsanaa waxaa uu curiyey sugaan mucaarad oo waddanka aad caan uga ahayd. Suugaantii uu waqtigaas curiyey waxaa ka mid ahaa gabayga loo yaqaan 'Sirta Nolosha.'

9 Juun 1982 Todoba nin oo maamulkii Maxamed Siyaad Barre ka tirsanaa, xubnona ka ahaa Baarlamaanka ka iyo 16 kale ayaa la xidhay. Nimankaas waxaa ka mid ahaa[270]:

Magac	Qabiil
Ismaaciil Cali Abokor	Habar Jeclo
Cismaan Maxamed Jeelle	Xawaadle
Maxamed Aadan Sheekh	Mareexaan
Cumar Xaaji Massale	Mareexaan
Maxamed Yuusuf Weyrax	Majeerteen
Cumar Carte Qaalib	Habar Awal
Warsame Cali Faarax	Majeerteen
Cabdi Ismaaciil Yoonis (Cabdi Duse)	Habar Awal
Axmed Maxamed Halac	Habar Jeclo
Saleebaan Nuux Cali	Habar Jeclo
Cabdillahi Jaamac Samatar	Habar Jeclo
Cabdillaahi Jaamac Galaal	Habar Jeclo
Xuseen Ismaaciil Cabdi (Xuseen Karaashe[271])	Habar Jeclo
Maxamed Cabdi Aadan (Dhan Cadde)	Habar Yoonis
Axmed Cumar	Habar Awal
Cabdillaahi Cabdi	Habar Awal

Jul. 1982 Maxamed Diiriye Cabdi (Uur-doox) ayaa xilkii WSLF iska wareejiyey.

15 Agoos 1982 Bandowgii ayaa goboladii Itoobiya xuduudka la lahaa oo dhan dib loogu soo rogey.

Agoos 1982 Sheekh Cabdinaasir Sheekh Aaden-yare oo guddoomiye ku-xigeen ka ahaa maamulkii Uur-doox ka horeeyey ee WSLF ayaa waxa loo doortay guddoomiye ku meel gaadh ah. Sheekh Cabdinaasir oo xog-ogaal u ahaa khilaafkii Uur-doox iyo maamulkii Maxamed Siyaad Barre dhexmaray, waxa la sheegay in uu ka gaabsaday in uu xukuumadda Maxamed Siyaad Barre ka hor yimaado. Ka gaabsiga maamulkii Maxamed Siyaad Barre, waxa ay iska hor keentay Sheekh Cabdinaasir iyo dadkii taageeri jirey WSLF oo u arkay in sheekhu aad ugu dhowaadey Maxamed Siyaad Barre, kana leexday hadafkii iyo ujeedooyinkii WSLF. Waxaa gaar ahaan si xoog leh uga soo hor jeestay ururkii dhalinyarada ee U.DH.G.S.G.

Okt. 1982 Kooxdii UFO ee Hargeysa lagu xukumay ayaa waxaa loo wareejiyey koonfur. Markii Hargeysa laga soo qaaday waxa ay Xamar ku xidhnaayeen laba habeen, ka dibna waxa loo gudbiyey xabsigii caanka ahaa ee 20 Jirow. Xabsiga 20 Jirow waxa uu ku yaal meel u dhexaysa magaalooyinka Baydhabo iyo Waajid. Waxa dadka xabsigaas ku jirey ay u badnaayeen dad arrimo siyaasadeed u xidhan, dadka ku jireyna waxa ay ku noolaayeen xaalad aad u adag (solitary confinement).

Okt.1982 SSDF, waxa ay sheegtay in ay guddi ciidan (isgaashaanbuuraysi) la gashay SNM, iyo weliba guddi kale oo ka shaqayn doona sidii labada urur loo midayn lahaa siyaasad ahaan. Isla bishaasna SSDF iyo SNM, waxa ay shaaca ka qaadeen in ay sameeyeen guddi milateri oo labada dhinac ka kooban si loo fududeeyo dagaalka balaadhan ee lagula jirey xukuumadii M.S. Barre. Isla mar ahaantaasna sheegeen in ay abuureen guddi kale oo u xilsaaran siday uga shaqayn lahaayeen sidii labada urur loo midayn lahaa.

1982-1987 SSDF waxa ay dagaalo is daba joog ah la gashay ciidamadii dawladda Maxamed Siyaad Barre, ee xuduudka joogay. Waxaana in badan SSDF taageeri jirey ciidamadii Itoobiya.[272]

2 Jan. 1983 SNM, waxa ay weerar ay ku guulaysatay ku qaaday xabsigii Mandheera (Koonfurta Berbera) iyaga oo sii daayey in ka badan ilaa 700 oo Maxbuus kuwaas oo badankoodu u xidhxidhnaa Siyaasad. Ciidamada SNM ee xabsiga weeraray waxaa hoggaamiye ka ahaa Janaraal Maxamed Xaashi Diiriye 'Lixle' oo ka dhashay Beesha Habar Yoonis. Lixle waxaa markii dambe Ciidamadii Maxamed Siyaad Barre ku dileen xuduudka Itoobiya iyo Soomaaliya sannadku markuu ahaa 1984.

Feb. & Maarj. 1983 SSDF Kongresskeedii (shirkii madaxda) ugu horeeyey ayaa kulmay, dibna waxaa Guddoomiye loogu doortay Kor. Cabdullaahi Yuusuf.

Abriil 1983 Kor. Cabdillaahi Askar oo ka mid ahaa ragga Isaaqa ah ee magaca weyn lahaa, isla markaasna aad ugu dhex jiray arrimihii SNM ayaa Hargeysa lagu xidhay. Sida Cabdillaahi Askar, waxaa jirey saraakiil badan oo Isaaq ahaa aadna ugu xidhnaa hawlihii SNM dawladda kaga soo hor jeeday. Sidaas darteed, markii la qabtay Cabdillaahi Askar, waxa ay arrintaasi werwer gelisay saraakiishii Isaaq ee arrimaha SNM ku lug lahaa; waayo waxa ay ka baqeen in inta Cabdillaahi la garaaco "torture," uu dabadeedna sheego magacyada saraakiisha mucaaradka ah. Janaraal Maxamed Xaashi Gaani Ka dibna saraakiil Isaaq ahaa oo ciidamdii Soomaaliya tirsanaa ayaa xabsigii kala baxsaday. Waxa saraakiil aan waraystay ii sheegeen in Gaani sigaar shidan wejiga kaga demiyey Cabdillaahi Askar oo ku yidhi "Isaaq wax ha kuu taro." Waxaa kale oo la sheegay in sarkaal Isaaq ahaa oo la odhan jirey Cabdi Kood-buur (Ina Kood-buur) meesha taagnaa markii Cabdillaahi Askari sigaarka lagu baqtiiyey. Sida la weriyey maalintaas ayuu "Ina Kood-buur" go'aansaday in uu la baxsado Cabdillaahi Askar, waxaana la sheegay in habeenkii arrintaasi dhacday ilaalada guud (guard) ee ciidamada xabsiga uu "Ina Kood-buur" ka mas'uul ahaa.

1983 Wasaaradii Difaaca ee xukuumadii Maxamed Siyaad Barre, waxa ay sheegtay in, in ka badan 500 oo qof oo ka tirsanaa SSDF ay dawladda isu dhiibeen, iyaga oo ka faa'iidaysanaya cafiskii dawladdu fidisay February 1983.

1983 Mr. Deeqow Macallin Stambuul iyo saaxiibadii ayaa xukumaddii Maxamed Siyaad Barre amar ku bixisay in ay waddanka ka baxaan. Ficilka Maxamed Siyaad Barre waxaa u sabab ahaa dhibaatooyinka xagga jabhadihii ku kacsanaa iyo heshiisyadii uu ka raadinayey dawladaha Kenya iyo Itoobiya oo uu (Maxamed Siyaad Barre) ku cambaareyn jirey in ay mucaaradka dawladdiisa ka soo hor jeeda taageero u fidi-yaan[273].

Jul. 1983 Shirweynihii 2aad ee SNM ayaa lagu qabtay magaalada Harar, waxaana shirweynuhu soo jeediyey in ay muhiim tahay in ay si degdeg ah SSDF ula midoobaan, si loo helo cudud midaysan oo xukuumadda Maxamed Siyaad Barre lagu ridi karo. Isla markaasna shirweynuhu wuxuu doortay 36 xubnood oo Golaha Dhexe ah iyo 11 xubnood oo Guddiga Fulinta ah (Executive Commitee). Waxa raggaas la doortay ka mid ahaa:

1. Sheekh Yuusuf Cali Sheekh Madar, Guddoomiye
2. Xasan Aadan Wadaad-Diid, Guddoomiye ku-xigeen
3. Axmed Ismaaciil Cabdi (Duqsi), Xoghaye Guud
4. Maxamed Xaashi Cilmi, Dhaqaalaha
5. Xasan Ciise Jaamac, Siyaasadda

Nof. 1983 Shirweynihii 3aad ee SNM, ayaa waxaa lagu qabtay magaalada Jigjiga. Shirkaas waxaa guddoomiye loogu doortay Kor. Cabdilqaadir Koosaar.

Nof. 1983 Kongresskii labaad ee SSDF, isbedel weyn ayaa lagu sameeyey maamulkii ururka, iyadoo Xasan Saciid Jaamac iyo Axmed Cabdiraxmaan Caydiid jagooyinkii ay hayeen laga qaaday. Rag aad u muhiim ahaa oo horey xubno uga ahaan jirey SWP iyo DFLS ayaa sidoo kale laga saaray ururka SSDF.

Dis. 1983 Ka dib markii khilaafkii mudada dheer sii jiitamayey ee u dhexeeyey WSLF iyo U.DH.G.S.G uu meel xun gaadhey ayaa dhalinyaradii (U.DH.G.S.G) waxa ay madaxdii WSLF ka codsadeen in shirweyne la isugu yimaado—si wadciga iyo marxaladda siyaasadeed ee dhulkii Soomaali galbeed ku jiro looga wada hadlo.

Xubno U.DH.G.S.G ka tirsanaa waxa ay weriyeen in WSLF iyada oo taageero buuxda ka haysata maamulkii Maxamed Siyaad Barre, ay ka hor jeesatay in shirkaasi qabsoomo. Ka dibna markii khilaaf kii sii batay ayaa ciidamo hubaysan oo ay ka mid ahaayeen kuwii nabad sugidda iyo booliiska Maxamed Siyaad Barre u diray xafiiskii U.DH.G.S.G si loo xidho. Markii xafiiskii la xidhay ka dibna waxaa xabsiyada lagu guray 24 qof oo ka tirsanaa ururkii U.DH.G.S.G[274].

Markii dhalinyaradaasi muddo xabsiga ku jireen ayaa madaxdii WSLF markii dambe oggolaatay in shuruud lagu sii daayo. Shuruuddaasi waxa ay odhaneysay in xubnaha fulinta ee U.DH.G.S.G. ay xabsiga ku hadhaan, laakiin dhalinyarada intooda kale la sii daayo. Dhallinyaradu way aqbashay shuruuddaas, waxayna ku guuleysteen markii dambe in xabsiga laga sii daayo Cabdullaahi Ugaas Maxamed-Qani oo ahaa madaxa dhaqaalaha ururka dhallinyarada. Xubnihii fulinta dhallinyarada oo markii dambe maxkamad la geeyey—maxkamaddii way sii daysey. Madaxdii WSLF waxa ay markii dambe ku doodeen in xubnaha fulinta ee U.DH.G.S.G. la bedelo, wayna ku guuleeysteen arrintaas. Waxaa markaa guddoomiyaha U.DH.G.S.G. loo doortay Cabdullaahi Ugaas Muxumed-Qani, guddoomiye ku-xigeenna waxaa loo doortay Xuseen Xaaji Axmed. Raggaas cusub ee ururka dhallinyarada loo doortay waxa ay noqdeen kuwo qanciya madaxdii WSLF.

Markii maamulkii Maxamed Siyaad Barre la heshiiyey xukuumaddii Minguste Xayle Mariam, taageeradii dhallinyarada iyo WSLF loo fidin jirey waa la joojiyeey, ka dibna waxaa khilaaf mar kale dhex maray dhallinyaradii iyo madaxdii WSLF oo iyagu aan doonayn in ay ka hor yimaadaan maamulkii Maxamed Siyaad Barre. Xaaladdiina waxa ay ku dambeysay in ururkii U.DH.G.S.G. xilkii uu hayey ku wareejiyo WSLF, ka dibna WSLF waxa ay guddoomiyaha ururka dhallinyarada u magcawday Maxamed Xaaji Ibraahim oo ka tirsanaa golihii dhexe ee WSLF. Waqtigaas wixii ka dambeeyeyna halgankii WSLF iyo kii dhallinyaraduba waxa ay raaceen (ka mid noqdeen) burburkii maamulkii Maxamed Siyaad Barre[275].

1983-86 Waxaa aad u sii xoogeystay dagaaladii SNM, kula jirtey Xukuumadii M.S. Barre

Jan.1984 Rag madaxda SSDF ka tirsanaa oo madaxnimada Cabdullaahi Yuusuf, ka soo horjeeday ayaa isu dhiibay xukuumadii Maxamed Siyaad Barre, iyaga oo ka faa'iidaysanayey cafiskii dawladdu horey u fidisay.

May 1984 Xukuumadii Maxamed Siyaad Barre, waxa ay sheegtay in ilaa 200 oo SSDF ka tirsanaa ay Itoobiya ka soo galeen, isuna dhiibeen dawladda.

May 1984 Shirweynihii 4aad ee SNM ayaa waxaa lagu qabtay magaalada Jigjiga, waxaana guddoomiye loo doortay Axmed Maxamed Siilaanyo.

Juun/Nof. 1984 SNM, waxa ay weerartay Hargeysa, gaar ahaan dhawr meelood oo ciidamadu deganaayeen.

Jul. 1984 Diyaaradaha Xabashida ayaa waxa ay duqeeyeen magaalada Boorama, hubkii ugu cuslaa oo Iskuul ku dhacay, waxa uu dilay 37 caruur (arday) ah[276]. Dayiraadaha Xabashidu wax ay isla mudadaas duqeeyeen magaalooyin kale oo ay Hargeysa ka mid ahayd.

15 Okt. 1984 Haweenay la odhan jirey Xabiiba Yuusuf Liibaan iyo dhawr qof oo kale ayaa ciidamadii Maxamed Siyaad Barre daacada u ahaa ku xidheen tuulada Gogol Wanaag oo u dhow Arabsiyo (Waqooyi Galbeed). Xabiibo waxaa lagu eedeeyey in ay niman SNM ka tirsan marti-gelisay. Waxa kale oo la sheegay in isla maalintaas la toogtay lix nin oo lagu eedeeyey in ay xubin ka ahaayeen SNM. Nimankaas la toogtay waxaa ka mid ahaa, laba oday oo walaalo ahaa iyo laba wiil oo ay dhaleen, iyo laba nin oo mid ka mid ahi odayaasha mid ka mid ah seedigiis ahaa—markaasna wadamada Carabta ka soo laabtay. Nimankaas la toogtay waxa kale oo la sheegay in muddo shan casho ah ciidamadu diideen in la aaso—oo maydkoodu banaanka yaallay si dadku ugu quus qaataan[277].

17 Nof. 1984 Lix iyo labaatan (26) nin oo qabiilka Isaaq ka dhashay, sagaal ka mid ahina shicib (civilian) ahaayeen, 17ka kalena SNM ka tirsanaayeen ayaa ciidamadii dawladdu waxa ay ku qabteen meesha loo yaqaan 'boqol jire' (Hargeysa)—oo xero ciidan ku taallay. Nimankaas 24 ka mid ahaa waxaa lagu eedeeyey in ay yihiin SNM, labada kale oo baayacmushtar ahaa waxaa lagu eedeeyey in ay SNM caawinayeen. Nimankaasi waxaa la sheegay in ay u badnaayeen reer miyi. Nimankaas oo maxkamadda wareegta ee ciidamada (The Mobile Military Court) la hor geeyey, waxaa markiiba lagu xukumay dil. Markii salaaddii duhur laga soo baxay (12:45 p.m.), ayaa ciidamo diyaar ahaa waxa ay qabqabteen culumadii iyo odayaal badan oo ka mid ahaa kuwii magaalada Hargeysa sida weyn looga qaderin jirey. Ragga la qabtay waxaa ka mid ahaa Sheekh Idiris (imaam masaajid), ka dibna waxaa la geeyey meeshii 26ka nin maxkamadda lagu saareey; si ay markhaati uga ahaadaan waxa lagu soo eedeeyey—ka dibna dadkooda uga digaan. Ka dibna 26kii nin waxaa la toogtay intii u dhexaysay (3:15-3:30 p.m.). Markii la toogtay ka dibna waxaa la sheegay in dawladdu hantidoodii la wareegtay[278]. Nimankaas la toogtay waxaa ka mid ahaa:

1. Ibraahim Sh. Ibraahim
2. Yuusuf Cabdi Saleebaan, Arday
3. Mahdi Xaaji Ishaal
4. Cabdi Warsame Saciid
5. Daa'uud Daahir
6. Axmed Koosaar Faarax Jirreh
7. Najiib Sh. Ibraahim
8. Maxamed Cabdillaahi
9. Ismaaciil Axmed Ibraahim
10. Maxamed Dhimbil
11. Maxamed Cabdi Farseed
12. Cabdillaahi Cabdi Good, Businessman
13. Ismaaciil Sheekh Ibraahim, Businessman

Nimanka magacyadoodu halkan ka maqan yihiin waxaa la sheegay in ay ahaayeen reer miyi. Sidaas darteed aan magacyadooda markaas la hayn.

1984 Waxaa meesha la yidhaahdo Wagalla (Wajir) ay ciidamada Kenya waxa ay ku xasuuqeen dad Soomaai ah oo tiradooda lagu qiyaasay in ka badan 2000. Dadkaas waxaa la sheegay in lagu uruuriyey garoon diyaaraduhu ka kacaan, ka dibna halkaas lagu xasuuqay. Waxaa kale oo Soomaalida xuquuqda dadka reer NFD u doodaa sheegeen in askartii dilkaas geysatay aan wax dembi ah dawladda Kenya ku qaadin[279].

Nof. 1984 Golihii Shacbigu Sharci uu soo saxeexay, awoodda dalka oo dhan waxa ay ku wareejiyeen Madaxweynaha J.D.Soomaaliya Jaalle Maxamed Siyaad Barre, isla markaasna ahaa Xoghayaha Guud ee Xisbiga Hantiwadaagga Kacaanka Soomaaliyeed (X.H.K.S.)

1 Dis. 1984 Golaha Shacbiba ayaa ansixiyey in madaxweynuhu awooda Xoghayaha Guud ee X.H.K.S. uu hayn doono mudo 7 sano ah, inta dib looga dooranayo.

6 Dis. 1984 Saddex iyo afartan (43) nin ayaa waxaa lagu toogtay magaalada Burco. Nimankaas oo badankoodu ahaayeen baayacmushtar, waxaa qaar ka mid ah laga soo qabqabtay magaalada Sheekh, ka dibna waxaa la isugu keenay xabsiga dhexe ee Burco. Nimankaas waxaa la sheegay in lagu eedeeyey dambiyo kala duwan, sida 'in ay wadanka *qaad* soo geliyeen (qaadku mamnuuc ayuu ahaa waqtigaas,' hase ahaatee markii xabsiga Burco la isugu keenay waxaa lagu eedeeyey in ay SNM ka tirsanaayeen. Ka dib markii maxkamadda wareegta (The Mobile Military Court) dil ku xukuntay, isla galabtaas ayaa la toogtay. Waxaa la sheegay in markii hore nimanka la qabtay ee dilka loo diyaariyey ahaayeen 45, laakiin dawladdu markii dambe ka saartay 2 nin (Koofiyadh Dheere iyo Indha Deero) oo labadooduba ahaa baayacmushtar. Waxaa la sheegay in sababta looga saaray ay ahayd, iyada oo bangiyada dawladdu lacag badan (deyn) ku lahaayeen.

Waxa kale oo la sheegay, in ka dib markii nimankaas la toogtay—in dadkii muujiyey (hadlay) in ay arrintaas ka xun yihiin, iyagana jidadka lagu toogtay; iyaga oo aan wax maxkamad ah la soo taagin. Dadkaas la toogtay waxa la sheegay in ay ahaayeen dadkii reer miyiga ahaa ee deganaa nawaaxiga degmada Gebiley iyo Tog-Wajaale oo ahaa xuduudka SNM ka soo geli jirtay. Saddex iyo afartankii (43) nin ee la toogtay waxaa ka mid ahaa[280]:

Ciise Ibraahim Ismaaciil
Saciid Maxamed Ismaaciil, 'Madoobe'
Cumar Sheekh Yuusuf
Cabdi Jaamac Xasan, 'Sanweyne'
Cawil Saalax Giir
Cabdillaahi Saalax Giir (Cawil walaalkii)
Ibraahim Maxamed Xandulle
Axmed Yuusuf Mire
Maxamed Yuusuf Ismaaciil, 'Umaas'
Cabdi Maxamed Cali, 'Dhegjar'
Diiriye Cismaan Yuusuf, 'Labalugood'
Ismaaciil Saalax Diiriye
Maxamed Samater Axmed
Saleebaan Hiirad Aadan
Cali Cabdi Xuseen
Maxamed Maxamuud Cabdi
Axmed Ismaaciil Maxamed
Cali Cumar Diiriye
Muuse Xasan Ibraahim
Cabdillaahi Maxamed Faarax, 'Taakuleeye'
Aadan Cali Ibraahim, 'Qurmiye'
Cabdi Maxamed Yuusuf
Cabdillaahi Xasan Nuur
Cabdi Xasan Jaamac
Jaamac Cabdillaahi Saciid
Cabdi Cali Axmed
Saciid Cismaan Geelle
Aadan Nuur Ismaaciil, 'Odaaq'
Abokor Cabdillaahi Rooble
Yaasiin Axmed Warsame, 'Soonaan'
Axmed Xasan Ismaaciil, Yumbud'
Axmed Cabdi Xasan, 'Layla'
Nuur Doolax

Nimankii Sheekh laga soo qabqabtay ka dibna Burco la keenay waxaa ka mid ahaa:

Cabdiraxmaan Sh. Maxamed Siraad

Cabdiraxmaan Maxamed Cali

Yaasiin Cabdi Bisad

Qaasim Qodax

Gaashaanle Maxamed Cali

"Qorane"

31 Dis. 1984 Doorashooyinkii Golaha Shacbiga oo ay ka qayb qaateen 177 xubnood, waxaa la sheegay in ay doorashadaasi codkooda ka dhiibanayeen qof kasta oo muwaadin ahaa da'diisuna gaadheysey 18 jir. Doorashadaasina sida xukuumadu sheegatay waxaa "Haa" ku jawaabey 99.86% oo shacbiga ahaa. Nimankaas la doortayna waxa ay si toos ah u noqdeen badankoodu Xubnaha X.H.K.S., iyaga oo xilkaas loo doortay mudo shan sano ah inta doorasho kale ka dhacayso.[281]

Abriil 1985 Libiya waxa ay goysay taageeradii ay u fidin jirtey SSDF, iyadoo fulinaysey wanaajinta xidhiidhka ay la soo ceshatay Xukuumadii M.S. Barre, Bisha horaanteedii.

1 Agoos 1985 Waxa ay Wasaaradii Arrimaha Diinta ee Xukuumadii Maxamed Siyaad Barre, soo saartay sharci lagu xaaraantinimeynayey (qofkii aan wasaaradda fasax ka haysan) in uu *Kitaabka Qur'aanka Kariimka* ka akhriyo masaajidada, mawlacyada, madarisooyinka iyo guryahaba. Arrintaasna waxaa u asal ahaa la dagaalanka Akhwaanu Muslimiinta oo maamulka M.S. Barre, u arkaayey quwad lid ku ah jiritaankiisa.

Okt.1985 Kor. Cabdullaahi Yuusuf, iyo dhawr nin oo taageerayaashiisa ahaa ayaa xukuumadii Itoobiya ka jirtay xabistay, ka dib markii lagu soo eedeeyey arrin is xabadayn ahayd oo SSDF dhexdeeda ka dhacday. Isla mudadaasna waxaa la sheegay in SSDF madaxdeedu si qarsoodi ah u laysay dad maamulka ururka ka tirsanaa. Waxaa la weriyey in dadkaas Cabdullaahi Yuusuf lagu eedeeyey (inuu dilay) ay ka mid ahaayeen nin seedigii ahaa iyo Cabdiraxmaan Caydiid oo Dhulbahante ahaa.

7 Nof. 1985 SSDF, waxa ay sheegatay in ay masuul ka ahayd diyaaradii Somali Airlines ee Nof.1985kii loo afduubay Itoobiya, ka dibna nimankii afduubay nabad gelyo siyaasadeed weydiisteen Itoobiya.[282]

Dhamm. 1985 Khilaaf aad u xun ayaa ka dhex dhacay madaxdii mucaaradkii SSDF. Khilaafka mucaaradka ka dhex taagnaa waxaa ugu weynaa kala duwanaanta xagga aydhiyoolajiyadda 'idealogy.' Waayo SSDF waxa ay ka koobnayd saddex kooxood oo fikraddooda iyo aragtidoodu aad u kala duwan tahay.

Koox wax baratay oo maamulkii Maxamed Siyaad Barre uga tegay diktatooriyad iyo maamul xumo, aaminsanaana in xalka waddanku yahay dimuqraadiyad iyo hab siyaasadeed oo shacbigu u dhan yahay.

Koox saraakiil ah oo Cabdullaahi Yuusuf ka mid ahaa oo sida Maxamed Siyaad Barre aaminsanaa in xoog iyo diktatooriyad wax lagu xukumo.

Koox aan badnayn oo kuwo wax baratay iyo kuwo saraakiil ah isugu jirey oo iyagu aaminsanaa ama doonayey in ay wax ku helaan nidaamka shuuciga.

Khilaafkaasi waxa uu heerkii ugu xumaa gaadhey markii Cabdullaahi Yuusuf oo guddoomiyaha SSDF ahaa uu diiday in uu qabto shirweynihii guud ee Golaha Dhexe (Central Committee). Sida shirciga ama dastuurka ururku dhigayey in labadii sanoba mar la qabto doorasho cusub; lana doorto guddoomiyihii ururka hoggaaamin lahaa. Hase ahaatee, Cabdullaahi Yuusuf wuu diiday in uu doorashadaas qabto, waxa ayna dhaaftay lix (6) bilood mudadii doorashada lagu qaban lahaa. Ka dibna khilaafkaasi waxa uu keenay in madaxdii SSDF u kala jabaan laba qaybood, rag Cabdullaahi Yuusuf ku taageersan waxa uu sameeyey iyo rag mucaarad ku noqday. Arrintii markii ay meel xun gaadhey waxay ay labadii dhinac ku heshiiyeen in ay doortaan gudi dhex-dhexaad ah—oo labada dhinac ka kooban oo khilaafka xal u hela. Waxaana la isku raacay gudi todoba (7) nin ka kooban, afar (4) Cabdullaahi Yuusuf raacsanaa iyo saddex (3) ka soo hor jeeday.

Afarta Cabdullaahi Yuusuf raacsanaa waxa ay kala ahaayeen:

1. Xaaji Cumar 'Sterlin' Guddoomiye ku-xigeenkii SSDF

2. Axmed Daahir Xasan

3. Cali-Barre Jaamac Nuur (Ciddi Libaax)

4. Mahdi Cabdi Orod-Dheere "Mahdi Ciiro"

Saddexda mucaaradka ahaa waxa ay kala ahaayeen:

1. Dr. Xasan Cali Mirreh

2. Maxamed Faarax Jimcaale

3. Xirsi Bulxan

Daahinta shirka ka sokoow, Cabdullaahi Yuusuf waxaa kale oo lagaga cabanayey in uu awoodda maamulka gacantiisa ku uruuriyey (ku koobay) oo uu diiday in maamulka lala qaybsado. Guddiga la doortay oo ahaa mid labada dhinacba ka madax banaan (independent committee), waxa uu markii dambe soo go'aamiyey dhowr qodob oo Golihii Dhexe la soo bandhigay, ka dibna laga fooday, Cabdullaahi Yuusufna waxa uu ka mid ahaa raggii codkooda ku taageeray talooyinka gudigu soo jeediyey[283].

Waxa yaabaha la isku raacay ee gudigu soo jeediyey waxaa ka mid ahaa:

1. In Kor. Cabdullaahi Yuusuf xukunka SSDF sii hayo muddo 40 maalmood ah, ka dibna doorashadii shirweynaha la qabto si guddoomiye loo doorto.

2. In Cabdullaahi Yuusuf ka tanaasulo afar jago oo muhiim ah—kuna wareejiyo raggii ka soo hor jeeday. Jagooyinkaas waxaa ka mid ahaa:

   a. Abaandulaha ciidamada (SSDF)

   b. Taliyaha Difaaca

   c. Guddoomiyaha Dhaqaalaha Doorashada (Independent Electoral Commission's Finance)

Arrintu si kastaba ha ahaatee, waxaa la weriyey in Cabdullaahi Yuusuf intaan laba asbuuc laga soo wareeginba, uu bilaabay in uu fulin waayo go'aamadii lagu heshiiyey, ka dibna waxa dood kulul dhex martay isaga iyo Dr. Xasan Cali Mirreh, iyaga oo is-dhaafsaday dhowr waraaqood. Cabdullaahi Yuusuf arrinta ugu weyn ee lagu eedeeynaayey waxa ay ahayd in uu jebiyey dastuurkii iyo qaynuunkii SSDF u yaalley, doodda Xasan Cali Mirreh-na arrintaas ayaa u sal ahayd[284]. Xasan Cali Mirreh waxa kale oo uu nuqul (koobi) warqadahiisa ah u diri jirey maamulkii Itoobiya, taas oo uu ugu muujinayey in Cabdullaahi Yuusuf khilaafsan yahay sharciga SSDF.

(Bilowgii) 1986 Waxaa meel xun gaadhey khilaafkii Cabdullaahi Yuusuf iyo nimankii ka soo hor jeeday, ka dibna waxaa arrintii soo fara geliyey maamulkii xabashida oo ka baqay in labada qolo dagaal ka dhex dhaco, ka dibna ay xasilooni darro dhulkooda u keento. Maamulkii Xabashidu waxa uu qaatay waraaqihii Cabdullaahi Yuusuf iyo Xasan Cali Mirreh is-dhaafsan jireen, waxayna labada dhinacba u sheegeen in ay waraaqaha u geyn doonaan nimanka sharciga yaqaan (lawyers) ee dawladda Itoobiya—si ay uga soo baaraan degaan cidda khaldan. Natiijadii markay soo baxdayna waxaa eedda inteedii badnayd la saaray Kor. Cabdullaahi Yuusuf oo loo sheegay in uu sharcigii SSDF u dhignaa ka leexday. Hase ahaatee, waxaa labadii dhinac ee iska soo hor jeeday maamulkii Minguste Xayle Mariam kula taliyey in ay khilaafka si deg deg ah oo nabad gelyo ah ku dhammeeyaan.

Arrintu si kastaba ha ahaatee, muddo yar ka diba Cabdullaahi Yuusuf ayaa maamulkii Xabashidu xabsiga ku tuurtay, halkaas oo uu ku jirey oo uu ku xidhnaa ilaa 1991 oo ahayd markii xukuumaddii Minguste Xayle Mariam awoodda lagala wareegay. Markii Cabdullaahi Yuusuf la xidhay waxa madaxdii SSDF guddoomiye ku meel gaadh ah u doorteen Maxamed Abshir Walde oo markaas Nayroobi, Kenya joogay[285].

Maarj 1986 Markii Kor. Cabdullaahi Yuusuf la xidhay ka dib, waxaa madaxdii SSDF sameeyeen guddi cusub (electoral committee) oo doorashada shirweynaha qaban qaabiya. Guddiga cusubi waxa uu ka koobnaa 11 nin, shan kooxdii Cabdullaahi Yuusuf taageersanayd ah iyo lix raggii mucaaradka ku ahaa ka tirsanaa. Shirweynahaas oo ka dhacay magaalada Harar, waxaa guddoomiye loogu doortay Dr. Xasan Cali Mirreh. Arrintu si kastaba ha ahaatee, Dr. Xasan Cali Mirreh, labadii sano ma dhammaysan ee markii uu muddo sanad ah guddoomiye ahaa ayuu iska casilay jagadii guddoomiyenimada.

Maarj. 1986 SNM, Waxa ay sheegatay (Raadiyow Kulmis) in ay weeraro xoog leh ku wadaan xukuumadii Maxamed Siyaad Barre.

Abriil 1986 Ilaa 300 oo dhalinyardii ururka Itixaadka Islaamka, ka tirsanaa ayaa Burco lagu xidhxidhay, in kastoo la sheegay in badankoodii la sii daayey 1987kii.

May 1986 Hargeysa, Ururkii isu Tagga Ardayda Soomaaliyeed (United Somali Students Union) oo ahaa arday dugsiga sare ah oo iskaashatay ayaa qaar ka mid ahaa dil lagu xukumay, iyaga oo lagu eedeeyey in ay ururkaas xubin ka ahaayeen. Ururka ardaydu ma ahayn mid sharciyeysan oo dawladdu oggolayd, ee wuxuu ahaa arday isu tagtay oo siyaasadda xukuumadda ka soo horjeedday.

1986 Waxaa la xabbisay Sheekh Maxamed Macallin Xasan, oo ahaa sheekh Soomaaliya aad looga qaderiyo. Sheekh Maxamed oo aan marna maxkamad la soo hor taagin sababta uu u xidhnaa, wuxuu xabsiga ku jirey ilaa intii xukuumaddii Maxamed Siyaad Barre, ka dhacaysey. Waxaa la weriyey in Maxamed Siyaad Barre Sheekha fariin xabsiga ugu diray kuna yidhi *"haddii aad cafis iga soo codsatid waan ku sii daynayaa."* Waxaase la sheegay inuu Sheekh Maxamed ugu soo jawaabey *"Ilaah ayaa cafis laga dalbaa, bixiyana."*

23 Dis. 1986 Doorasho Maxamed Siyaad Barre, keligii ku beratamaayey, wuxuu sheegay inuu ku guulaystay, ayna doorteen 99.93% oo shacbiga ahi.

24 Jan. 1987 SNM, ayaa waxa ay afduubtay toban qof oo Francis ah una shaqayn jirey Dhakhaatiirta aan Xuduudka lahayn (Doctors without Borders), kuwaas oo ka shaqaynaayey xeryihii qaxootiga ee xuduudka Soomaaliya iyo Itoobiya ku yiilay.

6 Feb. 1987 Shaqaalihii Faransiiska ahaa ayey SNM, sii deysey.

Feb. 1987 Ciidamadii Xukuumadii M.S. Barre, iyo kuwii Mingustu ayaa dagaal ku dhexmaray xuduudka waqooyi galbeed ee Gobolka Togdheeer. Inkasta oo dagaalkaas SNM, keligeed sheegatay askari qaybta taangiga ahaa oo Amxaar ah, oo dagaalka lagu qabtay, wuxuu sheegay in SNM, ay ka caawinaysay xagga hoggaaminta iyo turjumaada.

Isla sannadkaas waxaa la sheegay in SNM ay dishay xubno ururkeeda ka tirsanaa oo ay ku tuhuntay in ay u basaasayeen, xukuumadii Maxamed Siyaad Barre. Waxaase suurto gal ahayd in xukun u dirir dhexdooda ah ay nimankaasi u dhinteen[286].

1987 Somali Patriotic Liberation Front (SPLF)-{Jabhada Wadanimimada Xoraynta Soomaaliyeed} ayaa la aasaasay, waxaana Guddoomiye ka noqday Xuseen Siciid Jaamac, oo Nof. 1983kii laga saaray SSDF. Xuseen wuxuu hore hoggaamiye ugu ahaan jirey SWP, ragga SPLF abuuraynа waxa ay u badnaayeen kooxdii ka soo go'day SSDF.

Nof. 1987 Magaalada Harar ayaa waxa ka dhacay shirweynihii 5aad ee SNM. Shirkaas waxaa mar labaad dib loogu doortay Axmed Maxamed Siilaanyo.

Dis. 1987 SNM, waxa ay Hargeysa si gaadmo ah ugu toogatay ninkii NSS-ta Gobalada Waqooyi oo dhan u qaabilsanaa (Axmed Aadan) iyo dhawr nin oo isaga ilaalinayey.

Feb 1988 Kooxdii Ismaaciil Cali Abokor ka midka ahaa, ayaa maxkamad la soo taagay; waxaana dil lagu xukumay intii qabiilka Isaaq u dhalatay. Raggii dilka lagu xukumay waxa ahaayeen:

1. Ismaaciil Cali Abokor, Habar Jeclo
2. Cumar Carte Qaalib, Habar Awal
3. Axmed Maxamed Halac, Habar Jeclo
4. Cabdi Ismaaciil Yoonis (Cabdi Duse), Habar Awal
5. Saleebaan Nuux Cali, Habar Jeclo
6. Aadan Jaamac Samatar, Habar Jeclo
7. Cabdillaahi Jaamac Galaal, Habar Jeclo

8. Xuseen Ismaaciil Cabdi, Habar Jeclo
9. Maxamed Cabdi Aadan, Habar Yoonis
10. Axmed Cumar, Habar Awal
11. Cabdillaahi Cabdi, Habar Awal

14 Maarj 1988 Shan iyo labaatan (25) nin ayaa maxkamadda wareegta ee ciidamadu (The Mobile Military Court) ku toogatay tuulada "Gaas Dheere," oo ka tirsan degmada Gebiley iyo Tog-Wajaale. Waxaa la sheegay in raggaas la ururiyey lana toogtay, ka dib markii ciidamadii dawladdu dhawr goor ku guul daraysteen dagaaladii ay ku qaadeen jabhaddii SNM. Shan iyo labaatankii nin ee la toogtay waxa ay ahaayeen[287]:

1. Sheekh Ciise Yuusuf Good
2. Maxamed Cabdi Xawsi, 'Jawaan'
3. Maxamed Cabdi Koofil
4. Dagaal Dhimbil
5. Muxumed Sahal
6. Qalinle Cashuur Raage
7. Muxumed Gurey Mihile
8. Xuseen Amiir Faarax
9. Mawliid Xuseen Amiir, 'waxaa dhalay Xuseen Amiir'
10. Cali Xuseen Amiir, 'Xuseen Amiir walaalkii'
11. Haybe Gurey Xasan
12. Siciid Isaaq Xaaji
13. Aadan Cali Ibraahim
14. Cabdillaahi Jaamac Caqli
15. Xaaji Xasan Abraar
16. Barre Muxumed
17. Saleebaan Diiriye Xirsi
18. Maxamed Cali Samatar
19. Saciid Xasan Deeqsi
20. Ardaale Warsame Faarax
21. Aw Cali Sahal Taani
22. Cabdi Sahal Taani, "ninka kore walaalkii'
23. Cabdi Maxamed Sahal
24. Shamaax Cilmi Faahiye
25. Daa'uud Qawrax

Abriil 1988 Xukuumadihii M.S. Barre, iyo Mingustu Xayle Mariyam, madaxweynihii Itoobiya ayaa heshiis nabadeed kala saxeexday. Heshiiskaasina wuxuu ku saabsanaa in ay labadooduba joojiyaan taageerada ay u fidiyaan mucaaradka maamulkiisa ka soo horjeeda. Waxa ayna Itoobiya markiiba xidhay Raadiyow Halgan (Kulmis) oo markaas dacaayadeeda maamulkii Maxamed Siyaad Barre ka fidin jirtey. Markii Maamulkii SNM, arkay in ay xaajadu ku xuntahay, ayey waxa ay goosteen in ay waddanka Itoobiya iskaga baxaan oo gudaha galaan intaan xoog lagu saarin, isla markiibana waxa ay weeraro isdaba joog ah ku qaadeen Burco iyo Hargeysa.[288]

27 May 1988 SNM, waxa ay weerartay magaalada Burco, iyaga oo si fiican gacanta ugu dhigay magaalada oo dhan. Dagaalkii SNM, Burco ku qabsadeen waxa ay sheegteen in ciidamadooda ku dagaal galay gaadhayeen 2,000. Waxa ay kale oo sheegteen in ay dileen boqolaal Milateri iyo Booliis isugu jirey oo ka tirsanaa ciidamadii xukuumaddii M.S. Barre. Madaxdii ay sheegteen in ay dileena waxaa ka mid ahaa: Taliyihii ciidanka Burco (Xadaad), Abaan duulihii Qaybta "Xaamud", Hoggaankii Saadka "Ibraahim Cali" iyo Taliyihii Booliiska "Maxamed Abshir"[289]

31 May 1988 SNM, waxa ay weerartay Hargeysa, weerarkaasise uma suurto gelin SNM, in ay magaalada iyo nawaaxigeeda si fiican u hantiyaan. Waxa ayna ciidamadii M.S. Barre, isla markiiba qaadeen dagaal cir iyo dhulba ah oo Hargeysa iyo wixii ku noolaaba masaxay. Waxaana lagu qiyaasay guud ahaan dadkii Goboladaas ku dhintay 50,000 ilaa 60,000 kumanyaan kalena way ku dhaawacmeen, iyadoo 90% wixii nawaaxigaas ku noolaana u qaxeen wadamada deriska ah iyo wadanka gudihiisa.

Nof. 1988 Askartii Dagaalkii 1977kii Itoobiya maxaabiista u qabsatay ee la soo daayey (oo badankoodu naafo ahaa) ayaa Xamar banaanbax ka sameeyey, iyaga oo codsanaayey cadaalad iyo in wax loo qabto. Askartaas badankoodiina xabsiga ayaa loo taxaabay.

1-7 Jan. 1989 Waxaa la aasaasay ururka U.S.C. (United Somali Congress). Ururka USC waxaa lagu aasaasay shirweynihii koowaad ama kulankii ugu horeeyey oo ka dhacay magaalada Rooma ee dalka Talyaaniga. Qaban qaabinta shirkaas iyo aasaaska USC waxaa ka dambeeyey rag Hawiye ahaa, una badnaa dhaliyaro oo isaga yimid waddamo badan oo adduunka ah, gaar ahaan Carabta iyo Yurub. Ragga Shirkaas qaban-qaabinayey oo aan ku qanacsanayn ururadii markaas jirey oo ay ka mid ahaayeen SSDF iyo SNM. Inta aan USC lagu dhawaaqin ka hor, waxaa jirey rag Hawiye ah oo xubno ka ah ama ka ahaan jirey ururada SNM iyo SSDF. Waxa ayse ragga USC abuuray ay ula muuqatay in waqtigaas oo waddanku xaalad adag oo siyaasadeed marayey ay muhiim tahay in jabhad Hawiye leeyahay la sameeyo. Shirkaas Rooma ka dhacay waxaa lagu doortay xubnaha/guddiga ugu sareeya ee ururka, waxaana ka mid ahaa raggii la doortay:

1. Cali Maxamed Cosoble (Cali Wardhiigley), Guddoomiye
2. Maxamed Faarax Jimcaale, Guddoomiye ku-xigeen
3. Cali Hagareey, Guddoomiye ku-xigeen
4. Kor. Cilmi Sharmaarke, Guddoomiye ku-xigeen
5. Xaashi Nuure Aw Diinle, Guddoomiye ku-xigeen

Cali Wardhiigley markii guddoomiyaha loo doortay waxa uu joogay magaalada Nayroobi (Nairobi) ee waddanka Kiiniya (Kenya). Cali Wardhiigley waxa uu muddo ka hor gudddoomiye ku-xigeen ka ahaan jirey ururka SNM, hase ahaatee markii ay is-khilaafeen madaxdii SNM ka dib ayuu ka tegay SNM (1987). Khilaafka SNM iyo Cali Wardhiigley dhex maray waxa uu ka xanaajiyey rag Hawiye ah oo ka tirsanaa SNM, ka dibna ka baxay. Isla waqtigaas USC lagu dhawaaqay Maxamed Faarax Jimcaale, waxa uu weli xubin ka ahaa ururka SNM, waxa uuna joogay Itoobiya. Maxamed Faarax Jimcaale oo intii aanu SNM ku biirin hore uga tirsanaan jirey SSF, waxa uu ka mid ahaa mucaaradka Hawiye ugu magaca dheer, waxaa uuna ka mid ahaa ragga aaminsan in aan jabhad cusub oo Hawiye la samayn ee lagu dagaalamo magaca SNM, laakiin firkaraddaas rag badan oo Hawiye ah ayaa ka soo hor jeeday, kuwaas oo aaminsanaa in la gaadhey waqtigii urur Hawiye la samayn lahaa.

Muddo yar ka dib markii aasaaska USC lagu dhawaaqayba waxaa soo baxay khilaaf aad u weyn oo ka dhex dhashay raggii Hawiye ee xukuumadda Maxamed Siyaad Barre ka soo hor jeeday. Khilaafkaas waxaa asal u ahaa—iyada oo ragga Rooma ururka USC ka aasaasay oo shacbi (civilian) ahaa, lagu eedeeyey in aanay noqon karin cudud mitilateri oo xukuumadda Maxamed Siyaad Barre la dagaalami karta. Isla markaas dad badan oo Hawiye ah, gaar ahaan saraakiishii Itoobiya iyo waddanka gudihiisaba joogay, waxa ay u arkayeen in xafiiska USC ee Rooma uu Xamar aad uga fog yahay, sidaas darteed, haddii la doonayo in la dagaalamo—in laga soo dagaal galo Itoobiya, oo ahayd meeshii jabhadaha kaleba ka soo duuli jireen. Arrintaasina waxay markii dambe keentay in rag uu ka mid ahaa Maxamed Faarax Jimcaale, ay xidhiidhka u gooyaan aasaasayaashii ururka ee Rooma fadhiyey. Waxaana USC cusub laga qaban qaabiyey Itoobiya gudaheeda, waxaana markii dambe xarun looga dhigay magaalada Mustaxiil oo aad ugu dhow dalka. Kooxdaas cusub ee USC-dii Rooma ka fallaagowday (ka baxday), waxaa xidhiid fiicani ka dhexeeyey SNM iyo Maamulkii Minguste Xayle Mariam. Kooxdaas USC oo markii dambe rag Hawiye ah oo horey askar u ahaan jirey ku soo biireen, waxay markii dambe bilaabeen in ay weeraro dhuumaalaysi ah ka bilaabaan gobolada Mudug iyo Galgaduud.

15 Maarj 1989 Waxaa xukuumaddii Maxamed Siyaad Barre xabsiga ka sii daysay kooxdii *koowaad* oo ka tirsanayd raggii siyaasadda u xidhnaa. Raggaas waxaa ka mid ahaa kooxdii Ismaaciil Cali Abokor lala xidhay iyo dhalinyaradii loo yaqaaney UFO.

1 Abriil 1989 Waxaa xukuumaddii Maxamed Siyaad Barre xabsiga ka sii daysay kooxdii *labaad* ee ka tirsanayd raggii siyaasadda u xidhnaa. Raggaas waxaa ka mid ahaa kuwii kooxdii Ismaaciil Cali Abokor lala xidhay iyo dhalinyaradii loo yaqaaney UFO.

Juun 1989 Hay'adda xuquuqda aadanaha u dooda ee 'Amnesty International' ayaa markii ugu horeysey Soomaaliya booqatay.

17 Juun-2 Jul. 1989 Xubnihii X.H.K.S., ayaa shirkoodii caadiga (lix biloodle) ahaa isugu yimid, waxa ayna ahayd markii ugu horeysey ee taariikhda maamulkii M.S. Barre, xubnihii X.H.K.S. ay ka fool ka fool ugu sheegaan in hoggaamintoodii fashilantay, ayna lagama maarmaantahay in xisbigu iscasilo; dawladuna ogolaato in ay wada hadalo nabadeed la gasho ururada mucaaradka ah. Isla mar ahaantaasna, ururadaas la sharciyeeyo oo ay dawladu ogolaato xisbiyo badan oo doorashada madaxtinimada ka qayb geli kara. M.S. Barre, isaga oo eray shirkaas ka dhihin ayuu yidhi "shirku waa xidhan yahay, waanan aqbalay arrimihii cuslaa ee xalka dhibaatada ku saabsanaa ee Ra'iisal Wasaaruhu (Maxamed Cali Samatar) ii soo jeediyey." Talada Cali Samatar, soo jeediyeyse waxa ay ahayd in dhibaatada Gobolada Waqooyi cudud milateri lagu dhammeeyo.

2 Jul.1989 Jaraa'idkii dawladda ee *Xiddigta Okt.*, ayaa lagu qoray dhawr qodob oo qeexaya talaabooyinka dawladu ka qaadayso nabad gelya darada dalka ka jirta.

1. In muddo lix bilood gudahood ah ay dawladdu sharcigii iyo deganaanshihii dalka ku soo dabaasho, iyadoo adeegsan doonta milateri, dhaqaale, iyo siyaasadba. Isla mar ahaan taasna dawladu awood buuxda siin doonto hay'adaha hawlahaas fulin doona.

2. In ciidamada Qalabka sida dib loo habeeyo, awood, tababar iyo waayo aragnimo ahaanba. Dawladuna waa in ay meel marisaa oo ciidamada siisaa wax kasta oo fududayn kara hawshaas.

3. In Guddiga Qaranka ee Dejinta iyo Dib u Dhisidu hawshiisa si degdeg ah u bilaabo, sidii wax looga qaban lahaa, Gobolada Waqooyi Galbeed ee budhcaddu "SNM" baabiisay.

4. In muddo hal sano gudaheeda, looga uruuriyo dadka hubku gacanta ugu jiro, lana xidho wadiiqooyinka ay ka helaan. Arrintaas fulinteedana waxaa u xil saaran, Xisbiga, Wasaarada Arrimaha Gudaha iyo Ciidamada Qalabka sida.

Qodobadaas dhammaantoodna waxba kama socon, waayo Guddigii Qaranka ee dejinta iyo dib u Dhisidu go'aan way ka gaadhi waayeen qodobadaas. Waayo uma ay arkayn in talaabooyinkaasi wax ka bedeli karaan xasilooni darrada waddanka ka taagneyd; wayna adkayd waqtigaas in Maxamed Siyaad Barre si toos ah looga soo horjeesto. Dadka qaarkiis waxa ay aaminsanaayeen in shilkii Maxamed Siyaad Barre galay 1986kii uu wax yeello weyn u geystay maskaxdiisa, sidaas darteed ay dawladda shakhsiyaad ka tirsanaa reerka uu ka dhashay..ay maamulka majaraha u hayeen waxa ay doonaanna ka yeelayeen.

2-6 Jul. 1989 Ka dib markii Guddigii Qaranka ee dib u Dejinta iyo Dhismahu diiday hawlihii la faray, ayaa M.S. Barre, dhawr Wasaaradood oo kala duwan ku amray dhawr qodob:

b) Wasaarada Gaadiidka, waxaa la faray in ay diiwaan geliyaan dhammaan gaadiidka hawl geli kara,gaar ahaan baabuurtii loo yaqaanay 4x4(Land Cruisers) iyo baabuurta waaweyn ee xamuulka.

t) Wasaarada Gaashaandhigga iyo NSS-ta, ayaa waxaa la faray in ay amar u qabaan la wareegidda baabuurta 4X4 (Land Cruisers) ee shacbigu leeyahay, si loogu hawl geliyo dhibaatada waddanka ka jirtey.

j) In wasaaradaha Waxbarashada iyo Tacliinta Sare, ardaydii gurmadka ee labadii sano ee ugu dambeeyey ku wareejiyaan wasaarada Gaashaandhigga.

x) In Wasaaradaha iy hay'adaha kale ee dawladdu, ragga wixii da'doodu ka yar tahay 40 sano ee caafimaad qaba ku wareejiyaan Wasaaradda Gaashaandhigga.

8 Jul. 1989 Maxamed S.Barre, ayaa shir ku casumay dadkii uu islahaa waa wax garad, kuwaas oo ay ka mid ahaayeen; macalimiinta, dhakhaatiir, qareeno, shaqaalaha dawladda iyo dadkii maalqabeenka ahaa, iyadoo weliba dadweynahana albaabadu u furaayeen. Wuxuuna ku yidhi:

"Maadaama bisha labadeedii xalkii aan mucaaradka u soo jeediyey ay diideen, waddankuna maanta xal u baahan yahay, waxaan rabaa inaad xisbigayga iyo qorshuhuu wato garab siisaan." Ayaan darrose sheekadaasi way fashilantay, ka dib markii qof kasta oo shirkaas ka hadlaaba u sheegay in nabada iyo badbaadinta dalku ku xidhan tahay nabad la helo, taasina aanay suurto gal ahayn intuu isagu kursiga ku fadhiyo. Sidaas daraadeed, waxaa laga codsaday 'isaga oo tixgelinaaya aayaha iyo jiritaanka waddankiisa (madaxweynihu) uu is casilo. Shirkaasina wuxuu soo gunaadmey ka dib markii isaga oo xanaaqsan uu shirkii ka baxay.

9 Jul. 1989 Waxaa Xamar si gaadmo ah loogu toogtey, Salvatore Colombo, oo Kaniisada Roman Katoolig (Catholic) Soomaaliya u joogay. Ninkaas oo dhalashadiisu Talyaani ahayd, ayaa dawladda Talyaanigu M.S. Barre, ku cadaadisay inuu caddeeyo wixii dilkiisa ka dambeeyey. Haddaba, xukuumada oo isku deyeysey dariiq ay uga baxdo eedda reer galbeedka ee dilkaas ku saabsan ayaa isla markiiba sheegtay in la arkay nin khamiiska wadaadada gashan oo meeshii Salvatore, lagu dilay ka ordayey, taas oo ay ula jeedeen in wadaad wax dilay; taas oo M.S. Barre, u arkaayey in ay reer galbeedku si fiican ugu qanci doonaan maadaama ay wadaadada neceb yihiin.

Muddo yar ka didbna dawladu waxa ay ku dhawaaqday in qofkii soo sheega akhbaar ku saabsan cidii wadaadkaas dishey la siin doono lix milyan oo shilin Soomaali ah. Arrintu si kastaba ha ahaatee, dad badan oo Xamar degani waxa ay qabeen in dilka Salvatore, uu M.S. Barre, laftiisu ka dambeeyey, isaga oo uga shakiyey inuu safaaradaha reer galbeedka u gudbiyo sirta falxumadii maamulkiisa. Niman ka tirsan culimada waaweyn ee Xamar,oo masabidkaas wadaadada la saaray u dulqaadan waayey ayaa si furan Masaajidada uga hadlay, dhaleeceeyeyna been abuurka dawladda, shacbigana kula taliyey inaanay hunguraynlacagtaas xaqdarada ah ee la rabo in qof aan waxba galabsan lagu xabiso. Waxa ay kale oo halkaas culimadu ka caddeeyeen in xukuumadda lafteedu dilkaas ka dambaysey, ayna fool xumo tahay in dawladu dadkeeda xasuuqdo ninka cadna wixii dilay lix milyan madaxooda la dulsaaro.

11 Jul. 1989 Waxa ay xukuumaddii bilowday in ay xidhxidho dadkii ka hadlay shirkii madaxweynuhu qabtay, una soo jeediyey inuu is casilo. Waxaana ka mid ahaa:

1. Ismaaciil Cali Jimcaale, oo ka mid ahaa qareenadii waddanka ugu magaca dheeraa.

2. Cabdulqaadir Aadan Cabdulle Cismaan, oo ahaan jirey Wasiirka Wasaaradda Hawlaha Guud, ahaana wiilkii madaxweynihii ugu horeeyey ee Soomaaliya.

3. Major Maxamed Cismaan Faarax, oo ahaan jirey sarkaal NSS-ta ka tirsan.

4. Maxamed Sheekh Maxamuud Guuleed (Gacma Dheere).

12 Jul. 1989 Waxaa xabsiga lagu guray dhammaan wadaadadii ka hadlay arrintii Salvatore Colombo. Culimadaasna waxaa ka mid ahaa:

1) Sheekh Cali Xaaji Yuusuf (Masajidka Wardhiigley)

2) Sheekh Ibraahim Suuley (Masaajidka Siigaale)

3) Sheekh Cabdulraxman Sheekh Cali Suufi (Masajidka Kaasa Bobolaare)

4) Sheekh Axmed Gabayre.

14 Jul.1989 (Jimce) Ka dib markii xukuumadii M.S. Barre, xidhxidhay afartii Iimaan ee caanka ahaa, waxaa werwerweyn ku abuuray waxa ay arrintaasi dhali doonto. Waxaana war qaadayaashii Xukuumadu gudbiyeen in maalinta jimcaha la damacsan yahay banaan bax aad u weyn oo xadhiga wadaadada looga soo horjeedo.

Waxaana waqtigii salaada jimcuhu soo dhoweyd masaajidadii Xamar ugu waaweynaa, oo ay ka mid ahaayeen Sheekh Cali Suufi, Wardhiigley, Siigaale, Ceel-gaab iyo Isbahaysigaba lagu wareejiyey askar ilaalisa. Ciidamadaas oo ka koobnaa, *Koofiyad cas, Salaan-sharaf iyo Booliis,* waxa ay sugayeen ficilka dadku ku kaco si ay u kala didiyaan. Salaadii markay dhammaatayna waxaa bilaabmay waxa ay sugayeen oo masaajidadii laga soo dareeray iyadoo dadkii ku dhawaaqayaan “Allaahu Akbar, Allaahu Akbar”.

Ka dibna askartii Masaajidka Sheekh Cali Suufi, joogtay ayaa dulqaadkii ka lumay, waxa ayna cirka u rideen rasaas iyaga oo rabey in ay dadka kala eryaan, hase ahaatee taasi way ka sii dartay, waxaana sii huray cadhadii iyo qayladii dadka, taasina waxa ay askartii u hogaamisay in ay xabad toos shacbigii ula dhacaan. Markii dhiiggii, taahii iyo jibaadkii isku darsameena, waxaa laga soo yaacay xaafadihii masaajidka u dhowaa. Gurmadkaasina wuxuu sii qarxiyey dagaalkii bilowday.

Haddaba, maadaama aanay shacbigu wax hub ah markaas haysan waxa ay isticmaaleen, waxkasta oo gacantoodu gaadheysey; ul, dhagax,qori iwm. Muddo yar gudaheedna askartii si xun ayaa loo jebiyey, iyadoo qaar ka mid ah hubkoodii laga furtay oo lagula dagaalamay. Nasiib darose, markiiba waxaa askartii soo gaadhey qaylo dhaantii ay dirsadeen. Ciidamadaas carcartoodii qabey, waxa ay wateen hub aad u culus sida baabuurta dayacanta loo yaqaanay iyo APCs’, ka dibna waxa ay bilaabeen in ay si naxariis darro ah ay shacabkii u gumaadaan.

Inkasta oo dadkaas cudud loo sheegtay haddana dagaalkii intaas kuma demin ee magaalada badankeedii ayuu si weyn ugu fiday, gaar ahaan degaankii Hawiyaha iyo Isaaqu ku badnaayeen. Hadaba si askarta lafteeda loo hakiyo ayaa dadku waxa ay bilaabeen in ay jidadka xidhaan, iyaga oo lugo (taayiro) baabuur ku gubaayey jidadka. Waxaana markiiba xukuumadu ku dhawaaqday bandow ka bilaabanayey lixda makhribkii ilaa lixda subaxdii, taasise xaaladda waxba kama bedelin oo dagaalkii wuxuu sii socdey ilaa 12kii habeenimo. Ciidamadii xukuumada oo hub aad u culus watana waxaa lagu heegaaray dhismayaashii dawladda, Jidadkii Isgoysyada iyo dhammaan kontorooladdii magaalada Muqdishu.

15 Jul.1989 (Sabti) Raadiyow Muqdisho wuxuu sheegay in dadka shacbiga ah ee dagaalkaas ku dhintay ay tiradoodu dhammayd 23 qof 59 kalena ku dhaawacmeen. Haddaba inkasta oo ay aad u adkayd in la xaqiijo dadka dhintay ama dhaawacmay, qiyaasta dadweynuhu sheegeen waxa ay ahayd in 450 qof dhinteen boqolaal kalena ku dhaawacmeen.

Inkasta oo askartii Koofiyad castu magaalada gacanta ku haysey, waxaa Ceel gaab ka dhacay rabshado cusub, wax shaqo ahina magaalada kama jirin; dhulkii baayacmushtarka u furaana badankoodu waa xidhnaayeen. Waxaa Koofiyad castu sidoo kale ka hawl gashay magaalada oo dhan. Si haddaba cududa xukuumada loo xoojiyo ayaa shir deg deg ah oo ay yeesheen Ra'iisal Wasaarihii waqtigaas "Maxamed Cali Samatar", Maslax Maxamed Siyaad Barre, "Taliyihii Ciidanka 77), ay amar ku bixiyeen in dadka dawladda ku kacsan xoog lagu muquuniyo; Waxaana la xabisay dad ugu yaraan 2,000 tiradoodu gaadhayso, iyadoo loo qaybiyey xeryihii ciidamada ee Dhanaane, Hiilweyne iyo Baraawe; dadkaas badankooduna waxa ay ahaayeen Hawiye.

15 Jul. 1989 Dawlada Talyaaniga ayaa caa'iladii Safaaradoodii Xamar diyaarad u soo dirsatay, si wixii dhacaayey looga samata bixiyo.

16 Jul. 1989 Wax rabshad ahi *maalintaas* magaaalada Xamar kama dhicin, hase ahaatee, qof walbaaba wuxuu ku jirey argagax iyo cabsi oo dadku guryahoodii ayey weli ku oodnaayeen.

17 jul. 1989 Waxaa *habeenkii* guryahoodii lagala baxay rag tiradoodu gaadheysay ilaa 59 oo qabiilka Isaaqa ka dhashay, ka dibna inta Xeebta Jasiira ee Xamar la isugu geeyey lagu xasuuqay. Nimankaas oo markii askartii Maxamed Siyaad Barre rasaasta mariyeen ay aaseen, waxaa kashifay nin aan dhiman oo wixii dhacay ka sheekeeyey. Xasuuqa raggaasi wuxuu ahaa fadeexaddii ugu weynayd ee maamulkii Maxamed Siyaad Barre soo marta, waxaana circa isku shareeray xamaasaddii iyo kacdoonkii siyaasadeed ee Xamar ka taagnaa. Maxaa yeelay, inkasta oo markasta shakhsiyaad lala bixi jiray habeen madowna lana dili jiray, xasuuqa dadka intaas tiro leeg iyo qabiilka keliya ee gaarka loo xulay waxa ay noqotay mid dadkii Xamar degganaa argagax ku abuurta. Inkasta oo weli khilaaf ka taagan yahay tirada dadka habeenkaas la dilay, kuwii la xaqiijiyey waxaa ka mid ahaa[290]:

1. Ibrahim Hasan Gelle (H.Y) US-OMC-somalia
2. Ibrahim H. Abdillahi Dirie (H.Y)Businessman
3. Mohamed Ismail Ahmed (H.Y)BUSINESSMAN
4. Yusuf Mohamed Handulle (H.Y)USAID
5. Saeed mohamed Mumin (C.G) Ass.pro.Lafole S.N.U
6. Musa Abdi Gaas (C.G) Businessman
7. Hussein Ali Aden (H.J)Businessman
8. Saeed Nur Musa (H.J)businesman
9. Abdirahman Mohamed Bihi (H.J)Businessman
10. Abiwahab Farah Ahmed(H.Y) Student
11. Abdifatah Ahmed Jiir (H.J) Student
12. Matan Abdi Habashi (Arab)Student
13 .Mohamed mohamud Abdi(H.Y) Businessman
14. Ali Mohamed Abdi (H.A) Student
15. Hassan Aw Nur Barud(H.Y) Businessman
16. Abdi Mohamed Abdi (H.A)Technician
17. Ahmed Yassin Omar Jama(H.A) Businessman

18. Mohamed Abdi Hassan(H.A)Businessman
19. Ibrahim Hassan Ege(H.A) Technician
20. Abdi Muhumed Daud (H.A) Businessman
21. Hassan Abdi Muhumed (Arab) Businessman
22. Ali Mohamed Dirie(H.J) C.Serv
23. Jama Mohamed Abdi(H.A) Trader
24. Abdi Osman Dubad(H.Y)Trader
25. Husein Omar Husein(C.G) Trader
26. Mohamed Musa Mohamed(H.Y) Trader
27. Ahmed Hassan Elmi(Dheereeye) (H.A)Sportsman
28. Muhumed Abdillahi Warsame (Madigan)Trader
29. Mohamed-Bashe Abdillahi Hebaan(H.A)Trader
30. Abdirahman Ahmed Dhimbil (H.A) Civil servent
31. Hussein Muhumed Farah (H.A)Civil servent
32. Mohamoud Bacadle (H.Y) Civil servent
33. Jama Aden (barosin)(H.J) Civil servent
34. Abdirahman Mohamed Osman (beledi)(H.A)Trader
35. Warsame Dugsiye Reydal (G.B) Trader
36. Barre Osman Abdi (C.G) Trader
37. Abdirizaq Aydiid Mohamed (H.Y) Student
38. Hussein Osman Jama (H.A)student
39. Khadar Mohamed Ahmed (H.A) Student
40. Bihi Ibrahim Ahmed (H.A) Student
41. Hassan Nur Hersi (H.A) Student
42. Abokor Mohamed Yousuf (H.A)Trader
43. Hassan Guure Abdi (H.A) Trader
44. Khadar nuur Jama (H.A) Trader
45. Ahmed Yusuf Ibrahim (H.A) Trader
46. Mohamed Osman Jama (H.A)Trader
47. Farah Ismail Awale (H.Y) student
48. Yusuf Abdillahi Roble (C.G) graduate Dr.
49. Dayib Abdi Burale (H.Y) Trader
50. Dahir Mohamed Jama Warfaa (H.Y) Trader
51. Ali Aw-Muhumed Mohamed (burale)(C.G) Trader
52. Muhidin Macalin Ahmed (Ogaaden)
53. Saadiq SH. Ahmed (ogaden)
54.Bahyaal Muhumud Jiri (Ogaden)
55.Fuad Abdillahi Ibrahim (Arab)

56.Daud SH. Ibrahim (H.Y).

57.Hussein Kheyre Abdi (H.J)

58.Rashid Mohamed Osman (H.A)

59.Abdi Barre Osman (C.G) graduate.

17 Jul. 1989 Waxaa Maxkamad milateri oo degdeg ah la saaray, dhammaan dadkii lagu xidhxidhay dagaaladii shacbiga iyo askarta dhex maray 14kii Jul. iyo 15kii Juulay. Waxaa sidoo kale intaan dagaalkii 14kii Juulay bilaaban ka hor la xidhay Shariif Xuseen, oo sheekh aad Xamar looga qaderiyo ahaa.

1989 Kor. Axmed Cumar Jees, oo ka dhashay qabiilka Ogaadeen iyo koox ciidamo oo uu hoggaaminayey ayaa waxay ka baxsadeen xukuumaddii Maxamed Siyaad Barre. Kor. Axmed iyo ciidamadiisii waxa ay ku biireen ciidamadii SNM ee maamulka Maxamed Siyaad Barre ka soo horjeeday.

1989 Shir ay xubnihii sare (madaxdii) SNM isagu yimaadeen oo ka dhacay magaalada Balli-gubadle ayaa waxaa guddoomiyaha ururka SNM loogu doortay Cabdiraxmaan Axmed Cali (Cabdiraxmaan Tuur).

Agoos 1989 Janaraal Maxamed Faarax Caydiid, ayaa waaxa uu ka tegay shaqadii Safiirnimada ee uu ka hayey waddanka India, waxa uu markiiba tegay Rooma, halkaas oo ay ugu yeedheen raggii USC aasaasay. Nimankii USC aasaasay ee Rooma joogay waxa ay u soo jeediyeen Janaraal Caydiid, in uu 'garabka ciidamada' ee USC hoggaamiye ka noqdo, laakiin uu maamulka iyo hoggaaminta u dhaafo nimanka ururka aasaasay, ragga maalqaabeenka, iyo siyaasiyiinta ah ee Xamar hawlaha ka wada (si qarsoodi ah).[291] Arrintu si kastaba ha ahaatee, waxaa la weriyey in Caydiid aanu fikraddaas jeclaysan, ka dibna waxa uu u dhoofay Itoobiya si uu ula kulmo Maxamed Faarax Jimcaale iyo raggii kale ee khilaafsanaa nimankii USC aasaaskeeda lahaa. Waxaa kale oo la sheegay in Caydiid sii maray waddamo kale oo Yurub ka tirsan, halkaasna uu kula kulmay xubnihii USC ka tirsanaa oo ay badankooda isku fikrad ahaayeen iyo rag ka tirsanaa SNM.

Agoos 1989 M.S. Barre, wuxuu markii ugu horeysay tan iyo intuu xukunka qabsaday ku dhawaaqay inuu sanadka 1990ka, ogolaan doono xisbiyo badan oo kala duwan. Hase ahaatee, ballan qaadkaasi wuxuu noqday maaweeladiisii, waxna isma bedelin.

15 Maarj.1990 114 qof (Manefesto) oo ahaa dadkii magaca lahaa ee Xamar ku noolaa, kuwaas oo isugu jirey siyaasiyiin, Baayacmushtar iyo aqoonyahanaba ayaa saxeexay warqad aad u dheer oo ay M.S. Barre, u direen iyaga oo ka codsaday inuu xukunka iskaga tanaasulo si wadanka oo burbur qarka u saaraa loo badbaadiyo. Magacyadii xubnahaasina waa kuwan[292]:

1 Xaaji Aadan Cabdulle Cismaan
2 Sheekh Mukhtaar Maxamed Xuseen
3 Xaaji Muuse Boqor
4 Dr. Ismaaciil Jimcaale Cosoble
5 Dr. Maxamed Raajis Axmed
6 Maxamed Abshir Muuse
7 Jibriil Xasan Maxamed
8 Maxamuud Geedi Maxamuud
9 Maxamed Cali Xaashi
10 Axmed Cilmi Cismaan
11 Cabdi Iidle Shuuriye
12 Xuseen Axmed Cabdulle

13 Dr. Xuseen Xaaji Bood
14 Suldaan Turki Suldaan Xuseen Xayle
15 Cali Shido Cabdi
16 Sheekh Muudeey
17 Xaaji Maxamuud Jiirow
18 Xaaji Cismaan Axmed Rooble
19 Xaaji Baynax Barre
20 Axmed Maxamed Cabdulle
21 Maxamuud Yuusuf Aadan
22 Prof. Ibraahim Maxamuud Abyan
23 Dr. Maxamuud Jaamac Maxamed
24 Xaashi Weheliye Maalin
25 Xaaji Kamaaludiin Cali
26 Cabdullaahi Sheekh Maxamuud
27 Maxamed Cali Caateeye
28 Cali Mahdi Maxamed
29 Cali Xuseen Gurac
30 Dr. Cabdullaahi Macalin Cabdulle
31 Boqor Cabdullaahi Boqor Muuse
32 Maxamed Faarax Siyaad
33 Maxamuud Saalax Nuur
34 Dr. Xasan Dhimbil Warsame
35 Cabdicasiis Nuur Xirsi
36 Mire Colaad Cawaale
37 Baashi Cali Jaamac
38 Cabdi Sheekh Aadan
39 Xersi Xaaji Jaamac
40 Cabdulqaadir Xaashi Cigaal
41 Aadan Cumar
42 Dr. Cabdiraxmaan Cilmi Cigaal
43 Cabdullaahi Cumar Bootaan
44 Maxamed Siciid Ciyow (Genttleman)
45 Maxamed Diiriye
46 Dr. Sheekh Cali Maxamuud
47 Bashiir Ciise Cali
48 Xaaji Cali Geedi Shadoor
49 Khaliif Jaamac
50 Dr. Muumin Cumar Axmed
51 Yuusuf Jaamac
52 Dr. Axmed Maxamed Darmaan
53 Cabdi Xaaji Yuusuf 'Shuluco'
54 Xaaji Axmed Raage Cabdi
55 Cabdi Bulaale
56 Ing. Cabdulqaadir Aadan Cabdulle
57 Axmed Ismaaciil Boqor
58 Cabdulqaadir Imaan Aadan
59 Maxamuud Xaaji Cabdullaahi Qore
60 Xasan Xaaji Maxamed
61 Dr. Maxamuud Muxumad Xuseen
62 Cabdullaahi Xaaji Yuusuf Cigaal
63 Dr. Cabdi Maxamed Maxamuud
64 Ibraahim Rooble Warfaa
65 Faarax Warsame Cismaan
66 Axmeday Sheekh Qaasim
67 Cali Imaan Gadow
68 Sheekh Cabdirashiid Sh. Cali Suufi
69 Cali Maxamed 'Osbite'
70 Cabdullaahi Faarax Hoolif
71 Xaaji Maxamuud Koogaar
72 Xasan Barre
73 Xasan Guureeye Maarshe
74 Dr.Cabdulqaadir Maxamed Abuukar
75 Mire Cali Cismaan
76 Abshir Kaahiye Faarax
77 Xiirey Qaasim Weheliye
78 Cali Maxamed Guuleed
79 Xaaji Maxamed Cabdulle Fure
80 Cali Maxamed Ibraahim
81 Axmed Sheekh Maxamuud
82 Cali Calas Qaareey
83 Cabdi Muxumed Kheyre
84 Xaaji Axmed Xaaji Maxamed
85 Cabdullaahi Xuseen Maajoor
86 Salaad Cilmi Diini
87 Sheekh Abuukar Macallin Cali
88 Cabdirashiid Maxamuud
89 Xasan Canshuur Maxamed
90 Cabdullaahi-Maxamuud-Xasan 'Matukade'
91 Saciid Cismaan Keynadiid
92 Maxamed Maxamuud Jaamac
93 Cabdulqaadir Xaaji Saciid
94 Cabdullaahi Maxamed Yuusuf
95 Maxamed Xaaji Cumar
96 Cumar Maxamed Guuleed
97 Xaaji Axmed Cali Islaaw
98 Xaaji Faarax Cismaan
99 Muuse Yuusuf Cali
100 Cabdixamiid Islaan Faarax
101 Faarax Cismaan Shiwaar
102 Cabdiraxmaan Sheekh Nuur
103 Maxamed Jaamac Geyre
104 Dubad Sugulle Maxamuud
105 Maxamed Cawaale Liibaan
106 Jaamac Cali Jaamac
107 Maxamed Yuusuf Faarax
108 Yaasiin Guure Cali
109 Maxamed Cumar Jaamac
110 Cabdullaahi Ciise Yuusuf
111 Axmed Saciid Ismaaciil
112 Beeldaaje Cali Nuur Faarax
113 Cabdi Muxumad Amiin
114 Maxamed Cabdi Daahir 'Sheel'

20-28 Maarj 1990 Waxaa Rooma lagu qabtay shirweynihii labaad ee ururka USC. Shirkaas oo ahaa mid si degdeg ah loo qaban qaabiyey, ka dib markii khilaafkii xubnihii ururku sii batay, waxaa guddoomiye dib loogu doortay Cali Wardhiigley, guddoomiye ku-xigeenna waxaa loo doorty Xuseen Cali Shido, oo markaas Itoobiya joogay. Khilaafyadii USC ka dhex abuurmay waxa ay sababeen in rag ka tirsan kuwii wax ka aasaasay sida Maxamed Faarax Jimcaale, ay ka soo hor jeestaan raggii Rooma joogay, ururkii USC-na waxa uu u qaybsamay (fekrad ahaan) 3 kooxood:

1. Kooxdii Rooma ee uruka aasaastay
2. Kooxdii Mustaxiil "Itoobiya" iyo
3. Kooxdii "Waddanka gudihiisa," oo u badnaa wax garadkii, siyaasiyiintii iyo maalqabeenkii Hawiye ee sida hab hoosaadka ah ula dagaalamayey xukuumaddii Maxamed Siyaad Barre.

5 May 1990 Waxaa Nayroobi ku geeriyooday Cali Maxamed Cosoble (Cali Wardhiigley). Geerida Cali Wardhiigley waxa ay sii kordhisay werwerkii iyo khilaafkii siyaasadeed ee ururka USC ka dhex jiray. Muddo yar ka dib, dhimashadii Cali Wardhiigley, madaxdii USC ee Rooma waxa ay isugu yimaadeen (Rooma) shir degdeg ah, waxa ayna isku raaceen in sida dastuurka USC dhigayo, uu guddoomiye ku-xigeenku uu guddoomiye noqdo. Sidaasna waxaa lagu doortay Xuseen Cali Shido.

Juun 1990 Janaraal Maxamed Faarax Caydiid, ayaa Gudoomiyaha USC loo doortay (Waxaa dooortay taageerayaashiisii Mustaxiil la joogay). Dad goob joog ahaa waxa ay weriyeen in jagada loo doortay nin la odhan jirey "injineer Caddow," laakiin uu Caydiid ku adkaystay in isaga jagadaas loo dhiibo.

6 Jul. 1990 Stadium Muqdisho, ayaa waxaa lagu qabtay furitaankii ciyaaraha Gobolada, oo uu furay M.S. Barre. Ciyaaraha Gobolada oo ahaa kuwa ugu xiisaha badan ee dalka, waxaa sanadihii dambe yaraaday ka soo qayb galkoodii maadaama, Gobolada qaarkood (Waqooyi) oo taageerayaal badan lahaa la burburiyey, qaar kalena nabad gelyadoodii aad u xumaatay, sida mudug, Galgaduud iyo Hiiraan oo kale.

M.S. Barre, oo wax badan shacbiga been iyo xoog ku hoggaaminayey, ayaa maalintaas si uu dad badan oo indha sarcaadkiisa dhegaysta u helo ku dhawaaqay in ciyaartu maalintaas bilaash (lacag la'aan) tahay. Wuxuu bilaabay khudbadiisii, isaga oo sheegay inaan gobolada wax dhibaato ahi ka jirin. Taasina ay ka markhaati kacayso ciyaartoyga ay maanta daawanayaan ee Gobolada ka kala socda.

Haddaba, dadka oo xaqiiqada ogaa in ciyaartoyga Gobolada metelayey ay ahaayeen ciyaal Xaafadaha Xamar laga soo ururshey oo lebiskii Gobolada loo geshey, ayaa isla markiibana waxaa loogu jawaabay foodhi iyo qaylo, waayo cidna xaqiiqadu kama qarsoonayn, dadkuna waxa ay arkayeen inaan waqtigaas isaga ah been iyo huuhaa loo baahnayn ee loo baahnaa jidkii wadanka looga badbaadin lahaa hoog iyo burbur. Ciidamadii Koofiyad Casta, oo dhaqan u lahaa inaanay u dul qaadan cid kasta oo taliyahooda (M.S. Barre) af-lagaadaysa ayaa bilaabay in ay rasaas cirka u ridaan si ay dadka u cabsi geliyaan. Nasiib darose rasaastaasi waxa ay sii hurisay xanaaqii dadku u qabey askarta iyo taliyahooda. Ka dibna askartii ilaalinaysay waxa ay goosteen in ay madaxweynaha la baxsadaan; waxaayna rasaas si toos ah ugu fureen dadkii si ay jidka ugu banaystaan.

Waxaa ugu yaraan halkaas ku qudh baxay 100 qof, boqolaal kalena way ku dhaawacmeen. Maadaama dadkii dhintay iyo dhaawiciiba askartu urursatay waxaa muddo badan dadka ku adkaatay in ay dadkii ka maqnaa geeri iyo nolol midna ku tiriyaaan. Dawladuna waxa ay sheegtay in 7 qof keliyaa ay dhimatay, dhibaatadaasna ay dad rabsho wadayaal ahi ka dambeeyeen.

15 Jul. 1990 Odayaashii Maanafesto saxeexay ayaa Maxkamad la soo taagay. Si haddaba, xukuumadu u muujiso in ay caddaalad wax ku xukumayso, ayey laba beri ka hor wakhtigii maxkamada la cayimay qoys kasta oo cidi ka xidhnayd u sheegeen in laba qof uga soo qayb gasho dhegaysiga maxkamada. Wax la maaganaaba, maxkamada banaankeedii ayaa waxaa ku soo xoomay dad aad u fara badan oo nimankaas xadhigooda ka soo horjeeday. Arrintaas oo uu maamulkii M.S. Barre, ka cabsaday in ay nabad gelyadii Xamar ee awalba qiilqiilka ahayd sii qarxiso, ayuu maxkamadii amray in ay ku dhawaaqdo in nimankaas dembigii wax ku caddeeya la waayey.

Arrintu si kastaba ha ahaatee, 24 saacadood gudahood ayuu raggii uu u arkaayey in ay mawjad siyaasadeed ku kicin karaan, amar ku bixiyey in guryahooda lagu xabiso (House arrest). Raggaasna waxaa ka mid ahaa:

1. Maxamed Abshir Muuse, Majeerteen, Ciise Maxamuud
2. Xaaji Muuse Boqor, Majeerteen, Cusmaan Maxamuud
3. Xaashi Weheliye, Hawiye, Murusade
4. Cabdullaahi Maxamed Xasan (Matukade), Majeerteen, Reer Maxamuud..(Taliyihii Booliiska ee 1975-1978)
5. Maxamed Cumar Jaamac (Dhigic Dhigic), Majeerteen, Cusmaan Maxamuud..oo Safiir hore uga ahaan jirey dalka Belgium.

16 Agoos 1990 Guddi wadahadalo nabadeed oo uu M.S. Barre maamulkiisii ka dhex doortay ayaa guddigii Suluxa warqad u diray iyaga oo u sheegay in ay warqadii ay madaxweynaha u direen ay ku farxeen diyaarna u yihiin in ay wada hadal la yeeshaan guddiga Suluxa.

21 Agoos 1990 Guddigii Suluxa (maanafesto) ayaa u jawaabay Guddigii Nabad doonka ee M.S. Barre, magcaabay. Jawaabtaas oo aan ahayn mid farax gelisay raggii madaxweynuhu magcaabay, waxa ay odayaashii caddeeyeen inaanay dawladda M.S. Barre, aanay diyaar u ahayn in ay xukun iska wareejiso, balse ay wadahadaladaasi ka ahaayeen cimri dheeraysi. Nimanka guddiga isku magcaabayna aanay shacbiga Soomaaliyeed meteli karin, kalsoonina aan lagu qabin maadaama ay weli xukuumadii M.S. Barre, u shaqeeyaan.

Waxa ay kale oo u sheegeen maadaama qalabka wax lagu baahiyo aanay haysan ay warqadda jawaabta ah shacbiga u bandhigi doonaan. Waxa ayna u sheegeen in ay lix nin wakiisheen oo cidii dani ka haysaa la xidhiidhi karto. Nimankaas la doortayna waxaa ka mid ahaa:

Tiro Magac	Qabiil	Jilib
1 Xaaji Cismaan Axmed Rooble	Abgaal	Harti Abgaal
2 Xaaji Muuse Boqor	Majeerteen	Cismaan Max'ud
3 Xaaji Cali Shiddo	Habar Gidir	Sacad
4 Xaaji Max'ed Siciid Ciyow (Gentleman)	Habar Gidir	Saruur
5 Janaraal Cabdullaahi Faarax Hoolif	Majeerteen	Cumar Maxamuud

2 Okt. 1990 SNM, USC (qaybtii Caydiid), iyo SPM (qaybtii Axmed Cumar Jees) ayaa Itoobiya heshiis ku dhexmaray, iyaga oo isku raacay in ay dawlad saddexdooda urur cududa siyaasadeed leeyihiin wada dhistaan ka dib marka Maxamed Siyaad Barre, xukunkiisa la rido.

29 Nof. 1990 Maxamed Nuur Dhuudhi, oo ahaa Taliyihii ciidamada Cirka ee xukuumadii M.S. Barre, ayaa saxeexay warqad amraysey Bangigii Dhexe ee Soomaaliya in ay 600 oo kun (Doolarka Maraykanka ah) u sii hor mariyaan duuliyayaashii Calooshooda u shaqaysta yaasha ahaa ee Koonfur Afrika ee Shirkadii "Hunter". Duuliyayaashaas oo u xilsaaraa duqayntii iyo burburintii Gobolada Waqooyi "Somaliland" isaga oo tixraacayey warqadii Lr.III/207/G4-03507 ee Nof. 13, 1990 ee ku saabsanayd sidii hawshaas iyada ah lagu fulin lahaa.

Bilowgii. Dis. 1990 Maamulkii M.S. Barre, ayaa ku dhawaaqay "State Emergency." Ajinebigii waddanka deganaa iyo hay'adihii U.N.-na waxa ay bilaabeen in ay dalka ka qaxaan.

14 Dis. 1990 Shir lagu dhexdhexaadinayey Xukuumadii M.S. Barre, iyo jabhadihii mucaaradka oo ay soo qaban qaabiyeen Talyaaniga iyo Masar ayaa Qaahira lagu qabtay. Waxse kama soo bixin, waayo xukuumadda iyo jabhadaha midkoodna heshiis dawlad wadaag ah ma rabin.

Dis. 1990 Ciidamadii Maraykanka ee Saldhigga Berbera fadhiyey ayaa laga daad gureeyey, ka dib markii ay u cadaatay xukuumadii Maraykanka in nabad gelyadii dhulkaasi ay aad uga sii darayso.

25 Dis. 1990 Xukuumaddii M.S. Barre, ayaa ku dhawaaqday in ay ogolanayso in doorasho xaqa lala galo, isla mar ahaantaasna Cumar Carte Qaalib, ayaa Ra'iisal Wasaare loo magcaabay (Guddigaasi wuu ka madax banaanaa M.S. Barre). Taasina dabkii hurayey waxba kama bedelin maadaama aanu diyaar u ahayn inuu xukunka si toos ah uga dego, arrintaas oo ahayd waxa keliya oo dadka qancin karey. Waxaana cirka isku sii shareeray nabad gelyo la'aantii magaalada Xamar, dadkiina waxa ay bilaabeen in ay si fiican isu hubeeyaan, meelo badan la qarxiyo, dukaamadii iyo meelihii kale ee hanti lagu tuhmayeyna la dhaco; subax walbana lagu waaberiisto maydad jidadka yaala oo aan cidii dishay la aqoon.

Isla mar ahaantaasna, maamulkii Maxamed Siyaad Barre, wuxuu bilaaabay inuu Xamar askar ku kiciyo oo guri walba la baadho , ka dib markii uu arkay magaaladii oo hub la ceeryoontay oo habeen walba xabadi dhacayso.

29-30 Dis. 1990 Waxaa si rasmi ah Xamar uga bilowday dagaalkii Soomaaliya hoogga u hoggaamiyey ee M.S. Barre lagu saarayey, Jenaraaladii iyo maamulkiisii difaaci lahaana waxaa la sheegay in ay la yaaceen wixii lacag waddanka taalay iyo lakabyo dahabkii Bangiga dhexe ee kaydka yaalay.

4 Juun 1991 Dawlad ku meel gaadh ah ayaa lagaga dhawaaqay Somaliland. Cabdiraxmaan Axmed Cali (Cabdiraxmaan Tuur) oo reerka Habar Yoonis ka dhashay, horena u ahaa guddoomiyihii SNM ayaa madaxweyne ku meel gaadh ah loo doortay.

5 Jan. 1991 Dagaalkii ugu ba'naa ee dhexmaray quwadihii Hawiye/USC iyo ciidamadii daacadda u ahaa M.S. Barre, ayaa ka bilowday magaalada Xamar[293].

5 Jan.1991 Safaaradii Maraykanka ayaa Xamar ka qaxday ka dib markii nabad gelyadii sii xumaatay, dagaalkii USC, iyo ciidamadii M.S. Barre-na sii xoogeystey.

19 Jan.1991 Ciidamadii USC ee Janaraal Caydiid, horkacaayey ayaa Xamar soo galay.

23 Jan. 1991 Waxaa Xamar ku kulmay odayaashii Maanafeesto iyo Guddi M.S. Barre, soo dirsaday (Sulux). Raggii dawladda metalaayey ayaa Janaraal Caydiid, ka codsaday inuu dagaalka joojiyo, maadaama M.S. Barre, oggolaaday in guddi labada dhinac ka kooban oo dhibaatada xalisa la dhiso.

Guddigaas labada dhinac ah oo la doonayey in maamul ku meel gaadh ah laga abuuro, wuxuu ka koobnaa 100 nin oo Maanafeesto ah [Daarood (25), Isaaq (25), Hawiye (25), Raxanweyn (25) inta kale (25)] iyo 25 Wasiiradii iyo Saraakiishii sarsare ee maamulkii M.S. Barre, ka tirsanaa. Codsigaas ragga dawladda ka socday Caydiid iyo xulafadiisii, gacanta ayey ku saydheen waxa ayna yidhaahdeen "dagaalku wuu sii socon doonaa ilaa M.S. Barre, la dilo, la qabto ama uu dalka iskaga boxo, mana aqbali doono dawlad ku meel gaadh ah oo la dhoobdhoobay."

26 Jan.1991 Waxaa kulmay odayaashii USC/Suluxa iyaga oo fadhigaas ku gudoonsaday in ay Cali Mahdi Maxamed, madaxweyne ku meel gaadh ah u doortaan.

27 Jan.1991 Maxamed Siyaad Barre, iyo ciidamadii u daacadda ayaa Xamar xoog lagaga saaray. Dadku waxa ay sheegaan inuu habeen madow magaalada ka baxay.[294]

27 Jan.1991 Xuseen Maxamed Bood, oo ahaa hogaamiyihii kacdoonkii Xamar, kuna hadlayey magaca USC, ayaa dadkii magaalada ku noolaa deganaasho ka codsaday. Isla mar ahaantaasna wuxuu dhammaan jabhadihii xukuumadii Maxamed Siyaad Barre, ka soo horjeeday ka cosaday in ay shir degdeg ah isugu yimaadaan, si looga wada hadlo aayaha Soomaaliya iyo sidii waddanka dimoqraadiyad loogu soo dabaali lahaa.

28 Jan.1991 Dawladda Kenya ayaa waxa ay ku dhawaaqday in ay Maxamed Siyaad Barre, u ogolaan doonaan inuu waddankooda soo galo, haddii uu rabo, iyadoo taas macnaheedu yahay soo dhoweynta dhamman Soomaalida dagaalka ka soo qaxaysa.

28 Jan. 1991 SNM, ayaa waxa ay sheegtay in ciidamadii M.S. Barre, ee joogay Cadaadley, Hargeysa, Boorama iyo Burcaba ay ciidamadii SNM, isu dhiibeen.

29 Jan. 1991 SNM, ayaa Berbera qabsatay

29 Jan. 1991 USC ayaa waxa ay soo saartay bayaankeedii ugu horeeyey, ka dib markii Maxamed Siyaad Barre, Xamar laga saaray. USC golaheeda dhexe ee bayaanka lagu muujiyeyna wuxuu sheegay in USC xukunka iyo maamulka ay la wareegi doonto, dastuurkii 12kii Okt. 1990, ee ku meel gaadhka ahaana la tirtiray, golahii shacbiga iyo maamulkii dawladeed ee horay u jirayna la kala diray. Hase ahaatee, in sharcigii iyo habkii maamulka xafiisyadu sidoodii u sii jiri doonaan inta maamul cusub iyo dastuur cusub laga samaynaayo. Isla mar ahaantaasna la qaban doono shir loo dhan yahay oo ay dhammaan jabhadihii wadanka xoreeyey ka soo qayb geli doonaan.

29 Jan. 1991 Talaado, Cali Mahdi Maxamed ayaa madaxweyne ku meel gaadh ah loo doortay. Isaga oo lagu dhaariyey Taliska Ciidanka Booliiska ee Xamar ku yaaley, halkaas oo ay ka soo qayb galeen dad (Hawiye, u badan) aad u fara badan aadna ugu jibaysnaa madaxweynaha cusub.

29 Jan. 1991 Farxaddii iyo dabaaldegii, ka dib markii Maxamed Siyaad Barre, Xamar laga saaray waxa ay xaaladdii Xamar, markiiba isu rogtey ayaan daro iyo magac xumo, iyadoo budhcad (Mooryaan) aan cidina xukumi karin ay magaaladii baadhasho, bililiqo iyo burburin ugu dhaqaaqeen iyadoo wax dunsha mooyee wax daaya leh ay yaraadeen. Dabaal deggii madaxweynaha cusubina dhinaciisa ayuu ka socday.

30 Jan. 1991 USC ninkii Rooma u fadhiyey Cabdulaahi Maxamed Cabdulle[295], wuxuu caalamka ka codsaday in caalamku caawimaadii uu Soomaaliya u fidin jirey dib u bilaabo, isaga oo sidoo kale kumanyaalkii Soomaaliyeed ee dagaalada ka qaxay ka codsaday in ay dalka dib ugu soo laabtaan kana qayb qaataan dhismaha waddankooda.

30 Jan. 1991 Cumar Carte Qaalib, oo Maxamed Siyaad Barre intuu waddanka joogay odayaashii suluxu Ra'iisal wasaare ku meel gaadh ah u doorteen, ayaa wuxuu labo jago u kala magcaabay: Cabdullaahi Gacal Sabriye, Duqa Magaalada Xamar iyo Axmed Jaamac Muuse, Taliyaha ciidanka Booliska. Isla markaasna dhammaan ciidamadii Maxamed Siyaad Barre qalabka u siday wuxuu ka codsaday in ay isu dhiibaan jabhadaha SNM, USC, iyo SSDF.

30 Jan. 1991 Axmed Muxamed Siilaanyo, waraysi ay BBC la yeelatay wuxuu ku caddeeyey in dawladda Muqdisho laga dhisay uusan raali ka ahayn waxna ka khuseyn, waayo wuxuu yidhi arrintaasi waxa ay lid ku tahay heshiishyadii ururada SNM, USC iyo SPM horey u galeen 2dii Okt., 1990. Kaas oo qeexaayey in dawlad loo dhan yahay la wada dhiso.

30 Jan. 1991 Raadiyo Muqdisho, waxaa laga sheegay in magaalada Xamar nabad tahay, dhammaana shaqaalihii dawladda laga codsanaayo in ay shaqooyinkoodii iska xaadiriyaan. Shacbigii Xamar ka qaxayna waxaa laga codsaday in ay ku soo laabtaan guryahoodii oo waddanka dhismahiisa ka soo qayb galaan.

30 Jan. 1991 Raadiyihii SNM, ayaa sheegay in 600 oo ciidamadii M.S. Barre, ka tirsanaa ee Berbera joogey ay SNM, isu dhiibeen.

30 Jan. 1991 Dhakhaatiirta aan Xuduudka lahayn (Doctors Without Borders) ayaa Xamar ka baxay ka dib markii ay lafahooda u baqeen.

31 Jan. 1991 Ka dib, markii dagaalkii qadhaadhaa ee M.S. Barre, lagula jirey muddo socdey, waxaa Raadiyow Muqdisho, laga sheegay in Garoonka diyaaradaha ee Xamar caadi ku soo noqday, si nabad gelyo ahna looga soo degi karo.

31 Jan. 1991 Dr. Cumar Macallin (Ogaadeen), waraysi[296] lala yeeshay isaga oo magaca SPM ku hadlaaya wuxuu sheegay, in ay odayaal Xamar ku shirayaan oo looga wada hadlaayo sidii Cali Mahdi raggii xukunka gacantiisa ku aaminay uga wareejin lahaayeen. Wuxuu kale oo intaas raaciyey in isaga shirka Xamar ay uga qayb galeen Kor.Axmed Cumar jees iyo Janaraal Xasan. Dr. Cumar wuxuu kale oo sheegay in iyadoo la qaderinaayo heshiiskii jabhaduhu ku gaadheen (Rooma) 2dii Agoos 1990, in dhammaan jabhaduhu isu yimaadaan si dawlad loo dhan yahay loo dhiso.

31 Jan. 1991 SNM ayaa Burco iyo Hargeysa qabsatay

Jan/Feb. 1991 Waxaa la sheegay in Xamar wixii Daarood ahaa si fiican looga safeeyey. Dadkaas oo lagu qiyaasay in ay ahaayeen 10%-15% marka loo eego dadkii Xamar horay ugu noolaa, badankoodii waxa ay qaxooti ka noqdeen waddanka Kenya, intii soo hadhayna waxa ay u yaaceen goboladii dadkoodu ku noolaa. Isaaqu sidoo kale, inkasta oo aan iyaga cidi raadsanayn (marka laga reebo bililiqaysiga) waxa ay iyaguna u qaxeen goboladii waqooyi ee ay markii hore ka yimaadeen. Isaaqa waxaa lagu qiyaasay in ay ahaayeen in ka yar 10% marka loo eego dadka Xamar ku noolaa.

2 Feb. 1991 Waxaa la sheegay in ilaa lix boqol oo qaxootigii Ogaadeen Itoobiya ka yimid ee gobolka Hiiraan (Jalalaqsi) deganaa la xasuuqay.[297] Inkasta, oo ay tahay qiyaas guud ilaa hadda cid caddayn kartaa ma jirto tirada dhabta ah ee dadkaas la xasuuqay.

5 Feb. 1991 SNM ayaa Ceerigaabo qabsatay.

6 Feb. 1991 SNM, ayaa bilowday in ay weeraro ku qaado gobolka Awdal ee Gadabuursigu deganaa.[298] Waxaanan shaki jirin in ujeedada guud ahayd aarsi. Aarsigaas oo uu asal u ahaa eeddii Isaaqu qabiilkaas u saareen in ay Maamulkii M.S. Barre la safteen. In kasta, oo aan tiro sugan oo lagu kalsoonaan karaa aanay jirin, waxaa la weriyey in dad kale oo u badan Daarood, gaar ahaan Dhulbahante lagu laayey magaalooyinka Burco iyo Hargeysaba markii SNM-tu soo gashay (weeraradii ugu horeeyey ee SNM).

13 Feb. 1991 Soddobaatan (70) nin oo ka tirsanaa qabiilka laga tirada badan yahay (minority) ee Gaalgalo oo la degi jirey Abgaalka ayaa waxaa lagu gumaaday dabaqa labaad ee Iskuulka Maxamuud Axmed Cali oo ku yaalla waqooyiga magaalada Xamar. Nimankaas iyo 22 kale oo la laayey 19 Feb. 1991 (92 marka la isku daro) Waxaa la sheegay in rag ka tirsanaa qabiilka Xawaadle soo qabqabteen iyaga oo Kismaayo u qaxaaayey, ka dibna gacanta u geliyeen Abgaalka oo utun aad u weyni ka dhexaysay. Arrintaas waxaa si fiican uga hadlay Professor M.A. Tuuryare, oo ku qoray buuggiisa 'Xuquuqda Aadanaha iyo Xukun Dhaqameedyada Soomaaliya'[299] Dadkaas la xasuuqay da'doodu waxa ay u dhexaysay 14 ilaa 80, tirada ahalkooda ay ka tageen oo xaasaas iyo caruur da'walba leh isugu jiray waxa ay gaadhayeen lix boqol iyo afar iyo toban qof.

14 Feb. 1991 Madaxweynihii ugu horeeyey ee Soomaaliya, Aadan Cabdulle Cusmaan (Aadan Cadde), ayaa dhammaan kooxihii hubaysnaa iyo kuwii aan hubaysnaynba ka codsaday in ay shir nabadeed oo loo dhan yahay ka soo qayb galaan. Shirkaas oo uu yidhi waxa lagu qaban doonaa Muqdishu 28ka Feb. 1991.[300]

15-27 Feb.1991 SNM (Isaaq) iyo qabiiladii kale ee la deganaa ayaa Berbera ku kulmay. Iyaga oo ka wada hadlay, sidii looga hortegi lahaa dagaal kale oo sii hura oo Isaaq kaga aarsanayo qabiiladaas SNM ku cambaaraysay in ay ka qayb qaateen xasuuqii dawladdii M.S. Barre, kula kacday dadkooda.

16 Feb. 1991 Waxaa la sheegay in Xuduudka Jabuuti iyo Somaliland, dhibaato aad u weyni ka taagnayd oo labada dhinac ah.[301]

19 Feb. 1991 Labaatan iyo labo (22) nin oo qabiilka laga tirada badan yahay (minority) ee Gaalgalo oo Abgaalka la degi jirey ayaa Afgooye (Geedka-Mukayga hoostiisa) lagu xasuuqay.

21 Feb. 1991 Waxaa Kismaayo ka socday dagaal xun oo dhexmarayey USC iyo Ciidamadii daacada u ahaa Maxamed Siyaad Barre.[302]

24 Feb. 1991 Maalin ka hor waqtigii madaxnimada Cali Mahdi dhammaan lahayd, ayaa dhammaan odayaashii iyo waxgaradkii Hawiye ee Xamar joogay waxa ay ku kulmeen Hoteel Lafweyne, si ay uga wada hadlaan sidii dawlad ku meel gaadh ah loo dhisi lahaa. Waxaana shirkaas ka soo baxay dhawr arrimood oo muhiim ah:

1) Inaan wax dawlad ah la dhisin ilaa Gole Dhexe oo USC ah laga doorto.

2) In M.S. Barre, oo markaas Gedo fadhiyey waddanka laga saaro iyo

3) In si deg deg ah SNM, wefdi loogu diro si looga hor tago in ay goosasho ku dhawaaqaan, taas oo laga shaki qabey.

Qodabadaas la gaaray waxa ay ahaan lahaayeenba, shirkii waa lagu kala yaacay, ka dib markii dabley Abgaal ahi xabad Hoteelkii ku soo afuuftay, iyaga oo ka dagaalamayey in Cali Mahdi, banaanka laga dhigo jagadiisa. Maadaama aan shir kale oo dawlad looga wada hadlaayo la isugu immana Cali iyo Carte sheegashadii madaxtinimada kama tanaasulin.

24 Feb.1991 USC ayaa waxa ay qabsatay Gaalkacayo.

28 Feb. 1991 Shirkii nabadda lagu raadin lahaa ee Aadan Cadde codsaday inuu Xamar ka dhaco 28kii Feb. 1991, ayaa dib loo dhigay ilaa 14kii Marj. 1991. Ugu danbayntiina shirkaas waa la baajiyey, ka dib markii SNM, diiday in ay ka soo qayb gasho.

28 Feb. 1991 USC, ayaa waxa ay ku andacootay in SNF, ay caawimaad shidaal oo gaadhaysa ilaa 40 tan ka heshay Daaroodkii Kenya deganaa, shicnadaasna uu soo qaban qaabiyey Cabdi Kawir (maal qabeen Dhulbahante ah). USC, waxa ay sidoo kale ku dooday in 6dii Maarso, ay 18 baabuur oo shidaal ahi ay Kismaayo gaadheen, laguna siday baabuurta Shirkada Moss[303]. USC, waxa ay kale oo ku dooday in SNF 28kii Maarj 1991 ay hub aad u fara badan ka heleen dawladda Kenya. Dawladda Talyaanigana waxa ay kale oo ku cambaareeyeen, in ay jabhadda Daaroodka ee Kismaayo joogta u gudbiyeen 24kii Feb.iyo 28kii Feb, shidaal dhan 1,500 oo tan.[304]

Dham. Feb.1991 Hay'adda Qaxootiga ee (UNHCR), ayaa waxa ay sheegtay in ay awoodi kari waayeen in ay la xidhiidho Qaxootigii Soomaaliya joogey oo tiradooda lagu qiyaasay ilaa 400,000, ka dib markii xukuumaddii Maxamed Siyaad Barre, ee maamuli jirtey duntey. Ururadii Samafalka (NGO's) ee halkaas joogi jireyna waxaa lagu eedeeyey intay xoolihii qaxootiga meel marsadeen ka dibna laftoodii u qaxeen.[305]

2 Maarj. 1991 Waxaa la sheegay in dagaal ka dhacay magaalada Gaalkacayo, dagaalkaas oo la sheegay inuu dhexmaray Majeerteen iyo Habar-gidir.

2 Maarj. 1991 Wada hadalo ayaa Xamar ku dhex maray SNM, iyo USC.[306]

4 Maarj. 1991 Ugu yaraan 153 Ruux ayaa ku geeriyooday doon kula qaraqantay xeebta Indian Ocean, dadkaas oo ka qaxaayey weerarkii ay USC kismaayo ku soo qaaday.[307]

5 Maarj. 1991 UNICEF, siday sheegtay dad badan oo Haween iyo caruur u badnaa ayaa baahi qarka u saaraa (Koonfur); iyadoo la sheegay in ilaa 75 caruur ahi maalin walba u dhimanayeen shuban (diarrhea).[308]

8 Maarj. 1991 Dagaal xabad is weydaarsi ah oo dhexmaray kooxihii USC, ee iskhilaafsanaa ayaa waxaa ku dhintay ilaa 20 qof.[309]

9 Maarj. 1991 Xaallada Soomaalidii Qaxootiga ahayd ee Itoobiya joogtay ayaa aad u xumaatay, iyadoo cuntadii iyo daawadiiba yaraadeen. Hay'adda Qaxootiga ee UNHCR ayaa caalamka ka codsatay sidii dadkaas kaalmo degdeg ah loola soo gaadhi lahaa.[310]

14 Maarj. 1991 Ugu yaraan 1,000 qof ayaa banaan bax ka sameeyey Xamar iyaga oo ka cabanaayey maamul la'aanta iyo hubka magaalada qarqiyey. Waxa ayna maamulkii Cali Mahd markaas jirey ka codsanayeen in dadka hubka laga uruuriyo, waxna shacbiga dhibaataysan loo qabto.[311]

17-18 Maarj. 1991 Sagaal Boqol oo Soomaali ah ayaa Sacuudi Carabiya laga soo masaafuriyey iyaga oo laga dejiyey Magaalada Berbera. Waqtiga Sucuudigu camalkaas ku kacayna Soomaalidu waxa ay ku jirtey xaaladii ugu adkayd ee xagga nabad gelyada.[312]

24-25 Maarj. 1991 Ururka Laanqayrta Cas (The Red Cross), ayaa si aan rasmi ahayn shaqaalaheedii uga daadguraysay Soomaaliland, iyaga oo u raray Jabuuti. Red Cross waxa ay sheegtay in arrintaasi ku kaliftay nabad gelyo la'aan dhulkaas ka jirtey. Ururka Dhaqaalaha Yurub (EEC) ayaa isaguna sheegay in ay Soomaliya u fidinayaan kaalmo dhaqaale oo dhan 12 milyan oo doolarka Maraykanka ah.[313]

25 Maarj. 1991 Diyaarad ka badbaadey dagaaladii Xamar ka dhacay, oo USC gacanta u gashay ayaa duqaysey diyaarad Talyaanigu lahaa oo garoonka diyaaradaha ee Kismaayo fadhiday. Inkasta oo USC, ku andacootay in Talyaanigu ciidamadii Daarood, hub u dejinaysey, haddana Talyaanigu arrintaas wuu inkiray.

Talyaanigu waxa ay sheegeen in diyaaradu cunto siday, cuntadaas oo Safiirk ku-xigeenkii Talyaaniga ee Muqdisho oo waqtigaas Kismaayo joogey keenay. Waxaa kale oo la sheegay in Safiirkii Talyaaniga Soomaaliya u fadhiyey nafsad ahaantiisu markaas Kismaayo joogey.

Dham. Maarj. 1991 Dagaal ayaa xuduudka Itoobiya ku dhexmaray SNM (Isaaq) iyo Gadabuursi iyo Isaaq (SNM) iyo Ciise (xuduudka Jabuuti).[314] Sidoo kale waxaa la sheegay in isla waqtigaas SPM iyo SSDF oo labadooduba daarood ah ay weerar xoog leh ku qaadeen Xamar iyaga oo Afgooye lagu hojiyey.[315]

1 Abriil 1991 Waxaa soo yeedhay dhiillo ah in ciidamo xoog leh oo ay hormood u yihiin SNF iyo SPM Xamar ku soo fool leeyihiin, waxaana isla markiiba lagu dhawaaqay in Hawiye wixii xoog lihi isugu tagaan Istaadiyam Muqdishu. Waxaana halkaas khudbad ka jeediyey Janaraal Caydiid, isaga oo amar ku bixiyey in ay Xamar difaacaan.

Bil. Abriil 1991 SSDF, ayaa ururka USC ku cambaaraysay in wax yaabaha ay shacbiga Daarood kula kacayaan ay tahay falal aarsi ah.[316]

2-3 Abriil 1991 USC waxa ay dawladda Kenya ku eedaysay in ay caawinayso hubna siinayso taageerayaasha Madaxweynihii hore Maxamed Siyaad Barre. Xafiiska Arrimaha Dibadda ee Dawlada Kenya si weyn ayuu arrintaas u dafiray.[317]

2-4 Abriil 1991 Ka dib markii wada hadalo dhex mareen, USC iyo SPM ayey xabad joojin ku kala saxeexdeen Kismaayo.

Bil. Abriil 1991 Wada hadalo muddo 3 maalmood ah u socday USC, SNF, SPM, iyo SSDF, ayey heshiis xabad joojin ah ku gaadheen, arrintaasna waxaa xaqiijiyey Cabdulqaadir Xaaji Maxamed (SNF), oo ahaan jirey wasiirkii Arrimaha Gudaha ee xukuumadii M.S. Barre, iyo Cumar Macalin, oo SPM metelaayey.

Arrintu si kastaba ha ahaatee, nin magaca SNF, ku hadlayey oo London joogay, ayaa 4tii Abriil wuxuu sheegay in ciidamada SNF, ay 1dii bisha weerar ku qaadeen Xamar si ay budhcadda USC, magaalada uga saaraan ; isla ayaamahaas waxaa Afgooye dagaal kululi ku dhexmaray labada dhinac.[318]

3 Abriil 1991 Cumar Carte Qaalib, oo safar ku marayey dhawr wadan oo carab ah, oo markaas Cummaan joogay wuxuu jaamacadda Carabta iyo Ururka Midowga Afrikaba ka codsaday fara gelin, si dhibaatadii taagneyd wax looga qabto.[319]

4 Abriil 1991 SNM, ayaa maamul dawladeed Somaliland ka dhistay, waxa ayna Xamar u direen wefdi uu hoggaaminayey Saleebaan Maxamuud Aadan (Saleebaan Gaal) si uu ula kulmo madaxdii USC, isaga oo dafiray in ay SNM, taageersan tahay kala qaybinta Soomaaliya.[320]

7 Abriil 1991 Kooxihii Hawiye[321] ee xukunka dalka isku haystay ayaa xabbad joojin ku meel gaadh ah isku raacay.

8 Abriil 1991 Dawladda Kenya ayaa diiday in ay magan gelyo Siyaasadeed u ogolaato dad Soomaaliyeed oo dagaaladii Kismaayo ka soo qaxay. Dadkaas oo tiradoodu gaadhaysey 850 saaraana markab aad iyo aad u cidhiidhi ahaa oo ay soo af-duubeen, wuxuu maamulkii Kenya ku celiyey Bad Weynta Hindiya.[322]

8 Abriil 1991 Sidii la filayey, qisaastii 2,000 oo ciidamadii M.S. Barre, u badnaa ayaa Afgooye (30km galbeedka Xamar) qabsaday, waxaana caddayd inaan ciidamadaasi halkaas ku ekaanayn ee ay Xamar hantiyi doonaan haddii aan degdeg loogu jawaabin.

Iyadoon Hawiye shaki uga jirin in ay nafta u huraan difaaca Xamar, ayaa haddana Janaraal Caydiid oo ciidamada Hawiye hoggaaminayey, dhibaato ka haysatay xagga hubka iyo saanadda oo labaduba ku yaraa. Hase ahaatee, wuxuu isla markiiba akhbaar degdeg ah u dirtay Cabdiraxman Tuur, oo ay aad isugu fiicnaayeen. Cabdiraxmaan Tuurna wuxuu isla markiiba la soo gaadhey diyaarad hub iyo saanad ah.

Dagaalkaas oo ahaa mid si xun la isugu baabiiyey, waxaa lagu jebiyey ciidamadii isa soo bahaystay ee SPM iyo SNF (Daarood). Ciidamadaas xooggooda oo uu hoggaaminayey Janaraal Maxamed Saciid Xirsi (Morgan), waxa ay dib ugu gurteen Janaale, ka dibna Baraawe iyo Jilib dhexdooda (Xaramka); ka dib markii ciidamadii Janaraal Caydiid ka hadhiwaayeena waxaa aakhirtaankii la isku haleelay Jamaame iyo Kismaayo dhexdooda, halkaas oo dagaalkii ugu qadhaadhaa ka dhacay.

15 Abriil 1991 USC, ayaa waxa ay sheegtay in ay si fiican dhabarka uga jebisay ciidamadii Maxamed Siyaad Barre daacadda u ahaa.[323]

23 Abriil 1991 USC, ayaa Kismaayo qabsatay, waxaana dagaalkaas abaan duule ka ahaa Janaraal Caydiid. Waxaana USC, xabistay dhawr nin oo xukuumadii M.S. Barre, jagooyin waaweyn ka hayn jirey, waxaan nimankaas ka mid ahaa: 1) Maxamed Abshir, 2) Maxamed Cumar Jaamac (Dhigic Dhigic), oo EEC[324] Safiir uga ahaan jirey, wasiirna ahaan jirey, 3) Maxamed Jaamac iyo 4) Cumar Xaaji Masalle, oo wasiirka Gaashaan dhigga mar ahaan jirey, hase ahaatee M.S. Barre, muddo u xidhnaa.[325] Duulaankaas Kismaayo lagu qabsaday, waxa ay Janaraal Caydiid, u soo jiiday sumcadii ugu weynayd ee uu ka kasbado Hawiyaha dhexdiisa.

24 Abriil 1991 Shir ay qaban qaabisay SNM, ayaa magaalada Burco ka dhacay. Shirkaasna waxaa lagu abuuray guddi ka kooban 45 Isaaqa, 35 Daarood ah, 20 Gadabuursi iyo 5 Ciise ah. Guddigaas waxaa loo xil saaray in ay Dastuur cusub soo sameeyaan, soona qaban qaabiyaan hawlaha doorasho guud oo dhacda 1993.[326]

24 Abriil 1991 SPM iyo SSDF ayaa waxa ay dafireen in USC qabsatay magaalada Kismaayo.[327]

25 Abriil 1991 Soomaali ka qaxaysey dagaaladii xumaa ee waddanka ka socday ayaa markab cunto keenay aftuubay si ay lafahooda ugu badbaadiyaan[328]. Dadkaas oo dhibaato aad u weyn la kulmayna waxaa markii danbe dawlada Kenya u ogolaatay in ay Mombaasa oo markabku joogay ku degaan.

25 Abriil 1991 Si nimankaas madaxda ahaa ee Janaraal Caydiid, u xidhnaa loo sii daayo ayaa Kismaayo Cali Mahdi u diray Wasiirkiisii Arrimaha Gudaha, Axmed Sheekh Xasan iyo Xaaji Maxamed Saciid (Genttleman) oo ka mid ahaa raggii xagga siyaasadda ugu cadcaddaa kooxdii Maanafeesto. Hase ahaatee, codsigaas Janaraal Caydiid, ma meel marin.

28 Abriil 1991 Askartii Ciidamadii Maxamed Siyaad Barre, ka tirsanaa ee Gobolada Waqooyi Galbeed joogay una qaxay Jabuuti ka dib markii xukuumadiisii burburtay ayaa dib loogu soo celiyey Soomaaliya.[329]

8 May 1991 Safaaradii Soomalida ee Washington, DC ayaa la xidhay, ka dib markii ay Dawladda Maraykanka u caddaatay in maamul dawladeed aanu Soomaaliya ka suurto gal ahayn.

17 May 1991 SNM iyo Odayaashii gobolada waqooyi ayaa waxa ay kulan ku yeesheen magaalada Burco, waxa ayna muujiyeen in ay diyaar u yihiin in ay Soomaaliya inteeda kale ka go'aan.

18 May 1991 SNM, ayaa ku dhawaaqday in ay dawlad gaar ah noqdeen, magaceeduna noqon doono "Jamhuuriyada Soomaaliland".

18 May 1991 SPM, ayaa Adaan Cabdullaahi Noor (Aadan Gabyow), waxa ay u dooratay guddoomiye Axmed Cumar Jees-na hoggaamiyaha Ciidamada.[330]

24 May 1991 Dabaaldeg aad u weyn ayaa magaalada Hargeysa lagu qabtay iyadoo lagu taageeraayo goosashada.

May 1991 Dawlada Kenya ayaa digniin siisay Soomaalidii Qaxootiga ahayd ee dalkooda joogay, iyaga oo ku eedeeyey in ay siyaasadda iyo dagaalada qabiiladooda ka dhexeeya wadankooda ka wadaan.[331]

26 May 1991 Doon dad Soomaaliyeed oo fara badani saaraayeen kana soo qaxay dagaaladii Kismaayo ayaa ku burburtay duleedka magaalada Mombasa (Kenya).[332]

28 May 1991 SNM, ayaa waxa ay ku dhawaaqday in ay Cabduraxmaan Axmed Cali (Cabduraxmaan Tuur), ay u doorteen madaxweynaha Jamhuuriyadda Soomaaliland. Isaga oo jagadaas hayn doona muddo laba sano ah ilaa intii dawlad cusub laga soo dooranaayo.

May 1991 Ugu yaraan 50,000 oo Qaxootigii dagaalkii 1977 ee Soomaaliya iyo Itoobiya ee Gobolada Waqooyi Galbeed (Somaliland) deganaa, ayaa mar labaad iyaga oo qaxaya oo SNM, ka soo cararay isugu yimid (Doronaji) oo xuduudka ku taalay. Dadkaas oo caruur iyo haween u badnaa waxa ay wajaheen dhibaatooyin aan la qiyaasi karin oo ay ka mid ahaayeen; gaajo, cudur iyo hoy la'aan. Waxa ayna dadkaasi u badnaayeen Qaxootigii Ogaadeenka ee dhulkii xukuumadii M.S. Barre, Isaaqa ka barakicisay deganaa, qaxootigaas oo inta xoogga leh askarta xukuumaddu jabhadda SNM kula dagaalami jireen oo xabbada isaga dhigi jireen. Waxaa sidoo kale magaalooyinka Godey iyo Qalaafe isugu tegay qaxooti tiradooda lagu qiyaasay ilaa 90 kun oo aad u tabaalaysnaa.[333]

May 1991 Qaxooti kumanyaal gaadhayey oo u badnaa kuwii dagaalkii 1977 ee Soomaaliya iyo Itoobiya ka soo qaxay ayaa marlabaad iyaga oo qaxaaya isugu yimid banaanada Qalaafe iyo Mustaxiil, halkaas oo aan cidina ku daryeelayn oo ay aad ugu dhibaataysnaayeen.

Dadkaas oo badankoodu ahaa Ogaadeenkii Gobolka Hiiraan deganaa, waxaa hore u daryeeli jirey hay'adda Qaxootiga ee UNHCR. Laakiin markii UNHCR, aragtay in xaaladdii nabad gelyada ee dalku sii xumaanayso ayey shaqaalaheedii waddanka kala baxday Disember 1990. Halkaasna waxa ay kaga dhaqaaqeen dad maato iyo caruur u badan oo ay dhinac walba kaga heegaaraayeen Xawaadle iyo Gugundhabe oo qaxootiga u arkaayey nacab dhulkoodii dhacay, M.S. Barrena dhulkooda "Daarood" ahaan ugu abuurayey.

Maadaama Qaxootiga badankoodu ahaa Ogaadeen, ayaa xilligii xukuumadii M.S. Barre, sii itaal daraynaysey loo isticmaali jirey ciidan ahaan, taas oo colaad aad u weyn ka dhex hurisay dadkii martida ahaa iyo kuwii loo ahaa. Haddaba way adagtahay si lagu ogaado xaqiiqada dhimashada iyo dhaawaca ee qaxootigaas soo gaadhey, maadaama aan cidi dib u eegayn wixii xabbadu leefto ee ruux walbaaba naftiisa la cararaayey. Waxaase qiyaastii la sheegay in Jalalaqsi oo keliya ilaa 600 oo qof lagu gumaaday.

Iyadoo Qaxootigii magaalooyinka Mustaxiil iyo Qalaafe, ay gaajo iyo macaaluul u le'anayeen, ayaan haddana maamulkii cusbaa ee Itoobiya wax xil ah iska saarin. Waayo waxaa la sheegay in iyadoo bakhaar raashin U.N. keentay ka buuxo, la waayey ninkii furaha hayey ka dibna maamulihii Mustaxiil Cumar Haarey, laga codsaday inuu bakhaarka jebiyo, wuxuuna ku jawaabay *"Itoobiya sharci darro ayey ka tahay, in hantida dawladda la jebiyo."* "Sidoo kale waxaa dembi ah in dadku gaajo u le'daan, iyadoo raashinkii U.N. ugu talo gashay dadka in ay ku quudiso, laga af- xidho" Waxaa sidaas yidhi shaqaale U.N.ka ka tirsanaa.[334]

May 1991 Berbera ayaa SNM, ka heshay hub aad u culus oo ciidamadii M.S. Barre, ka tageen. Hubkaasna waxaa ka mid ahaa Gantaalada SA-3 (SA-3 Misaylis), iyo mid kale oo loo maleeyey inuu ahaa sunta khatarta ah ee loo yaqaano (Chemical Weapons). Waxaana laga tuhun qabay in hubkaas Mucamaru Qadaafi (keligii taliyihii Libiya xukumay), uu keenistiisa ku lug lahaa.[335]

30 May 1991 USC, (faracii Cali Mahdi) ayaa sheegtay in ay diyaar u tahay in ay wada hadalo kula gasho Jabuuti, kooxaha kale ee mucaaradka ah.[336]

2 Juun 1991 Laba boqol (200) oo Soomaali ah ayaa magan gelyo looga ogolaaday wadanka Tanzaaniya.[337]

4 Juun 1991 SNM, ayaa ku dhawaaqday xubnaha cusub ee wasiirada ee maamulka dawlada qaban doona. Waxa ayna kala ahaayeen sidatan: 2 Dhulbahante ah, 2 Gadabuursi ah, 1 Warsangeli ah iyo 13 Isaaq ah. Cabdiraxmaan Axmed Cali (Cabdiraxmaan Tuur) ayaa Madaxweyne ku meel gaadh ah loo doortay.

5 Juun 1991 Cali Mahdi iyo Janaraal Caydiid, ayaa saxeexay heshiis 9 qodob ka kooban, guushii ugu weynayd ee Caydiid, heshiiskaas ka gaadhayna waxa ay ahayd, Cali Mahdi oo ogolaaday in 3dii qayboood ee USC, ka koobnayd la mideeyo iyo in madaxweynaha (Cali Mahdi) ku meel gaadhka ahi uu ixtiraamo dastuuurka ururka USC ee khuseeya nabad gelyada, siyaasadda iyo difaaca. Haddii madax la magcaabayana lagala tashado madaxda (Janaraal Caydiid) ururka USC.

5-11 Juun 1991 Shirkii ugu horeeyey ee nabad raadinta ee kooxihii Soomaalida ee iska soo horjeeday ayaa lagu qabtay magaalada Jabuuti.

6 Juun 1991 Wasiirka Biyaha iyo Macdanta ee Soomaaliland ayaa ayaa Nairobi kula kulmay masuuliyiinta wakaalada Batroolka baadha ee Conoco Company, iyaga oo ka wada hadlay hawlaha la xidhiidha soo saaritaanka Batroolka.[338]

6 Juun 1991 Masuuliyiin SNM, ah oo isku magcaabay ciidamada qalabka sida ee "Somaliland" ayaa ku kulmay magaalada Burco, waxaana shirkaas ka soo qayb galay :

1) Axmed Ismaaciil Cabdi Duqsi, oo ahaa Wasiirkii Arrimaha Diinta iyo Cadaaladda ee dawladdii Cabdiraxmaan Tuur.

2) Sulaybaan Maxamed Aadan (Gaal), Wasiirkii Arrimaha Gudahaiyo Dawladda Hoose.

3) Maxamed Kaahin Axmed, Wasiirkii Difaaca.

4) Xasan Aadan Wadaadiid, Wasiirkii Dhismaha iyo Dib u dejinta iyo

5) Rag kale oo ka tirsanaa Golihii Dhexe ee SNM.

Waxyaabaha shirkaas looga wada hadlayna waxaa ka mid ahaa, dib u habaynta ciidamada iyo sidii nabad gelyada waddanka "Somaliland" loo hagaajin lahaa iyo inaan ciidamadu magaalooyinka hub la soo gelin ee xeryahooda ku ekaadaan. Waxaa kale oo kulankaas la isku raacay in shareecada Islaamka wax lagu Xukumi doono, qof kasta oo dembi galana Maxkamad Islaami ah la soo taagi doono.[339]

5-12 Juun 1991 Shir loogu talo galay in loogu sii gogol xaadho shir nabadeed weyn oo ay isugu imaan lahaayeen kooxaha Soomaaliyeed ee iska soo horjeeday, ayaa lagu qabtay Jabuuti.

18 Juun 1991 Dad aad u fara badan ayaa Magaalada Xamar ku dhintay, ka dib markii dagaal dhexmaray dabley ka kala tirsan Abgaal (oo taageerayaashii Cali Mahdi) iyo Habar-gidir (oo daacad u ahaa Janaraal Caydiid).[340]

18 Juun 1991 SNM, ayaa si aan meermeer lahayn u diiday in ay ka soo qayb gasho shirkii Soomaalida dib loogu heshiisiinaayey ee lagu talo jirey inuu ka dhaco Jabuuti.

3-5 Jul. 1991 Shir weynihii sadexaad ee USC, ayaa ka dhacay magaalada Xamar. Shir weynahaas oo ay ka soo qayb galeen ilaa 800 oo Hawiye guurtidoodii ah, waxa ay guddoomiyaha ururka USC, u doorteen Janaraal Maxamed Faarax Caydiid. Janaraal Caydiid, waxa ay ahayd markii ugu horeysey ee hawiye isku raaco inuu ururka hogaamiyo.[341]

15 Jul. 1991 Kenya madaxweynaheedii Daniel Arap Moi, ayaa amar ku bixiyey in Soomaalidii taajiriinta[342] ahayd ee Xamar ka soo qaxday ee Hoteelada waaweyn ee Nairobi deganaa ay waddanka ka baxaan. Isaga oo ku eedeeyey in ay Kenya ka dhiganayaan dhufays ay Maxamed Siyaad Barre, ka taageeraan.

15 Jul. 1991 Dawlad ku meel gaadh ah oo Cali Mahdi Maxamed, madaxweyne ka yahay ayaa Xamar laga dhisay.

15 –21 Jul. 1991 Lix kooxood oo qabiiladii Soomaaliya ee xukunka isku haystey ka mid ahaa ayaa Jabuuti ku Shiray. Kulankaas qaraaradii ka soo baxayna waxaa ugu muhiimsanaa in:

- Dawlad ku meel gaadh ah oo laba sano jiri doonta la diso.
- Madaxweyne ku meel gaadh ahna labo sano loo doorto Cali Mahdi Maxamed.
- Dastuurkii 1961kii waddanka ka jireyna si ku meel gaadh ah loogu sii dhaqmo.

Arrintu si kastaba ha ahaatee heshiiskaas waxba kama suurtoobin, xaajadiina waxa ay ku danbeysey dagaal la isku baaba'ay.

22 Jul. 1991 Shirkii labaad ee nabad raadinta ee Kooxihii (qabiilada) Soomaalida ayaa la soo gebogebeeyey.

24 Jul. 1991 Dawladda Jabuuti ayaa dafirtay cambaarayn uu Cabdiraxman Axmed Cali (Tuur), BBC ka sheegay oo ku saabsanayd in Jabuuti raadinayso dhulbalaadhsi, waayo calanka Jabuuti ayey USF (jabhaddii Ciisaha) ka taagtay magaalada Saylac. Nin u hadlay Wasaaradda Dibadda ee Jabuuti wuxuu sheegay in arrintaas Saylac ka dhacday ayan iyagu shaqo ku lahayn.

24 Jul. 1991 USC iyo SDM ayaa Xamar ka sheegay in xulufo isbahaysatay oo ka kooban SNF, SSDF, SPM iyo haraagii ciidamadii M.S. Barre, ay weeraro gardaro ah ku soo qaadeen Gobolada Bay, Bakool, iyo Gedo, ayna qabsadeen Hudur, Qansax Qumane, iyo Hurteyga oo dhammaantood ka tirsan degmada Luuq.

Waxa ay kale oo USC iyo SDM, intaas ku dareen in ciidamadaas isbahaystay ay qabsadeen, Dangala, (Koram), Bood, iyo Ufurow , oo dhammaantoodba ka tirsan degmooyinka Qansax Dheere iyo Baardheere. Isla mar ahaantaas USC, waxa ay dafirtay hadal Muuse Islaan, BBC u sheegay oo ahaa in USC weerar ku qaaday magaalada Gaalkacayo. Waxa ayna USC intaas ku dartay in SSDF iyo SNF oo wada socdaa ay 22 Jul. 1991, weerar ku soo qaadeen magaalooyinka Docol, Laas Bohol, iyo Dagaari oo dhammaantood ka tirsan Gobolka Mudug; iyo weliba in SNF ay duulaan ku qaaday Balanballe, iyo (Bandulle) oo ka tirsan Gobolka Galgaduud.

6 Agoos 1991 Jabuuti waxaa lagu qabtay Shirkii labaad ee aayaha Soomaaliya looga wada hadlayey, waxaana ka soo qayb galay lix jabhadood. Waxaana dib madaxweyne ku meel gaadh ah loogu doortay Cali Mahdi Maxamed.

18 Agoos 1991 Cali Mahdi Maxamed, ayaa madaxweyne ku meel gaadh ah (2 sano) loo dhaariyey. Wuxuuna Ra'iisal Wasaare u magcaabay Cumar Carte Qaalib. Hase ahaatee, warqad xusuus qor ah oo SSDF qortay 3dii Nof. 1991 oo ku socotey Cali Mahdi, waxa ay kaga cawdeen in uu ballan qaadyo badan ka baxay aanayna ku qanacsanayn siyaasadiisa. Maamulka SSDF raalli kama ahayn magcaabista Cumar Carte Qaalib. Ballan qaadka ugu weyn ee lagu eedeeyey Cali Mahdi in uu ka baxayna wuxuu ahaa 'inaanu Cumar Carte, wasiirka koowaad ka dhigin.'

25 Agoos 1991 Janaraal Caydiid, oo shir jaraa'id ku qabtay Xamar, wuxuu sheegay in 480 qof ay dileen ciidamadii M.S. Barre, daacadda u ahaa. Caydiid wuxuu intaas ku daray in xasuuqaasi ka dhacay Gobolada dhexe iyo Koonfurta galbeed, mana sheegin magaalooyinka dhibkaasi ka dhacay wuxuuse intaas ku daray in USC si degdeg ah arrintaas talaabo uga qaadi doonto.[343]

4 Sebtem. 1991 Dagaal aad u culus ayaa magaalada Xamar ka dhacay ugu yaraana 300 oo shacbi ah ayaa ku dhintay. Abgaal iyo Habar gidir ayaa dagaalkaasi dhex maray.

5-7 Sebtem. 1991 Ugu yaraan 300 oo qof ayaa dhintay, 700 oo kalena way dhaawacmeen, ka dib markii dagaal xumi ku dhexmaray Xamar labadii qabiil ee Caydiid iyo Cali Mahdi daacadda u kala ahaa.[344]

6 Sebtem. 1991 Cumar Carte Qaalib, ayaa Ra'iisal Wasaare Cali Mahdi u magcaabay.

9 Sebtem. 1991 Cumar Carte Qaalib, Ra'iisal Wasaarihii dawladdii ku meel gaadhka ahayd ee Cali Mahdi, ayaa raggii kooxaha dagaalamayey iyo dadka wax garadka ahba ugu baaqay in ay qaadhay (baaqatay) guulihii ay ka gaadheen saaristii M.S. Barre, ayna dhaawaceen halgankoodii ahaa in ay gaadhaan cadaalad, dimoqraadiyad iyo horumar.

Cumar Carte, oo wariyayaasha Qaranka la hadlaayey, wuxuu u sheegay "in dadka Soomaaliyeed dhibaato ku filan ay soo wajaheen waqtigii xukuumaddii M.S. Barre, sidaas daraadeedna, dadka Soomaaliyeed oo adduunka laga tixgeliyo aanay u baahnayn in mar labaad dhaawac loo geysto." Wuxuu sidoo kale ka codsaday dadka waxgaradka ah, culimada, haweenka iyo caruurtaba sidii ay uga shaqayn lahaayeen sidii nabad lagu gaadhi lahaa.

10 Sebtem. 1991 Janaraal Caydiid iyo Cali Mahdi ayaa waxa ay ku dhawaaqeen Xabad joojin.

13 Sebtem. 1991 BBC (Peter White), Waraysi ay la yeelatay Cali Mahdi, wuxuu ku inkiray inuu magaalada Xamar dhinac keliya ka haysto. Wuxuuna yidhi Caasimadu maanta waxa ay ku jirtaa gacanta ciidamada Qaranka.!

15 Sebtem. 1991 Ciidamadii SNF, ee Mareexaanka ayaa gudbey buundada Webiga Jubba ee degmada Luuq, ciidamadaas oo himiladoodu ahayd in ay Xamar qabsadaan.

16 Sebtem. 1991 Dhawr xubnood oo ka tirsanaa kooxihii Soomaalida, ee Shirkii nabad raadinta ee Jabuuti saxeexay, ayaa sheegay in ay ka xun yihiin dagaalka ahliga ah ee Xamar ka socdey kaas oo dad lagu qiyaasay ilaa 600 ay ku dhinteen kumanyaal kalena ku dhaawacmeen. Waxa ay kale oo nimankaasi sheegeen in ay khalad tahay in Janaraal Caydiid, la soo taagnaado in Cali Mahdi, Xukunka ka dego, ayna iyaga la quman tahay in Cali Mahdi, xilka hayo labada sano ee soo socota.[345]

17 Sebtem. 1991 Diyaarad ay ICRC, lahayd oo Muqdisho ka duushay una socotey Berbera, ayaa xabad lagu dhuftay iyadoo Gaalkacayo dulmaraysa. Waxaana la sheegay in diyaaradaas xagga dambe wax ka gaadheen, cidise aanay waxba ku noqon; ka dibna waxa ay ka degtay Jabuuti, iyadoon marin Berbera.[346]

1 Okt. 1991 Cumar Carte Qaalib, ayaa dhamaystiray dhismihii dawladii Cali Mahdi ee ku meel gaadhka ahayd. Dawladaas oo ka koobnayd 83 Wasiir mid shaqaysa ma noqon, maalintii la doortay ka dibna ma kulmin, Cumar Cartena, Xamarba waa isaga tegay; isaga oo u dhoofay Sacuudiga.

3 Okt. 1991 Shir jaraa'id oo Janaraal Caydiid, qabtay wuxuu ku caddeeyey inaanu dawladda Cali Mahdi aqoonsanayn, hadalkaasina wuxuu sii huriyey utuntii labadooda u dhexaysay.

9-13 Okt. 1991 Wasiirkii Arrimaha Dibadda ee Eriterea (EPLF) Maxamed Siciid Baari, ayaa socdaal ku tegay Xamar isaga iyo Wefdi u hogaaminayo, si ay u dhexgalaan Cali Mahdi iyo Janaraal Maxamed Faarax Caydiid, oo ay khilaafkooda waan waan ugu helaan. Ka dib markii ay safarkaas soo dhammaysteena waxa ay tageen magaalada Nairobi. Waxa ayna la kulmeen Kol. Cabdulaahi Yuusuf (Guddoomiyihii hore ee SSDF) oo markaas Xabsi Itoobiya ah ka soo baxay.

13 Nof.1991 Cali Mahdi, ayaa ciidamadiisii ku soo ururiyey duleedka xaruntii Janaraal Caydiid deganaa. Si uu u hujuumo haddii uu amarka dawladda diido.

17 Nof.1991 Waxaa bilawday dagaalkii ugu weynaa ee USC (Abgaal iyo Habar-gidir) dhexdeeda ka dhacay. Waxaana kordhay gaajadii, shidaal la'aantii iyo wax kasta oo nolosha dadka muhiim u ahaa. Wax alaale wixii dekeda yiilay ee dadku quudan lahaana waxaa gacanta ku dhigay tuug (Mooryaan) isbahaysatay oo aan haba yaraatee cidna u naxayn. Dagaaladaas oo si xun u socday ilaa Maaraj 1992, waxaa lagu qiyaasay in Xamar oo keliya ay ku dhinteen ugu yaraan 30,000 oo qof oo caruur iyo haween u badnaa, kumanyaal kalena ay ku dhaawacmeen.

22 Nof. 1991 Dagaalkii ugu foosha xumaa ee Cali Mahdi iyo Janaraal Caydiid dhex mara, ayaa maalintiisii 5aad galay. Waxaana la is dhaafsanayey hub aad u culus. Nasiib darada ugu weyn waxa ay ahayd iyadoo afarta Dhakhtar (Isbitaal) ee magaalada Xamar ay ku yiilleen dhinaca Janaraal Caydiid gacanta ugu jirtey. Sidaas darteed aan cidina u war hayn xaaladda dhinaca waqooyiga ee magaalada Xamar waxa ay ku sugnayd. Waxa ayna dhaawaca iyo dhimashada ugu weyni soo gaadhey Abgaalkii nawaaxigaas ku noolaa.

Nof. 1991 M.S. Barre, oo Buur Dhuubo waraysi lagula yeeshay wuxuu sheegay in ciidamadiisu ay dagaal lixaad leh ku qaadi doonaan Xamar, iyaga oo 3 jiho ka soo geli doona burburinna doona caddowgiisa (USC). Wuxuuna sheegay inaanu xukun dan ka lahayn ee ujeedada keliya ee uu u laabanayaa ay tahay inuu cawaaqib xumadda waddanka ka jirta soo af jaro, dalkana dib u mideeyo.

"Siyaasadda Soomaaliya door weyn ayaan ka ciyaari karaa, haddii aanan arrintaas u joogina mar hore ayaan Maraykan iyo meel kale aadi lahaa". "21kii sano ee aan Soomaaliya xukumayey waxaan Buul-Cawskan yar ahayn oo aan ka hayaa ma jirto" ayuu yidhi. Mar uu ka jawaabayey eed USC, u soo jeedisay oo ahayd inuu lacagtii waddanka oo dhan sii biliqaystay wuxuu ku jawaabey *"haddii aan lacag haysto maanta halkan ma fadhiyeen ee Xamar ayaan ka caweyn lahaa"*.[347]

Dis. 1991 Swiss Company, (Achair and Partners), ayaa la sheegay inuu qandaraas ku qaatay inuu Soomaaliya geeyo qashin sun ah, oo ka yimi Wershado iyo Isbitaalo. Qandaraaskaasna waxaa Soomaaliya u saxeexay Nuur Cilmi Cismaan, oo dawladii Cali Mahdi Maxamed ee ku meel gaadhka ahayd ka ahaa Wasiirka Caafimaadka.[348]

Jan. 1992 Dagaal ayaa Habar Jeclo iyo Habar Yoonis magaalada Burco ku dhex maray, waxaana la weriyey in boqolaal qof ku dhinteen.

23 Jan. 1992 U.N, (Golaha Ammaanka) go'aankii ugu horeeyey ee Soomaaliya ku saabsan gaadhey, go'aankaas oo lagu macneeyey sidii Soomaaliya samafal loogu fidin lahaa.

26 Jan. 1992 Janaraal Caydiid, ayaa wuxuu ku dhawaaqay xabbad joojin, hase ahaatee xabbadii marnaba isma taagin, markii la weydiiyey sababtana wuxuu sheegay inuu nadiifinayey xoogaa hadhaagii Cali Mahdi ah.

Jan. 1992 Golaha Ammaanka (U.N. Security Council) ayaa cuno qabatayn xagga hubka ah ku soo rogey Soomaaliya. Cuna qabatayntaas waxaa keenay hubkii faraha badnaa ee kooxaha dagaalamayey waddanka soo gelinayeen.

14 Feb. 1992 Cali Mahdi iyo Janaraal Caydiid, ayaa waxa ay ku heshiiyeen xabad joojin degdeg ah, isla mar ahaantaasna waxa ay ballan qaadeen in ay ku dedaali doonaan siday uga heshiin lahaayeen dhibaatadii khilaafkii yaallay.

15 Feb. 1992 Agaasimihii Fulinta (Director of Operations) ee ICRC Jean de Courten, wuxuu ka digay in macaluul lagu xasuuqmaa ay Xamar ka dhici doonto, haddii aan kaalmo degdeg ah dhakhso loola soo gaadhin. Wuxuuna intaas raaciyey in ugu yaraan 4.5 million oo Soomaali ah ay kaalmo degdeg ah u baahan yihiin.

Dham. Feb 1992 Dagaal xun ayaa Xamar ka socday, waxaana aad magaalada uga jiray cunto la'aan, iyadoo ay Laan Qayrta Casi (ICRC) sheegtay in ilaa 100 qof ku dhaawacantay xoogaa raashin ah oo ururkaasi bixiyey oo lagu dagaalamay. Isla bishaas, waxaa New York ku kulmay niman ka kala socdady (metalayey) kooxihii dagaalamayey.

29 Feb. 1992 U.N-ka ayaa wada hadal dhexdhexaadin ah ka bilaabay Xamar, iyaga oo la kulmay hoggaamiyayaashii labadii qabiil (Abgaal iyo Habar-gidir) ee utuntu ka dhexaysey.

3 Maarj 1992 Heshiis xabad joojin ah ayaa Cali Mahdi iyo Janaraal Caydiid, Xamar ku kala saxeexdeen.

3 Maarj. 1992 Ku Xigeenkii Xoghayaha Guud ee Qaramada Midoobey, James Jonah, oo ay la socdeen guddi ka tirsan Ururka Midowga Afrika (OAU), iyo Ururka Jaamacada Carabta ayaa soo gebogebeeyey dhexdhexaadintii Cali Mahdi iyo Janaraal Caydiid, ka dib markii labadii dhinac isku raaceen in ay xabad joojintii ay ku heshiiyeen dib u hirgeliyaan. Isla bishaasna WFP iyo UNICEF ayaa raashin diyaarado lagu siday meelihii macaluushu ka jirtay gaadhsiiyey.[349]

5 Maarj. 1992 Markabkii ugu horeeyey ee shixnad Qaramada Midoobey lahaayeen sida, ayaa markuu dekeda Xamar soo gaadhey la xabadeeyey, iyadoo taas macnaheedu ahaa isku xumayn (labada dhinac) iyo yaan la liqin. Markabkiina wuxuu aakhirataankii ku laabtay waddanka Kenya.

17 Maarj. 1992 U.N-ka (Golaha Amaanka) ayaa beyaankii ugu horeeyey soo saaray, iyaga oo ku dhawaaqay in dhibaatada Soomaaliya ka jirta wax laga qabto.

Maarj 1992 Diyaarad u ijaarnayd hay'ada U.N ayaa Xamar laga af duubay, iyadoo lagu qasbay in ay jabuuti ka degto.

8-9 Abriil 1992 Shir ay ka qayb galeen madaxweynayaasha waddamada Geeska Afriica ayaa waxaa lagu qabtay Addis Ababa, Itoobiya. Madaxdu waxa ay shirkaas ku falanqeeyeen sidii ay isaga kaashan lahaayeen dhibaatooyinka abaaraha iyo qaxootiga; waxaayna aad uga wada hadleen sidii xaaladda Soomaaliya laga yeeli lahaa.

24 Abriil 1992 Ururka Qaramada Midoobay (U.N.) ayaa wuxuu soo saaray sharciga lr.751, kaas oo lagu caddeeyey in U.N. Soomaaliya ka hawl geli doonto. Waxaana la sheegay in hawshaas lagu bilaabi doono 50 askari oo hirgeliya xabad joojintii Cali Mahdi iyo Janaraal Caydiid kala saxeexdeen Maarj 1992. Waxaana wakiilka gaarka ah ee U.N. Soomaaliya loogu magcaabay Maxamed Saxnuun, oo Aljeeriyaan ahaa. . Askartaas magaca la siiyeyna wuxuu ahaa United Nations Operations in Somalia (UNOSOM). Isla mar ahaantaasna waxaa la ansixiyey in 500 oo Bakistaaniyiin ah Xamar la geeyo haddii labada qolo ee dagaalamaysaa isku raacaan.

29 Abriil 1992 M.S. Barre iyo ciidamadiisii ilaalinayey ee Buur Dhuubo (Gedo) deganaa, ayaa waxaa weerar laxaad leh ku qaaday ciidamadii USC ee Janaraal Cadiid hoggaamiyaha ka ahaa. Waxaana magaalada Mandheera (xuduudka Kenya sheegato) isku shubay isaga iyo ugu yaraan 1,400 ruux oo isugu jirey askartiisii iyo qaraabadiisii. Halkaas oo maamulka Kenya ee xuduudku muddo ku baadhayey.

Abriil 1992 Xaaladda siyaasadeed ee Somaliland waxa ay ahayd mid meel aad xun maraysa, waxaana jiray utun weyn oo ka abuurantay qabiilada dhexdooda, gaar ahaan Habar Awal, gaar ahaan Ciise Muuse iyo Garxajis. Inkasta oo qoloba qolada kale cambaaraysay, waxaa dad badani eedda saareen maamulkii Cabdiraxmaan Tuur oo ay ku eedeeyeen inuu ahaa mid jilicsan oo khilaafkii reeraha ka dhex taagnaa dhammayn kari waayey. Dad badan oo reer Somaliland ahi waxa ay aad uga werwersanaayeen in masiibada iyo dagaalka koonfur ka jiraa iyagana ku habsado.

4 May 1992 Maxamed Saxnuun, ayaa Muqdisho ka degey si uu xilkii loo magcaabay ee Soomaaliya u guto.

9 May 1992 Maxamed Saxnuun iyo Janaraal Caydiid, ayaa ku kulmay Buulo Xaawo, iyaga oo ka wada hadlaayey in ciidamada U.N.(50 kii ugu horeeyey) ee Soomaaliya ka shaqayn lahaa, lebis milateri qaataan, taas oo Janaraal Caydiid, diidanaa.

11 May 1992 Janaraal Cabdi Cismaan Faarax (Cabdi Pilot), Guddoomiye ku-xigeenkii USC, iyo Cabdikariim Axmed Cali, xoghayihii Guud ee USC, iyo xubno kale oo ka tirsanaa Golihii Dhexe ee USC, ayaa la kulmay Maxamed Saxnuun, (Wakiilkii U.N.) iyo wakiilo ka kala socdey Jaamacadda Carabta iyo Ururka Isutagga Islaamka. Ahmiyadda ugu weyn ee USC (qaybta Caydiid) lagala hadlayeyna waxa ay ahayd in ay oggolaadaan in waddanka ciidamo U.N. ka socda la keeno si wax looga qabto macaluusha iyo nabad gelyo la'aanta jirtey.

12 May 1992 Wasiir-Ku-xigeenkii Wasaaradda Qorshaynta iyo Horumarinta Qaranka, ee Kenya Cabdi Oogle, ayaa sheegay in xarunta ganacsiga ee Habaasweyn, ay soo galeen ciidamo ka tirsan kuwii M.S. Barre, la soo qaxay ka mid ah. Mr. Oogle, wuxuu intaas ku daray in Qaxooti gaadhaaya ilaa 30,000 ay soo galeen magaalada Mandheera, 2,000 oo ka mid (Qaxootiga) ay ahaayeen askartii M.S. Barre. Wuxuu kale oo sheegay in ciidamadaas Habaasweyn soo galay ay hub culus oo tigniko ah wateen, ayna sharci darro tahay in waddanka hub lala soo galo. Wuxuuna dawladda ka codsaday in magaaladaas ciidamo loo diro, lagana qaado askartaas si loo geeyo meelaha Qaxootigu deggan yahay.[350]

12 May 1992 Wasiir-ku-Xigeenkii Arrimaha Dibadda iyo Xiriirka Caalamka ee Kenya, Mr. Joseph Muliro, ayaa waxaa u yeedhay dhawr nin oo Baarlamaanka ka tirsanaa, iyaga oo ka codsaday inuu caddeeyo wakhtiga M.S. Barre, waddankooda laga saarayo. Nimankaas oo ay ka mid ahaayeen; Mr. Kennedy Kiliku, Mr.Jilo Falana, Mr. Chris Kamuyu Mr.Dida Jaldesa iyo Mr. Bob Jalang'o, waxa ay ku adkaysteen in haddii M.S. Barre, waddankooda sii joogo uu xidhiidhka labada dal ee walaalaha ahi xumaan doono.[3351]

12 May 1992 Maxamed Saxnuun, ayaa Xamar ka dhoofay ka dib markii shirkii uu USC, la lahaa u dhammaaday.

13 May 1992 ICRC, ayaa waxa ay sheegtay in diyaarahooda mid ka mid ah, Kenya loo af duubay. Diyaaradaas oo garoonka diyaaradaha ee Kismaayo fadhiday wefdi ICRC ka socday u duulin lahayd Nairobi, ayaa lix nin oo hubaysani khasab ku galeen, daqiiqado ka hor intaanay duulin, waxa ayna ka soo dejiyeen nimankii wefdiga ahaa iyaga oo ku reebay Duuliyihii, kuna khasbay inuu Nairobi u duulo.[352]

13 May 1992 Lixdii nin ee diyaaradii ICRC, af duubay ayaa dawladda Kenya isu dhiibay. Waxa ayna weydiisteen magan gelyo.[353]

14 May 1992 Diyaarad Wasaaradda Difaaca ee Kenya lahayd oo raashin u sidday ciidamadooda ayaa la toogtey. Booliiska Mandheerana wuxuu sheegay in diyaaradaas oo baalasha wax ka gaadheen aan cidi waxba ku noqon. Waxaa kale oo Booliisku sheegay in ay u malaynayaan in diyaaraddaas ay soo toogteen taageerayaashii M.S. Barre, oo xuduudka dhinaciisa kale joogay.[354]

May 1992 Laan Qayrta Cas (Red Cross) ayaa meelo cuntada lagu kariyo, ka furtay Baydhabo. Juulay 1992kiina waxa ay gaadheen meelaha cuntada lagu kariyaa in ka badan ilaa 200.

25 May 1992 Ciidamadii USC oo Warmoxun iyo Walle weyn ku soo jebiyey kuwii SNF, ayaa Baydhabo qabsaday. Firxadkii SNF-na wuxuu labo casho ka dib galay Buurdhuubo, oo M.S. Barre, taageerayaashiisa waqtigaas Xarun u ahayd.

27 May 1992 Nin u hadlay xafiiska xoghayaha warfaafinta ee USC qaybtii Caydiid, (Mr. Gaas) ayaa Cali Mahdi, iyo odayaashii raacsanaa (Maanafesto) ku eedeeyey in ay qaybsadeen hantidii dawladda ee M.S. Barre, ka tegay. Si sharci darro ahna u qaybsadeen lacag waddanka musuq ku timid (Bonds), lacagtaas oo laga xakameeyey, shaqaalihii iyo ciidamadaba. Wuuxuna intaas ku daray in Maanafeesto, markab dekedda raashin ku dejin lahaa rasaas ku furtay, si ay shacabka Xamar deggan dagaal iyo colaad uga dhex ridaan.

28 May 1992 Maamulkii Soomaaliland, ayaa sheegay in shirka Addis Ababa, ka dhici doona ee ay isugu imaan doonaan, ururada Samafalka, Waddamada deeqda bixiya iyo kooxihii Soomaalidu, aanay waxba ka khusayn. "Anaguse, wada hadalo waa la yeelan karaa, cidii dawlada Muqdisho ka dhisan ka socota ee shacbigaas metesha, waase ayaan darro inaan caalamku Soomaaliland aqoonsan" ayey yidhaahdeen.

29 May 1992 Nin ku hadlaayey magaca SNA, ayaa sheegay inaan jabhadaha USC, SNM,SPM, SSNM, iyo SDM, aanay aqbali doonin in ciidamo shisheeye waddankooda yimaadaan. Wuxuuna intaas ku daray in hadalkii James Jonah, wakiilkii Qaramada Midoobay, ka soo yeedhay uu yahay argagax. Ninkaas (James Jonnah) oo uu USC ku eedeeyey in ay dhulbalaadhsi ku socdaan. Waxaa kale oo ninkaas USC/SNA u hadlay uu sheegay in ay dhulkay qabsadeen ka xoraynayeen hadhaagii M.S. Barre, sidaas darted James Jonah-na aanu rabin in M.S. Barre, waddanka laga saaro.[355]

31 May –3 Juun 1992 Xubno ka kala socdey madaxdii Soomaalidii ka soo horjeedey imaatinkii U.N ayaa waxa ay ku kulmeen Itoobiya, waxa ayna ballan qaadeen in ay la shaqayn doonaan hay'adaha caalamiga ah ee caawimaadda Soomaalidii baahnayd gaarsiinaayey[356].

Juun 1992 Dad lagu qiyaasay ilaa 7,000 kun ayaa Baydhabo keligeed gaajo iyo cudur ugu idlaaday.

19 Juun 1992 Wadaado Itixaadu Islaamiya iyo taageerayaashii SSDF (Majeerteen) ayaa dagaal ku dhexmaray Gobolada Bari, Mudug, iyo Nugaal. Waxa ayna wadaadadu gacanta ku dhigeen magaalooyinka, Boosaaso, Garoowe,iyo Burtinle. Waxaana arrintaas sii xaqiijiyey Maxamed Abshir Samatar, "Gudoomiye ku Xigeenkii SSDF) oo Nairobi lagu waraystay.

21 Juun 1992 Janaraal Caydiid, ayaa Maxamed Saxnuun ka aqbalay in ciidamada U.N. lebis milateri qaadan karaan.

2 Jul. 1992 SSDF, ayaa waxa ay sheegatay in ay wadaadadii Itixaadu Islaamiya, ay jebisay lagana saaray dhammaan magaalooyiinkii ay hore u qabsadeen.[357] Wadaadadaas oo Majeerteen u badnaa, waxaa la sheegay in si naxariis darro ah loo laayey. Arrimaha la isku qilaafayna waxaa ka mid ahaa, xukunka dekadda Boosaaso oo dakhliga keliya oo gobalkaas soo gala ahayd iyo wadaado Hawiye iyo Isaaq ahaa oo madaxda Majeerteen doonayeen in ay Boosaaso ka guuraan.

5 Jul. 1992 Afar nin oo uu hoggaaminayey Janaraal Imtiaz Shaheen, taliyihii ciidankii Bakistaan u qoondaysay in ay Soomaaliya U.N. uga shaqeeyaan, ayaa Xamar ka degey. Iyaga oo u sii gogol xaadhaayey 50kii askari ee U.N, ugu horeeyey ee Soomaaliya imaanayey.

27 Jul. 1992 Golaha Ammaanka ee Qaramada Midoobay ayaa ansixiyey Sharciga Lam. ahaa 767, si samafal degdeg ah oo cunto dadkii macaluusha u le'anayey loola gaadho. Iyadoo la isticmaali doono xagga hawada (diyaarado) maadaama nabad gelyadii jidadku xumaatay oo dhicii batay.

12 Agoos 1992 Janaraal Maxamed Faarax Caydiid, ayaa wuxuu ogolaaday in shantii boqol (500) ee Bakistaaniyiinta ahaa ay magaalada Xamar imaan karaan si ay u sugaan nabad gelyada gaadiidka Qaramada Midoobay, ee dadka baahan cuntada gaadhsiinaayey.[358]

14 Agoos 1992 Dawlada Maraykanka ayaa waxa ay ku dhawaaqday in ay Soomaalidii gobolada koonfureed iyo xeryaha qaxootiga ee Kenya u fidin doonto samafal cunto oo xagga hawada ah (in diyaarado waaweyn oo cuntada daabula la isticmaali doono.).

28 Agoos 1992 Afartii diyaaradood ee ugu horeeyey ee Maraykanku lahaa oo cunto sidey ayaa magaalada Beletweyn ka degey.

28 Agoos 1992 Saddex nin oo Soomaali ah oo ilaalinayey (Gaurds) ciidamadii U.N. ee Xamar joogey ayaa la diley, labo nin oo askartii U.N-na waa la dhaawacay, ka dib markii ay diideen in ay u istaagaan koox hubaysan oo Soomaali ah.

28 Agoos 1992 Golaha Ammaanka ee Qaramada Midoobey ayaa isku raacay (Sharci Lam.775) in 3,000 oo ciidamo U.N-ka ah loo diro si ay cuntada iyo nabad gelyada ururada Samafalka ahaa ee wadanka joogey u ilaaliyaan.

1 Sebtem. 1992 Peter J. Davies, oo madax (president & CEO) ka ahaa Inter Action,[359] oo shir jaraa'id ku qabtay Washington D.C., ayaa ku nuuxnuuxsaday sida adduunyadu ayaandarada (macaluusha iyo dagaalka) Soomaaliya dhabarka ugu jeedisay .[360]

14 Sebtem. 1992 Waxaa Muqdishu ka soo degey kooxdii ugu ugu horeysay oo ciidamada U.N-ka metalaysey kuwaas oo ahaa Bakistaaniyiin, oo tiradoodu dhamayd 500. Waxaana Airportka Xamar ku soo dhoweeyey Brigadier Geneneral Imtiaz Shaheen. Ujeedada ugu weyn ee markaas la sheegayna waxa ay ahayd in ay Airportka iyo dekeda Xamar nabad ka islaaxiyaan.

28 Sebtem. 1992 Kooxdii ugu danbeysey ee ciidamada Tignikada ee Bakistaaniyiinta oo ku socdey magaca (UNOSOM) ayaa ka degey magaalada Muqdisho.

12-13 Okt. 1992 U.N-ka ayaa waxaay bilaabeen qorshe ay ku magcaabeen maalinta 100aad (100-Day Action) oo caawimaad degdeg ah dadkii Soomaaliyeed ee tabaalaysnaa lagu gaadhsiinayo.

13 Okt. 1992 Maxamuud Saciid Xirsi (Moorgan), (SNF) ayaa Baardheere, dib uga qabsaday Janaraal Caydiid, oo Baardheere muddo saldhig ka dhigtay, waqtiga weerarku dhacay Caydiid waxa uu ku maqnaa Xamar oo uu kicitimay bishii Sebtembar.[361] Qabsashadaas Baardheere waxa ay Maraykanka iyo xulufadiisii u muujisay in awooddii Janaraal Caydiid wiiqantay oo aan la oran karin waa ninka ugu xoogga weyn Qabqablayaasha

Dagaalka.

25 Okt. 1992 Cuntadii degdegga ee dawlada Maraykanku xagga hawada ka wadey ayey si aan rasmi ahayn u joojisey, ka dib markii diyaaradahoodii mid ka mid ah la toogtey.

26 Okt. 1992 Wakiilkii Qaramada Midoobey ee Soomaaliya Maxamed Saxnuun, (wuxuu ahaa Jasaa'iri, Algerian) ayaa lagu qasbay inuu shaqadiisii ka tago ka dib markii uu Qaramada Midoobey ku dhaleeceeyey hawlihii ay Soomaaliya ka wadeen.

Okt. 1992 Xabad joojintii Habar-yoonis iyo Ciise Muuse (Habar Awal) ayaa la saxeexay, waxaana arrintaas xalliyey 350 oday oo ku shiray magaalada Sheekh.

4 Nof. 1992 Ismat Kittani, ayaa Xamar ka degey si uu ula wareego jagada Wakiilka U.N. ee Maxamed Saxnuun baneeyey. Saxnuun waxaa weyn uga soo horjeeday dawladda Maraykanka.

24 Nof. 1992 Markab WFP lahayd oo 10,000 oo ton oo cunto ah siday ayaa rasaas lagu furay ka dib markii uu damcay inuu ku soo xidhto dekeda Xamar. Ka dibna wuxuu ku laabtay bad weynta.

25 Nof. 1992 George Bush, madaxweynihii Maraykanka ee waqtigaas ayaa ku dhawaaqay inuu ciidamo Maraykan ah u diri doono Soomaaliya, si ay u caawiyaan dadkii macaluusha u le'anayey.

25 Nof. 1992 Dawlada Maraykanka ayaa sheegtay in ay diyaar u tahay, in ay ciidamadeeda ugu deeqdo Qaramada Midoobey, si ay uga caawiyaan taakulaynta, iyo cunto gaadhsiinta dadkii Soomaaliyeed ee dhibaataysnaa. Waxaana lagu qiyaasay ciidamadii markaas Maraykanku diyaarka la ahaa 20, 000 ilaa 35,000 askari.[362]

30 Nof. 1992 Boutros Boutros Ghali, ayaa codsaday in Soomaaliya xaaladeeda cudud milateri wax looga qabto si dadkii macaluusha u le'anayey cuntada loo gaadhsiiyo.

3 Dis. 1992 U.N.(Golaha Ammaanka) ayaa waxa ay go'aamiyeen (go'aan #794) in Soomaaliya ciidamo loo diro, kuwaas oo ka caawin doona in ay nabadda sugaan si dadkii Soomaaliyeed ee macaluusha u le'anayey budhcaddii dhacaysey looga joojiyo. Isla mar ahaantaasna haddii loo baahdo la isticmaali doono cudud milateri.[363]

3-5 Dis. 1992 Shir loogu gogol xaadhayey sidii Soomaaliya nabad loogu soo dabaali lahaa, isla markaana dadka baahan cunto loogu gaadhsiin lahaa, ayaa U.N ku qabatay Addis Ababa, Itoobiya. Soomaalidii ka soo qayb gashayna waxa ay ku dhawaaqeen in ay nabad u diyaar yihiin.

4 Dis. 1992 George Bush, madaxweynihii Maraykanka ee waqtigaas ayaa amray in ciidamada dhulka ee Maraykanku Soomaaliya aadaan si ay uga mid noqdaan, ciidamada loo dhan yahay ee hawlaha Soomaaliya ka qayb qaadanaya. Mr. Bush, wuxuu sheegay in ay ciidamada Maraykanku ka badbaadin doonaan budhcada cuntada ka dhacaysa 1.5 milyan oo Soomaali ah, oo gaajo in ay u dhintaana qarka u saaran. Janaraal Colin Powell, oo ciidamada Maraykanka oo dhan haystey (ahaana nin madow) ayaa sheegay in ilaa 28,000 oo askari hawshaas ka qayb qaadan doonaan.

Isaga oo arrinta ciidamadaasi fulin doonaan u bixiyey "Operation Restore Hope" (Soo Celinta Rajada), yidhina hawshani waxa ay socon doontaa labo ilaa sadex bilood ugu badnaan. Mr. Bush iyo Janaraal Colin Powell, labadooduba waxa ay ballan qaadeen in xilkan Maraykanku qaaday uu noqon doono mid aad u kooban, ka dibna ay hawsha ku wareejin doonaan ciidamada nabad ilaalinta ee Qaramada Midoobay.[364]

4 Dis. 1992 Ciidamadii Bakistaaniyiinta ee magaca U.N-ka Xamar ku joogay ayaa markii afraad xabad isweydaarsadeen ciidamadii Caydiid daacadda u ahaa muddo 3 asbuuc gudahood ah. Ciidamadaasina waxa ay ilaalinayeen gegida diyaaradaha ee magaalada Xamar.

9 Dis. 1992 Waxaa Xeebta (Airport-ka) Muqdisho ka degey ciidamadii Maraykanka ee ugu horeeyey. Kuwaas oo mawqifkooda lagu macneeyey in ay Dekeda, Airport-ka iyo waddanka intiisa kaleba gacanta ku dhigaan si ay u badbaadiyaan cuntadii dadkii macaluusha u dhammaanaayey la gaadhsiinaayey. Ciidamada Maraykanka guud ahaana (iyo wixii wadamo kale ka socdayba) waxaa hogaaminayey U.S.Lt.Janaraal Robert Johnson.

Ciidamadaas oo 7:30kii subaxnimo si fiican gacanta ugu qabtay gegida diyaaradaha iyo dekeda Xamar, wax dhibaato ah ama dagaalba ah lama aysan kulmin, waayo ninkii dawladda Maraykanka metelayey (Robert Oakley), ayaa heshiisyo kala duwan la galay nimankii iska soo horjeeday. Talaabooyinkii ugu horeeyey ee ciidamadu qaadeenna waxaa ka mid ahaa:

1) Ciidamadii Maraykanka iyo kuwii Faransiiska oo markiiba magaalada u degey ayaa hub ka qabsaday dadkii magaalada la dhex wareegaayey.

2) Ciidamadii Maraykanka ayaa qabsaday safaaradii Maraykanka ee Xamar, inkasta oo la wada bililiqaystay oo aan wax dhex oolin waxa ay markii dambe noqotay xafiiska ugu weyn ee Qaramada Midoobey laga maamulo.

3) Diyaarad u rarayd Qaramada Midoobey laanta Cuntada adduunka (World Food Program) u qaabilsan ayaa garoonka dayuuradaha ee Muqdisho ka soo degtey.

10 Dis. 1992 Ciidamadii Maraykanka ayaa markii ugu horeysey la kulmay kayd hub oo aad u fara badan kaas oo yaalay dhismo u dhow meeshii Safaaradda Maraykanka u ahayd. Hubkaasna waxaa la sheegay in Janaraal Caydiid, lahaa, uuna yaalay geerash Cismaan Caato lahaa. Inkasta oo Maraykanku sheegtay in dhismahaas hubku yaaley xabad looga soo ridey, haddana askartii meeshaas tagtay waxaa lagu amray in ay iskaga soo baxaan, waayo ma ay rabin fadqalalo iyaga iyo Janaraal Caydiid, dhex marta.

10 Dis. 19992 Laba qof oo Soomaali ah ayaa dhimatay, todoba kalena dhaawac halis ah ayaa gaadhey, ka dib markii Ciidamadamo Faransiis ahi baabuur dadkaasi saaraa xabad ku fureen iyaga oo ku andacoodey in Soomaalidu joogsan weyday waddo askartaasi xidhatay. Hase ahaatee, Soomaalidu hadalkaas way ku khilaafeen waxa ayna sheegeen in Faransiisku sabab la'aan dadkaas rasaas ugu furay.

11 Dis. 1992 Janaraal Maxamed Faarax Caydiid iyo Cali Mahdi Maxamed, ayaa kulan laba saacadood ah yeeshay. Kulankaasna waxaa qabanqaabiyey oo ka shaqeeyey ninkii hawlaha xagga siyaasadda Soomaaliya laga wadey fulinayey Robert Oakley, Soomaaliyana horey Safiir uga ahaan jirey. Waxa ayna Caydiid iyo Cali Mahdi wadajir ugu dhawaaqeen:

1. In ay si degdeg ah u joojin doonaan dagaalka labadooda ciidan (Qabiil) u dhexeeya.
2. In ay hubkooda culus Xamar ka saari doonaan.[365]
3. In ay mideeyaan USC, oo ay iyagu horey u kala jabsadeen.[366]

11 Dis. 1992 Koox Farsamo yaqaano ah (Military engineers and Security troops) oo ciidamada Maraykanka ka tirsan ayaa Balli-Doogle ka degey si ay u sii diyaariyaan garoonkii diyaaradaha ee Ruushku sameeyey.[367]

Todoba diyaaradood oo waaweyn oo qalabka garoomada diyaaradaha iyo kuwa wax lagu qaado iyo laba diyaaradood oo kale oo ciidamadii hawshaas qaban lahaa saaran yihiin ayaa gegida diyaaradaha ee Muqdisho ka soo degey.

Dekeda Xamar waxaa laga soo dejiyey baabuur, cagaf cagafyo iyo qalab kale oo culus, waxa ayna ciidamada Maraykanku bilaabeen in ay xaaqaan qalabkii iyo wax yaabihii kale ee ka hadhay burburkii Soomaalidu dhulkooda u geysteen.

12 Dis.1992 Diyaaradaha helicopters-ka Maraykanka oo Safar Sahan ah (reconnaissance mission) ku jirey ayaa saddex baabuur oo Soomaalidu leedahay ku qarxiyey meel Balli Doogle u dhow, waxa ayna Maraykanku sheegeen in qof keliyaa ku dhintay. Arrintaasina ay dhacday ka dib markii Soomaalidu diyaaradaha Maraykanka toogteen. Arrintu si kastaba ha ahaatee, Soomaalidu hadalkaas way khilaafeen waxa ayna sheegeen in dhimashadu intaas ka badnayd, Maraykankuna sabab la'aan baabuurtaas u rusheeyey.

12 Dis.1992 Laba diyaaradood (helicopters) nooca loo yaqaan "Cobra gunships" ayaa gaadhi hubaysan oo Habar gidir lahayd duqeeyey, waxaana ku dhintay laba nin.

13 Dis.1992 Laba boqol iyo soddon (230) ciidamada Maraykanka ah oo helicopters waaweyn saaraa ayaa ka degey magaalada Balli Doogle, saddex saacadood ka dibna waxaa soo degey diyaarad weyn (C-141) oo ciidamo iyo qalab fara badan siday, ciidamadaasina waxa ay ahaayeen kuwa ku takhasusay dhulka buuraleyda ah (U.S. Army's 10th Mountain Infantray Division). Sababta ciidamada halkaas loogu ururiyeyna waxa ay ka mid ahayd in ay magaalooyinka sida Baydhabo oo kale si fudud ugu duuli karaan.[368]

14 Dis. 1992 Xoghayaha Guud ee Qaramada Midoobey Boutros Boutros Ghali, ayaa wuxuu shir jaraa'id ka sheegay in ciidamada Maraykanku ay ku khasban yihiin in ay hubka ka dhigaan qabiilada Soomaalida ah iyo cid kasta oo dabley ah inta aanay wadanka ka bixin. Saraakiishii Maraykankuna waxa ay ku adkaysteen inaanay cidna hubka ka dhigayn ilaa ay la kulmaan mid lafahooda khatar gelinaya mooyee.

Sidoo kale af-hayeen Guriga Cad ee Maraykanka (The White House) u hadlay wuxuu yidhi "arrinta hub ka dhigistu marna qorshahayagii hore kuma jirin". Arrintu si kastaba ha ahaatee, sheegashadaas Maraykanku waxa ay ahayd mid xaqiiqada aad uga fog, waayo Soomaalida si aan qarsoodi ahayn ee weliba xoog ah ayaa hubka looga ururinayey, iyadoo guryaha la baadhaayey, baabuurta la joojinaayey, qofkii suuqa socda ee qori lagu arkana beerka dhulka loo dhigaayey.

20 Dis. 1992 Ciidamadii badda ee Maraykanka ayaa waxa ay qabsadeen magalaada Kismaayo, iyaga oo ka soo galay xagga badda.

23 Dis. 1992 nin dawladda Marayka u shaqaneyey oo ka mid ahaa shaqaalihii Xamar tegay ayaa waxaa ku qarxay oo dilay Miino.

28 Dis. 1992 Ciidamada Marayka ayaa waxa ay rasaas ku rideen baabuur Soomaaliyi wadatey, halkaasna waxaa ku dhintay 3 qof.

1 Jan. 1993 Dagaal aad u xun ayaa Murusade iyo Habar gidir Xamar ku dhex maray, dagaalkaas oo hubka culus ee darandooriga u dhaca la isu isticmaalay waxaa la sheegay in Habar gidir oo qudha 17 kakaga dhimatay 25-na kaga dhaawacantay. Dagaalkaasna waxaa la sheegay in Murusade bilaabay, sababta ku kaliftay in ay arrintaas ku dhaqaaqaana waxa ay ahayd Murusade oo utun weyn Habar gidir ka tirsanayey, taas oo ku saabsanayd dhulbalaadhsigii Habar gidir samaysay waqtigii dagaalada sokeeye Xamar ka socdeen. Hadaba, Murusade oo marwalba la soo taagnaa in dhulkoodii iyo guryahoodii Habar gidir dhacday, loo soo celiyo waxa ay u arkeen in ay hadda tahay waqtiga ugu habboon ee Habar gidir wax laga dhacsan karo maadaama awooddoodii ciidamada Maraykanku dhantaaleen.

Kor. Micheal Hagee, oo ciidamada Maraykanka u hadlayna wuxuu sheegay in ay isku deyi doonaan in ay labada qabiil isu keeni doonaan si ay dhibaatada dhexdooda taala u xaliyaan, haddiise dagaalku sii socdo ay talaabo qaadi doonaan.[369]

1 Jan. 1993 George Bush, madaxweynihii Maraykanka ee waqtigaas ayaa booqasho maalin ah Baydhabo ku tegey. Madaxweyne Bush, waxaa soo dhoweeyey 700 oo ahayd caruurtii ku agoomowday dagaalkii iyo macaluushii wadanka qabsaday. Caruurtaas oo magaca Bush, ku heesaayey waxaa soo qaban qaabiyey ururadii Samafalka, Soomali iyo askarta Maraykanka.

Madaxweyne Bush, Baydhabo waxa ay u ahayd fursada ugu fiican ee uu ka heli karo inuu isku sawiro caruur intaas tiradoodu dhan tahay oo tabaalaysan.[370]

4 –15 Jan. 1993 Waxaa Addis Ababa, Itoobiya ka bilowday shir nabad raadin lagu magcaabay oo 15 xubnood oo qabiiladii iska soo hor jeeday ka kooban dhex marayey.[371]

6 Jan. 1993 Ciidamadamo Maraykan ah oo kontoroolayey magaalada Afgooye ayaa toogtay nin Soomaali ah oo qori sitay.

7 Jan. 1993 Ciidamada Maraykanka oo isticmaalaayey helicopters, taangiyo iyo baabuurta gaashaaman ayaa waaberigii dagaal gaadmo ah ku qaaday xero aad u weyn oo Janaraal Caydiid hub u yaalay. Xeradaas waxa ay ahayd mid xaalkeeda ciidamada Maraykanku la socdeen, waayo markii ay 9kii Dis. 1992 dalka galeen ayey Cali Mahdi iyo Caydiidba ku amreen in ay dhammaan hubka culus magaalada geesaheeda isugu geeyaan, isla markaana ogolaadaan in ninkas- taaba hubkuu haysto diiwaan geliyo.

Ciidamada Maraykanka ee weerarkaas ka qayb galay waxa ay ahaayeen 400 oo hubkoodu u dhan yahay. Si ay haddaba ciidamadaasi u xaqiijiyaan inaan xeradaasi cidi ka bixin ayey markii hore si fiican isugu gedaameen intaanay duqaynta bilaabin. Maj.Janaraal Charles E. Wilhelm, oo ciidamadaas hor kacaayey, markii dagaalka wax laga weydiiyey wuxuu yidhi waxa ay ahayd "duufaan dab ah" (firestorm). Markii wax laga weydiiyey khasaaraha Soomaalida soo gaadhey, dhimasho iyo dhaawac midna ma uu sheegin, balse wuxuu sheegay inuu arkay 15 qof oo maxaabiis ahaan loo watay.

Xeradaas oo si fiican loo burburiyey, markii askartu dhex galeen waxa ay sheegeen in ay ku arkeen 15 madaafiicda goobta ah (artillery pieces), 10 baabuurta tiknida ah[372] iyo hub kale oo aad u fara badan. Weerarkaas oo ahaa kii ugu weynaa ee ciidamada Maraykanku markii ugu horeysey qaadeen waxaa ka dhashay su'aalo dhawr ah, maadaama dawladda Maraykanku mar walba ku adkaysanaysey inaanay u socon wax ka badan in ay dadka baahan cunto gaadhsiiso.

Janaraal Robert Johnson, oo ahaa taliyihii ciidamada Marayka ee Soomaaliya joogey oo dhan, wuxuu idaacada la iska arko ee NBC News, u sheegay in ay hadda wejigii 3aad ee xaallada Soomaaliya galeen kaas oo ah in la ugaadhsado, lana baabiiyo nimanka dableyda ah (technicals). Janaraal Caydiid, waqtiga arrintaasi dhacday wuxuu joogay Addis Ababa, halkaas oo uga qayb gelaayey shir nabadeed oo Maraykanku qaban qaabiyey, mar wax laga weydiiyey wuxuu arrintaas ka leeyahayna, Janaraal Caydiid, wuxuu sheegay inuu aad mashquul ugu ahaa shirka oo aanu xaaladaas war u haynin.[373]

8 Jan. 1993 Hogaamiyayaashii 15 kooxood (Qabiil), oo Addis Ababa, Itoobiya, ku shiraayey ayaa xabbad joojin isku raacay. Waxa ay kale oo ku heshiiyeen in shir Qaran oo nabadeed la qabto 15ka Marj, 1993, waxa ayna kale oo isla meel dhigeen in dacaayadda iyo borobagandhada la iska joojiyo.

8 Jan. 1993 Ciidamo Maraykan ah oo 450, tiradoodu gaadhayso ayaa weerar gaadmo ah ku qaaday suuq hubka lagu iibin jirey oo ku yaalay dhinaca waqooyiga Muqdisho oo markaas gacanta ugu jirey Cali Mahdi Maxamed. Askarta Maraykanku waxa ay sheegeen in ay gacanta ku dhigeen 250 qori, 10 baabuur oo kuwa qoryaha darandooriga u dhaca xambaara iyo hub kale oo badan. Wax dhaawac iyo dhimasho ah oo maalintaas meesha ka dhacayna ma jirin.[374]

10 Jan. 1993 Saddex nin oo Soomaaliya ayaa ciidamada Maraykanku Xamar ku toogteen, nin ciidamada Maraykanka u hadlayna wuxuu sheegay in askartooda ilaalada ahi arkeen 7 ilaa 8 nin oo hubaysan oo xagga Safaaradooda u socdey, loona qaatay in ay dagaal u socdeen. Ka dibna waxaa lagu bixiyey ciidan dhabar jebin ah, iyadoo horey iyo gadaalba rasaas lagaga furay. Nimankaas oo la sheegay in ay habeenimo gudayeen, waxaa kashifay ciidamada Maraykanka oo isticmaalayey qalab casri ah oo habeenkii si fiican wax loogu arki karo.[375]

10 Jan. 1993 Dagaal aad u qadhaadh ayaa Habar gidir iyo Murusade dhex maray, dagaalkaas oo ka dhacay wardhiigley (Xamar), waxaa la sheegay in ugu yaraan lix qof ku dhimatay in ka badan 100-na ay ku dhaawacantay. Dagaalkaas waxaa la sheegay inuu ka bilowday Murusade oo isku deyayey in ay dib u qabsadaan meelo Habar gidir deganaayeen oo iyaga horey looga xoogay.

11 Jan. 1993 Ciidamadii Maraykanka ee Soomaaliya joogey ayaa duulaankii ugu weynaa ee ay hubka Soomaalidu haysato ku raadinayeen ku qaaday suuqa Bakaaraha ee Muqdishu. Duulaankaas oo ay ka qayb qaateen 900 oo askari, wuxuu bilowday todobadii subaxnimo, iyaga oo hal Kilomitir oo isku wareeg ah (Suuqa Bakaaraha)[376] isku geedaamey intaanay weerarka qaadin ka hor. Ciidamada Maraykanka oo ku yimi ilaa 80 baabuur, Taangiyal, iyo baabuurta gaashaaman, waxa ay urursadeen wax allaale wixii ay hub meeshaas ka heli kareen. Hawshaas oo socotay maalinta badankeedii oo dhan waxaa la sheegay inaan labada dhinac midna wax ku gaadhin.[377]

12 Jan. 1993 Askarigii ugu horeeyey ee ciidamada Maraykanka ka tirsanaa ayaa Xamar lagu dilay, ninkaas la dilay oo magaciisa la odhan jirey Domingo Arroyo, oo 21 jir ahaa. Waxaa isaga iyo kooxdiisa oo 11 tiradoodu ahayd lagu weerary meel u dhow Airport-ka Xamar.[378]

13 Jan. 1993 Askari ciidamada Maraykanka ka tirsanaa ayaa Xamar lagu dhaawacay. Ninkaas waxa toogtey nin ka mid ahaa raggii Habar Gidir ee Janaraal Caydiid taageersanaa.

14 Jan. 1993 Ciidamado aad u fara badan oo Maraykanka ah ayaa waxa ay qabsadeen garoon diyaaradaha (ciidankii Soomaaliya lahaa) oo ku yaalla meel u dhow magaalada Afgooye.

15 Jan. 1993 Hogaamiyayaashii 15kii kooxood ee Soomaaliya xukunkeeda ku dagaalamayey ayaa shirkoodii Addis Ababa ku soo gebo gebeeyey. Shirkaas oo ilaa 4tii Jan. Itoobiya, ka socday waxaa qabqablayaal ka ahaa 8 Janaraal iyo 8 Kornayl oo dhammaantood ciidamadii Maxamed Siyaad Barre, ka tirsanaan jirey. Nimankaas oo shirkaas markii hore isku mari waayey, waxa ay aakhirkii isku raaceen afar qodob ka dib markii Madaxweynihii Itoobiya Meles Zenawi, iyo Eriteria ay ku qasbeen in ay wuxuun isku raacaan.

Afartaas qodob oo Maraykanka iyo Madaxda Qaramada midoobey ku magcaabeen "Heshiis", waxa ay ahaayeen sidatan:

1) In dhammaan hubka culus lagu wareejiyo ciidamada Maraykanka,

2) In dhammaan nimanka hubaysan (militias) ee kooxaha iska soo hor jeeda ka kala tirsan ee xeryo magaalooyinka ka baxsan la iskugu geeyo, si degdeg ahna hubka looga dhigo,

3) In dhammaan budhcada hubaysan ee iskood u madaxbaan hubka laga dhigo bulshadana lagu dhex daro iyo

4) In dhammaan maxaabiista la kala haysto si deg deg ah loo sii daayo.[379]

15 Jan. 1993 Labaatan nin oo ka tirsanaa ciidamada Maraykanka ayaa 6 nin oo Soomaali ah ku dilay Garoonka Diyaaradaha ee Balli Doogle oo u dhow magaalada Wanle Weyn.

16 Jan. 1993 Xoghayihii Arrimaha Dibada ee Maraykanka Lawrence S. Eagleburger, ayaa wariyayaasha u sheegay in maamulka George Bush, (Madaxweynihii waqtigaas) uu diyaar u yahay inuu Soomaaliya ciidamadiisa si tartiib tartiib ah ugala baxayo, uuna ka rajeynaayo madaxweynaha cusub ee la doortay Bill Clinton, uu ciidamada dhammaantood Soomaaliya ka saari doono, inkasta oo arrintaasi ku xidhan tahay sida loo helo ciidamo Qaramada Midoobey ah oo iyaga bedela.[380]

16 Jan. 1993 Ciidamada Marayka ee Soomaaliya joogey waxa ay tiradoodu gaadheysay 25, 800.

16 Jan. 1993 Lix qof oo shacbi ah ayaa ciidamada Maraykanku ku dileen wadada u dhexaysa Balli Doogle iyo Buur Leego, qiyaastii 65 mayl waqooyiga galbeed ee Muqdisho; dad kale oo badanina way ku dhaawacmeen. Arrintaas oo 10:00 pm (Habeenimo) dhacday waxaa fuliyey 20 askari oo watey lix baabuur oo ahaa nooca loo yaqaano humvees (dayacan). Taliyihii ciidamada watey Kabtan Tom Wilk, wuxuu sheegay in dadka dhintay ay baabuur saaraayeen, ayna u qaateen budhcadii jidkaas dadka ku baadhan jirtey. Dadkaas dhintayna 3 ka mid ahi waxa ay ahaayeen qoys keliya.[381]

18 Jan. 1993 Kooxdii ugu horeysey ee ciidamada Maraykanka ahayd ayaa Soomaaliya ka baxday. Ciidamadaas oo si xamaasad leh looga soo dhoweeyey Waddankooda, waxaa meeshay joogeen oo ahayd Baydhabo kala wareegay 900 oo Australian ah.

24 Jan. 1993 Ciidamada Maraykanka iyo Biljimka ayaa 3 qof oo midi haween ahayd oo Soomaaliya ku diley Kismaayo, 5 kalena waa la dhaawacay. Sidoo kale 2 qof oo Soomaali ah ayaa Xamar lagu dhaawacay, arrintaasina waxa ay ka dhacday Stadium Moqdishu oo ciidamada Maraykanka markaas hoy u ahayd. Arrinta kismaayona waxaa loo malaynayaa in ay asal u ahayd banaan baxyo magaalada laga sameeyey 23kii Jan. Banaan baxaas oo looga soo horjeeday ciidamada shisheeyaha ah ee wadanka joogay.[382] Dadka ciidamada ka soo horjeeday waxa ay u badnaayeen Habar gidir iyo xulufadooda.

25 Jan.1993 Wasiirka Horumarinta ee waddanka Biljimka ayaa booqasho ku tegey Kismaayo, si ciidamadoodii halkaas joogey uu niyadda ugu soo dhiso.[383]

25 Jan. 1993 Ciidamadii Maraykanka ee Kismaayo joogay ayaa waxa ay qarxiyeen 6 baabuur (technicals) oo Soomaali wadatey, waxaana halkaas ku dhintay 8 Soomaali ah.

26 Jan. 1993 Nin ciidamada Maraykanka ka tirsanaa ayaa waxaa si gaadmo ah ku toogtey nin Soomaali ah oo hubaysan.

30 Jan.1993 Ugu yaraan laba qof oo Soomaali ah ayaa Muqdisho diyaaradihii Maraykanku ku dileen, dadkaas oo meel ku urursanaa, ciidamada Maraykanku waxa ay sheegeen in arrintaas ay sabab u ahayd Soomaalida oo askari Bakistaani ah dishay.[384]

7 Feb. 1993 (Jimce) Dagaal ayaa dhex maray Abgaal iyo Habar gidir. Duulaankaas oo Abgaalku qaadeen, waxa ay rabeen in ay dib u qabsadaan guryihii giriin laynka (Green Line) ku yaalay ee Habar gidir Abgaal hore uga qabsatay. Dagaalkaas oo dad badani ku dhaawacmeen, waxaa la isu adeegsaday; AK-47, Bambooyin (grenades), ulo, dhagax iyo wax kasta oo waxyeeello geysan kara.

22 Feb. 1993 Janaraal Maxamed Saciid Xirsi (Morgan) iyo rag badan oo Daarood ah baayacmushtarna u badnaa, ayaa Kismaayo ku soo laabtay. Ciidamadii Morgana waxa ay hoganayeen banaanka magaalada Kismaayo. SNA, waxa ay guul daradaas Kismaayo u saarisay dawladda Kenya oo ay yidhaahdeen ciidamada Morgan iyadaa diyaarad ku soo daabushay.

Feb. 24 1993 Dagaal ayaa Kismaayo ku dhexmaray ciidamada Maraykanka iyo niman Soomaaliyeed oo hubaysay. Waxaa Soomaalida kaga dhintay 23 nin, Maraykankase cidi kama dhiman.

28 Feb. 1993 Ciidamadii Maraykanka badankoodii ayaa Kismaayo ka baxay, iyaga oo ka cararayey in dagaalka SNA iyo SNF wax ku soo gaadhaan.

2 Maarj 1993 Ciidamadii Marakaykanka ee Kismaayo joogay iyo niman Soomaali ah ayaa dagaal dhex maray. Waxaa Soomaalida ka dhintay sagaal qof, Maraykankase cidi kama dhiman.

3 Maarj 1993 Askari Maraykan ah oo ka tirsan ciidamada gaarka (special forces) ayaa Miino ku qaraxday oo Soomaaliya ku dhintay.

Maarj 1993 Admiral Jonathan T. Howe (Maraykan), ayaa waxa uu la wareegay hogaankii barnaamijkii Somaaliya laga wadey ee UNOSOM II.

Maarj 1993 Lansane Kouyate, ayaa Xamar tegay si uu ula wareego xilkii Ismat Kittani, ee Wakiilka gaarka ah ee U.N, hase ahaatee magcaabistaas waxaa ka soo horjeestay dawladda Maraykanka oo sheegatay in ay iyadu xaq u leedahay jagadaas, maadaama iyaga Soomaaliya kharash badani kaga boxo. Mr. Kuoyate-na wuxuu aakhiritaankii doortay inuu ku xigeen jagadaas iyada ah ka noqdo.

17 Maarj 1993 Dagaal ayaa suuqa Bakaaraha ku dhex maray Soomaalida iyo ciidamada Maraykanka, waxaa Soomaalida ka dhintay [hal] nin, Maraykanka waxaa ka dhaawacmay askari.

27 Maarj 1993 Shirkii Addis Ababa, ee UNOSOM II qaban qaabisay ayaa la soo gebogebeeyey.

5 Abriil 1993 Janaraal Colin L. Powell, Hoggaamiyihii Guud ee Ciidamada Maraykanka (Chairman of the Joints of Staff), ayaa wuxuu booqday Xamar, isaga oo shaaca ka qaaday in dawlada Maraykanku, aanay ku degdegeyn in ay ciidamadeeda Soomaaliya kala baxdo, waqtigii ay iyagu awalba qabsadeen,oo ahaa 1da May 1993.[385]

23 Abriil 1993 Maamulkii Somaliland ayaa ku dhawaaqay in ay dawladda Somaliland taageerayso in kooxaha dagaalamayey ee Soomaalida (koonfur), heshiis nabadeed oo ay dhibaatadooda ku xalliyaan gaadhaan, laakiin aanay marna aqbali doonin go'aamadii Addis Ababa ay kooxahaasi ka soo saareen ee ay ku caddeeyeen in Somaliland tahay qayb ka mid ah Soomaaliya.

Abriil 1993 April Glaspie, oo Safiirkii Maraykanka ee Ciraaq ahayd waqtigii Saddam Xuseen, Kuwayt qabsaday ayaa la wareegtay jagadii Mr. Kuoyate ee ku xigeenimada Wakiilka UNOSOM II ee (Amiraal Howe), si ay u fuliso danaha Maraykanka. April Glaspie, waxaa jagadaas u magcaabay Wasaaradda Arrimaha Dibadda ee Maraykanka (U.S. Department of State).

4 May 1993 Lt.Janaraal Robert Johnson ayaa wuxuu xukunkii maamulka Soomaaliya ku wareejiyey Lt.Janaraal Cevik Bir oo dhalashadiisu Turkey ahayd. Isaga oo ku yidhi "adigaan kuu hibeeyey ee iga gudoon".

5 May 1993 Maxamed X. Ibraahim Cigaal ayaa loo doortay madaxweynaha Somaliland. Cigaal wuxuu ahaa nin siyaasadda Soomaaliya muddo aad u dheer ugu dhex jirey waayo aragnimo weyna u lahaa, wuxuuna ka mid ahaa raggii hoggaanka siyaasadda waddanka hayey mudadii u dhexaysay 1960-1969 (intaan askartu waddanka inqilaabin).

5 May 1993 Waxaa bilawday wejigii labaad (phase II) ee ciidamada ajanebiga ee Maraykanku hoggaaminayeen ku maamulayeen Soomaaliya.

18 May 1993 Wefdi SSDF, ka socday oo hogaaminayey Cabdullaahi Yuusuf, ayaa Xamar ka degey. Ujeedada ugu weyn ee weftigaas u yimaadeena wuxuu ahaa in Janaraal Caydiid iyo Cabdullaahi Yuusuf ka wada hadlaan sidii colaadda Gobolka Mudug ka taagnayd ay u dhammayn lahaayeen.

28 May 1993 Kulankii Cabdullaahi Yuusuf iyo SNA ayaa bilowday.

29 May 1993 Admiraal Howe, ayaa isugu yeedhay Janaraal Caydiid, Cabdullaahi yuusuf iyo Maxamed Abshir isaga oo u sheegay in shirka Caydiid iyo Cabdullaahi qabteen uu khilaafay go'aankii ka soo baxay shirkii Addis Ababa, kaas oo odhaynayey in kulanka kooxaha Soomaalida ee iska soo horjeedaa ay UNOSOM II maamusho.

5 Juun 1993 U.N-ka ciidamo metelayey oo Bakistaaniyiin u badnaa ayaa waxa ay isku dayeen in ay Raadiyow Muqdishu oo gacanta Janaraal Maxamed Faarax Caydiid ku jirey xoog ku qabsadaan, iyaga oo dilay 7 qof oo mid weriye ahaa. Arintaas markii Caydiid dadkii taageersanaa maqleena waxa ay u diyaar garoobeen dagaal iyaga iyo U.N-ka dhexmara. Raadiyow Muqdisho wuxuu ahaa isgaarsiinta keliya ee Janaraal Caydiid iyo dadkiisa u furan.

5 Juun 1993 Ciidamadii Janaraal Caydiid waxa ay weerareen Ciidamadii Baakistaaniyiinta waxa ayna ka dileen 24 askari 50 kalena way ka dhaawaceen.

5 Juun 1993 Laba askari oo ciidamada Maraykanka ka tirsanaa ayaa Xamar lagu dhaawacay, ka dib markii ciidamo kuwii Janaraal Caydiid ka tirsanaa weerar gaadmo ah ku qaadeen.

6 Juun 1993 U.N-ka shaqaalahoodii ayaa la amray in ay Xamar ka baxaan iyaga oo badankoodii u qaxay Kenya, intii soo hadhayna lagu aruuriyey xero (Safaarfadii Maraykanka) ciidamada Maraykanku deganaayeen oo nabad gelyadeedu aad u sugnayd.

6 Juun 1993 Golaha Ammaanka ee U.N-ka (Security Council) ayaa amar waxa ay ku bixiyeen in la soo qabto sharcigana la hor geeyo cidii (waxaa loola jeeday Janaraal Maxamed Faraax Caydiid) masuulka ka ahayd weerarkii 5tii June 1993 ee lagu dilay 24 ka askari ee Bakistaaniyiinta ahaa.

12 Juun 1993 Ciidamada Marayka ayaa waxa ay duqeeyeen Raadiyow Muqdishu iyaga oo ku andacooday in ay Caydiid uga aarsanayeen weerarkii 5tii Juun askarta Pakistaaniyiinta ah lagu laayey.

13 Juun 1993 Ciidamadii Bakistaaniyiinta ayaa waxa ay si ula kac ah xabad ugu fureen dad ficilkii ciidamada Marayka ee 12kii June, ka banaan baxayey oo caruur iyo haween u badnaa.

17 Juun 1993 Adm. Jonathan T. Howe, hoggaamiyihii maamulka U.N-ka ee Xamar, ayaa wuxuu amar ku bixiyey in Janaraal Caydiid la soo qabto oo la xidho. Wuxuuna isla taariikhdaas (June 17,1993) weerar cir iyo dhulba ah ku qaaday xaruntii Janaraal Caydiid iyo taageerayaashiisii. Waxaana halkaas ku dhintay dad aad u fara badan oo aan tiradooda la hubin.

28 Juun 1993 Askari Bakistaani ah ayey taageerayaashii Janaraal Caydiid Xamar ku dileen laba kalena way dhaawaceen. Lama sheegin waxyeelada Soomaalida dhinacooda soo gaadhey.

30 Juun 1993 Ugu yaraan laba qof oo Soomaali ah ayaa diyaaradaha Maraykanku Muqdisho ku dileen. Afhayeenkii ciidamada Maraykanka u hadlayna wuxuu sheegay in sababta dadkaas loo laayey ay ahayd aarsi lagaga jawaabayey askarigii Bakistaaniga ahaa ee 28 Juun, kooxda Caydiid, dishey.[386]

6 Jul.1993 Taageerayaashii Janaraal Caydiid ayaa waxa ay afduubeen oo dileen lix nin oo Soomaali ah oo u shaqaynayey Jaraa'idkii Rajo ee ciidamada Maraykanku soo saari jireen. Rajo wuxuu ahaa jaraa'id Af Soomali ah oo Borobagaandhada ciidamada U.N.-ka fuliya.

6 Jul. 1993 Laba askari oo ciidamada Maraykanka ka tirsanaa ayaa dhaawacmay, ka dib markii ciidamo kuwii Janaraal Caydiid ka tirsanaa hub culus (RPG) ku soo rideen.

8 Jul. 1993 Saddex Boqol (300) oo Ciidamada Maraykanka ah ayaa waxa ay ka degeen xeebta magaalada Boosaaso, caasimada gobolka Bari. Inkasta oo nin madaxda Maraykanka ka mid ahaa oo markaas Jabaan (Japan) joogay uu sheegay in ciidamadaasi ahaayeen 2,000, haddana Maj. LeAnn Swieczkowski, oo ciidamada Maraykanka u hadlayey markii arrintaas wax laga weydiiyey wuu ka gaabsaday inuu arrintaas iyada ah ka hadlo.

Guud ahaanse dawladda Maraykanku waxa ay safarkaas ciidamadeeda ku sheegtay tababar iyo samafal, halkaasna waxa ay ku negaadeen 3 casho, mudadii ay meeshaas joogeena waxa ay dayac tireen garoon diyaaraduhu ku degi jireen, waxa ayna sida la sheegay wax anfaca bixiyeen biyo caagado ku jira iyo xoogaa daawo ah.[387]

Jul. 1993 Ciidamadii Biljimka ee Kismaayo joogay ayaa waxa ay dileen 200 oo qof oo Soomaaliya, dadkaas la laayeyna waxa ay ahaayeen dadkii ka soo hor jeeday in ciidamo shisheeye Soomaaliya joogaan.[388]

12 Jul. 1993 Helicoptarada dagaalka ee ciidamada Maraykanka ayaa waxa ay duqeeyeen guri uu lahaa nin la oran jiray Cabdi Qaybdiid oo Janaraal Caydiid xagga difaaca u qaabilsanaa. Gurigaas oo ay ku shirayeen odayaal ilaa 200 lagu qiyaasay oo qabiilo kala duwana (Habar gidirse u badan) ka kala socday. Odayaashaas oo la sheegay in ay ka wada hadlayeen sidii xal loogu heli lahaa colaadii iyo dhibkii Masuuliyiinta U.N-ka iyo Janaraal Caydiid dhextaalay. Halkaasna waxa ay diyaaraduhu ku dileen 75 nin (54 ayaa Red Cross-tu sheegtay) boqolaalna way ku dhaawaceen. Dad badan oo goob joog ahaa waxa ay weriyeen in Habar gidir wax garadkoodii halkaas ku le'day (dhintay).

12 Jul. 1993 Todoba iyo toban (17) diyaaradaha dagaalka (helicopters) ayaa weerar ku qaaday xero ciidamada Janaraal Caydiid deganaayeen. Dagaalkaas waxaa ku dhintay 13 Soomaali ah.

21 Jul. 1993 Askari ciidamadii Maraykanka ka tirsanaa ayaa Xamar ku dhaawacmay, ka dib markii Soomaali hubaysani weeraray. Ka dibna diyaarad (helicopter) kuwa dagaalka ah ayaa nimankii wax weerary mid ka mid ah dishay.

24 Jul. 1993 Laba askari oo ciidamadii Maraykanka ee Xamar ayaa la dhaawacay, ka dib markii niman Soomaali ah oo hubaysani weerar gaadmo ah ku qaadeen.

4 Agoos 1993 Laba nin oo ciidamada Maraykanka ka tirsanaa ayaa waxaa lagu dhaawacay meel Balli Doogle u dhow, ka dib markii niman Soomaaliyeed oo hubaysani weerar ku qaadeen.

5 Agoos 1993 Saddex askari oo ciidamadii Maraykanka ka tirsanaa ayaa Xamar lagu dhaawacay, ka dib markii taageerayaashii Janaraal Caydiid weerar ku qaadeen.

7 Agoos 1993 Ciidamo Maraykan ah oo baabuur wata yaa niman Soomaali ahi weerar ku qaadeen meel Afgooye u dhow. Dagaalkaas oo diyaaradaha (helicopters) dagaalka ee Maraykanku markii dambe u soo gurmadeen, waxaa ku dhintay shan nin oo Soomaali ah.

8 Agoos, 1993 Miino dhulka lagu aasay ayaa waxa ay dishay afar askari oo Maraykan ah. Isla waqtigaasna madaxweynihii waddanka Maraykanka Bill Clinton, ayaa amar ku bixiyey ciidamadiisa Rangers-ka loo yaqaan (ciidamada ugu fiican xagga dagaalka) in ay xamar aadan oo soo qabtaan Janaraal Caydiid si wixii uu geystay looga abaal mariyo.

12 Agoos 1993 Afar boqol oo ciidamadii Sooma jeestayaasha (Rangers) ayaa Xamar ka degey si ay Janaraal Maxamed Faarax Caydiid, u soo qabtaan.

19 Agoos 1993 Afar askari oo Maraykan ah ayaa dhaawacmay, ka dib markii Miino baabuurkay wateen loo hoos dhigay.

22 Agoos 1993 Lix askari oo Maraykan ah ayaa dhaawacmay, ka dib markii gaadhigay wateen la qarxiyey.

29 Agoos 1993 Shan nin oo sooma jeestayaashii Maraykanka (Rangers) ahaa ayaa garoonka diyaaradaha ee Xamar lagu dhaawacay ka dib markii taageerayaashii Janaraal Caydiid, hub culus ku soo rideen.

30 Agoos 1993 Konton (50) Ciidamadii Maraykanka (U.S. Task Force Rangers), ayaa waxa ay weerar ku qaadeen guri uu lahaa Janaraal Liiqliiqato, iyaga oo u malaynaayey in ay deganaayeen taageerayaashii Janaraal Caydiid. Ciidamadu waxa ay halkaas ku xidheen 8 nin oo Soomaali ah, fashilkii ugu weynaase wuxuu dhacay ka dib markii ay ogaadeen (Maraykanku) in nimankaasi ahaayeen shaqaale u shaqeeya Qaramada Midoobey hay'adda UNDP.

6 Sebtem. 1993 Todoba askartii Nayjeeriya (Nigeria) ee U.N-ka ayaa Xamar lagu dilay todoba kalena waa la dhaawacay (dagaal iyaga iyo taageerayaashii Janaraal Caydiid dhexmaray).

7 Sebtem. 1993 Ciidamadii Maraykanka ayaa guri Soomaalidu leedahay weerar ku qaaday, ka dib markii ay uga shakiyeen in madax taageerayaashii Janaraal Caydiid, ka tirsani degan yihiin. Duulaankaas waxaa lagu dhaawacay 2 nin oo ciidamadii Rangers ka ahaa, waxaana la xabisay 17 nin oo Soomaali ah. Hase yeeshee, lama sheegin dhimashada iyo dhaawaca Soomaalida.

9 Sebtem. 1993 Diyaaradaha helicopteriska ee Maraykanka ayaa waxa ay rusheeyeen dad ku banaan baxayey oo (caruur iyo haween) u badnaa, kana soo horjeeday joogitaanka ciidamada Maraykanka iyo soo qabashada Janaraal Caydiid ee lagu dhawaaqay. Waxaana ku dhintay dad badan sida la sheegay (tiradooda lama hubo). Nin u hadlay ciidamada Maraykanka iyo U.N, markii la weydiiyey sababta ay ficilkaas ugu keceena wuxuu yiri "magaalo dagaal ku jirta, ma jirto cid kuraasi ku fadhida oo daawanaysa waxa dhacaaya." Waxaa kale oo halkaas ku dhaawacmay laba askari oo Maraykan ah.

13 Sebtem. 1993 Dagaal culus ayaa Xamar ku dhexmaray ciidamadii Maraykanka ee Xamar joogay iyo Soomaalidii ka soo horjeeday. Ugu yaraan 200 oo Soomaali hubaysan ahaa ayaa dagaal gaadmo ah ku qaaday ciidamo Maraykan ah oo tiradoodu gaadheysay 200. Dagaalkaas oo socday muddo laba saacadood ah waxaa Soomaalida kaga dhinay 15, ugu yaraan 40 kalena way ku dhaawacantay. Ciidamada Maraykanka 3 askari ayaa kaga dhaawacmay.

14 Sebtem. 1993 Ninkii Rangers-ka dhinaca wardoonka u qaabilsanaa oo Safaaradii Talyaaniga ee Xamar booqanaayey, ayaa askartii la socotey u sheegeen in baabuur gudaha Safaarada ku jirey oo markii ninkii wadey ciidamada Maraykanka arkay cararay ay xaqiijiyeen in Janaraal Caydiid ku jirey. Ka dib, markii gaadhigii la daba galay gurigii uu tegeyna la hujuumey, waxaa la ogaadhey in ninka lagu khatalmay uu ahaa Axmed Jilicow (sarkaal Abgaal ah oo xukuumaddii M.S. Barre haysan jirey NSS-ta (Godka).[389] Waxaa la weriyey in markii Jilicow askartii Maraykku qabteen ay garaaceen, ka dibna sii daayeen markii ay ogaadeen in aanu Caydiid ahayn.

Dhibaatada ugu weyn ee ciidamada Maraykanka haysateyna waxaa la sheegay in ay ahayd, iyaga oo ay ku adkayd in ay kala soocaan Soomaalida oo midba midka kale u ekaaday, waayo xataa waxaa mar jirtey in ciidamada Maraykanka mar laga dhaadhicyey in Caydiid, kushiinka ay wax ka cunaan uu ka shaqeeyo.

16 Sebtem. 1993 Guri Suuqa Bakaaraha ee Xamar ku yiilley ayaa ciidamada Maraykanku weerar ku qaadeen, iyaga oo sheegay in gurigaasi ahaa meel ciidamada Janaraal Caydiid, laga hoggaamiyo. Waxa ayna masuuliyiinta Maraykanku sheegeen in qof keliya oo Soomaali ah hujuumkaas lagu dilay.

18 Sebtem. 1993 Madaxweyne Cigaal, ayaa UNOSOM shaqaalihii ka joogay Somaliland ku amray in ay waddanka ka baxaan, isaga oo ku eedeeyey in ay arrimaha gudaha ee waddankiisa soo fara geliyeen.

18 Sebtem. 1993 Ciidamada Maraykanka ayaa waxa ay weerar ku qaadeen geerashkii (garaashkii) Cismaan Caato,[390] waxa ayna xirxireen 8 qof, in kastoo Cismaan Caato ka baxsaday.

21 Sebtem. 1993 Cismaan Caato, ayaa ciidamadii Maraykanku qabteen, waxaana la sheegay in ay ay ahayd markii ugu horeysey ee diyaaradihii (helicopters) ay la kulmeen hub culus oo lagu tooganayey, in kastoo ay iyaguna ay isticmaaleen 20mm Cannons, (rasaas quwad leh) waxaana la sheegay in dad aad u fara badani halkaas ku dhinteen qaar kale oo badanina ku dhaawacmeen.

26 Sebtem. 1993 Golihii Guurtida ee Somaliland ayaa waxa ay ansixiyeen wasiiradii maamulka dalka. Waxaana loo oggolaaday in ay dawladda wadaan muddo laba sanadood ah oo xilliga kala wareegga ah (tranisitional period).

26 Sebtem. 1993 Saddex askari oo Maraykan ah ayaa Xamar ku dhintay, ka dib markii diyaarad dagaal (Blackhawk helicopter) oo ay wateen Soomaalidii la dagaalameysa soo rideen. Ka dibna waxaa u soo gurmaday (diyaaradii dhacday) ciidamo Maraykan ah, halkaas oo ay dagaal la galeen ciidamadii Janaraal Caydiid. Waxaa la sheegay in 3 askari oo Maraykan ahi ku dhaawacmeen, lama sheegin tirada Soomaalida ee ku dhimatay ama ku dhaawacantay.

28 Sebtem. 1993 Bill Clinton, Madaxweynihii Maraykanka ee waqtigaas ayaa ku dhawaaqay inuu doonayo in loo baahan yahay in la cayimo waqti go'an oo ciidamada Maraykanka iyo kuwa U.N.-ku ay ka baxayaan Soomaaliya.

1 Okt. 1993 Ciidamada Marayka ee Soomaaliya joogay waxa ay tiradoodu ahayd 5,675.

3-4.Okt. 1993 Afar helicopter oo ahaa nooca loo yaqaano MH-6 little birds (shimbirihii yaryaraa) oo ay wateen nimanka xagga dagaalka ciidamada Maraykanka ugu xeel dheer, Delta Force, ayaa dul hogtey guri ku dheganaa Hotel Olympia (Xamar), oo lagu soo basaasay in ay ku jireen Cumar Salad Cilmi iyo Maxamed Xasan Cawaaale, oo labadooduba ka tirsaanaa udub dhexaadka la taliyashaasha Janaraal Maxamed Faarax Caydiid. Wax yar ka dibna waxaa iyaguna dhismahaas soo gaadhey ciidamadii Rangerska, oo iyaguna watey diyaaradaha nooca loo yaqaan UH-60 Blackhawks.

Ciidamadii Delta Force, waxa ay ku qaadatay mudo 15 daqiiqo ah in ay dhismaha oo dhan qabsadaan, iyaga oo xadhko isticmaalayey oo guriga dushiisa ku soo daatay. Ciidamadii Rangers-kuna waxa ay markiiba isku heegaareen guriga duleedkiisa iyaga oo ka ilaalinayey cid dibadda uga soo duusha ama cid guriga laftiisaba ka baxda.

Hujuumkaas oo markiiba guul degdeg ah u muuqday, dhammaan dadkii la qabtay oo jeebaysanina diyaar u ahaayeen in baabuur lagu daabulo, haddana waxa ay ciidamadii Sooma jeestayaasha ku qaadatay 15 saacadood in ay lafahooda meel nabadi ka jirto ay ula cararaan Waayo waxaa isla markiiba dhinac kasta kaga yimi oo weerar ku soo qaaday hirar dadkii Janaraal Caydiid, daacadda u ahaa. Waxaana halkaas lagu diley 18 askari oo Maraykan ah 78-na waa looga dhaawacay, midna waa laga qabsaday, laba diyaaradoodna waa laga soo riday iyadoo dhawr kalena la wax yeelleeyey.

Dhibaatada xagga Soomaalida gaadhey waxa ay ahayd mid aan la qiyaasi karin, iyadoo ugu yaraan 450 qof la gumaaday ilaa in aan 1000 ka yarayna la dhaawacay, burbur dhaqaale oo weyna magaaladii loo geystay maadaama ciidamada Maraykanku isticmaalayeen hub culus oo aan cidna looga aaba yeelayn.

4 Okt. 1993 Bill Clinton, ayaa amray 5,300 oo askari, maraakiib dagaal iyo AC-130 Spectre diyaaradaha loo yaqaan si ay u xoojiyaan ciidamada Qaramada Midoobey ee Soomaaliya joogey.

4 Okt. 1993 Askari ka tirsan ciidamada Maraykanka ayaa Soomaali dabley (hubaysan) ku dileen garoonka diyaaradaha ee Xamar. Ninkaasi waxa uu ahaa askarigii ugu dambeeyey ee Xamar lagu dilay. Waxaa kale oo dagaalkaas ku dhaawacmay 12 askari oo Maraykan ah.

7 Okt. 1993 Madaxweyne Bill Clinton, ayaa ku dhawaaqay joojinta ugaadhsigii Janaraal Caydiid, isaga oo yidhi waxa ay ahayd khalad weyn oo dhacay, balse eedda u saaray Qaramada midoobay. Clinton, wuxuu isla mar ahaantaas caddeeyey in ciidamdiisu Soomaaliya ka bixi doonaan 31ka Marj. 1994.

9 Okt. 1993 Janaraal Caydiid ayaa ku dhawaaqay xabad joojin (in aanu weerari doonin ciidamada Maraykanka).

10 Okt. 1993 Robert Oakley, oo arrimaha siyaasada Soomaaliya Maraykanka u qaabilsanaa ayaa Xamar ka degey si uu duuliyihii Maraykanka, Michael Duran ee ciidamada Habar Gidir haysteen xal ugu helo.

14 Okt. 1993 Janaraal Caydiid, ayaa sii daayey duuliyihii Maraykanka ahaa (Michael Durant) ee u xabisnaa, ninkaas oo ka mid ahaa raggii ka qayb qaadanayey ololihii caydiid iyo taageerayaashiisa la rabey in adhaxda looga jebiyo.

18 Okt. 1993 Xoghayihii Guud ee OAU ayaa caddeeyey inaanu aqoonsan doonin dawlad madax banaan oo Somaliland la yidhaahdo, wuxuuna intaas ku daray in aayaha Soomaaliya ku xidhan yahay xaalad nabadeed oo Soomaalida oo dhan qancisa.

19 Okt. 1993 Waxaa la sheegay in la xabadeeyey mid ka mid ah diyaaradihii Maraykanka oo markaas Xamar dul socotay

22 Okt. 1993 Todoba boqol iyo konton (750) ciidamadii Marayka ee 'Rangers-ka" loo yaqaanay ayaa Xamar ka baxay.

26 Okt. 1993 Xamar ayaa waxaa ka dhacay dagaal ay isku wajaheen labadii kooxood ee Cali Mahdi iyo Janaraal Caydiid (Abgaal iyo Habar gidir) daacadda u kala ahaa . Arrintaasina waxa ay ka bilaabatay ka dib marki Cali Mahdi, ku dhawaaqay in ay banaan bax ku tegayaan xeradiii ciidamada UNOSOM II deganaayeen. Ciidamada UNOSOM II waxa ay degganaayeen koonfurta Xamar oo ahayd dhinacii Habar Gidir gacanta ugu jirtay.

Haddaba, maadaama xerada UNOSOM II, ay ku taaley dhinaca koonfurta ee Xamar, taas oo markaas Caydiid gacanta ugu jirtey, Caydiid si xun ayuu uga digey Abgaal inaanay khadka Cagaaran (The Green Line) oo magaalada kala qaybinayey aanay soo dhaafin. Arrintu si kastaba ha ahaatee, markii socodkaasi bilowday ee Abgaal Xuduudkii Habar gidir soo gaadheena foodda ayaa la is daray, halkaasna waxaa la sheegay in ugu yaraan 17 qof ku dhimatay dad kale oo badanina ku dhaawacmeen.[391]

12 Nof. 1993 Ciidamo Maraykan ah oo joogay Lambar 4 (K-4) ayaa waxa ay dhaawaceen laba nin oo Soomaali ah, ka dib markii Maraykanka rasaas lagu soo riday.

13 Nof. 1993 Ciidamadii Marayka ayaa nin Soomaaliyeed oo hubaysan ku dilay Safaaradii Maraykanka ee Xamar.

16 Nof. 1993 Golaha Ammaanka (U.N. Security Council), ayaa Janaraal Caydiid, ka qaaday xukunkii soo qabashada.

18 Nof. 1993 Janaraal Maxamed Faarax Caydiid, ayaa la kulmay Robert B. Oakley, oo Bill Clinton, u xil saaray sidii uu xaaladda Soomaaliya ee murugtay xal nabadeed ugu heli lahaa.

18 Nof. 1993 Janaraal Caydiid, ayaa markii ugu horeysey khudbad u jeediyey dadkii taageerayaashiisa ahaa. Banaan baxaasna waxaa ka soo qayb galay dad kumanyaal tiradoodu gaadheysey.

20 Nof. 1993 Baarlamaanka Maraykanka (The U.S. Congress) ayaa waxa ay soo jeediyeen qorshe cusub oo ay ku xadidayaan in ciidamo Maraykan ah waddan kale la geeyo (sida Soomaaliya), haddiise arrintaasi loo baahdo in Baarlamaanku ansixiyo; isla markaasna ay ahaato mid dani ugu jirto dalka iyo shacbiga Maraykanka labadaba. Isla mar ahaantaasna, Baarlamaanku wuxuu maamulkii Bill Clinton, ka codsaday in ay siyaasadda Maraykanka ee Soomaaliya qeexaan.

29 Nof. 1993 Ciidamada Maraykanka ayaa waxa ay Xamar ku dileen 3 nin oo Soomaali ah.

29 Nof. 1993 Waxaa Addis Ababa, ka bilowday shir Maraykanka iyo Qaramada midoobay soo qaban qaabiyeen oo dhammaan kooxihii Soomaalida ee iska soo horjeeday iyo wadamadii mucaawinada bixin jirey, iyo ururada qaybiya mucaawinada (NGO's) ay ka soo qayb galeen.

Shirkaas oo socday ilaa 1dii Jan. 1994 Janaraal Caydiid, markii hore wuu dhaleeceeyey wuuna diidey inuu ka soo qayb galo, hase ahaatee markii dambe wuu yeelay markii masuuliyiintii Maraykanka ee Xamar joogay, hadalo qarsoodi ah la yeesheen. Waxaa iyaguna sidoo kale shirkaas soo xaadiray dad Soomaaliya oo U.N. iyo Maraykanku soo casuumeen, kuwaas oo la yidhi waxa ay ahaayeen indheer garad iyo ururada haweenka.

1 Dis. 1993 Cali Mahdi Maxamed, ayaa Addis Ababa, ka degey isaga oo diyaarad Qaramada Midoobey lahayd ay sidey.

2 Dis. 1993 Janaraal Maxamed Faarax Caydiid, ayaa Addis Ababa, ka degey isaga oo ay sidey diyaarad (AC-12) ciidamada Maraykanku lahaayeen. Janaraal Caydiid, oo loo qaabiley si aan madaxweyne ka dhicin, waxaa garoonka diyaaradaha kula kulmay madax

Itoobiyaan ah, nin Wakaalada Deeqda ee Maraykanka (USAID), ka socdey iyo 20 nin oo taageerayaashiisa ah.[392]

6 Dis. 1993 Markab Dagaal (USS America battle group) oo ay saaran yihiin 5,500 oo askari ayaa xeebta Soomaaliya ka ambabaxay. Waxaa halkaas ku hadhay Markabka 'Independence,' oo ay saaran saaraayeen 3,833 ciidan ah.

12 Dis. 1993 Nin Soomaliyeed oo hubaysan ayaa ciidamada Maraykanku ku dileen Xamar, Maraykankana waxaa laga dhaawacay askari.

19 Dis. 1993 Janaraal John Shalikashville, Hoggaamiyihii Guud ee Ciidamada Maraykanka (U.S. Cheif of Joint of the Staffs), ayaa Muqdisho ka degey si uu u soo dhiso niyadda ciidamada Maraykanka ee Soomaaliya joogay oo markaas ciidii Chrismas-ka ku jirey.

26 Dis. 1993. Ciidamada Marayka ayaa Xamar ku toogtay laba nin oo Soomaali ah. Ciidamada Maraykanku waxa ay sheegeen in nimankaasi hubaysnaayeen oo ay soo weerareen.

26 Dis. 1993 Sagaal boqol iyo konton (950) Ciidamadii Biljimka ee Kismaayo, joogay ayaa wadanka ka baxay iyaga oo ku wareejiyey Ciidamadii Hindida oo gaadhaayey ilaa 5,000.

Dis. 1993 Sagaal boqol iyo todoba iyo todobaatan (977) Ciidamadii Faransiiska ee Baydhabo joogay ayaa waddanka ka baxay.

29 Dis. 1993 Waxaa Nairobi, Kenya lagu xidhay Deeqow Macallin Istanbuul, oo ahaan jirey gudoomiyihii Jabhadii NFD (Jabhad u doodi jirtey xoraynta gobolada Kenyaanku gumeysto). Deeqow oo lagu waraystay Laanta af Soomaaliga ee BBC, wuxuu sheegay in markii la xidhay la weydiiyey laba arrimood (1) ka hadalka uu ka hadlay hadda ka hor kulankii dhex maray Maxamed X.Ibraahim Cigal iyo madaxweynihii Kenya Daniel Arap Moi iyo (2) sheegashada uu sheegtay inuu Jabhadaas NFD metesha uu guddoomiye u yahay.

Deeqow waxaa la sii daayey 24 saacadood ka dib, wuxuuna sheegay inaanu dawladda Kenya dhibaato ku wadin laakiin uu doonaayo inuu shacabkooda u muujiyo dhibaatada gumeystihii abuuray ee NFD ka jirta.[393]

3 Jan. 1994 Janaraal Maxamed Faarax Caydiid, iyo Maxamed Xaaji Ibraahim Cigaal, ayaa Nairobi ku shirqaatay, inkasta oo aan markii hore la sheegin waxyaabaha dhabta ah ee ay ka wada hadlayeen oo arrintoodu sir ahayd. Haddana shirkaasi wuxuu ku danbeeyey iskhilaaf aanay waxba isku raacin, kumana ay dhawaaqin natiijadii wada hadalkooda ka soo baxday. Waxaase caddaatay in ay gacanta isku saydheen ka dib markii Cigaal Jabuuti waraysi (Christian Science Monitor) lagula yeeshay uu Caydiid si xun ugu dhaleeceeyey, kuna sheegay dhiigyo cab, dilay dad Soomaali ah oo tiradoodu gaadhayso ilaa 250, 000.

Waxaa sidoo kale la sheegay (isla waqtigaas) in Janaraal Caydiid, uu kulamo kala duwan uu la yeeshay rag ka socdey kooxihii 12ka (SSA) ahaa ee siyaasadiisa khilaafsanaa, inkastoon la sheegin waxa ay ku wada hadleen. Maxamed X. Ibraahim Cigaal-na, wuxuu Nairobi kula kulmay odayaashii Isaaq ee halkaas ku noolaa.

3 Jan. 1994 Cali Mahdi, ayaa BBC Xamar ku waraysatay isaga oo wax laga weydiiyey kulan la sheegay inuu dhex maray SNA iyo SSA. Cali Mahdi wuu dafiray in arrintaasi dhacday wuxuuna yidhi "anigaa saaka la hadlay ninka SSA, guddoomiyaha u ah iimana sheegin in arrintaasi dhacday".

Hase ahaatee, Cali Mahdi wuxuu sheegay inuu soo dhoweeynayo wada hadalka SNA, uuna rajeynayo in guul laga gaadho. Cali Mahdi wuxuu kale oo sheegay in qorshihii 12ka kooxood ku talo jireen in dawlad ku meel gaadh ah la dhiso 15 Jan. 1994, ay dib u dhigi karaan, iyadoo laga yaabo in arrintaasi noqoto dhammaadka Jan. amaba Feb. 1994. Wuxuu sidoo kale sheegay in ay muhiim tahay in Janaraal Caydiid, qayb ka noqdo maamulka lagu talo jiro, laakiin sidoo kale dembi laga gelaayo 98% oo shacbiga Soomaaliyeed ah, haddii aayahooda lagu xidho hammiga madaxnimo doonka ee nin qudha (hadalkaas wuxuu ula jeeday Janaraal Caydiid).

Ciise Maxamed Siyaad, Xoghayihii Arrimaha Dibadda, ee SNA, oo isagana isla arrintaas laga waraystay wuxuu sheegay in ay iyagu doonayaan in ururada kala duwan ee iska soo horjeedaa is arkaan oo dhibaatada wadankooda wada hadal ku dhammeeyaan, laakiin aanay aqbali doonin waxyaabo quwado shisheeye soo dhoobdhoobeen. Wada hadalada sirta ee SNA iyo SSA u socdey waxaa la sheegay in ay ka dheceen magaalada Nakuru (Kenya), waxaana qaban qaabiye ka ahaa madaxweyne Daniel Arap Moi.

6 Jan. 1994 Maxamed Ibraahim Cigaal, oo saxaafadda kula hadlay Nairobi, wuxuu adduun weynaha ka codsaday in ay Somaliland aqoonsadaan. Cigaal wuxuu sidoo kale yidhi "maadaama wadamadii Midowga Sofiyati (The Soviet Union) ka tirsanaan jirey ee aanu isku wakhtiga ahayn la aqoonsaday anaguna xaq ayaanu u leenahay aqoonsi." Wuxuu kale oo caalamka ka codsaday in ay u fidiyaan kaalmo dhaqaale, taas oo waddanku kaga kaban karo dhibaatooyinka taagan.

6 Jan. 1994 Dawladda Malaysiya oo ciidamo Soomaaliya ka joogeen ayaa sheegtay in Jenaraal ciidamadooda ka tirsani la wareegi doono xilkii uu hayey Janaraal Cevic Birr oo dhalashadiisu Turki ahayd. Xilwareejintaasina waxa ay dhacday 20kii Jan. 1994.

6 Jan. 1994 Adm. Jonathan Howe, ayaa wuxuu ka digay in haddii Soomaalidu aanay si degdeg ah dhibaatadooda iyo colaadda u dhexsaysa u xallin ay lumin doonaan wax kasta oo caawimaad ah oo Soomaalidu caalamka ka heli jirtey (dhaqaale iyo maal gelin). Howe, wuxuu kale oo intaas ku daray in ay ayaan daro cad tahay in Soomaalidu awoodi kari la'dahay xaalad soo jiidan karta lacag ajinebiga uga timaada.

8 Jan. 1994 Cumar Cabdulle Isaaq, oo Soomaali ah oo Isbitaal Banaadir doonayey inuu dushiisa seexdo (sida Soomaalidu sheegtay) ayaa ciidamada Maraykanku toogteen, iyaga oo dhaawac halis ah gaadhsiiyey. Kor. Steve Rausch, oo ciidamada Maraykanka u hadlaayey wuxuu sheegay in Cumar qori weyn meesha ku rakibaayey si uu askartooda u waxyeeleeyo. Laakiin Dr. Cabdirisaaq oo dhakhaatiirtii Isbitaalka ka mid ahaa iyo dad kale oo goob joog ahaaba waxa ay sheegeen in hadalkaas aan waxba ka jirin Cumarna ogaan loo toogtey.

9 Jan. 1994 Daniel Arap Moi, Madaxweynihii Kenya, ayaa booqasho ku tegay dalka Yuhuudda, booqashadaas oo ay Moi, u fidiyeen Ra'iisal wasaarihii iyo madaxweynihii yuhuudda, ujeedada ka dambeeysey waxaa la weriyey in ay ahayd, in Moi lagala hadlo Janaraal

Maxamed Faarax Caydiid, oo markaas joogey Nairoobi xukuumada yuhuuduna u arkaysey inuu danahooda khatar ku yahay sida Ra'iisal wasaarahoodii Rabin, horey Washington uga sheegay.

9 Jan. 1994 Maxamed X. Ibraahim Cigaal, wuxuu Nairobi kula kulmay Danjirihii dawladda Talyaaniga. Waxa ayna ka wada hadleen sidii dhibaatooyinka dawlad la'aanta ee Soomaliya ka taagan xal loogu heli lahaa.

9 Jan. 1994 Haweeney uur leh oo Soomaaliyeed oo dhakhtarka Banaadir hortiisa shaah ku iibinaysey, ayaa niman shiishyahano ah oo ciidamada Marayka ka tirsanaa toogteen. Kor. Steve Rausch, oo ciidamada Maraykanka u hadlayeyna wuxuu sheegay inaanay arrintaas waxba ka dhihi karin laakiin ay baadhayaan. Maraykanku dib ugama hadlin natiijadii baadhitaankaas ka soo baxday.

10 Jan. 1994 Maxamed Cabdi Xaashi, oo magaca USP ku hadlaayey ayaa ka jawaabay shirkii jaraa'id ee Maxamed Ibraahim Cigaal, Nairobi uu ku qabtay; taas oo uu ina Cigaal ku caddeeyey in goosashada Soomaaliland aanay ka noqon doonin. Maxamed Cabdi, wuxuu sheegay in hadalkaas ina Cigaal waxba ka jirin, Soomaaliyana ay maanta noqotay qabiilo oo aan cidina cid khasbi karin. Maxamed wuxuu kale oo sheegay in dadkii bishii Disember ka soo qaxay Baraawe ay ka masuul ahaayeen SNA, isaga oo sheegay in dadkaasi uu waraystay ururka SNU oo uu guddoomiye u ahaa Dr. Raajis.

10 Jan. 1994 Casho sharaf ay diyaariyeen taageerayaashii SNA, ayaa lagu qabtay Nairobi waxaana ka soo qayb galay Janaraal Caydiid, Cabdullaahi Yuusuf, iyo Ismaaciil Cali Ismaaciil (SNDU). Cashadaasna wuxuu Caydiid, ka sheegay inuu madaxweynaha Kenya Daniel Arap Moi, uu marti u yahay uuna uga mahad naqayo wanaagga uu u galay dadka Soomaaliyeed ee waddankiisa u soo qaxay; wuxuu kale oo mahad naq u celiyey dawlada Itoobiya oo uu sheegay in ay dadka Soomaaliyeed samo u faleen.

10 Jan. 1994 Maxamed Ibraahim Cigaal, ayaa ka tegay Nairobi isaga oo u ambabaxay waddanka Ugandha.

10 Jan. 1994 Nin Ingiriis ah oo u shaqeeynaayey haya'dda WFP, ayaa Xamar lagu afduubay.

12 Jan. 1994 Maxamed Cabdi Xaashi iyo Dr. Raajis, ayaa BBC, waraysatay. Maxamed Cabdi, waxaa la weydiiyey: haddii shirkii Maaraj 1993 ee Addis Ababa guddi lagu soo doortay maamul soo dhista, dastuurna soo qorta. Markii Xamar la tegey U.N waxa ay soo magcaabeen rag kale oo aan qorshaha ku jirin, haddii 15kiina urur oo Caydiid, ka mid ahaa aad balan hore lahaydeen maxaad U.N-ka uga aqbasheen dadka cusub?

"Meesha lacag iyo ciidan ayaa shaqaynaya labadabana U.N-ka ayaa haysta anagu marka awood uma lahayn inaanu diidno waxa ay soo jeediyeen, haddii kale wax la'aan ayaa na huranaan lahayd; waqtigan xaadirka ahna waa in U.N-ka taladooda iyo waxa ay soo jeediyaan la qaato, mar haddii aan anaga gacanta waxba noogu jirin." Dr. Raajisna wuxuu sidoo kale aad uga calaacalay waxyeelada SNA, u geysatay dadkiisa.

16 Jan. 1994 Heshiiskii Hiraab ayaa la saxeexay.

16 Jan. 1994 Afar iyo toban (14) shaqaale shisheeye ahaa oo u shaqaynaayey haya'dihii samafalka ayaa Bu'aale laga daadgureeyey ka dib markii weeraro is daba joog ah ay ku qaadeen rag Soomaliya oo dabley ahi.[394]

17 Jan. 1994 Xoghayihii Guud ee Qaramada Midoobey Butros Butros Ghali, ayaa amray in la sii daayo Cismaan Caato iyo kooxdii la xidhnayd, raggaas oo Janaraal Caydiid, caddeeyey inaanu U.N-ka wax wada hadal ah la yeelanayn ilaa ay sii daayaan. Butros Ghali, wuxuu yidhi nimankan waxaanu u sii deynaynaa si dhibaatada Soomaaliya xal loogu helo, maadaama Janaraal Caydiid, waxbadan U.N-ka ku amray in nimankaas la sii daayo haddii kale aan nabad warkeedu jireyn.[395]

Hase yeeshee, haweenaydii Butros Ghali, af-hayeenka u ahayd oo la odhan jirey Theresa Gastaut, waxa ay tidhi arrintani waxa ay ka dambeysey ka dib markii Butros Ghali, uu arkay war bixintii uu soo saaray baadhihii madaxa banaanaa ee Zimbabwe u dhashay Garyaqaan: Enoch Dumbutshena. Waxaa kale Butros Ghali, sheegay in xayiraadii dhaqdhaqaaqa laga qaaday Kor.Axmed Cumar Jees iyo Janaraal Maxamed Saciid Xirsi (Morgan).

18 Jan. 1994 Waxaa la qabtay xafladii lagu sagootiyayey ee xil wareejinta Lt.Janaraal Cevic Birr, isaga oo sheegay in hawshii ciidamada UNOSOM II Soomaaliya ka wadey lagu fashilmay, gaar ahaan hubkii laga aruurinayey qabiiladii Soomaaliyeed. Mr. Birr, wuxuu intaas ku daray in hawlaha noocaas ah lagu gaadhi karo oo keliya in dawladaha qaarkood U.N-ka ka amar qaataan (isaga oo ula jeeday dawlada Maraykanka) xataa haddii ciidamadoodu geeri wajahayaan.

18 Jan. 1994 Waxaa xabsiga UNOSOM II laga sii daayey nimankii muranku ka taagnaa ee kala ahaa: 1. Cismaan Caato, 2. Maxamed Xasan Cawaale iyo 3. Cumar Salaad. Waxaana nimankaas lagu wareejiyey gacanta ICRC, si ay ugu gudbiyaan SNA.

19 Jan. 1994 Kor. Cabdullaahi Yuusuf Axmed, ayaa Rome lagu waraystay iyadoo wax laga weydiiyey wada hadaladii dhex maray isaga iyo Janaraal Caydiid, wuxuuna sheegay inuu isagu Nairobi u joogey baadhis caafimaad markii uu Janaraal Caydiid, la kulmay, kulanka uu Caydiid, uu la yeeshayna aanu ahayn mid rasmi ah oo SSDF iyo SNA ka dhexeeyey, balse ay isaga iyo Caydiid, ka wada hadleen dhibaatada wadanka ka jirta iyo sidii wax looga qaban lahaa.

23 Jan. 1994 Cali Mahdi Maxamed, ayaa UNOSOM II ka codsaday in ay ciidamadoodu Soomaaliya sii joogaan si ay dalka dib ugu dhisaan. Cali Mahdi, wuxuu codsigaas u soo jeediyey wasiirka arrimaha dibadda ee Australia oo Soomaaliya booqasho ku joogay. Cali wuxuu wasiirka weydiistay in 43ka askari ee waddankiisa Soomaaliya ka jooga aanu ka qaadin, balse ciidamo kale ay u soo diraan.[396]

25 Jan. 1994 Janaraal Maxamed Saciid Xirsi (Morgan), ayaa Kismaayo ku noqday, waxaana la sheegay in dad aad u fara badani soo dhoweeyeen. Nin u hadlay UNOSOM II wuxuu sheegay in Morgan taageerayaashiisa u sheegay sidii ay nabad uga shaqayn lahaayeen.[397]

25 Jan. 1994 Wefdi ka kooban dhawr wasiir oo ka socdey "Somaliland", ayaa booqasho ku tegay dhawr waddan oo Yurubta galbeed ah. Wasiirka arrimaha gudaha, Muuse Biixi, oo la weydiiyey sababta booqashada wuxuu sheegay saddex arrimood: (1) In ay raadinayeen aqoonsi, (2) in ay helaan kaalmo dhaqaale iyo (3) in ay dadka Somaliland u dhashay ee dhulalkaas jooga uga waramaan xaaladda wadanku ku sugan yahay.

25 Jan. 1994 3dii nin ee ugu muhiimsanaa taageerayaashii Janaraal Caydiid, ee UNOSOM II u xidhnaa ayaa Nairobi ka degey. 3daas nin oo kala ahaa: (1) Maxamed Xasan Cawaale, (2) Cumar Salaad iyo (3) Cismaan Caato, waxa ay Nairobi ku tageen diyaarad ay kiraysteen. Waxaa sidoo kale la sheegay in Axmed Cumar Jees, oo Janaraal Caydiid, ku xulufo ahaa uu isaguna Nairobi u kicitimay si uu ula kulmo Jenaraalka.

25 Jan. 1994 Janaraal Caydiid, ayaa Nairobi kula kulmay madaxweynihii Kenya Daniel Arap Moi.

25 Jan. 1994 Baarlamaanka Yurub ayaa cambaareeyey hawlaha UNOSOM II Soomaaliya ka wado. Warbixino ay soo diyaariyeen koox uu hogaaminayey mudane Talyaani ah Lusiano Feki, waxaa lagu sheegay in ujeedada siyaasadeed ee macnaheedu maldahan yahay iyo xaaladaha meel la isugu iman waayey ay keeneen khilaaf weyn oo dhex maray wadamada Soomaaliya ciidamadu ka joogaan iyo kuwo kaleba. Warbixintu waxa ay intaas ku dartay in siyaasadaas guracani dib u dhigtay sidii dhibaatada Soomaaliya ka taagan wax looga qaban lahaa.

Nimankaas warbixinta soo diyaariyey waxa ay ku taliyeen in hadda ka dib laga fiirsado hawlaha waddanka UNOSOM II ka wado, isla markaasna uu xilka U.N-ku ku koobnaado xagga hawlaha samafalka iyo sidii kooxaha iska soo hor jeeda looga caawin lahaa in ay dib u heshiiyaan.[398]

26 Jan. 1994 Janaraal Maxamed Saciid Xirsi (Morgan), oo BBC ay waraysatay isaga oo Kismaayo jooga waxaa la weydiiyey inuu la dagaalamayo Kor. Axmed Cumar Jees, haddii uu Kismaayo soo galo maadaama labadoodaba xayiraadii laga qaaday. "Dagaal uma diyaar ahi haddii uu isagu wanaag iyo nabad rabo" ayuu yiri. Janaraal Morgan, waxaa kale oo la weydiiyey in maadaama dagaalkii sokeeye ee waddanka ka dhacay uu abuuray in nin waliba gobolkii uu ku dhashay u laabtay sababta uu isagu ugu noqon waayey meeshuu ka yimid. Wuxuuna ku jawaabey "anigu ilaa 1961kii waxaan joogey Xamar iyo agagaarkeeda, haddii ay qaraabo noqotana halkanba qaraabadaydu way joogtaa.

Janaraal Morgan, waxaa sidoo kale la weydiiyey dhibaatadii uu u geystay markii uu taliyaha ka ahaa gobaladii waqooyi (Somaliland), inuu ka xun yahay amaba diyaar u yahay inuu wax raali gelin ah u soo jeediyo dadkii uu dhibaatada u geystay ee Hargeysa iyo agagaarkeeda ku noolaa amaba meelihii kaleba. Hase ahaatee, Morgan wuu dafiray inuu cid dhibaato u geystay, balse wuxuu sheegay inuu isagu shacbiga badbaadinayey, difaacayeyna qarankii uu u shaqaynayey.[399]

27 Jan. 1994 Dagaal ayaa Abgaal iyo Xawaadle ku dhex maray agagaarka Jawhar. Waxaana la sheegay in ay 13 qof oo labada dhinac ahi ku dhinteen.

27 Jan. 1994 Janaraal Maxamed Faarax Caydiid, ayaa Ugandha u dhoofay, si uu ula kulmo madaxweynihii waddankaas Yoweri Museveni.

27 Jan. 1994 Waxaa Muqdisho lagu dhaawacay askari Sacuudi Carabiya u dhashay oo UNOSOM II u shaqaynayey.

31 Jan. 1994 ugu yaraan 3 qof oo Soomaaliya ayaa ciidamada Maraykanku Xamar ku dileen, ugu yaraan 13 kalena way dhaawaceen. Ciidamada Maraykanka oo ay la socdeen madax Maraykan ah oo la kulmi lahaa odayaal Janaraal Caydiid qabiilkiisa ah, waxa ay sheegteen in iyaga la hor weeraray ka dibna ay iyagu is difaacayeen. Laakiin dad badan oo xaadir ahaa markii arrintu dhacday waxa ay sheegeen in hadalkaasi been cad ahaa, askarta Maraykankana dhulku u dhaqdhaqaaqay ka dibna dad meel tuban ay xabad iskaga fureen.

31 Jan. 1994 Janaraal Maxamed Faarax Caydiid, ayaa ka qayb galay duugtii (aaskii) hogaamiyihii mucaaradka (FORD Kenya) Jaramogi Oginga Odinga, oo lagu aasayey degmada Laangaata oo Nairobi ka tirsan. Halkaasna wuxuu Caydiid, kula kulmay madax badan oo adduunka ka kala socotey.

1 Feb. 1994 Sideed (8) qof oo Soomaali ah ayaa Maraykanku Xamar ku toogtey.

1 Feb. 1994 Nin Yurubta galbeed u dhashay oo u shaqaynayey urur samafal ah, ayaa Baydhabo lagu dhaawacay, ka dib markii bomb lagu qarxiyey xeradii ay deganaayeen.

2 Feb. 1994 Janaraal Maxamed Faarax Caydiid, iyo ninkii Maraykanka Soomaaliya xagga siyaasadda u qaabilsanaa Robert B. Oakley, ayaa Nairobi ku kulmay. Waxa ayna ka wada hadleen sidii xal loogu heli lahaa xaallada murugtay ee Soomaaliya, taas oo Maraykanku si gaar ah u doonayey Caydiidna dhinaca kale...Waayo Maraykanku waxa ay doonayeen in ay dawlad Booliis aasaas u yahay ay iyagu dhisaan. Taasna waxaa ka Markhaati kacaysey isla 2dii Feb. 1994 madaxweyne Bill Clinton, wuxuu ansixiyey $12 milyan (doolar) taas oo uu sheegay in Booliiska lagu dhisi doono. Lacagtaas meel marinteedana wuxuu madaxweynuhu u xilsaaray Xoghayihii Arrimaha Dibadda ee Maraykanka Warren Christopher.

10 Feb. 1994 Laba nin oo Baarlamaanka ingiriiska ka tirsanaa iyo afar qof oo kale ayaa

Soomaaliland lagu afduubay. Nimanka Baarlamaanka ka tirsan waxaa la kala odhan jirey Mark Robinson iyo Tony Worthington, dadka kale ee la afduubayna waxa ay kala ahaayeen Anne johnstone, oo ahayd weriye u shaqaysa jaraa'idka Gallow (Scottland) Herald, Robert Lemare, Jeff Chinnock iyo Haruun Yuusuf oo dhammaantood u shaqaynayey Action Aid.

Arrintaasi waxa ay ka dhacday meel u dhexaysa Maydh iyo Xareed (Gobolka Sanaag). Dadkaas oo muddo 24 saacadood ah la haystay waxaa la sii daayey ka dib markii odayaashii af-duubayaashu ka dhasheen (Habar Yoonis, Muuse Ismaaciil) ay ku dedaaleen sidii waxyeelo la'aan dadkaas loogu sii deyn lahaa. Booqashada nimanka madaxda Ingiriiska ahi waxa ay ka dambaysey ka dib markii masuuliyiinta Soomaaliland wax badan dawladda Ingiriiska ka codsadeen in ay hormood u noqdaan aqoonsiga dhulkaas maadaama ay iyagu horey u gumeynsan jireen waqtigii xornimada iyo isku darka labada gobol ka hor.

Hase ahaatee, arrintaasi waxa ay fashil iyo niyad jab ku noqotay madaxdii iyo shacbigii aqoonsiga u hanqaltaagaayey, waxaana halkaas ka cadaatay inaan nabadi ka soo naaso caddayn Somaliland, maadaama raggii xaallada nabadeed indha indhaynayeyba la afduubay.[400]

11 Feb. 1994 Dagaal ayaa ka dhacay Kismaayo iyo Buulo Xaaji, dagaalkaas oo ay iskaga hor yimaadeen Ugaadeenkii kala taageersanaa Axmed Cumar Jees iyo Aadan Gabyow, waxaana la sheegay in ugu yaraan 5 qof ku dhimatay 13na lagu dhaawacay.

13 Feb. 1994 Askari Masri ah ayaa Xamar lagu diley, mid kalena waa lagu dhaawacay.[401]

Feb. 1994 Waxaa la sheegay in ugu yaraan 100 oo Soomaali ahi u dhinteen cudurka Daacuunka. Dhibaatadaasina waxaa la sheegay in ay ka dhacday, Belet Weyne, Boosaaso iyo Xamar.

16-17 Feb. 1994 Diyaaradaha AH-1 Cobra helicopters-ka ee Maraykanka ayaa rusheeyey xero ay deganaayeen ciidamo Nayjeeriyaan ah oo UNOSOM II ka tirsanaa. Halkaasna waxaa lagu dhaawacay laba nin oo askartii Nayjeeyaanka ka tirsanaa. Kor. Steve Rausch, oo ciidamada Maraykanka u hadlayna wuxuu sheegay in ay arrintaasi kam'a dhacay ay ahayd ayna baadhitaan samayn doonaan.[402]

26 Feb. 1994 Cali Mahdi Maxamed, ayaa madax xukuumada Masar ka tirsan kula kulmay Qaahira.

4 Maarj 1994 Niman hubaysan oo Soomaaliya ayaa la sheegay in ay rasaas ku fureen xero ciidamadii Talyaaniga ee UNOSOM II ka tirsanaa deganaayeen, inkasta oo Talyaaniga laftooduna xabbad ku jawaabeen lama sheegin wax dhimasho ah oo labada dhinac ah.[403]

4 Maarj 1994 Afhayeen u hadlay ciidamada Maraykanka ayaa wuxuu sheegay in dalkoodu ciidamadooda oo dhan Soomaaliya kala bixi doonaan, marka laga reebo 50 askari oo ilaalin doona nabad gelyada madaxda iyo shaqaalaha Maraykanka ee Xamar ku hadhi doona.

23 Maarj 1994 Kooxihii 12ka ka koobnaa iyo SNA, oo wada hadal uga socday Nairobi ayaa shirkii ku kala kacay ka dib markii ay isku khilaafeen cidii meteli lahayd SSNM (Dir). Sida kooxaha kale oo dhan, Dir siyaasiyiintiisu waxa ay u kala qaybsanaayeen kuwo la xulufo ah SSA iyo kuwo la xulufo ah SNA.

24 Maarj 1994 Kooxihii kala duwanaa ee Nairobi wada hadalku uga socday ayaa heshiis cusub saxeexay, iyadoo Cali Mahdi iyo Janaraal Caydiidba saxeexeen wixii la isku raacay. Hadaba inkasta oo qodobada la isku raacay ay wax ay hore ugu soo daaleen ahaayeen, waxa ay isku raaceen in 15ka April,1994 ay shir isugu yimaadaan Muqdisho. Shirkaas oo looga wada hadli doono sidii dawlad ku meel gaadh ah loo dhisi lahaa bisha May 1994.

25 Maarj. 1994 Kooxdii ugu danbeysey ee ciidamada Maraykanka ayaa Soomaaliya ka baxday.[404]

30 Maarj 1994 Dagaal ayaa magaalada Burco ka dhacay. Dagaalkaasina wuxuu dhexmaray ciidamadii maamulka Cigaal iyo Habar Yoonis. Ciidamada dawladdu waxa ay ka koobnaayeen qabiilo kala duwan oo reer Somaliland ah. Dagaalkaas oo qolaba qolada kale ku eedaysay, maamulka Cigaal wuxuu ku dooday in dagaalkaas uu ka dambeeyey Cabdiraxmaan Tuur oo doonaya inuu Somaliland Xamar ku celiyo; xornimadii ay u soo dagaalantayna ay halkaas ku weydo.

Dhinaca kale, Garxajis (Habar Yoonis iyo Ciida Gale) waxa ay maamulka Cigaal ku eedeeyeen inuu qabiil ahaan ula dagaalamayo isaga oo magaca dawladda ku daba gabanaya. Reerka Garxajis oo aaminsanaa in laga hiiliyey, gaar ahaan Isaaqa intiisa kale, waxa ay ciidamadii dawladda oo qabiilo kala duwan isugu jiray u bixiyeen 'Maryo Alool,' taas oo macnaheedu yahay, wax la isku soo kabkabay. Cigaal oo ka faa'iidaysanaya shacbiga dareenka xun ka qaba dib ugu noqoshada koonfur, wuxuu markiiba ku dhawaaqay inuu "Somaliland ka nadiifin doono dadka ayaaha iyo xornimada Somaliland ka soo horjeeda. Dagaalkaas oo muddo dheer socday wuxuu ahaa mid reerka Isaaq aad u kala qaybiyey, waxaana dadkii naftooda iyo duunyadoodaba u bixiyey taageerista SNM ku dhacay jaah wareen iyo niyad jab. Saado Cabdi Amarre, oo gabyaa caan ah kana gubatay dagaalka sokooye ayaa waxa ay ka tidhi arrintaas: *"Shisheeye hadduu is dilo waaba kala durkaa, ee marada labadeeda dacal dab ma ii qabsaday."*

15 Abriil 1994 Shirkii lagu qaban lahaa Xamar ee ay ka soo qayb geli lahaayeen kooxihii kala duwanaa ayaa baaqday, ka dib markii Janaraal Caydiid oo aan la'aantii waxba socdeen uu imaan waayey. Hase ahaatee, Cali Mahdi oo magaca xulufadii 12ka kooxood (SSA) ku hadlaayey wuxuu sheegay inuu shirku socon doono Caydiid, la'aantiis, nasiib darrose xulufadii Cali Mahdiba ma imaan. Si haddaba, rajadii shirka weli wax nool looga dhigo, ayaa wakiilkii UNOSOM II, Soomaaliya u fadhiyey Mr.Kuoyate, soo jeediyey in shirka 26ka Abriil dib loogu dhigo.

30 Abriil 1994 Cabdiraxmaan Tuur ayaa Xamar kaga dhawaaqay inuu gooni isu taagga Somaliland ka soo hor jeedo, uuna aaminsan yahay midnimada Soomaaliya.

Juun 1994 Shir mucaaradka Habar Yoonis yeesheen, waxa ay ku dhawaaqeen inaanay dawladda Somaliland ka soo horjeedin, laakiin ay u arkaan in "Ina Cigaal" uu hurinaayo colaad qabiil, kuraasidii Baarlamaanka iyo dawladdana si caddaalad darro ah loo qaybiyey.

27 Agoos 1994 Garoonka diyaaradaha ee Hargeysa ayaa la xidhay nabad gelyo la'aan darteed.

30 Sebtem. 1994 Maxamed Xaaji Ibraahim Cigaal ayaa wuxuu la kulmay Xoghayihii Guud ee Jaamacadda Carabta, wuxuuna ka codsaday in dawladdiisa la aqoonsado. Hase ahaatee, Xoghayihii gacanta ayuu ku saydhay codsigii Cigaal, wuxuuna Cigaal u caddeeyey in Jaamacadda Carabtu taageersan tahay midnimada Soomaaliya.

Okt. 1994 Dagaal culus ayaa ka dhacay garoonka diyaaradaha ee Hargeysa. Dagaalkaasuna wuxuu dhexmaray ciidan Ciida Gale ah iyo kuwii maamulka Cigaal daacadda u ahaa. Garoonka diyaaradaha waxaa qabsaday Ciida Gale markii ciidamadii M.S. Barre jabeen, wuxuuna reerkaasi ku adkaystay inuu xaq u leeyahay inuu Garoonka kontoroolo (haysto), maadaama reero badani meelahay qabsadeen weli haystaan. Meelaha kala duwan ee qabiiladu qabsadeen waxa ay keeneen khilaaf aad u weyn, waayo qabiil kastaaba waxa ay u ahayd ilo dhaqaale, maamulka Cigaalna ma ahayn xal reerahaas qanciya, gaar ahaan marka ay timaado lacag. Inkasta oo ciidamadii Ciida Gale Garoonkii xoog looga saaray, dagaalkii halkaas kuma ekaan ee wuxuu socday muddo laba bilood ku dhow.

14 Nof. 1994 Suldaankii Ciida Galaha, Suldaan Maxamed Cabdiqaadir ayaa madaxweyne Cigaal ku eedeeyey inuu yahay qabiiliiste, wuxuuna sheegay in ciidamadiisu yihiin kuwa ka taliya amaba awoodda ugu weyn ku leh magaalada Hargeysa.

2 Dis. 1994 Laba iyo Afartan nin oo Ergo ah (Ciida Gale, Cabdallah), ayaa maamulkii Cigaal loo diray waxa ayna Cigaal kala hadleen sidii 'maleeshiyadoodu' hubka isaga dhigi lahayd, axdi nabadeedna ula geli lahaayeen dawladda. Wuxuu kale oo weftigu sheegay in ay aad uga xun yihiin dagaaladii sokooye ee Hargeysa ka dhacay, waxa ayna caddeeyeen in ay midnimada iyo madax banaanida Somaliland taageeri doonaan.

2 Jan. 1995 Madaxweynihii hore ee Soomaaliya, Maxamed Siyaad Barre ayaa ku geeriyooday Lagos, caasimadda waddanka Nayjeeriya (Nigeria) halkaas oo uu muddo Laaji ku ahaa. Ka dibna waxaa meydkiisii loo qaaday Gobolka Gedo (Soomaaliya), halkaas oo qabiilkiisu degganaa.

2 Maarj 1995 Kooxdii ugu dambeysay ee ciidamadii U.N-ka ayaa Soomaaliya ka baxday.

17 Abriil 1995 Kooxihii Habar Yoonis ee maamulka Cigaal ka soo horjeeday ayaa ciidamadii Burco fadhiyey dagaal ku qaaday. Dagaalkaas oo muddo bil ku dhowaad ah socday, ciidamadii Habar Yoonis aakhirkii magaalada Burco waa laga saaray. Magaaladii Burco oo si xun loogu dagaalamay waxa ay kaliftay in shacbiga badankiisii magaaladii ka qaxaaan, Habar Yoonis badankoodu waxa ay u qaxeen magaalada Odweyne, Habar Jeclona waxa ay u qaxeen meel Burco dhinaca bari ka xigta oo la yidhaahdo Yiroowe, halkaas oo markii dambe magaalo weyn noqotay. Reerka Ciise Muusena waxa ay u qaxeen magaalada sheekh, qaarkoodna waxa ay u qaxeen Berbera iyo Hargeysa. Magaaladii Burcona waxa ay noqotay meel lagu kala guuray oo lama degaan ah, meel kastana waxaa 'Miino' ku aasay raggii ku dagaalamayey. Dagaalka Burco wuxuu ahaa mid beelihii magaalada wada degganaa si fool xun u kala fogeeyey, gaar ahaan Habar Yoonis iyo Habar Jeclo.

25 May 1995 Maamulkii Cigaal ayaa maxkamad saaray nimankii Garxajis (iyaga oo maqan), wuxuuna ku eedeeyey qaran dumis (treason) iyo in ay madax banaanida Somaliland ka soo horjeedaan. Waxaa kale oo nimankaas oo ay ka mid ahaayeen Cabdiraxmaan Tuur iyo Jaamac Maxamed Qaalib lagu eedeeyey in ay ka masuul ahaayeen dagaalkii sokeeye ee Burco ka dhacay iyo in ay ka mas'uul ahaayeen dadkii dagaalkaas ku naf waayey.

17 Juun 1995 Madaxweyne ku Xigeenkii Somaliland, Cabdiraxmaan Aw Cali Faarax ayaa ku dhawaaqay in sheegashada Maxamed Faarax Caydiid, inuu madaxweyne u yahay Soomaaliya oo dhan aanay Somaliland waxba ka khusayn, maadaama ay Somaliland xor ahayd ilaa May 1991.

Jul. 1995 Cayr iyo Mareexaan ayaa dagaal ku dhex maray magaalada Matabaan (waqooyiga Beledweyne). Waxaa la sheegay in dagaalkaasi ka kacay daaqsin[405].

10 Agoos 1995 Ciidamadii Cigaal ee dawladda daacadda u ahaa iyo koox qabiilka Ciise ah ayaa dagaal ku dhexmaray magaalada Tokhoshi oo 20 km u jirta xuduudka Jabuuti. Sababta dagaalka keentayna waxaa la sheegay in ay sabab u ahayd Ciisaha oo dareensanaa in dawladda Somaliland ee Isaaq awoodda ugu weyn ku leeyahay aanay si cadaalad ah ula dhaqmin reerka Ciisaha. Arrintu si kastaba ha ahaatee, Cigaal iyo maamulkiisuna waxa ay dawladda Jabuuti ku eedeeyeen in ay iyadu dhibaatadaas ka dambayso, oo maadaama reerka Ciisuhu Jabuuti awoodda ugu weyn ee siyaasadeed leeyahay, uu maamulka Jabuuti doonaayo in ay shacabka Ciisaha ee reer Somaliland deggan kiciyaan si ay ugu dhiiri geliyaan in ay dhulka Ciisuhu dego ee Somaliland, Jabuuti ugu lifaaqo.

Agoos 1995 Janaraal Jaamac Maxamed Qaalib oo qabiilka Ciida Gale ka dhashay kana mid ahaa raggii Garxajis ee xukunka Cigaal ka soo horjeeday iyo Cabdiraxmaan Tuur ayaa maamulkii Cigaal ku eedeeyey in ay ka dambeeyeen dagaal Hargeysa ka dhacay. Ka dib markii ciidamadii Garxajis la jebiyeyna, Cabdiraxmaan Tuur iyo Jaamac Maxamed Qaalib waxa ay u baxsadeen Xamar. Halkaas oo ay ku biireen maamulkii Janaraal Maxamed Faarax Caydiid. Ka dibna waxaa nimankaas maamulkii Cigaal ku xukumay dil, ka dib markii uu ku eedeeyey in ay dembi qaran dumis ah galeen.

15 Agoos 1995 Ciidamadii Cigaal daacadda u ahaa iyo mucaaradkii Habar Yoonis ayaa Burco dagaal ku dhex maray. Waxaana la jebiyey ciidamadii mucaaradka.

25 Agoos 1995 Guddigii loo saaray dastuurka cusub ee Somaliland in ay ansixiyaan ayaa waxa ay isu qaybiyeen dhawr guddi si ay uga baaraan degaan una falan qeeyaan fekradaha iyo macluumaadka badan ee dastuurku ka koobnaa.

28 Agoos 1995 Wasaaradda Difaaca ee Somaliland ayaa sheegtay in ciidamada Somaliland dileen 35 Ciise ah oo dawladda mucaarad ku ahaa. Dagaalkaasna sida maamulka Cigaal sheegay waxaa keenay, ka dib markii "dablaydaasi" Ciise weerar ku soo qaadeen ciidamo degganaa tuulada Jidhi oo xuduudka Jabuuti ku dhow (Reuters).

17 Sebtem. 1995 Ilaa 600 oo ciidamadii Janaraal Caydiid ka tirsan ayaa waxa ay qabsadeen magaalada Baydhabo[406].

3 Dis. 1995 Cigaal ayaa Raadiyaha Hargeysa ka sheegay inuu la kulmay Wefdi ka socday UNDP iyo hay'ado kale. Weftigaas oo uu hoggaaminayey nin la odhan jiray Erling Desan, oo madax ka ahaa xafiiska UNDP ee Nairobi ee arrimaha Soomaaliya qaabilsan. Cigaal wuxuu sheegay inuu weftigaas u sheegay inuu aad uga xun yahay aqoonsi la'aanta waddankiisa, wuxuuna weftiga ka codsaday in ay arrintaas talaabo ka qaadaan. Wuxuu kale oo Cigaal weftiga u sheegay inaanay isaga waxba ka khusayn dib u heshiisiinta ay qabqablayaasha dagaalka (War Lords) ee Soomaalidu wadaan. Wuxuuna ku adkaystay in madax banaanida Somaliland ay tahay arrrin aan laga wada hadli karin (BBC).

16 Jan. 1996 In ka badan 59 qof ayaa ku dhintay Burco, ilaa 130 kalena way ku dhaawacmeen, ka dib markii ay dagaal foodda is dareen ciidamadii Cigaal daacadda u ahaa iyo kuwii Habar Yoonis. Dadkii magaalada degganaa way ka qaxeen, waxa ayna degaano ka samaysteen tuulooyin magaalada ka baxsan. Wixii dadku hanti haysteena waxaa bililiqaystay budhcad. Dadkii halkaas nasiib daradaas goob jooga ka ahaa waxa ay sheegeen in dadku aad u dar xumooday, in badanina macaluul u idlaatay (eeg sidoo kale Xinhua News Agency 16 Jan. 1996).

19 Jan. 1996 Dagaal magaalada Hargeysa ka dhacay, ugu yaraan toban (10) qof ayaa ku dhimatay todobo iyo toban (17) kalena way ku dhaawacantay. Dagaalkaas oo dhex maray ciidamadii maamulkii Cigaal iyo koox Garxajis ah oo lagu eedeeyey in ay Cabdiraxmaan Tuur raacsan yihiin, wuxuu cabsi geliyey hay'adihii samafalka oo markii dagaal dhocoba iyagu magaalada ka carari jirey (eeg Xinhua News Agency).

Jan. 1996 Abgaal iyo Murusade ayaa dagaal ku dhex maray Xamar. Dagaalkaas waxaa u sabab ahaa is xulufaysi xagga Caydiid iyo Cali Mahdi ku saabsanaa iyo weliba arrimo kale oo dhaqaale. (AFP 29 January 1996).

Jan. 1996 Ciidamadii Caydiid ayaa waxa ay weerar ku qaadeen magaalada Kismaayo.

12 Feb. 1996 Dagaal ciidamadii dawladda iyo kuwii Habar Yoonis ku dhex maray Burco, waxaa ku dhintay sided (8) qof, toban (10) kalena way ku dhaawacantay. Sida uu sheegay Wasiirkii Difaaca ee maamulkii Cigaal, A.H. Imaan. Sida dawladu sheegtay hujuun waxaa hor qaaday niman Habar Yoonis ah oo dabley ah. Wasiirku wuxuu kale oo sheegay in nimankaas "fallaagoobay" in magaalada laga nadiifiyo ay hortaagan tahay, miino meel walba ku aasan, taas oo xadiday dhaqdhaqaaqii ciidamada dawladda (eeg Reuters). Sida la weriyey dagaalka maamulka Cigaal iyo qolyaha ka soo horjeeday wuxuu sababay in dad boqolaal gaadhayey ku dhinteen ilaa boqol iyo konton kun (150,000) dad tiradoodu gaadhaysayna ka qaxeen guryahoodii iyo hantidii ay lahaayeen.

13 Maarj 1996 Guddigii Guurtida ee loo xilsaaray soo diyaarinta dastuurka Somaliland, ayaa golihii Baarlamaanka u soo gudbiyey nuqulkii dastuurka ee koowaad ee ay diyaariyeen (BBC).

19 May 1996 Somaliland ayaa waxa ay u dabaal degtay sanad guuradii shanaad ee madax banaanida. Dabaal deggaas oo maamulkii Maxamed Xaaji Ibraahim Cigaal soo diyaariyey oo ahaa mid aad u weyn, wuxuu Cigaal fagaarihii dabaaldegga ka akhriyey khud bad aad u dheer oo uu ugu hanjabay kooxihii ka soo horjeeday. Wuxuuna ku eedeeyey kooxahaas in ay ka soo horjeedaan madax banaanida iyo gooni isu taagga Somaliland, ayna rabaan in ay Somaliland Xamar dib ugu celiyaan. Isla mudadaas waxaa Somaliland lagu af-duubay 3 shaqaale Jarmal ah oo u shaqaynaayey hay'ada samafalka ee GTZ ee Jarmalka. Arrintaasina waxa ay Somaliland u soo jiiday sumcad xumo aad u weyn. Waxa ay markasta wax af-duubka iyo budhcadnimada ku eedayn jireen Soomaalida koonfurta.

12 Juun 1996 Sadex qof ayaa ku dhintay afar kalena way ku dhaawacantay, ka dib markii koox la sheegay in ay budhcad ahayd ay weerar ku qaadeen gaadhi ay lahayd hay'adda WFP (World Food Programme). Weerarkaasi wuxuu ka dhacay meel aan ka fogayn magaalada Hargeysa.

18 Juun 1996 Odayaal iyo nabad doono ka kala socday Habar Jeclo iyo Habar Yoonis, ayaa waxa ay ku heshiiyeen in shir bisha Juulaay ay ku kulmaan, si ay dhibaatada iyo colaadda labada reer ka dhex taagan ay nabad gelyo ugu dhammeeyaan. Reerka Habar Yoonis wuxuu Habar Jeclo ku eedeeyey in ay iyagu (Habar Jeclo ahaan) masuul ka yihiin in ciidamada "Maryo alool" ee Burco deggan. Waxa ayna marwalba Habar Yoonis ku doodayeen in haddii Habar Jeclo nabad rabto ay 'Maryo alool' magaalada ka saaraan, meesha Habar Jeclo kaga doodaysay inaanay iyagu ciidamada dawladda ka mas'uul ahayn, sidaas darteedna aanay Habar Yoonis kala xaajoon doonin arrintaas.

15 Jul. 1996 Kow iyo toban (11) qof ayaa ku dhintay laba iyo labaatan (22) kalena way ku dhaawacantay dagaal ay Habar Yoonis iyo Habar Jeclo iskaga hor yimaadeen.

24 Jul. 1996 Janaraal Maxamed Faarax Caydiid, ayaa Xamar lagu dhaawacay, ka dib markii isaga iyo Ciidamadii Cismaan Caato/Muuse Suudi Yalaxow dagaal ku dhex maray Xamar.

1 Agoos 1996 Saddex iyo labaatan (23) qof ayaa ku dhintay soddon (30) kalena way ku dhaawacmeen dagaal dhex maray Ciida Gale iyo reer ka tirsan Sacad Muuse (Habar Awal). Dagaalkaas oo ka dhacay meel u dhow tuulada Qoton oo 25 mayl Hargeysa Koonfur Bari ka xigta. Dagaalka labada reer dhex maray waxaa la sheegay inuu bilowday bishii May ee sanadkaas (Reuters).

2 Agoos 1996 Janaraal Maxamed Faarax Caydiid ayaa Xamar ku geeriyooday. Janaraal Caydiid wuxuu u dhintay dhaawac ka soo gaadhey dagaal isaga iyo Cismaan Caato koox uu wato dhexmaray. Caydiid iyo Caato waxy ahaayeen niman aad isugu dhow oo xulufo ah, hase ahaatee colaadoodii waxa ay sii biirtay markii ciidamadii U.N-ku Xamar ka baxeen. Caydiid wiilkiisii Xuseen Maxamed Faarax Caydiid, oo geerida aabihiis ka hadlayna wuxuu sheegay in cadowga aabihii dilay uu baabiin doona, wuxuuna Cismaan Caato iyo xulufadiisii ku qaaday weeraro cusub.

5 Okt. 1996 Hay'adda U.N ayaa ku dhawaaqday in ay ilaa toban kun (10,000) oo qaxooti ah ku celin doonto Somaliland. Waxa ay kale oo hay'addu sheegtay in ay sanadka aakhirkiisa ilaa lix iyo afartan kun (46,000) oo qaxooti ah celin doonto. Qaxootigaas la celinaayey waxa ay ka tirsanaayeen dad tiradoodu gaadheysay ilaa laba boqol iyo sideetan kun (280,000) oo degganaa Teferiber, Dalwanaaje iyo Harta Sheekh (see Reuters).

16 Okt. 1996 Kooxihii Soomaalida ee iska soo horjeeday oo wada hadal uga socday Nairobi, Kenya ayaa waxa ay ku dhawaaqeen in ay ku heshiiyeen dhawr arrimood:

1. Xabad joojin degdeg ah
2. Xuduudyada iyo magaalooyinka kala qoqoban oo la isu furo
3. In la furo ilaha dhaqaale, sida dekadda Xamar iyo garoonka diyaaradaha
4. In ay hay'adaha samafalka u oggolaadaan in ay si nabad gelyo ah dadka baahan caawimaadda u gaadhsiiyaan.

Kooxahaas shiraayey waxaa kala hoggaaminayey:

1. Xuseen Maxamed Faarax Caydiid, USC/SNA
2. Cismaan Cali Caato, USC/SNA
3. Cali Mahdi Maxamed, SSA

Shirkaas Nairobi lagu qabtay oo uu qaban qaabiyey madaxweynihii Kenya, Daniel Arap Moi, maamulkii Somaliland kama qayb gelin.

19 Jan. 1997 Maamulkii Somaliland ayaa caalamka kaalmo ka codsaday, ka dib markii ay abaar xumi ku habsatay gobolada bari ee Somaliland. Mas'uuliyiinta hay'adda U.N ka socday oo iyaguna kulan ku yeeshay magaalada Hargeysa, waxa ay adduunka uga digeen dhibaatada abaartaasi keeni karto, haddii aan talaabo laga qaadin. Waxa ay kale oo mas'uuliyiintaasi sheegeen in biyo la'aan weyni goboladaas ka jirto, daaqsintii xooluhuna gabaabsi noqotay. Sidoo kale, xafiiska UNCHR ayaa wuxuu ku dhawaaqay in ay U.N ilaa toban kun (10,000) oo qaxooti reer Somaliland ah, kuna noolaa Itoobiya dib ugu celin doonto dhulkoodii. Xafiisku wuxuu kale oo sheegay in ay ilaa boqol kun (100,000) oo Soomaali ah dhulkoodii ku celinayaan sanadka gudihiisa. Waqtigaas qaxootiga Soomalida ah ee ku noolaa Itoobiya, Kenya, Jabuuti iyo Yemen, waxaa lagu qiyaasay in ay tiradoodu gaadheysay ilaa afar boqol oo kun (400,000).

24 Jan. 1997 Raadiyaha Hargeysa ayaa wuxuu sheegay in wefdi Maraykan ahi magaalada booqasho ku yimi. Weftigaas oo la sheegay inuu booqday xafiisyada dawladda iyo saxaafadda dalka, waxaa la sheegay inuu u kuurgelayey horumarka waddanku ka gaadhey xagga nabad gelyada iyo dedaalka shacbiga reer Somaliland ugu jiro horumarinta dalka.

Jan. 1997 Lix iyo labaatan (26) qabiil (kooxood) oo iska soo hor jeeday ayaa si wada jir ah u soo saaray go'aan ay ku sheegeen in ay ku heshiiyeen habka nabad gelyaynta ee ay ku wada dhaqmi doonaan. Kooxaha go'aankaas soo saaray waxa ay sheegeen in ay doorteen 41 xubnood oo ay ku magcaabeen Guddiga Badbaadinta Soomaaliya amaba Somali Salvation Council (SSC) iyo shan guddoomiye oo wareegto ah (rotating). Inkasta shirkii kooxaasi yeesheen ay guul ku sheegeen, haddana Maxamed Xaaji Ibraahim Cigaal iyo Xuseen Maxamed Faarax Caydiid midna kama soo qayb gelin, waxa ayna labadooduba sheegeen inaan waxba ka khusayn shirkaas iyo go'aamadiisa.

23 Feb. 1997 Maxamed Xaaji Ibraahim Cigaal ayaa shan sano oo kale dib loogu doortay. Codaynta doorashada oo ay qaadeen Golaha Guurtida ee Somaliland, waxaa ka qayb galay 315 mudane, waxaa Cigaal codkoodii siiyey 223 qof. Markii codayntii dhammaatay waxa ay mas'uuliyiinta goluhu sheegeen in marka shanta sano dhammaato, aanay iyagu Cigaal dib u dooran doonin, laakiin uu doorashooyinka cid walba u faran si dastuuri ah uga qayb geli doono. Sidoo kale, maamulkii Cigaal iyo xubnihii ka tirsanaa SNM ee mucaaradka ku ahaa maamulkiisa ayaa heshiis dhex maray, ka dib markii loo balan qaaday in lagu dari doono ciidamada dawladda. Heshiiskaas iyo xasiloonidii ka dambeysay, waxa ay suurto geliyeen in qaxooti badan oo reer Somaliland ahaa waddanka dib ugu soo noqdaan, gaar ahaan kuwii Itoobiya degganaa. Xasiloonidaas iyo nabadaas Somaliland ku soo noqotay waxa ay Cigaal ku dhiiri gelisay inuu adduunyada iyo U.N-ka ku cambaareeyo aqoonsi la'aanta, wuxuuna bilaabay inuu meel cad ka istaago inaan Somaliland waxba ka khuseyn siyaasadda koonfur ka socota, waddankiisuna yahay mid madax banaan.

26 Abriil 1997 Ururka midowga Afrika, OAU ayaa ku dhawaaqay in uu lacagta kaydka ah ee nabadda (peace fund) loogu talo galay, la siin doono Soomaliya si xal raadiska nabadeed iyo dib u heshiinta loogu kharash-gareeyo. Lacagtaasina waxa ay gaadheysay ilaa afar boqol iyo soddon kun oo doolarka Maraykanka ah ($430,000).

May 1997 Waxaa la sheegay in afar iyo labaatan (24) qof iyo xoolo aad u fara badani ay ku dhinteen Bariga gobolka Sanaag. Dhimashadaas waxaa sabab u ahaa abaar aad u xun oo dhulkaas ku habsatay. Abaartaas oo ahayd mid aad u daba dheeraatay, lagana cabsi qabay in dhimashadu intaas ka sii badato, waxa ay maamulkii Cigaal ku kaliftay inuu caalamka ka codsado kaalmo degdeg ah.

6 Agoos 1997 Ismat Kittani, oo U.N Soomaaliya/Somaliland wakiilka uga ahaa, ayaa booqosho ku tegay labada dhinacba (Soomaaliya iyo Somaliland) si uu u soo derso xaaladda siyaasadeed iyo nabad gelyo.

9 Sebtem. 1997 Cabdiraxmaan Tuur oo maamulkii Cigaal hadda ka hor dil ku xukumay ayaa Hargeysa booqasho ku tegay. Booqashada Cabdiraxmaan Tuur waxa ay kicisay xiisad iyo werwer weyn oo siyaasadeed, waayo dadku waxa ay ka cabsi qabeen in Cigaal xidho, ka dibna reerka Garxajis uu qalalaaso siyaasadeed kiciyo, halkaasna ay ku soo af go'do nabad gelyadii Somaliland magaca u yeeshay.

23 Sebtem. 1997 Cabdiraxmaan Tuur ayaa Hargeysa ka baxay, ka dib markii maamulkii Cigaal fariin u soo diray inuu waddanka muddo 24 saacadood gudahooda kaga baxo.

12 Okt. 1997 Ciidamadii Somaliland ayaa digtoonaasho (alert) la gelshay, ka did markii rabshado maamulka Cigaal lagaga soo horjeedo ay ka dhaceen gobolka Sool, gaar ahaan magaalada Laas Caanood. Magaalada Laas Caanood waxa ay ka mid ahayd meelaha Somaliland xasiloonidu ugu yar tahay, waayo Dhulbahantaha laftooda ayaa ilaa saddex qaybood u kala qaybsanaa. Qolo Somaliland raacsanayd, kuwo Puntland raacsanaa iyo qaar labada fikradoodba ka soo hor jeeday oo Soomaaliweyn aaminsanaa. Isla waqtigaas dawladda Itoobiya ayaa waxa ay heshiis iskaashi la gashay maamulkii Maxamed Xaaji Ibraahim Cigaal. Inkasta oo go'aankii Carta ee Soomaalidu ku kulantay ay Itoobiya taageertay, sheegtayna in ay 'Soomaliweyn' ayidsan tahay, haddan heshiiskaas hoose ee ay Itoobiya, Somaliland la gashay wuxuu muujiyey in Itoobiya si qarsoodi ah maamulka Cigaal wax ula waddo.

Nof. 1997 Jariidada la yidhaahdo Indian Ocean Newsletter oo Faransiiska ka soo baxda, ayaa waxa ay sheegtay in Jabuuti aqoonsatay Somaliland. Jariidadu waxa ay intaas ku dartay in aqoonsigaasi uu ka dambeeyey ka dib markii Wefdi ballaadhan oo Isaaqii reer jabuuti oo uu hoggaaminayey Maamulihii Bangiga Dhexe ee Jabuuti, Jaamac Maxamuud Xayd. Weftigaasi wuxuu kale oo xambaarsanaa warbixin ku saabsanayd shir ay masuuliyiinta Ciisaha ee Jabuuti iyo Isaaqii reer Jabuuti yeesheen, kaas oo lagu soo af-jaraayey khilaafkii labada reer u dhexeeyey. Sida la weriyey, waxa ay labada dhinac isku af garteen in Jabuuti aqoonsato Somaliland iyo in Somaliland aqbasho in ilaa labaatan kun (20,000) oo Ciisihii reer Somaliland ee Jabuuti u qaxay lagu soo celiyo Somaliland. Laakiin waxaa la sheegay in Gadabuursi, gaar ahaan Maxaad Case aad uga soo horjeeday soo noqoshada Ciisaha. Waayo degaankooda oo isku meel ah ayey ka cabsi qabeen in Ciisuhu dhulka ku cidhidhyo. Arrintu si kastaba ha ahaatee, Isla mudadaas Somaliland waxa ay xafiiskeedii ugu horeeyey ka furatay Jabuuti.

Dis. 1997 Xubnihii madaxda SNM oo mudo siyaasadda Somaliland ka maqnaa, gaar ahaan intii Cigaal awoodda siyaasadeed qabsaday ayaa mar kale soo if baxay, waxa ayna maamulkii Cigaal ku eedeeyeen musuqmaasuq iyo inuu ciyaarayo siyaasadihii guracnaa ee Maxamed Siyaad Barre. Waxa ay kale oo si xun aad ugu cambaareeyeen dagaalka uu kulo jiro saxaafadda. Ka dib markii cadaadiskii siyaasaddu ku sii batayna Cigaal wuxuu ku dhawaaqay inuu is casilayo. Ragga camalka iyo siyaasadda Maxamed Xaaji Ibraahim Cigaal aad ula socday waxa ay isku raaceen in iscasilaadaasi ahayd xeelad cusub oo uu doonayey in xukunka mar kale loogu sii kordhiyo. Cigaal wuxuu ogaa inaan mucaaradku midaysnayn oo aanay isku raaci karin madaxweyne cusub, sidaas darteed ay iska cadayd in odayaasha Guurtidu xukunka u sii kordhinayaan. Sidii la filaayey Cigaal wuu iscasilay, ka dibna odayaashii Guurtida/Baarlamaanku waxa ay Feb. 1998 go'aansadeen in Cigaal xukunka sii hayo, oo weliba shan sano oo kale uu maamulka sii hayo.

Aakhirkii 1997 Roobab culus oo ka da'ay gobolada koonfurta, ayaa waxa ay fatahiyeen webiyadii, ka dibna daadadkii ka dhashay waxa ay baabiiyeen dhulkii beeraleyda ahaa, waxa ayna dileen ilaa 2000 oo qof. Daadadkaasi waxa kale oo ay degaan tireen dad tiradooda lagu qiyaasay ilaa 230,000 oo qof.[407]

Jan. 1998 Roobab laxaad leh oo Somaliland ka da'ay ayaa waxaa la sheegay in ay dhibaato dad iyo duunyoba ah geysteen.

Feb. 1998 Madaxweyne Cigaal ayaa wuxuu booqasho ku tegay wadamada Itoobiya, Faransiiska iyo Talyaaniga. Dadka siyaasadda falanqeeyaa waxa ay ku doodeen in booqashadaasi astaan u tahay in caalamku Somaliland u oggolaadaan 'aqoonsi badhkii' (half recognition). Gaar ahaan Cigaal wuxuu rajo weyn ka qabey wadamada Yurubta Galbeed iyo kuwa Somaliland deriska la ah sida Itoobiya iyo Eriteriya. Inkasta oo Eriteriya aad u rajo gelisay oo dadka qaarkiis weriyeen in lagu rajo weynaa in Ereteriya ogolaato in labada dhinac safiiro is dhaafsadaan, haddana waxaa carqalad siyaasadeed ku noqotay Cigaal oo haddana doonayey in uu xidhiidh wanaagsan la yeesho Itoobiya. Maadaama Itoobiya iyo Eriteriya colaad weyni ka dhexaysayna way ku adkayd in ay Somaliland arrimaheeda ku heshiiyaan. Inkasta oo madaxda Somaliland aad ugu rajo weynaayeen in la aqoonsado, waxaa si xun uga soo horjeestay Jaamacadda Carabta iyo Ururka Midowga Afrika. Waxaa kale oo Somaliland carqalad ku ahaa siyaasadeeda gudaha iyo loolanka siyaasadeed, horumar la'aanta iyo xasilooni darada jirtay. Arrimahaasna waxaa intooda badan u sabab ahaa siyaasadda Cigaal oo ku salaysnayd diktatooriyad iyo keli talis, ka dibna dhiiri gelisay mucaarad badan oo reer iyo qabiil salka ku haya.

Abriil 1998 Dhawr shirkadood oo reer Yurub ah ayaa maamulka Somaliland heshiisyo dib u dhisidda waddanka ah la galay. Cigaal oo arrintaas ka hadlayna wuxuu sheegay in heshiiskaasi uu u dhigmo amaba ka weyn yahay aqoonsiga qaranimada Somaliland.

May 1998 Itoobiya ayaa iyadoon ku dhawaaqin in ay Somaliland aqoonsatay u oggolaatay ina ay xafiis ka furato Addis Ababa, isla mar ahaantaasna balan qaaday in ay Hargeysa xafiis (qunsiliyad) ka furanayso.

19 May 1998 Waxaa Somaliland lagu qabtay dabaal deg aad u weyn oo lagu xusaayey sanad guuradii 8aad ee ka soo wareegtay wakhtigii Somaliland ku dhaqaaqday in ay 'Soomaaliya' ka go'day. Khudbad uu Maxamed Xaaji Ibraahim Cigaal halkaas ka jeediyey wuxuu aad ugu nuuxnuuxsaday in madax banaanida Somaliland ay dhab tahay; dadka reer Somalilandna aanay dan ka lahayn in ay 'Soomaaliya' dib ugu noqdaan. Inkasta oo colaaddii iyo utuntii Isaaqa u dhexaysay ay waqtigaas aad u yarayd, haddana waxa ay xamaasad siyaasadeed ka jirtay dhinaca Dhulbahantaha iyo Warsangeliga oo iyagu ka werwer qabey in haddii Somaliland la aqoonsado—Isaaq ku samayn doono cadaadis siyaasadeed (political domination).

10 Juun 1998 Kooxihii Soomaalida ee siyaasada waddanka ku dagaalamayey ayaa waxa ay dhaleeceeyeen heshiiska Somaliland iyo Itoobiya dhex maray, iyaga oo Itoobiya ku cambaareeyey in ay hub iyo saanad badan ugu deeqday ciidamada Maxamed Xaaji Ibraahim Cigaal, isla mar ahaantaasna Itoobiya arrimaha siyaasadda ee Soomaaliya so fara gelinayso.

19 Juun 1998 Hay'adda Caafimaadka Adduunka (WHO) ayaa waxa ay sheegtay in cudurka Daacuunku gobolo badan oo Koonfurta Soomaaliya ah ku dhacay. Dadka cudurkaasi saameeyey waxa ay WHO ku qiyaastay ilaa 14,450 oo qof, kuwaas oo 600 oo ka mid ahaa u dhinteen cudurkaas.[408] Isla sannadkaas dadka Soomaalida ah ee abaaraha iyo dagaaladu wax yeeleen kuna xidhnaa raashinka UN-ku qaybiyo waxaa lagu qiyaasay ilaa 1.25 milyan.

14 Okt. 1998 Cigaal ayaa ergo u diray magaalada Laascaanood si ay u fara geliyaan dagaal iyo qalalaaso halkaas ka dhacay. Magaalada Laascaanood waxa ay ahayd mid reerka Dhulbahante ee degani siyaasadda aad ugu kala taganaayeen. Dadka reer Laascaanood waxa ay u kala qaybsanaayeen (siyaasad ahaan):

1. Qolo Somaliland raacsanayd
2. Qolo Puntland Raacsanayd iyo
3. Qolo Soomaali weyn rajadeedu ku xidhnayd oo labada dhinacba ka soo hor jeeday.

Jan. 1999 Dagaal ka dhex socday Xulufadii Mareexaan/Habar Gidir iyo Majeerteenkii maamulayey magaalada Kismaayo, ayaa waxaa la sheegay in xulufadii Habar Gidir/Mareexaan ay dileen sagaal (9) nin oo ka mid ahaa dadkii ugu magaca weynaa magaalada Kismaayo.

Feb. 1999 Majeerteen oo ka aarsanayey nimankii Kismaayo Mareexaan/Habar Gidir kaga dileen, ayaa waxa ay dileen sideed (8) nin oo Mareexaan ahaa—oo baayacmushtar ahaa.

15 Feb. 1999 Hay'adda Qaramada Midoobay (U.N.) ayaa waxa ay qortay in Somaliland abaar xun qarka u saran tahay, haddii aan kaalmo degdeg ah lala soo gaadhin, gaar ahaan midhaha wax lagu beero ay dhibaato weyn abaartaasi u geysan doonto. (Africa News Service Inc.)

Maarj 1999 Niman Abgaal ahaa oo ciidamo jid gooyo (si uu dadka cashuur uga qaado) ah ka samaystay waqooyiga magaalada Xamar ayaa dagaal lagu qaaday, waxaana la sheegay in ugu yaraan 40 qof ku dhimatay dagaalkaas.

20 Maarj 1999 Deena Umbarger oo Maraykanka u dhalatay, la taliyena u ahayd hay'adda Methodist Committee on Relief (UMCOR) ayaa Soomaaliya lagu toogtay. Dilkaas waxaa lagu cambaareeyey in ay ka dambeeyeen wadaada A-Itixaad (Amnest International Report, 2000).

Abriil 1999 Ugu yaraan 30 qof ayaa ku dhimatay 50 kalena way ku dhaawacantay dagaal dhex maray Maxamed Qanyare Afrax (Murusade) iyo ciidamadii Maxkamadda Islaamka. Dagaalkaasi wuxuu ka dhacay koonfurta magaalada Xamar.

Abriil/May 1999 Ugu yaraan dhawr dersin oo shacbi ah ayaa ku dhimatay Baydhabo, dad badanina way ku dhaawacmeen ka dib markii dagaal dhex maray RRA (Raxanweyn Resistence Army) iyo maleeshiyadii daacadda u ahayd Xuseen Caydiid.

Juun 1999 RRA ayaa waxa ay dib u qabsadeen gobolada Bay iyo Bakool, oo markaas Xuseen Caydiid iyo xulufadiisa gacanta ugu jirtay.

11 Juun 1999 Ciidamo Mareexaan iyo Habar Gidir (Cayr) ahaa oo isbahaystay ayaa magaalada Kismaayo qabsaday. Magaalada intaan xulufadaasi qabsan waxaa ka talin jirey Jenaraal Maxamuud Saciid Xirsi (Morgan) oo reerka Majeerteen u dhashay.

Agoos 1999 Ciidamo Xabashi ahaa oo magalada Buulo Xaawo xoog ku qabsaday ayaa waxa ay toogteen laba qof oo shacbi ah. Ciidamada Xabashida oo magaalooyin badan oo gobolka Gedo ka tirsan dhawr jeer oo kala duwan ku duulay, waxaa la sheegay in ay dad badan laayeen, maal fara badana ka dheceen. Waxaa kale oo la sheegay in ciidamada Xabashidu dad dhulkaas u dhashay oo wadaado u badnaa qafaashteen oo Itoobiya u afduubeen. Xabashida oo mar walba mar marsiiyo ka dhiganaysay in ay ciidamada Al-Itixaad (wadaado) ay la dagaalamayeen, waxa ay dadkii dhulkaas deganaa sheegeen in Xabashidu taageero buuxda ka haysatay dad gobolka u dhashay oo biidhi qaatayaal ahaa. Waxaa kale oo la weriyey in Xabashidu taageero buuxda ka haysatay dawladda Maraykanka oo iyaduna wadaadada dagaal kula jirtay.

Agoos 1999 Madaxweynihii Kenya Daniel Arap Moi, ayaa ku dhawaaqay inuu mamnuucayo diyaaradaha u kala gooshi jiray Kenya iyo Soomaaliya. Inkasta oo Moi, markii dambe arrintaas ka noqday, wuxuu sheegay in sababta uu u xidhay xuduudka/hawada ay ahayd hub xad dhaaf ah oo Soomaaliya laga soo gelin jiray waddankiisa, taas oo uu sheegay in ay khatar ku tahay nabad gelyada iyo xasiloonida Kenya.

19 Agoos 1999 Nin la odhan jirey Qaasim Aadan Cigaal oo u shaqaynaayey Hay'adda Caafimaadka Caalimiga (WHO), ayaa lagu dilay magaalada Hargeysa Yarey oo ka tirsan Gobolka Jubada Dhexe.

1 Sebtem. 1999 Ku-xigeenkii Xoghayaha Guud ee Qaramada Midooday arrimaha siyaasadda Soomaaliya u qaabil sanaa, ayaa wuxuu New York ku casumay qaar ka mid ahaa dawladihii arrimaha Soomaaliya danaynayey, waxaana kulankaas war bixin ku soo bandhigay maamulkii Jabuuti; waxa ayna ka war bixiyeen habka loo qaban qaabinayo shirka Jabuuti ee Soomaalida lagu heshiisiinayo.

11 Sebtem. 1999 Alan MacLean, oo Ingiriis ahaa (oo Doon watey) ayaa waxaa la sheegay in niman qawlaysato ahaa ay ku dileen xeebta Boosaaso.

13 Sebtem. 1999 Faarax Cali Gurxan oo u shaqaynayey hay'adda Samafka Holland, ayaa niman dabley ahaa waxaay ku dileen xafiiskiisa oo ku yaalley Garbohaarey. Weerarkaas waxa kale oo ku dhintay ilaa toban (10) qof oo kale.

15 Sebtem. 1999 Baabuur UNICEF lahayd oo marayey meel u dhow magaalada Jawhar ayaa waxaa weeraray niman dabley ah, halkaasna waxaa ku dhintay Dr. Ayuub Sheekh Yarow Cabdiyow iyo shan ruux oo kale oo mid ka mid ahaa markii dhakhtarka la geeyey dhintay.

22 Sebtem. 1999 Ismaaciil Cumar Geelle, Madaxweynihii Jabuuti ayaa wuxuu keenay fikrad cusub oo odhanaysay: "wixii nabad raadinta Soomaalida hore isugu deyey waxaa asal u ahaa –qabqablayaasha dagaalka la heshiisiinayey—iyadoo la isku deyayey sidii ay awoodda xukunka u qaybsan lahaayeen. Waxna way ku heshiin waayeen, haddaba waxaa la soo gaadhey wakhtigii ay siyaasadda dalka dhinac uga leexan lahaayeen." Ismaaciil wuxuu ugu baaqay dhammaan wax garadka, odayaasha iyo ururada shacbiga (civil societies) in ay shirkaas ka soo qayb galaan, si ay aayaha waddankooda uga taliyaan.

30 Sebtem. 1999 IGAD (Inter-governmental Authority on Development) ayaa waxa ay sheegtay in ay raacsan tahay fikradda Ismaaciil Cumar Geelle soo jeediyey ee ahayd in shir nabad raadis ah Soomaalida loogu qabto waddanka Jabuuti.

6 Okt. 1999 Kumanyaal dad ah (shacbi) ayaa magaalooyinka waaweyn ee Muqdisho ka mid tahay banaan bax isugu soo baxay. Banaan baxaas oo lagu taageerayey nabad lagu soo dabaalo Soomaaliya, waxaa ka dambeeyey fikrad dib u heshiin ah, oo uu madaxweynihii Jabuuti, Ismaaciil Cumar Geelle, uu ku dhawaaqay inuu Soomaalida oo dhan ku casumaayo shir Jabuuti lagu qaban doono. Madaxweynuhu wuxuu intaas ku daray in shirkaas qofkasta oo wax garad ah u furan yahay, marka laga reebo qabqablayaashii dagaalka iyo raggii shacbiga Soomaalida dembiyada ka galay.

4 Nof. 1999 Dagaalo iyo qalalaaso ka dhacay gobolada Jubba, ayaa waxa ay abuureen in cuntadii iyo isu socodkii dadkuba yaraadaan. Hay'adda Qaramada Midoobay ayaa waxa ay saadaalisay in dad 1.6 milyan tiradooda lagu qiyaasay ay khatar xagga cungtada, caafimaadka iyo noloshaba qarka u saraan yihiin. Hay'addu waxa ay kale oo sheegtay in meelaha ugu darani ay ahaayeen, Xamar, Jubada Hoose, Jubada Dhexe, Shabeelaha Hoose, iyo qaybo ka mid ah gobolka Gedo.

16 Nof. 1999 Xafiiska siyaasadda Soomaaliya U.N-ka (Nairobi) u qaabilsanaa ayaa shir u qabtay ilaa 500 oo Soomaali ah isuguna jiray hoggaamiyayaashii kooxaha iska soo horjeeday, ururada bulshada (Civil Socities), dadka aqlibiyadoodu yar tahay (Minority), ururada haweenka ka socday iyo dawladihii iyo hay'adihii xiisaynaayey arrimaha Soomaaliya (oo Jabuuti ka mid ahayd). Shirkaas waxaa aad loogu lafo guray qorshaha Jabuuti ee Soomaalida dib loogu heshiisiinayo. Qorshaha Jabuuti dadkii ka soo qayb galay intoodii badnayd way taageereen shirkaas, hase ahaatee qaar dadkaas ka mid ahaa ay walaac weyn ka muujiyeen; kuna magcaabeen gacan maroojis iyo kala geynta dadka Soomaalida ah.

18 Nof. 1999 Maxamed Xaaji Ibraahim Cigaal iyo Wefdi uu hoggaaminayey oo magaalada Boorama booqasho ku tegay ayaa banaan bax lagu sameeyey. Banaan baxaas oo ay hoggaamiye ka ahayd Raaqiya Aw Cali, oo hadda ka hor madaxweynaha Somaliland isu sharaxday. Waxaa la sheegay in ay markan ka soo horjeeday madax banaanida Somaliland (BBC).

19 Nof. 1999 Dhawr nin oo Somaliland u dhashay, laakiin siyaasadoodu raacsanayd Soomaaliweyn ayaa shir jaraa'id qabtay, waxa ayna Cigaal ku eedeeyeen qalalaasaha uu ka abuuray magaalada Boorama, waxa ayna si weyn u amaaneen dadkii ku banaan baxay, iyaga oo ugu hambalyeeyey geesinimada iyo wadaninimada ay muujiyeen. Nimankaas shirka jaraa'id qabtay waxaa ka mid ahaa, Cabdiraxmaan Axmed Cali (Tuur)—Habar Yoonis, Maxamed Faarax Cabdillaahi (Xashare) Gadabuursi, Janaraal Jaamac Maxamed Qaalib (Jaamac Yare)—Ciida Gale iyo Xuseen Ceelaabe Faahiye, Gadabuursi. BBC.

26 Nof. 1999 Shirkii IGAD ee Jabuuti lagu qabtay ayaa xubnihii IGAD waxa ay isku raaceen in ay fikradda madaxweynaha Jabuuti ay aad u soo dhoweynayaan.

3 Dis. 1999 Ku-xigeenkii Xoghayaha Guud ee Qaramada Midooday arrimaha siyaasadda Soomaaliya u qaabil sanaa, ayaa wuxuu mar kale la kulmay qaar ka mid ahaa dawladihii arrimaha Soomaaliya danaynayey, waxaana kulankaas war bixin ku soo bandhigay maamulkii Jabuuti; waxa ayna ka war bixiyeen habka loo qaban qaabinayo shirka Jabuuti ee Soomaalida lagu heshiisiinayo. Dhammaan xubnaha shirkaas ka soo qayb galay way taageereen shirka Jabuuti.

15 Dis. 1999 Ciidamada Booliiska ee magalada Boorama ayaa waxa ay xabsiga u taxaabeen shan qof, kuwaas oo lagu tuhmay in ay ka dambeeyeen amaba ku lug lahaayeen banaan baxii Cigaal iyo weftigiisa lagu sameeyey. Arrintu si kastaba ha ahaatee, Booliiska Boorama wax tafaasiil ah kama bixin sababta dadkaas loo xidhxidhay (BBC).

Dis. 1999 Jabuuti ayaa xidhiidhkii siyaasadeed u goysay Somaliland, ka dib markii ay xal u waayeen xurguf iyo khilaaf weyn oo muddo soo jiitamayey oo labada dhinac dhex yaalley.

Jan. 2000 Khilaafkiii Jabuuti iyo Somaliland u dhexeeyey ayaa la xaliyey, ka dibna, Cigaal ayaa booqasho ku tegay Jabuuti. Dadka siyaasadda labada dhinac aad ugu dhowaa waxa ay sheegeen inaan heshiiska labada dhinac dhex maray ahayn mid daacad ku dhisan, laakiin si shirweynihii Jabuuti ka furmayey Cigaal uga qayb galo ayey U.N iyo xubnihii IGAD ku cadaadiyeen (labada dhinac) in ay heshiiyaan.

Jan. 2000 Wakiilkii gaarka ahaa ee U.N. u qaabilsanaa Soomaaliya Mr. David Stephen, ayaa wuxuu booqasho ku tegay Baydhabo, Hargeysa iyo Garoowe, si uu masuuliyiinta dhulalkaas ka taliya ugala tashado, uguna dhiiri geliyo siday shirka Jabuuti ay uga qayb geli lahaayeen. Booqashadaas oo uu gaar ahaan kula kulmay madaxda Somaliland, Puntland iyo RRA, wuxuu aad isugu deyey inuu ka dhaadhiciyo muhiimadda ay u leedahay in ay shirkaas ka qayb galaan. Arrintu siday doontaba ha ahaatee, waxaa la sheegay inaan kulanadaasi wax rajo ahi ka soo bixin. Cigaal oo ka qayb galka Somaliland aad uga soo horjeedayna wuxuu Mr. Stephen u sheegay in shirkaasi yahay mid 'koonfurta' uun anfacaya, laakiin uu taageersan yahay in ay heshiiyaan oo dhibaatada dhex taalla dhammeeyaan.

28 Jan. 2000 Maxamed X. Ibraahim Cigaal, ayaa booqasho ku tegay Jabuuti, wuxuuna la kulmay Ismaaciil Cumar Geelle. Waxyaabaha ay ka wada hadleena waxaa ka mid ahaa sidii uu u aqbali lahaa, taageerona uga geysan lahaa shirka Jabuuti qaban qaabineysay ee Soomaalida xalka loogu raadinayey.

1 Feb. 2000 Ninkii Qaramada Midoobay Xafiiska Siyaasadda "United Nations Political Office for Somalia" (UNPOS) wakiilka uga ahaa ayaa Jabuuti u dhoofay si uu caawimo ama gacan uga geysto, qaban qaabaabada shirka; halkaasna wuxuu joogay ilaa intii shirku ka dhammaanayey.

Feb. (Bilowgii) 2000 Cigaal wuxuu sheegay inuu shirka Jabuuti wado ee Soomaalida lagu heshiisiinayo taageersan yahay, laakiin wuu ka gaabsaday in Somaliland ka qayb gelayso. Hadalkaas Cigaal wuxuu Somaliland ka abuuray xamaasad siyaasadeed, waxaana jiray dad badan oo u qaatay inuu aqbalay inuu shirka ka qayb galo. Sidaas darteed, waxaa markiiba ka daba qaatay 60 nin oo Baarlamaanka Somaliland ka tirsanaa, waxa ayna ku eedeeyeen in Cigaal cahdigii iyo qaranimadii Somaliland meel kaga dhacay, waxa ayna markiiba saxeexeen sharci cusub oo qofkii reer Somaliland ah oo shirkaas ka qayb gala loo tix gelin doono inuu yahay qaran dumis (Traitor). Isla mar ahaantaasna lagu xukumi doono dil. Muddo ka dibna laba qof oo reer Somaliland ah kana mid ahaa dadkii shirka Jabuuti ka qayb galay ayaa xabsiga lagu tuuray markay soo noqdeen.

Feb. 2000 Hay'adihii caalamiga ahaa ee ay gacan saarka lahaayeen (partnerships) U.N-ka ayaa IGAD la kulmay. Halkaas oo ay qorshihii Jabuuti ee Soomaalida nabadda loogu raadinayey ku falanqeeyeen. Kulan kaas oo dawladda Jabuuti qorkshihii shirka ku soo bandhigtay aad ayey ula dheceen ama ugu riyaaqeen xubnihii hay'adaha kala socday[409].

5 Maarj 2000 Nin u hadlay Digil iyo Mirifle 'Salvation Army' (Ciidanka Badbaadinta Digil iyo Mirifle) ayaa wuxuu sheegay in ciidamadiisa iyo kuwa RRA (Raxanweyn Resistence Army) ay la dagaalameen 'maleeshiyadda maxkamadda Islaamka ee daacadda u ahayd Xuseen Maxamed Faarax Caydiid, oo isku deyey in ay qabsadaan magaalada Qoryooley ee gobolka Shabeelaha Hoose[410].

8 Maarj 2000 Wakiilkii U.N Soomaaliya u qaabilsanaa ayaa booqasho ku tegay Hargeysa, si uu maamulka Somaliland uga dhaadhiciyo ka qayb galka shirka Jabuuti. Wakiilku wuxuu la kulmay dhawr wasiir oo maamulka Somaliland ka tirsanaa, hase ahaatee, wakiilka U.N. wuxuu u socday kuma uusan guulaysan.

Maarj 2000 Waxaa Jabuuti lagu qabtay shir ay ak soo qayb galeen ilaa 160 Soomaali "khabiiro" ahaa oo waddanka gudihiisa iyo dibaddiisaba la isaga keenay. Ujeedada dadkaas loo soo ururiyey waxa ay ahayd in ay talooyinka ka bixiyaan shirweynaha dib u heshiisiinta ee Jabuuti lagu qabanayey. Shirkaas waxaa kale oo ka qayb galay Maxamed Saxnuun, oo U.N-ka ka wakiil ahaa. Arrintu si kastaba ha ahaatee, dad Soomaali ah oo shirkaas talo bixinta ka qayb galay waxa ay sheegeen inaan taladooda cidina weydiin ee wax hore u diyaarsanaa (qoraa) su'aalo iyo fikradooda laga weydiiyey. Talada ugu muhiimsan ee guddigaas talo bixintu soo jeediyey waxa ay ahayd: "inaan xilliga la joogo inaanay suurto gal ahayn in nimanka qabqablayaasha dagaalka (warlords) aan siyaasad ahaan laga takhalusi karin. Sidaas daraadeed ay haboon tahay in shirka iyo dhismaha dawladda laga qayb geliyo; gaar ahaan kuwii nabad raba. Hase ahaatee, taladaas lama qaadan, madaxweynihii Jabuutina wuxuu soo jeediyey in haddii 'hoggaamiyayaashaas (warlords) qabiilkoodu soo dirsado amaba soo magcaabo ay shirka ka soo qayb geli karaan. Guud ahaan, qodobada dadkaasi soo jeediyeen waxaa ka mid ahaa:

1) In hoggaamiyayaasha qabiilada 'warlords-ka' shirka laga qayb geliyo

2) In dawlad 'federal' ah oo goboladu madax banaan yihiin lagu dhaqmo

3) In la dhaqan geliyo hay'ad xuquuqal insaanka ilaalisa

4) In la abuuro guddi ilaalisa nabad gelyada iyo shuruucda lagu heshiiyey

5) In dadkii degey guriyihii aanay lahayn ay ka guuraan

6) In Xamar ahaato caasimadda dalka

7) In ciidamo ajinabi ah la codsado haddii loo baahdo

8) In adduunyadu gaar ahaan 'U.N' ay dhaqan geliso xayiraaddii hubka (Arms embargo) ee Soomaaliya lagu soo rogey.

Maarj 2000 Koox Soomaaliyeed oo niman baayacmushtar ah u badnaa ayaa Jabuuti booqasho ku tegay, waxa ayna ballan qaadeen in ay hiil iyo hooba la dhinac taagan yihiin dawladda Jabuuti sidii shirkaasi u qabsoomi lahaa.

23 Maarj 2000 Janaraal Cabdullaahi Yuusuf Axmed, ayaa ku dhawaaqay in Puntland aanay ka qayb geli doonin, taageerona ka geysan doonin shirka Carta lagu qaban qaabinayey. Cabdullaahi Yuusuf wuxuu madaxweynihii Jabuuti iyo dadkii kale ee shirkaas qaban qaabinayey ku eedeeyey in ay ku tagri-faleen dib u heshiisiinta Soomaalida, iyaga oo qofkay doonaana casumaya ka ay doonaana ka reebaaya. Wuxuu kale oo intaas ku daray in arrinta meesha ka socotaa ay ka fog tahay rabitaanka Soomaalida iyo siday u rabaan in ay u heshiiyaan. Ka dib markii Cabdullaahi Yuusuf arrintaas ku dhawaaqayna, waxaa banaan baxyo sameeyey dad badan oo reer Puntland ahaa, kuwaas oo shirka taageersanaa. Jabuuti oo dhaleecayntaas Cabdullaahi Yuusuf ka jawaabaysayna, waxa ay sheegtay in sheegashada Cabdullaahi Yuusuf xaqiiqada ka dheer tahay, shirkana ay Soomaalidu maamulkiisa leedahay.

27 Maarj 2000 Shir wasaaradeed ay xubnaha IGAD yeesheen ayey cod buuxa isku raaceen in ay fikraddii Ismaaciil Cumar Geelle soo jeediyey ee Soomaalida lagu heshiisiiyo ay taageersan yihiin.

Maarj/Abriil 2000 Maamulkii dawladda Jabuuti ayaa waxa ay xoogga saareen siday Soomaalida, gaar ahaan madaxda qabiilada iyo dadka baayacmushtarka ah ay uga dhaadhicin lahaayeen muhiimadda shirka Jabuuti qaban qaabinaysay; isla mar ahaantaasna ay dawladda Jabuuti taageero buuxda u siin lahaayeen.

14 Abriil 2000 Maamulkii dawladda Jabuuti ayaa Wefdi Somaliland u diray, si ay Cigaal uga dhaadhiciyaan sidii uu uga qayb geli lahaa shirka Jabuuti qaban qaabinaysay. Laakiin markay weftigii garoonka diyaaradaha yimaadeen ayaa loo diiday in ay diyaaradda ka soo degaan. Xidhiidhkii Somaliland iyo Jabuuti oo markii horeba murugsanaa wuxuu gaadhey meeshii ugu xumayd.

18 Abriil 2000 Dawladda Jabuuti ayaa Wefdi waxa ay u dirtay magaalada Garoowe si weftigaasi ula kulmo odayaasha reer Puntland iyo qaar ka mid ah maamulka Cabdullaahi Yuusuf. Kulankaasi markii uu dhammaadayna Cabdullaahi Yuusuf wuxuu oggolaaday in odayaasha kuwii rabey in ay shirka Carta ka qayb galaan ay xor u yihiin oo ay tegi karaan. Arrintu si kastaba ha ahaatee, qaar ka mid aha odayaashii reer puntland ee shirkii koowaad ee Carta ka qayb galay, markii ay ku soo laabteen Puntland, shirkii 2aad ee Carta dib uguma noqon.

24 Abriil 2000 Ku-xigeenkii Xoghayaha Guud ee Qaramada Midooday arrimaha siyaasadda Soomaaliya u qaabil sanaa, ayaa wuxuu mar kale la kulmay qaar ka mid ahaa dawladihii arrimaha Soomaaliya danaynayey. Waxaana kulankaas war bixin ku soo bandhigay maamulkii Jabuuti; waxa ayna ka war bixiyeen habka loo qaban qaabinayo shirka Jabuuti ee Soomaalida lagu heshiisiinayo. Dhammaan xubnaha shirkaas ka soo qayb galay way taageereen shirka Jabuuti.

Abriil 2000 Cudurka Daacuunka ayaa gobolo badan oo Soomaaliya ka tirsan ku dhacay. Cudurkaas oo gaar ahaan aad u saameeyey gobolka Bay ayaa waxaa la sheegay in ilaa 145 ku dhimatay, dad ilaa kun (1,000) ka badana uu aad u saameeyey.

2 May 2000 Wejigii (qaybtii) koowaad ee shirkii dib u heshiinta Soomaalida ayaa ka furmay magaalada Carta ee waddanka Jabuuti. Dadka shirkaas ka soo qayb galay waxa ay u badnaayeen odayaal metelaayey qabiilada Soomaalida badankooda. Shirkaas oo socday ilaa 13kii Juun waxaa lagu falanqeeyey qodobada heshiiska iyo ciddii siyaasad ahaan meteli lahayd qabiilada kala duwan ee shirka wejigiisa labaad isugu imanaya.

6 Juun 2000 Dieter Kreseman oo Jarmalka u dhashay una shaqaynaayey hay'adda Jarmalka ee 'German Technical Cooperation Agency' ayaa waxaa lagu dilay magaalada Burco.

15 Juun 2000 Waxaa Carta ka furmay wejigii labaad ee shirkii dib u heshiisiinta Soomaalida. Shirkaas oo ay ka soo qayb galeen siyaasiyiin, baayacmushtar, cululumaa'ul diin iyo dad kala duwan oo metelayey ururada shacbiga ee siyaasada ka madaxa banaan (civil societies), waxaa furay madaxweyne Ismaaciil Cumar Geelle. Wufuudda shirkaas ka soo qayb galay waxa ay ka koobnaayeen 810 qof, kuwaas oo ka kala socday afarta qabiil ee ugu waaweyn (Dir, Daarood, Hawiye iyo Raxanweyn)[411] oo mid kastaaba ay ka socdeen 180 qof (mid kastana ay ku jireen 20 haween ah) iyo 90 qof oo ka kala socday qabiilada yar yar amaba aqlibadda yar oo toban (10) ka mid ahi ay haween ahaayeen. Shakhsiyaadkii shirkii (koowaad) sii qaban qaabiyey, waxaa loo oggolaaday in ay shirkan ka qayb galaan, laakiin aanay wax cod (vote) ah ka dhiiban karin.

17 Juun 2000 Cabdullaahi Yuusuf, ayaa wuxuu ku dhawaaqay in Puntland aanay shirka Carta ka qayb gelayn, odayaasha reer Puntland ee shirka Carta fadhiyaana aanay dadkooda wax idan ah ka haysan in ay shirkaas ka qayb galaan. Ka dib markii shirkii Carta dhammaadayna, Cabdullaahi Yuusuf wuxuu sheegay in natiijada shirka Jabuuti ka soo baxday aanay Puntland khusayn, dawladda ku meel gaadhka ah ee Carta lagu dhisayna aanay Puntland aqoonsan doonin. Cabdullaahi Yuusuf wuxuu intaas ku daray inaan Puntland cidna daandaansan doonin, laakiin haddii la soo weeraro ay Puntland isdaafici doonto.

17 Juun 2000 Wufuuddii Soomaalida ee shirka isugu timi ayaa waxa ay cod buuxa ku doorteen laba guddoomiye (Co-chairmans), Xasan Abshir, Majeerteen oo hore u ahaan jiray Duqa magaalada Xamar (Mayor) wakhtigii xukuumaddii Maxamed Siyaad Barre jirtay iyo xoghayihii guud ee RRA Cabdalla Deerow Isaaq. Waxaa kale oo madashii laga doortay afar guddoomiye ku xigeen oo midi ahayd haweenay. Ka dib markii muddo bil ku dhow laga doodayey qodobadii dib u heshiisiinta, sidii madax wax maamusha iyo nidaam dawladeed loo dooran lahaa, ayaa ugu dambayntii xubnihii shirku isku raaceen in la dhiso dawlad ku meel gaadh ah (Transitional National Government (TNG)) oo xilka hayn doonta muddo saddex sano ah; ka dibna diyaarinaysa doorashooyin muwaadin kasta u furan. Qodobada amaba sharciyada cusub ee la isku raacay waxaa ka mid ahaa:

1) in gobolkastaa lahaado maamul iyo nidaam madax banaan (autonomy), goboladuna ay ka koobnaan doonaan 18kii gobol ee jiray intaan maamulkii Maxamed Siyaad Barre dhicin.

2) inuu hab dawladeedku ahaado mid ku dhisan saddex awoodood (Executive Branch, Judicial Branch and Legislative Branch) iyo inuu weliba ahaado nidaam dawladeed oo xaquuqda insaanka dhowra.

3) in shan iyo labaatan (25) kursi ee Baarlamaanka rasmi ahaan haweenka loogu qoondeeyo. Arrintan haweenka kuraasida loo meel dhigay ma ahayn mid waddanka hadda hore uga dhacday, rag badan oo qabiilada metelaayeyna aad ayey uga xumaayeen, laakiin waxa ay ahayd arrin lagu san duleeyey.

4) in afar iyo labaatan (24) kursi ee Baarlamaanka loo meel dhigo (qoondeeyo) dadka aqlibiyadoodu yar tahay (minority).

5) in sharciga goluhani isku raacay uu ahaado sharciga keliya (supreme law) ee waddanka ka jira ilaa inta laga samaynaayo dastuur guud oo gobolada iyo dawladda cusub ee la doortaa isku raacaan.

6) Waxaa kale oo la isku raacay in tirada guud ee Baarlamaanka ee dawladda TNG uu ka koobnaan doono 225 xubnood.

24 Juun 2000 In ka badan 30 qof ayaa ku dhimatay dagaal dhex maray qabiilada Jiido iyo Garre. Dagaalkaas oo hub aad u culus la isdhaafsaday, wuxuu ka dhacay duleedka magaalada Qoryooley.

10 Jul. 2000 Nin khabiir ahaa oo loo xilsaaray inuu soo baadho arrimo ku saabsan ku xad gudubka xuquuqda insaanka (ee Soomaaliya), aya shir jaraa'id qabtay. Khabiirkaasi wuxuu baadhayey eedo loo soo jeediyey maamulada Somaliland iyo Puntland oo lagu cambaareeyey in ay cadaadis iyo cabudhis u geysteen dadkii shirkii Jabuuti ka qayb galay. Ninkaasi wuxuu gaar ahaan Cigaal ku eedeeyey inuu xidhxidhay ka dibna masaafuriyey 25 qof oo reer Puntland ahaa oo u socday in ay shirka Jabuuti ka qayb galaan. Khabiirkaasi wuxuu kale oo maamulkii Cigaal ku eedeeyey inuu ka dambeeyey nin askari (Somaliland) ahaa (Dhulbahante) oo ka soo hor jeeday nimankaas la masaafurinayey.

Jul. 2000 Wakiilkii U.N Soomaaliya u qaabilsanaa ayaa waxaa u soorto gashay inuu isku xidho (wada hadalsiiyo) Ismaaciil Cumar Geelle iyo Maxamed X. Ibraahim Cigaal, hase ahaatee, Ismaaciil Cumar Geelle kuma guuleysan inuu Cigaal ka dhaadhiciyo inuu shirkaas Jabuuti waday ka qayb galo.

Agoos (Bilowgii) 2000 Iyaga oo raacaaya qodobadii iyo qaynuunkii wufuuddii shirka Carta isku raacday, ayaa waxaa dadkii madasha laga dhex doortay 225kii xubnood ee Baarlamaanka meteli lahaa; kuwaas oo lagu saleeyey qabiil kasta intii loo qoondeeyey. Ka dib markii la bilaabay doorashadii xubnaha ayaa waxaa soo ifbaxay dood cusub iyo khilaaf oo ay qabiilada qaarkood ku doodayaan in tirada Baarlamaanka lagu yareeyey. Ka dib markii arrintaas la isku mari waayey, Ismaaciil Cumar Geelle, ayaa wuxuu go'aansaday in uu 20 xubnood oo dheeraad ah reeraha/qabiilada ugu kordhiyo. Inkasta oo arrintaas lafteedu muran cusub dhalisay, haddana markii dambe waa la isku raacay.

13 Agoos 2000 Xubnihii Baarlamaanka 'Transitional National Assembly' (TNA) ee la doortay ayaa kulmay, dhawr casho ka dibna waxa ay u "hadlaha" (Speaker of the House) u doorteen Cabdalla Deerow Isaaq, oo qabiilka Raxanweyn u dhashay. Ka dibna xubnihii TNA ayaa waxa ay bilaabeen qaban qaabinta doorashadii madaxweynihii dawladda TNG hoggaamin lahaa. Waxaa jagadii madaxweynimada isu sharaxay 45 nin oo mid walbaaba rabey in isaga la doorto.

26 Agoos 2000 Cabdiqaasim Salaad Xasan (ina Salaad Boy) oo reerka Habar Gidir, Cayr ka dhashay ayaa jagadii madaxweynimada ee TNG ku guuleystay. Cigaal oo wax laga weydiiyey doorashada Cabdiqaasim, wuxuu yidhi "waxaanu Soomaaliya (koonfur) la hadli karnaa, marka la helo qof xaq lagu doortay oo magaca dhulkaas meteli kara, oo weliba lala xaajoon karo." Macnaha uu u jeeday wuxuu ahaa, 'koonfuri' codkeliya ha ku timaado, annagu boqol 'warlord' lama xaajoon karee. Isla markii shirkii Carta dhammaadayna, Cigaal wuxuu dibadda u diray Wefdi uu hoggaaminayey wasiirkii Arrimaha Dibadda (Fagadhe), Dhulbahante. Sababta Cigaal weftigaas u dirayna waxa ay ahayd inuu adduunka ka dhaadhiciyo aragtida Somaliland iyo sababaha ay u diiday in ay shirkaas uga qayb gasho. Meelaha weftigaasi tegay waxaa ka mid ahaa New York iyo Washington, DC.

27 Agoos 2000 Cabdiqaasim Salaad Xasan ayaa jagadii madaxweynimada loo caleemo saaray/dhaarshay. Xafladdaas oo ka dhacday magaalada Carta ee waddanka Jabuuti, dadkii ka soo qayb galay waxaa ka mid ahaa, madaxweynihii Jabuuti Ismaaciil Cumar Geelle, madaxweynihii Eriteriya Assyas Afworki, madaxweynihiii Suudaan, Xasan Al-Bashiir, madaxweynihii Yemen, Cali Cabdalla Saalax iyo Ra'iisal Wasaarihii Itoobiya Meles Zenawi. Waxaa kale oo xafladdaas ka soo qayb galay madax sar sare oo ka kala socday, dawladaha Faransiiska, Talyaaniga, Kenya, Liibiya, Sacuudi Carabiya, iyo weliba mas'uuliyiin ka kala socday OAU, UN, Jaamacadda Carabta iyo IGAD.

28 Agoos 2000 Cabdiqaasim Salaad Xasan ayaa khudbaddiisii ugu horeysay ee madaxweynenimo u jeediyey Wufuuddii shirka ka soo qayb gashay iyo xubnihii TNA (Baarlamaankii cusbaa). Wuxuuna isaga oo la hadlaaya raggii dableyda ahaa iyo kuwii daacadda u ahaa hoggaamiyayaashii dagaalka (warlords) u sheegay 'in ay hubka iska dhigaan,' wuxuuna u ballan qaaday in ay ciidamada cusub ee qaranka ku biiri doonaan.

28 Agoos 2000 Maamulkii Cigaal ayaa wuxuu soo saaray sharci cusub oo awood weyn siinaaya maamulkiisa, yaraynayana xuquuqda (sida sawdka xorta ah) qofka wadaniga ah.

29 Agoos 2000 Ka dib markii Jabuuti madaxweyne loogu doortay, Cabdiqaasim Salaad Xasan, isaga oo la hadlyaaya Baarlamaankii cusbaa — ayaa wuxuu u sheegay 'in aan lala dagaalamayn wiilasha (maleeshiyada) ee qoriga ay sitaan loogu bedeli doono xirfad iyo aqoon anfacda oo ay ku shaqaystaan.'

30 Agoos 2000 Cabdiqaasim Salaad Xasan iyo xubno ka tirsan Baarlamaankii TNG ayaa magaalooyinka Xamar iyo Baydhabo booqasho ku tegay, halkaas oo ay ku soo dhoweeyeen dad tiradoodu kumanyaal gaadheysay, aadna ugu jibaysnaa (faraxsanaa) madaxweynaha cusub iyo dawladdiisa. Ka dibna Cabdiqaasim wuxuu booqasho ku tegay waddanka Masar, halkaas oo ururka Jaamacadda Carabta shir uga socday. Markii booqashadii Masar u dhammaatayna wuxuu ka qayb galay shirkii guud ee golaha ammaanka (U.N) uga socday magaalada New York ee waddanka Maraykanka. Cabdiqaasim oo loo oggolaado inuu shirkaas ka hadlo, wuxuu xubnihii ururka ka codsaday in ay xukuumaddiisa 'curdinka ah hiil iyo hooba la dhinac istaagaan. Muddo ka dibna Cabdiqaasim iyo Ra'iisal Wasaarihiisii cusbaa, Cali Khaliif Galaydh, ayaa waxa ay booqashooyin kala duwan ku tageen wadamada Liibiya, Itoobiya, Kenya iyo Uganda.

Agoos 2000 Ugu yaraan 20 qof ayaa ku dhimatay dagaal dhex maray GaalJecel iyo Xawaadle.

31 Agoos 2000 Dhammaan qabqablayaashii (Warlords) dagaalka ugu xoogga weynaa ee shirka Carta aan ka soo qayb gelin iyo labadii maamul ee Somaliland iyo Puntland ayaa ku dhawaaqay in ay ka soo hor jeedaan maamulka cusub ee Cabdiqaasim Saalad Xasan lagu doortay. Waxa ay kale oo intaas ku dareen in Jabuuti Soomaalidii sii kala geysay abuurtayna colaad cusub iyada oo danaheeda gaarka ah ku wadatay shirkii Carta lagu qabtay.

5 Sebtem. 2000 Ugu yaraan 25 qof ayaa ku dhimatay 18 kalena way ku dhaawacantay, ka dib markii dagaal aad xumi Xawaadle iyo Gaaljecel ku dhex maray gobolka Shabeelaha Dhexe (BBC News).

17 Sebtem. 2000 Garaad Abshir Faarax, oo ahaa Garaadkii Barkad (Dhulbahante) ayaa maxkamadda Berbera waxa ay ku xukuntay todoba (7) sano oo xadhig ah, ka dib markii lagu eedeeyey inuu shirkii Carta ka qayb galay. Maxkamadda markii la saarayey waxaa la sheegay inuu ka qayb galay nin ka socday Laanta Xuquuqda Insaanka ee Qaramada Midoobay. Ka dib markii cadaadiskii iyo xamaasaddii siyaasadeed sii bateen, Cigaal wuu cafiyey ninkii odayga ahaa ee u xidhnaa.

19 Sebtem. 2000 Dawladda Sacuudiga Carabiya ayaa ku dhawaaqday in ay joojin doonto xoolihii looga soo dhoofin jirey Soomaaliya. Sacuudigu wuxuu sheegay in sababtu ahayd in xoolaha Soomaalida laga helay cudurka loo yaqaano 'Rift Valley Fever.' Cudurkaas oo la sheegay in dad Sacuudi ahi ku dhinteen, ka dib markii ay cuneen hilib xoolo cudurkaas qabey. Arrintu si kastaba ha ahaatee, cuno qabatayntaas oo Soomaalidu meel kasta oo ay joogtay aad u saamaysay; waxaa la sheegay in Soomaalidu aad uga dacwoodeen. Ka dibna U.N ayaa u dirtay khabiiro caafimaad oo arrintaas baadha, waxa ayna natiijadii noqotay inaan xoolihii Soomaalidu cudurkaas qabin. Hase ahaatee, Sacuudigu go'aankiisii inuu ka noqdo iska daayee, wadamadii Carabta badankoodii ayaa ku raacay in ay joojijaan in ay xoolaha

Soomaalida iibsadaan. Arrintaas xoolaha lagu joojiyey Soomaalida waxa ay u geysatay dhibaato dhaqaale oo aad u weyn.

22 Sebtem. 2000 Maleeshiyadii Xuseen Caydiid u daacadda ahayd ayaa waxa ay duulaan ku qaaday Bermuda (Xaafad ka tirsan degmada Hawl Wadaag, Xamar)—Maleeyshiyada Xuseen Caydiid oo isticmaalaysay hub aad u culus, waxaa la sheegay in ciidamada uu la dagaalamayey ay daacad u ahaayeen Cali Mahdi Maxamed (BBC News).

Sebtem. 2000 Wakiilkii U.N Soomaaliya u qaabilsanaa ayaa isku deyey inuu wada hadalsiiyo Cabdiqaasim Salaad Xasan iyo Maxamed X. Ibraahim Cigaal, hase ahaatee Cigaal wuu diiday inuu Cabdiqaasim la kulmo, ilaa inta Cabdiqaasim ka tanaasulayo sheegashada madaxweynaha "Soomaaliweyn."

8 Okt. 2000 Cabdiqaasim Salaad Xasan ayaa ku dhawaaqay inuu Ra'iisal Wasaare u magcaabay Cali Khaliif Galeyr, oo ka dhashay reerka Dhulbahante. Ka dibna Cali Khaliif ayaa wuxuu Wasiirka Arrimaha Dibadda u magcaabay Ismaaciil Maxamed Hurre (Buubaa), oo reerka Ciida Gale (Isaaq) ka dhashay. Ismaaciil Buubaa, wuxuu ka mid ahaa raggii Isaaq ee ka soo horjeeday maamulkii Maxamed X. Ibraahim Cigaal.

14 Okt. 2000 Cabdiqaasim iyo Cali Khaliif ayaa waxa ay ku soo noqdeen magaalada Xamar. Todobaad ka dibna Cali Khaliif, ayaa wuxuu ku dhawaaqay ku xigeenkii (Deputy Prime Minister) noqon lahaa iyo 22 wasiir. Inkasta oo shirkii Jabuuti aad Soomaalida loogu cadaadiyey in ay haweenka dawladda ka qayb geliyaan, haddana 22ka wasiirba waxa ay ahaayeen rag. Sidoo kale, 21 wasiir waxaa laga soo xulay qabiilada waaweyn, marka laga reebo mid keliya oo ka dhashay qabiilada laga badan yahay (minority). Todobaad ka dibna Cali Khaliif wuxuu ku dhawaaqay magcaabidda 45 wasiir ku-xigeen, oo afar (4) ka mid ahi ahaayeen haween.

17 Okt. 2000 Cabdiqaasim Salaad Xasan ayaa u magcaabay Janaraal Yuusuf Talan Cali (Talan) oo Gadabuursi u dhashay inuu noqdo guddoomiyaha "Hub ka Dhigista iyo dib u habaynta ciidamada."

18 Okt. 2000 Janaraal Talan ayaa la toogtay, waxaana la sheegay in ay dileen niman dabley ah oo TNG ka soo hor jeeday. Dilkaasina wuxuu cashar weyn u noqday raggii aan Hawiyaha ahayn ee Xamar ku soo noqday iyo kuwii kale ee rajadu ka haysay in ay dawladda cusub jagooyin ka helaan. Nasiib darro, sidii dad badan oo siyaasadda Soomaalida aad ugu xeel dheeraa aaminsanaayeen, oo ahayd inaan xukuumadda TNG waxba ka soconayn 'ilaa inta Somaliland iyo Puntland' meesha ka maqan yihiin ayaa rumowday. Sidaa darteed, maamulkii Cabdiqaasim wuxuu aad isugu deyey sidii uu arrinta wax uga bedeli lahaa, gaar ahaan sidii Somaliland iyo Puntland loogu qasbi lahaa in ay maamulka TNG ku soo biiraan. Sidaa darteed, dawladihii maamulka TNG u calool debecsanaa, oo ay ka mid ahaayeen Talyaaniga, ayaa Cabdiqaasim ka codsaday inuu arrinta wax kala qabto. Ka dibna, Talyaanigu wuxuu 'khabiiro' xaaladda kala taliya kana soo war bixiya u diray Somaliland iyo Puntland, markay booqashadoodii soo gebo gebeeyeenna waxa ay ku soo noqdeen Xamar, waxa ayna la kulmeen Cabdiqaasim, waxa ayna u ban dhigeen wixii ay kala kulmeen Somaliland iyo Puntland. Waxaase la sheegay inaan natiijo wanaagsani ka soo bixin.

21/22 Okt. 2000 Cabdiqaasim Salaad Xasan iyo Wefdi uu hoggaaminayey ayaa ka qayb galay shirkii Jaamacadda Carabta Qaahira (Masar) uga socday.

25-26 Okt. 2000 Shir lagu qabtay magaalada Garoowe, oo ay soo qaban qaabiyeen kooxaha Puntalnd, RRA iyo SPM ayaa waxa ay wada jir ugu dhawaaqeen in dhibaatada Soomaaliya lagu xalliyo dawlad 'federal' ah oo loo dhan yahay. Waxa ayna sheegeen in dawladda 'federalka) ahi ka koobnaan doonto Waqooyi Galbeed (Somaliland), Bari (Puntland), Gobolada Dhexe (Mudug iyo Galgaduud), iyo Gobolada Koonfur Waqooyi (Shabeelaha Hoose, Shabeellaha Dhexe, Bay, Bakool, Gedo, Jubada Dhexe iyo Jubada Hoose). Waxa ay kale oo kooxdaasi soo jeedisay in Soomaalidu isugu yimaadaan shir "qaran" oo loo dhan yahay, isla markaasna la magcaabo guddi qaban qaabisa, qodobada iyo qaynuunka shuruudda u ah heshiiska iyo maamulka cusub ee la dhisi doono. Waxa ay kale oo nimankaasi adduunyada, gaar ahaan kuwa siyaasadda Soomaaliya aad u xiiseeya ka codsadeen in ay shirkaas qaban kaabintiisa iyo hir gelintiisaba gacan ka geystaan.

12-14 Nof. 2000 Cabdiqaasim iyo Wefdi uu watay ayaa waxa ay ka qayb galeen shir magaalada Dooxa (Qadar) uga socday ururka Isbahaysiga Islaamka.

12 Nof. 2000 Waxaa Xamar lagu dilay nin ka tirsanaa Baarlamaankii maamulkii TNG oo lagu naaneysi jirey "jaalle," kana dhashay beesha Gaal Jecel. Dilka ninkaas waxaa la sheegay in ay ka dambeeyeen arrimo siyaasadeed.

18-22 Nof. 2000 Cabdiqaasim iyo Wefdi la socday ayaa booqasho ku tegay Yemen, waxa ayna la kulmeen madaxweynihii Yemen, Cali Cabdalla Saalax. Waxaa iyaguna booqsaho ku tegay Yemen niman ka mid ahaa kuwa kooxaha kala duwan hoggaamiya ee maamulka TNG ka soo horjeeday. Madaxweynha Yemen, wuxuu ka mid ahaa shakhsiyaadka aad ugu dedaalayey in Soomaaliya dawladi ka dhisanto. Isla bishaas aakhirkeedii, Cabdiqaasim wuxuu booqasho ku tegay waddanka Liibiya. Sida la sheegay, madaxweynihii Liibiya, Mucamar Al Qadaafi, wuxuu Cabdiqaasim u sheegay inuu isku deyi doono in isaga iyo kooxaha maamulkiisa ka soo hor jeeda uu heshiisiiyo. Arrintaasna waxba kama socon, waayo ragga kooxaha hoggaamiyayaasha ka ahaa, waxa ay badankoodu rabeen kursi Cabdiqaasim ku fadhiyey, mana rabin in ay wax ka yar aqbalaan. Cabdiqaasim-na diyaar uma ahayn inuu kursiga qof kale ku wareejiyo.

19 Nof. 2000 Maamulkii Cigaal ayaa xidhay Suldaankii Ciidagalaha, Suldaan Cabdilqaadir iyo dhawr qof oo kale, ka dib markii ay ka soo noqdeen shirkii Carta ee ay ka qayb galeen. Arrintu si kastaba ha ahaatee, markii xiisihii siyaasadeed sii batay, Cigaal-na cadaadis badan lagu saaray inuu Suldaanka sii daayo; aakhiritaankii waa la sii daayey.

23/24 Nof. 2000 Cabdiqaasim Salaad ayaa ka qayb galay shirkii IGAD ee Khartuum, Suudaan lagu qabtay. Cabdiqaasim wuxuu ahaa qofkii ugu horeeyey ee Soomaaliya, ilaa intii maamulkii Maxamed Siyaad Barre dhacay (1991) loo oggolaaday inuu ku fadhiisto kursigii IGAD ee Soomaaliya.

11 Dis. 2000 Xuseen Xaaji Bood oo ka mid ah hoggaamiyayasha Abgaal ee magaca weyn leh, ayaa heshiis nabadeed la saxeexday Cabdiqaasim Salaad Xasan, madaxweynaha dawladda ku meel gaadhka ah (TNG). Bood waxa uu sheegay in Cabdiqaasim Salaad Xasan uu ciidamadiisa iyo hubkiisaba ku taageerayo dawladda cusub. Cabdiqaasim wuxuu sheegay inuu aad ugu faraxsan yahay heshiiska cusub, wuxuuna intaas ku daray in arrintaasi astaan u tahay nabad gelyo iyo dib u heshiin. Bood wuxuu markii hore ku xulufo ahaa Xuseen Maxamed faarax Caydiid oo shirkii Carta ka soo hor jeeday.[412]

Dis. (Bilowgii) 2000 UNHCR haweenay u hadashay ayaa waxa ay sheegtay in 4,744 oo Soomaalidii qaxootiga ahayd ee Jabuuti joogay dhulkoodii lagu celiyey. Waxa ay kale oo haweenaydaasi sheegtay in sidoo kale UNHCR qorshaynaysay in ay 24, 000 (kun) oo qaxooti reer Somaliland ah ay dhulkoodii ku celiyaan, laakiin arrintaasi adkaatay, taas oo ay u sabab tahay xidhiidhka xun ee Jabuuti iyo Somaliland ka dhexeeyey[413]. (AFP, December 15, 2000)

Tix Raac (Reference Notes).

1. Xasuus: Meelo badan baad ku arki doontaa M.S. Bare (waa Maxamed Siyaad Barre).

2. Dhismaha iyo abaabulka SNM wuxuu ka bilowday waddanka Sacuudiga oo ay waqtigaas degganaayeen dad badan (aqoon yahanno) oo reerka Isaaq u dhashay.

3. Aasaaska SNM waxaa lagaga dhawaaqay magaalada London ee cariga Ingiriiska.

4. Hawiye keliyaa kuma kacsanayn ee mucaaradku qabiil kasta wuu ka jirey.

5. "Mooryaan" waxaa loo bixiyey raggii budh-cadda ahaa ee magaca Jabhadihii USC ka midka ahayd magaceeda ku dagaalamayey.

6. Mooryaan waxaa loo yaqaaney dadkii budh-cadda ahaa ee dadka dhici jirey.

7. "The Shaping of Somali Society: Reconstructing the History of a Pastoral People, 1600 - 1900," Lee V. Cassanelli, University of Pennsylvania Press, Philadelphia, 1982,p.16.

8. Ajuuraan waxa ay hadda degan yihiin dhulka NFD loo yaqaan, gaar ahaan magaalada Wajeer iyo nawaaxiga webiga Shabeelaha sare, sida magaalada Qalaafe iyo meelaha kale ee ku dhow.

9. Eeg Cassanelli, p.90.

10. Eeg Cassanelli, pp.90-4

11. Eeg Cassanelli, pp.94-111

12. Eeg Cassanelli, p.94.

13. Eeg Cassanelli, p.112.

14. Eeg Cassanelli, p.136.

15. Eeg Cassanelli, p.138.

16. Buula Mereerey, ayaa dadka badankiisu magaalada u yaqaan.

17. Eeg Cassanelli, p.188.

18. The Evaded Duty," Louis FitzGibbon, Rex Collings, London, 1985, p.123

19. Waxaa waqtiggaas addoon ahaan loo kala iibsan jirey dadkii Zanzibaar laga keenay.

20. Maamulkii Kadive waxa uu markii dambe sheegtay in heshiiskaas kala wareejintu uu ku jirey Xeebaha Somaliland.

21. Khadive, waxa aad ku arki doontaa siyaabo kala duwan (sida Khadive, Kadive) oo loo qoray, laakiin wagacu waa isku mid (same person).

22. Gordon Basha waxa uu ahaa nin Ingriis ah, laakiin waxa uu ka tirsanaa ciidamada Masar. Maamulkii Masar ee waqtigaas jirey waxaa korka ka haystay Boqortooyadii Ingiriiska, ciidamada Masar-se waxaa ku jirey ciidamo badan oo Masaari aan ahayn sida Gordon Basha.

23. Waxa ay ku kiciyeen qabiiladii halkaas deganaa.

24. Eeg Cassanelli, p.191.

25. The Evaded Duty," Louis FitzGibbon, Rex Collings, London, 1985, p.30.

26. Eeg Cassanelli. P. 191.

27. Wixii faahfaahin dheeraad ah ka eeg : Reginald Coupland, 'The Exploitation of East African, (London, 1939), pp. 182-234.

28. "The Shaping of Somali Society: Reconstructing the History of a Pastoral People, 1600 - 1900," Lee V. Cassanelli, University of Pennsylvania Press, Philadelphia, 1982,p.223.

29. Eeg sidoo kale, Georges Revoil, "Voyage au Cap des Aromates" (Paris, 1880), pp.60-62; Cassanelli, pp.197-98.

30. Ninkii Masar Xukumayey waqtigaas.

31. Si Masaarida ay ugu suurtowdo in ay maamulkooda ku soo xidhaan dadka reer guuraaga ah, waxa ay sameeyeen Suldaano, Caaqilo, Qaaliyaal iwm. Kuwaas oo quwadihii shisheeye oo dhammi markii dambe isticmaali jireen.

32. Intii aan Masaaridu degin xeebaha badda cas, Saylac waxaa xukumi jirey Abuubakar Baasha, oo Canfar ahaa. Wuxuuna ahaa Waaligii Khilaafadii Turkiga magaaaladaas u fadhiyey, waxaana markii dambe kala wareegay Xaaji Sharma'arke Cali Saalax. Berberana waxaa waqtigaas madax ka ahaa Cabdiraxmaan Bey, oo Masri ahaa.

33. Eeg Cassanelli. P. 188.

34. Marka loo eego quwadihii shisheeye, Masaaridu waxa ay ahayd dawladda keliya ee dhaqaale, iyo diin ahaanba horumar ka samaysay dhulkii Soomaalida ee ay maamulayeen.

35. Sanadka dhammaadkiisiina waxaa 3 Qunsiliyood Ingiriisku ka dhisay magaalooyinka Berbera, Saylac iyo Bulla Xaar.

36. The Evaded Duty," Louis FitzGibbon, Rex Collings, London, 1985, p.114.

37.The Evaded Duty," Louis FitzGibbon, Rex Collings, London, 1985, p.31.

38. The Evaded Duty," Louis FitzGibbon, Rex Collings, London, 1985, p.30.

39. Ilaa hadda masaajidkii waa kaniisad.

40. The Evaded Duty," Louis FitzGibbon, Rex Collings, London, 1985, p.29.

41. Ingiriisku wuxuu xad gudub weyn ku sameeyey heshiishkii isaga iyo Qabiilka Ciisaha u dhexeeyey, kaas oo dhigayey in dhulka Ciisuhu madax banaanaado Ingiriiskuna aanu xaq u lahayn inuu qayb ka mid (dhulka) ah cid siiyo.

42. Suldaankii Zansibaar ayaa shirkadaas Ingiriiska xeebaha Banaadir horey uga ijaaray.

43. S.M.C, waxa ay u taagan tahay Seyid Maxamed Cabdulle Xasan oo la soo gaabiyey.

44. "Itala," ayaa Talyaanigu ula baxay magaaladaas.

45. In Talyaanigu "magan gelshe" u ahaado.

46. Wuxuu ahaa Markab dagaal.

47. Wuxuu ahaa dagaalkii ugu horeeyey ee Biimaal iyo Talyaaniga dhex mara.

48. Eeg Cassanelli. P. 199.

49. Eeg Cassanelli. P. 203-4.

50. Eeg Cassanelli. P. 224.

51. Eeg Cassanelli. P. 204-5.

52. Eeg Cassanelli. P. 205.

53. Eeg Cassanelli. P. 224.

54. Eeg Cassanelli. P. 224.

55. Eeg Cassanelli. P. 232

56. Xarunta Gaaladu waxa ay markii hore ahayd Berbera.

57. Odayaasha ayaa u badnaa, dadka ka soo horjeeday in waqtigaas Ingriiska lala dagaalamo.

58. Inuu qoriga geel ku bedeshay iyo in Seyidku ka xoogay labadaba waa la sheegay, hase ahaatee markii ninkii maamulkii Ingriiska ku laabtay wuxuu u sheegay in Buntukhii laga xoogay.

59. Eeg Cassanelli, p.216-8

60. Shariif Cabdulla Shariif Cumar, wuxuu ka tirsanaa ilaalada Seyidka.

61. Eeg Divine Madness, PP.111-112.

62. Ciidamada Fardooleyda ahi waxa ay ahaayeeen Gadabuursi (Gadabursi Horsemen).

63. Labada ninba waxay ka tirsanaayeen raggii Khusuusida loo yaqaaney ee 'dawladda Seyidka' ka tirsanaa.

64. Eeg Divine Madness, P.111

65. Mudug, waxa ay ka mid ahayd dhulkii markaas Talyaanigu sheeganayey.

66. Taariikhda Daraawiishta, Aw Jaamac Cumar Ciise, Muqdisho 1976, P. 53.

67. Eeg Official Operations of Somaliland, PP. 84-88.

68. Eeg Divine Madness, By Abdi Sheikh-Abdi, London 1993, P.116.

69. Waqtigaas Boqorkii Cismaan Maxamuud, ayaa u ogolaaday in dhulkiisa Daraawiishta hubku uga soo dego. Hubkuna wuxuu ka imaan jirey Faransiiska oo markaas loolan ka dhexeeyey Ingiriiska.

70. Richard Corfield of Somaliland by H.F. Prevosi Batterby, London 1964, P.36.

71. Taariikhda Daraawiishta, Aw Jaamac Cumar Ciise, Muqdisho 1976, P.57.

72. Eeg Divine Madness, By Abdi Sheikh-Abdi, PP. 118-119.

73. The Mad Mullah of Somaliland, by Douglas Jardine, O.B.E. (Secretary to the Administration, Somaliland, 1916-21, First Edition, London 1925; P.88.

74. Taariikhda Daraawiishta, Aw Jaamac Cumar Ciise, Muqdisho 1976, P.62.

75. Eeg Mad Mullah of Somaliland, P.83.

76. Swayn, waxaa kale oo u muuqatay in Soomaalidii Daraawiishta la dagaalamaysay aanay daacad u ahayn sida Punjaabka iyo Yaos-ka.

77. Ciidamada Ingiriiska u dagaalamayey waxaa laga soo ururshey wadamadii Ingiriisku xoogga ku haystay, oo ay ka mid ahaayeen: British Isles, Koonfur Afrika (Boer), Hindiya, Kenya, Afrikada Dhexe, Suudaan iyo Punjaab (Sikhs).

78. Eeg Official History of Somaliland Operations, P.146.

79. Eeg Divine Madness, PP.130-131.

80. Eeg The Mad Mullah, P.139.

81. Eeg Richard Corfield of Somaliland, by Prevosi Batterby, London 1914, P.38.

82. Eeg Taariikhdii Daraawiishta, Aw Jaamac Cumar Ciise, Muqdisho 1976, P.79.

83. Eeg Richard Corfield of Somaliland, P.39.

84. Waxay ciidamada Ingiriisku wateen qori Soomaalidu u tiqiiney 'Gidhli Gaan,'

85. Jidbaale ma aha magaalo ee waa meel banaan oo lagu dagaalamay.

86. Eeg Divine Madness, by Abid Sheikh-Abdi, P.147.

87. Ilig waxaa sida taariikhdu sheegayso deganaan jirey qabiilka Ciise Maxamuud.

88. Eeg Cassanelli. P. 214.

89. Saciid Saalax Axmed waxa ii sheegay in Daraawiishta Jidbaale looga dilay 206 nin.

90. Eeg Taariikhdii Daraawiishta, Aw Jaamac Cumar Ciise, P.94.

91. Eeg Taariikhdii Daraawiishta, Aw Jaamac Cumar Ciise, P.96.

92. Eeg Taariikhdii Daraawiishta, Aw Jaamac Cumar Ciise, P.97.

93. Eeg Cassanelli. P. 207.

94. Eeg Cassanelli. P. 223

95. Eeg The Official History of British Operations of Somaliland, P.304.

96. Eeg Cassanelli. P.225.

97. Eeg Cassanelli. P. 225

98. Eeg Cassanelli. P. 225

99. Eeg Cassanelli. P. 223

100. Eeg Cassanelli. P. 226

101. Eeg Cassanelli. P. 228

102. Safaradaas waxaa si fiican wax iiga sheegay Saciid Saalax Axmed oo ka mid ah dadka fara ku tiriska ah ee taariikhda Daraawiishta wax ka yaqaan (Abriil 2003, Washington, DC).

103. Wuxuu door wayn ka ciyaarayey wada hadalka Seyidka.

104. Postelozza, ayaa qodobkaas soo jeediyey.

105. Seyidka ayaa soo jeediyey.

106. Saciid Saalax Axmed, ayaa sheekadaas ii xaqiijiyey.

107. Ballan ka bixidda wuxuu Seyidku u cuskanaayey, ka dib markii Ingiriisku Daraawiishtii Nugaal deganayd weerar ku qaaday rag badana ka laayey iyo in 12kii Sebtember ciidan Boqor Cismaan ina-adeerkiis (Bile Samater) watey ay Daraawiish weerareen.

108. Eeg Cassanelli. P. 226.

109. Eeg Cassanelli. P. 252.

110. Ka dib markii uu si cad ula shaqayn waayey Suldaan Cali Yuusuf, oo Casab (Eriterea) ku xidhnaa. Wuuu Ingiriisku ku eedeeyey in duulaankii uu Daraawiish Hobyo kaga soo qaaday, ka dibna u hor kacay jabkii Gumburo, uu Suldaanku Ingiriiska ku ballan furay.

111. Eeg "The Divine Madness", by Abdi Sheikh-Abdi, P.155.

112. Faahfaahinta ku saabsan ganacsiga dadka ka eeg...The Map of Africa by Treaty, 3rd Edition, by Frank Cass & Co., London 1967 Vol.II, P.488ff.
113. Waxaa nimankaas keenay shirkana isku soo duba riday Cavaliere Pestalozaa.
114. Ina Igarre waxa uu ahaa nin Daraawiishta aad ula dagaalama, marka ammaanta Seyidku waxa ay u ekayd xeelad siyaasadeed (political strategy).
115. Eeg Cassanelli. P. 200. (eeg gabayga halkaas ku qoran, qaar ka mid ah qabiilada ayaa ku qoran).
116. Eeg Cassanelli. P. 248.
117. Eeg Cassanelli. P. 241.
118. Arrimaha heshiiskan ku saabsan ka eeg...The Somali Peninsula, by John Drysdale, cit., PP.107-10.
119. Eeg Cassanelli. P. 241.
120. 1905-1912, waxa ay ahayd mudadii Daraawiishtu nabadda ugu weyn ku noolaayeen.
121. Kharashka Dhoofidda iyo qaban qaabintaba waxaa nimankaas aad uga caawiyey Ingiriiska iyo Talyaaniga, iyagoo ujeedadoodu ahayd inay sameeyaan wax kasta oo Seyidka xasarad ku noqon kara.
122. Arrintaas faahfaahinteeda ka akhri, Oral Peotry and Somali Nationalism by Said S. Samater, P.127. Eeg sidoo kale; The Divine Madness, by Abdi Sheikh-Abdi, PP.157-8.
123. Warqaddu waxa ay xarunta Daraawiishta soo gaadhey Maarj 1909.
124. Geedkii Seyidka loogu shiray ayuu u bixiyey Canjeel Talo Waa.
125. Fekraddaas waxaa qaba (aaminsan) Saciid Saalax Axmed) oo aad taariikhda Daraawishta u dersay.
126. Saciid Saalax Axmed, ayaa arrintaas ii sii xaqiijiyey (Abriil 2003, Washington, DC).
127. Eeg Cassanelli. P. 228.
128. Heshiishyadaas sidoo kale ka eeg, The Evaded Duty," Louis FitzGibbon, Rex Collings, London, 1985, p.39.
129. Eeg Cassanelli. P. 248.
130. Eeg. Cassanelli, PP. 218-22.
131. Eeg Cassanelli. P. 242.
132. Eeg Cassanelli, p.214.
133. Meelo badan oo buugan ka tirsan ayaad ku arki doontaa S.M.C. Xasan ama M.C. Xasan, waa Maxamed Cabdulle Xasan oo la soo gaabiyey.
134. Eeg Taariikhdii Daraawiishta, Aw Jaamac Cumar Ciise, Muqdisho 1976, PP.176-78.
135. Mr. Wingate, wuxuu ahaa taliyaha guud ee xukumayey Suudaan iyo Masar iyo weliba taliyaha ciidanka qalabka sida ee Ingiriiska.

136. Waxaa suuqa la soo geliyey in wadaadku (Seyidka) wuxuu xoolo haysto qalan doono intaan Ramadaan dhammaan ka dibna uu qabsan doono meelihii ciidamada Ingiriisku ka kaceen, oo ay xoolaha Raaciyadda meelahaas deggan dhici doonaan.

137. Eeg Richard Corfield of Somaliland by H.F.Provest Batterby, London 1914, P.91.

138. Inkasta oo Soomaalidu waqtigaas aaminsanaayeen in Aayadaha Kitaabku ka kooban yihiin 6,666, laakiin wax caddaynaya tiradaas (in ay dhab tahay) ma jiraan.

139. Eeg Cassanelli, p.245.

140. Eeg. Brad G. Martin, "Muslim Politics and Resistance to Colonial Rule: Shaykh Uways bn Muhammad al-Baraawi and the Qadiriya Brotherhood in East Africa," Journal of African History 10 (1969): 471-86; and Cerulli, Somalia 1:187-88, 196-97.

141. Dagaalkaas waxaa loo yaqaanay, Habar Humbulle (Eeg Taariikhda Daraawiishta).

142. Waxaa la sheegay heerka macaluusha iyo darxumadu inuu gaadhey in ay dadka qaarkiis ku kaliftay inay bakhtiga iyo jiirka cunaan (eeg Taariikhda Daraawiishta).

143. Richard Corfield, ma ahayn nin ciidanka Ingiriiska ka tirsan, laakiin waxa uu ahaa nin aad khabiir ugu ah xidhiidhaka iyo maamulka (Civilian Administrator) shacbiyadii Ingiriisku gumeysan jirey.

144. Saciid Saalax Axmed, ayaa arrintaas isaguna ii xaqiijiyey (Abriil 2003, Washington, DC).

145. Eeg Cassanelli. P. 52.

146. Waxaa la sheegay in Suldaan Maxamuud Cali Shire hoggaanka saldanadda la wareegay isaga oo 16 sano jir ah.

147. Eeg "Somali Perspectives: A Leaf from Somali History, Feuds between Sayid Mohamed, Sultan Mohamud Ali Shireh, and the British." Somali Observer, April 1998, Volume 2, Issue 2, Edition 3, p. 8.

148. Labadaas nin ee Talyaanigu la xidhiidhay iyo Daraawiishna colaad aad u xun ayaa hore uga dhexaysay, mana doonayn in Daraawiishi agtooda ka soo dhowaato.

149. Richard Corfield, wuxuu Somaliland yimid 1940kii, wuxuuna hore uga soo shaqeeyey dhawr wadan oo ay ka mid ahaayeen Koonfur Afrika iyo Nigeria.

150. Labadaas waddan iyo kuwii (wadamadii) Soomaaliya haystayna col ayey ahaayeen waqtigaas.

151. Shimbabiris waa fooda ugu saraysa ee Buurta Surud. Waxa ayna u dhowdahay magaalada Ceerigaabo.

152. Sida la weriyey, "waa xujoobee xidhka geeya" ayaa Seyidku si maldahan u odhan jirey qofka uu doonaayo in la dilo.

153. Eeg The Mad Mullah of Somaliland, PP.260-1.

154. Eeg Martin, Muslim Brotherhood in Nineteenth Century Africa, P.191.

155. HMS (His/Her Majesty Service)

156. Eeg The Mad Mullah of Somaliland by Douglas Jardine, first edition, London 1923.

157. 2nd and 6th Divisions.

158. Eeg Ferro e fouco in Somalia, da Francesco Saverio Caroselli, Roma 1931, P.258j.

159. Eeg The Mad Mullah of Somaliland by Douglas Jardine, O.B.E. Secretary to the Administration of Somaliland 1916-21, first edition, London 1928, P.274.

160. Eeg Taariikhda Daraawiishta, Aw Jaamac Cumar Ciise, PP.273-4.

161. Waqtigaas Daraawiishta la haleelay Seyidku lama socon oo markii uu arkay in la daba taagan yahay ayaa isaga iyo koox Daraawiish ka tirsani dhinaca galbeed afka saareen.

162. Eeg Taariikhdii Daraawiishta, Aw Jaamac Cumar Ciise, P.276.

163. Saadka iyo gaadiidka ayuu ciidamada Ingiriiska u qaabilsanaa.

164. Eeg The Mad Mullah of Somaliland, P.187.

165. Shinniile, wuxuu u dhexeeyaa Walwaal iyo Wardheer.

166. Seyidka ayaa warqad ugu sii dhiibay Ingiriiska

167. Eeg Taariikhdii Daraawiishta, Aw Jaamac Cumar Ciise, PP.298-99.

168. Eeg Somali Observer, p.9.

169. Eeg Somali Observer, p.9.

170. Eeg Taariikhdii Daraawiishta, Aw Jaamac, P.302.

171. Deegaanadaasuna waxa ay ahaayeen dhulkii falashada beeraha ugu fiicnaa ee agagaarka Webiga Shabeelle ku yaalley.

172. Eeg I.M. Lewis, P.103.

173. Waxaa la la weriyey in 1933kii, ay jireen saddex wiil oo Soomaali ahi ay dhiganayeen Gordon College.

174. Eeg Modern History of Somalia by I.M. Lewis, London 1965, P.80.

175. Sheekadan waxaa werijey F.S. Caroselli, The Official History of Somaliland Operations, PP.122-5.

176. Ka eeg wixii faahfaahin ah www.arlaadi.com.

177. Sheekh Xasan Barsane waxa uu ka dhashay beesha Gaal Jecel.

178. Hadalkaan waxaan ka soo min-guuriyey www.arlaadi.com oo ah meel (internet site) lagu uruuriyo macluumaadka khuseeya Digil iyo Mirifle.

179. Eeg www.arlaadi.com.

180. Waqtigaas ka hor waxaa jiri jirey, ciidamadii "ilaalada" loo yiqiinay.

181. Eeg I.M.Lewis, P.97.

182. Eeg I.M. Lewis, P.98.

183. Waxaa arrimahaasna waxaa badanaaba gumeystayaasha u fulin jirey odayaasha qabiilada u madaxda ahaa.

184. Xarunta Suldaanku waxa ay ahayd Mustaxiil.

185. Waraysi (Telephone) aan la yeeshay Cabdicasiis Suldaan Olol Diinle, February 21, 2003, USA.

186. Si Talyaanigu isugu xidho Soomaaliya iyo Eriteria, wuxuu ku talo jiray inuu Itoobiya oo dhan qabsado, taasina waxana waxa ay u hoggaamisay jabkiisii Adowa.

187. Raggaas badankoodu waxa ay u dagaalamayeen Ingiriiska. Waa raggii Soomaalidu u tiqiinay 'Seamen."

188. Sheekadaas waxaan ka weriyey Axmed X. Ducaale (Axmed Kayse) oo ka mid ahaa dadkii Berbera ka qazay isaga oo da'diisu yar tahay.

189. Talyaaniga iyo Jarmalku waxa ay ahaayeen xulufo.

190. Jabkii Talyaaniga iyo Maamulkii Ingiriiska, markii uu Italiyan-Somalia qabsaday, wixii faahfaahin ku saabsan ka akhri "The First Freed," H.M. Stationary Office, London, 1944. Sidoo kale akhri, The British Administration of Occupied Territiries in Africa, 1941-1947, London by Lord Rennel of Rodd.

191. Ibid. I.M. Lewis, pp. 134-5.

192. Arrimaha heshiiskan ku saabsan ka eeg…The Somali Peninsula, by John Drysdale, cit., PP.122-5.

193. Faarax Nuur wuxuu ahaa gabyaa caan ah oo ka dhashay beesha Arab (Isaaq), wuxuuna aad caan ugu ahaa gabayada guubaabada ee dagaalka.

194. Uurd-Doox waxa uu soo saari jirey joornaal afka carabiga ku soo baxa oo xornimada iyo madaxbanaanida Soomaalida u dooda.

195. Waxaan sheekadaas ka weriyey Xasan Khaliif Faarax, 29 June 2003, Reston, Virginia, USA.

196. Seyidka reerkiisa.

197. Sheekadaas waxa aan ka weriyey Xaaji Xasan Faarax (Xasan Khalif) oo ay Sheekh Bashiir isku reer ahaayeen nolol-na kula kulmay.

198. Sheekh Bashiir laftiisu waxa uu ka dhashay reerka Habar Jeclo (Yeesif).

199. Faarax Oomaar waxa uu ka dhashay reerka Habar Jeclo.

200. Sheekadaas waxa aan ka weriyey Axmed Xaaji Ducaal (Axmed Keyse).

201. Axmed Keyse ayaan sheekadaas ka weriyey.

202. Culimadu iskuulaadka gaalada way ka soo horjeedeen, laakiin SYL way taageersanaayeen; waayo iskuulaadkii xilligii maamulka Ingiriiska la furay SYL gacan ayey ku lahayd.

203. Miss Margery Perham, Buuggeedii "Government of Ethiopia," waxa ay aad ugu cambaaraysay—dooda Amxaaradu dhulalka Soomalida ku sheegatay. Waxa ay tidhi "Sheegashada Somaliland waxa ay la mid tahay, iyadoo Talyaaniga, Jarmalka, ama Faransiiska qayb ka mid ah Ingiriisku qabsado. (Eeg The Somali Dispute, John Drysdale, p.66).

204. Faahfaahin dheeraad ah ka akhri Dhacdooyinka Madegganayaash Geeska Afrika by Abdi Hassan Jimale, Horn Africa Books, Denmark 1998. First Edition PP. 82-83.

205. Ibid. I.M. Lewis, p. 135.

206. Eeg Sidoo kale I.M. Lewis, "The Modern History of Somalia." P. 135.

207. Ibid. I.M. Lewis, p. 120.

208. Eeg, I.M.Lewis, "The Modern History of Somalia," p.130.

209. Dadka Pro-Talyaaniga ahaa waxaa la sheegay in ay u badnaayeen beesha Abgaalka iyo dadkii beeralayda ahaa ee Digil iyo Mirifle (H.D.M.S).

210. Dhawr casho ka dib markii rabshaduhu dhaceen.

211. Sheekadaas waxa aan ka weriyey Ladane

212. Muuro ayaan sheekadaas ka weriyey.

213. Waxa afarta quwadood laga sugaayey in ay go'aan kama dambays ah ka gaadhaan wixii ayaaha 3daas waddan noqon lahaa. 15 September waxa ay ahayd (deadline).

214. Waraysi (Telephone) aan la yeeshay Cabdicasiis Suldaan Olol Diinle, February 21, 2003, USA.

215. waxaa nuqul taarkii ah I tusay Ladane, June 6, 2003, Fairfax, Virginia, USA.

216. Dooda U.N-ka ee arrintaas ku saabsan ka akhri Pankhursgt, OP, cit., pp.260-9, 298-354; Sidoo kale eeg B. Revlin, "The United Nations and Italian Colonies, New York 1950, Iyo G.H.Becker, "The Disposition of the Italian Colonies," Anne Masse, 1952.

217. Waraysi (Telephone) aan la yeeshay Cabdicasiis Suldaan Olol Diinle, February 21, 2003, USA.

218. Waraysi (Telephone) aan la yeeshay Cabdicasiis Suldaan Olol Diinle, February 21, 2003, USA.

219. Warqadda waxaa la sheegay in uu odayaasha u qoray Michael Mariama.

220. Waxa ay kale oo taariikhdu sheegaysaa, in xibigan doorashada ka hor la sameeyey, ka dib markii Hawiyuhu arkay awoodda siyaasadeed ee Daaroodka.

221. (eeg…I.M.Lewis, p.157; sidoo kale eeg G.A. Costanzo, Problemi Constituzionali della Somalia nella Preparazione all' Independenzia, Milan, 1962).

222. Dadka fikraddaas qabey waxaa ka mid ahaa Michael Mariama.

223. Ururka U.S.P. waxaa lagu aasaasay magaalada Laascaanood 1959 shir ay isugu yimaadeen siyaasiyiinta "British Somaliland" ee aan Isaaqa ahayn

224. Wixii faahfaahin ah ka akhri S. Touval, 'Somali Nationalism' Cambridge, Massachusetts, 1963, pp 123-31.

225. Eeg. A.A. Castagno, 'Somali Republic' iyo James S. Coleman and Carl G. Rosberg, Jr. "Political Parties and National Integration in Tropical Africa," Berkeley, Los Angeles, and London, pp. 512-59, 1970.

226. Waxa ay ka kala tirsanaayeen labadii xisbi ee SNL iyo USP.

227. Jagooyinka nimanka Ingiriisku hayeen waxaa ka mid ahaa caddaaladda iyo gaashaan –dhigga.

228. Maalintaasi waxa ay ahayd maalintii Soomaalida koonfur xornimada loo ballan qaaday.
229. Dhinac kasta waxa socday 10 nin.
230. Sheekadaas badankeeda waxaan ka weriyey (Axmed Kayse).
231. Eeg Report of the Somaliland Constitutional Conference held in London in May 1960, cmnd. 1044, London, 1960.
232. "Great" waxa aasaasay rag ka xanaaqay SYL, waxaana hoggaamiye ka ahaa Maxamed Xaaji Xussein.
233. Eeg I.M.LEWIS, P.172
234. Waxaa nimankaas qareenno (lawyers) u ahaa laba nin oo Hindi ah.
235. Waxaa jirey Map la sameeyey 1930s oo muujinayey in Jubaland ka tirsan tahay dhulka Kenya.
236. Faahfaahin arrintaas ku saabsan ka eeg , "The Somali News," (23 March, 1962).
237. Eeg I.M.LEWIS, P.172
238. Eeg khudbadaas oo dhan "The Somali News, 31 May 1963" iyo sidoo kale: Somali Government, Government Activities from Independence until Today (1st July 1960-December 31st , 1963, Mogadishu 1964).
239. Eeg, the Somali News, 21 and 28 Dec, 1962.
240. Eeg, I.M.Lewis, p.177.
241. Eeg Abdi Hassan Jimaale, pp. 154 –156
242. Eeg Abdi Hassan Jimaale, p. 156
243. The CIA Files,' Robert L. Borosage and John Marks, Grossman Publishers, pp.37-8, New York, 1976.
244. Dadka qaarkiis waxa ay weriyeen in Cigaal cadaadis badan G/Sare Abshir saaray si uu isu casilo.
245. Faahfaahin Dheeraad ah ka eeg, Dhacdooyinka Madegganayaash Geeska Afrika by Abdi Hassan Jimale, Horn Africa Books, Denmark 1998. First Edition PP. 176-188.
246. Hawsha nimankaasi wadeen waxaa shir guddoomiye ka ahaa Janaraal Caynaanshe oo ka mid ahaa raggii afgembiga sameeyey. Waxaase Dr. Xasan Cali Mirreh ii sheegay in Cayananshe nin aad macquul ah uu ahaa kuna raacay talooyinkii gudigu soo jeediyey.
247. Maxbuuska waxaa la marsiin jirey ciqaab aad u xun iyo jidh dil, si uu dembiga lagu soo oogay uu qirto, badanaana waxaa la xukumi jiray isaga oo aan maxkamad cadaalad ku dhisan aan la hor geyn.
248. Dr. Xasan Cali Mirreh, Maxamuud Geelle Cilmi (Dhurwaa), Dr. Maxamed Aadan iyo Cabdalla Aw Faarax Xirsi.
249. Denbiyada ugu xun ee qofka lagu eedeeyo, waxaa ka mid ahaa "kacaan diid," oo loola jeeday qofkii dawladda mucaarad ku noqda.
250. Arrintaas dhowr qof oo goob joog ahaa—ayaa waraysi iigu sheegay.

251. Mudadaas ka hor, luqadaha wax lagu bartaa waxa ay ahaayeen, Carabi, Ingiriis iyo Talyaani.

252. Waxaase la ogolaa in munaasabadahaas fasax dawlada looga qaato, intaan lagu dhaqaaqin.

253. Faahfaahin dheeraad ah ka akhri Dhacdooyinka Madegganayaash Geeska Afrika by Abdi Hassan Jimale, Horn Africa Books, Denmark 1998. First Edition PP. 232-233.

254. Gobolada Baali iyo Sidaamo waa dhul Oromo, inkasta oo ay jiraan qabiilo kale (sida Soomaalida) oo la dega.

255. Eeg Saadiq Eenow "Taariikhda - Dagaalkii Soomaaliya iyo Ethiopia (1977), AASAASKII JABHADIHII XOREYNTA SOOMAALI GALBEED IYO SOMALI ABBO," Somalinet.com Agoos and Sept. 2002.

256. Somali Abo dadka Maxamed Siyaad Barre ku magcaabay ma aha dad Soomaali ah. Waa qabiilka la yidhaahdo Oromo, kaas oo ah qabiilka ugu badan dadyowga Itoobiya dega.

257. waxa uu ku dhintay shil diyaaradeed.

258. Xarunta SDAF, waxa ay ahaan jirtey Rome.

259. Inkasta oo dawladda Soomaalidu dafiraysay inaanay dagaalka ku jirin W.S.L.F. magac uun buu ahaaye, waxaa dagaalamayey ciidamadii Soomaaliyia oo dhan.

260. Faahfaahin Dheeraad ah ka eeg, Dhacdooyinka Madegganayaash Geeska Afrika by Abdi Hassan Jimale, Horn Africa Books, Denmark 1998. First Edition PP. 305-311.

261. MJ Waxa ay u taagan tahay 'Majeerteen.'

262. Waxaa la sheegay in Mustafe laftiisu magaca 'Kulmiye' soo jeediyey, ka dibna lagu raacay.

263. SSF, inkasta oo xarunteedu ahayd Itoobiya, waxa ay kale oo dhawr xafiis ku lahayd meelo kale sida; Kenya iyo koonfurta Yemen.

264. (CRS Report for Congress, 5 Feb. 1993)

265. Waxaa la sheegay in Uur-doox maamulkii Maxamed Siyaad Barre dhawr jeer xidhay.

266. (kulankaasi waxa uu ahaa mid guul weyn laga gaadhey sidaas waxaa yidhi Dr. Taani, 29 May 2003 (waraysi).

267. Revolutionary and dissent movements.

268. Waraysi aan la yeeshay kooxdii UFO qaar ka mid ah:

Jabane, Dr. Osman Meygaag, Mr. Ibraahim, Dr. Taani, Axmed Xuseen Caabi, Baashe....

269. SSDF, waxa ay qeexday siyaasadaheeda, oo ay ka mid ahaayeen: in la burburiyo xukuumadda Maxamed Siyaad Barre, dastuur cusub oo dimoqraadiyad ku dhisana la sameeyo. Baarlamaan Dimoqraadiyad ku salaysanna la abaabulo. In ciidamada cirka iyo kuwa dhulka ee Maraykanka waddanka laga saaro.

270. Jagooyinka iyo xilalka nimankaasi hayeen ka eeg, Dhacdooyinka Madegganayaash Geeska Afrika by Abdi Hassan Jimale, Horn Africa Books, Denmark 1998. First Edition PP. 346-350.

271. Waxa ay walaalo ahaayeen ninkii la odhan jirey Axmed Ismaaciil Cabdi (Duqsi).

272. Markii ciidamada Amxaaradu Galdogob iyo balan-baale qabsadeeena SSDF, waxa ay sheegatay inay iyadu qabsatay degmooyinkaas.

273. Eeg Chriss Odwesso "The Religious Question: Will difference at Bomas lead to separatism?" Kenya Times Media Trust, 2003.

274. Daahir Maxamed Cali (Baasto), South Africa. Guddoomiye ku-xigeenkii Goloaha Ardaydayda (U.DH.G.S.G.). www.qorahay.com\taariikh3.htm

275. Eeg Baasto, U.DH.G.S.G

276. The Evaded Duty," Louis FitzGibbon, Rex Collings, London, 1985, p.157.

277. "Somalia: A Government at War With Its Own People, Testmonies About the Killings and the Conflicts in the North," Africa Watch Report, New York (January 1990), pp. 63-4.

278. "Somalia: A Government at War With Its Own People, Testmonies About the Killings and the Conflicts in the North," Africa Watch Report, New York (January 1990), p. 64.

279. faahfaahin dheeraad ah waxaad ka eegtaa: www.kenyansomalis.org\historypage1.html

280. "Somalia: A Government at War With Its Own People, Testmonies About the Killings and the Conflicts in the North," Africa Watch Report, New York (January 1990), pp. 266-7.

281. Doorashadaasi ma ahayn mid cadaalad ku dhisan oo jirtey, ee waxa ay ahayd been abuur iyo waxaan jirin.

282. Diyaaradaas waxaa afduubay niman dhalinyaro ahaa oo Isaaq ahaa, uuna hogaaminaayey nin ciidamadii asluubta ka tirsanaa oo la odhan jirey Cawil. Nimankaasi waxa ay ku xidheen nabada diyaarada in la sii daayo 7 arday oo dil ku xukunaa iyo kooxdii siyaasada u xidhnayd ee uu ka mid ahaa Madaxweyne ku xigeenkii hore, Ismaaciil Cali Abokor.

283. Dr. Xasan Cali Mirreh ayaa guddoomiye ku meel gaadh ah gudiga ka ahaa.

284. Markii doodani socotay madaxda SSF waxa ay joogeen magaalada Addis Ababa.

285. Markii Cabdullaahi Yuusuf la xidhay waxaa madaxdii SSF u yeedhay Xaaji Cumar 'Sterlin' oo guddoomiye ku-xigeenka SSF ahaa, laakiin markaas Nayroobi (Nairobi) joogay. Hase ahaatee, Xaaji Cumar wuu ka cudur daartay in uu jagadaas aqbalo.

286. Waxa ay ahayd arrin caadi ah in Jabhaduhu dhexdooda is khaarajiyaan marka ay arrin siyaasadeed isku qabtaan.

287. "Somalia: A Government at War With Its Own People, Testmonies About the Killings and the Conflicts in the North," Africa Watch Report, New York (January 1990), p. 268.

288. Jabhadihii Itoobiya laga saaraynа waxaa ka mid ahaa SNM.

289. (The Indian Ocean Newsletter, June 4, 1988)

290. Sannadguuradii 11naad ee xasuuqii Jasiira, Jamhuuriya London 21 july 2000,

b)Somaliland forum emailbox: Jasir mascar name list by Bashir Hirsi Guled

291. Maadaama jabhaduhu qabiil ku dhisnaayeen, waxaa jirey dad badan oo siyaasiyiin iyo maalqabeen ahaa oo Xamar ka taageeri jirey.

292. Eeg Pro. M.A. Turiare "Human Rights and Human Mores in Somali,Lifaaq A"

293. Hawiye oo dhammi dagaalka way ku jireen, in kasta oo magaca lagu dagaalamayey ahaa USC.

294. 26kii Jan.1991, ayey dadka qaarkiis dheheen Siyaad wuu baxay

295. AFP

296. Standard (Nairobi)

297. (Le Monde 2 Feb. 1991)

298. (FBIS-AFR-91-025 6 Feb. 1991)

299. Eeg Prof. M.A. Turiare, "Human Rights and Human Mores in Somali," pp. 52-58.

300. (BBC summary 14 Feb. 1991)

301. (Indian Ocean Newsletter 16 Feb. 1991)

302. (BBC Summary 21 Feb. 1991)

303. Shirkadda Moss waxa lahaa Cabdi-Kawir

304. (The Indian Ocean Newsletter, 13 April 1991)

305. (African Reseach Bulletin Feb. 1991. 10026)

306. (waxaa weftiga SNM, hogaamiye ka ahaa Saleebaan Gaal).

307. (Weerarkaas oo USC, ugu magac dartay safayntii hadhaagii Maxamed Siyaad Barre, waxa ay dad badani fasirteen "safayntii Daarood" ka dib markii la arkay ficilkii USC.)

308. (Liberation 5 Mar.1991).

309. (Liberation 8 Mar.1991).

310. (Le Devour 5 Mar.1991, The Associated Press 9 Mar.1991).

311. Waxa ayna maamulkii Cali Mahdi iyo hay'adihii adduunka Soomaaliya ka joogayba codsadeen in wadanka kaalmo degdeg ah lala soo gaadho. (New Africa Mag. 1991, BBC Summary 16 Mar.1991).

312. (Le Monde 17-18 Mar.1991).

313. (Le Monde 24-25 Mar.1991).

314. (New Africa May 1991).

315. (Indian Ocean Newsletter 30 Mar.1991).

316. (Le Monde 4 April 1991).

317. (Keesing's 1991 Apr.1991. 38137).

318. (Indian Ocean Newsletter, 13 April, 1991)

319. (Ibid: Indian Ocean Newsletter 23 Mar.1991).

320. (Le Monde 4 April 1991).

321. The Xinhua.
322. BBC Summary 10 Apr. 1991.).
323. (Le Monde 15 April 1991).
324. (Ururka Dhaqaalaha Yurub)
325. (Indian Ocean Newsletter, 11 March, 1991)
326. (Jeune Afrique 18 June 1991).
327. (The Associated Press 25 April 1991).
328. Reuters, 25 Abriil 1991
329. (BBC Summhary 30 April 1991).
330. (The Xinhua News Agency 18 May 1991).
331. (Afric Events May 1991).
332. (Reuters 16 May 1991).
333. (Reuters, 16 May, 1991)
334. (Retuers, 10 May, 1991)
335. (The Indepedent, 27 May, 1991)
336. (Liberation 30 May 1991).
337. (The Xinhua News Agency 2 June 1991).
338. (Indian Ocean Newsletter 6 July 1991).
339. (Raadiyow Hargeysa, 7 June, 1991)
340. (BBC Summary 20 June 1991).
341. (Dad badan oo doorashadaas goob joog ka ahaa waxa ay sheegeen in doorashada G/Sare Caydiid aanay jacayl ahayn, balse la isku deyayey in dhiig daata laga hor tago).
342. Madaxdii xukuumadii M.S. Barre.
343. (Toronto Star, 25 August, 1991)
344. (AFP, 9 Sept. 1991)
345. (BBC focus on Africa, 16 Sept. 1991)
346. (BBC World Service, 17 Sept. 1991)
347. (Jeddah Islamic Ghazette, Nov 1991)
348. African Research Bulletin, Jan.1-31, 1991.
349. UN, Africa Recovery Briefing Paper No.7, 15 January 1993 (By Ernest).
350. (KNA, 12 May 1992)
351. (Daily Nation, 12 May 1992)
352. Bern Swiss Radio international, 13 May 1992)

353. (Uma ay af duubin inay diyaaradda madax furasho ka qaataan, ee waxa ay doonayeen inay ka baxsadaan cawaaqib xumadii waddanka ka jirtey.)

354. (Daily Nation, 14 May 1992)

355. (Raadiyow Muqdisho, 29 May, 1992)

356. Africa Recovery, U.N. Briefing Paper, "Somalia Restoring Hope, " by Ernest Harsch, No. 7, 15 January 1993, P.13.

357. (BBC, Africa focus, 2 July 1992)

358. (CRS Report for Congress, 5 Feb. 1993).

359. Maamulka 135 urur oo samafal ahaan ku shaqeeya.

360. Against The Current, March/April 1993.

361. Reuters, October 13, 1992.

362. (CRS Report for Congress, 5 Feb. 1993)

363. (Arrintaas iyada ah waxaa watey oo U.N-ka horgeeyey dawlada Maraykanka, ciidamada markaas diyaarka ahaana gebi ahaantood waxa ay ahaayeen Maraykan.

364. (CRS Report for Congress, 5 Feb. 1993).

365. Qodobadan way kuwada qasbanaayeen, waayo waxa ay ahaayeen wax Robert Oakley watey.

366. U.S. Department of State, Human Rights Practices in Somaliya for 1992 Report.

367. (Balli-Doogle, wuxuu Xamar u jiraa ilaa 70 mayl(Mile), waana qiyaastii kala badhka Xamar iyo Baydhabo).

368. (Luqada dawladda Maraykanka iyo saxaafadeeduba u isticmaalayeen meelahay degeyeen waxa ay ahayd "si dadka masaakiinta ah budhcada Soomaalida ah ee dhacaysey looga badbaadiyo").

369. (The Washington Post, 2 Jan. 1993)

370. (Richmond Times Dispatch, 2 Jan. 1993)

371. (Philadelphia Inquirer, 12 Jan. 1993)

372. (Baabuur nooca jiibka loo yaqaano oo kale ah qori weyni dusha ka saaran, qorigaas oo darandoori u dhaca.)

373. (The Washington Post, 8 Jan. 1993)

374. (The New York Times, 9 Jan.1993)

375. (The Washington Post, 11 Jan. 1993)

376. (Suuqa Baakaaruhu wuxuu ahaa meesha ugu weyn ee hubka Xamar lagu iibiyo).

377. (Los Angeles Times, 12 Jan. 1993).

378. (The Washington Post, 14 Jan. 1993).

379. (The Washington Post, 16 Jan.1993: CRS Report 5 Feb. 1993).

380. (The Washington Post, 17 Jan.1993).

381. (The Washington Post, 17 Jan. 1993)

382. (The Washington Post, 25 Jan. 1993)

383. (The Washington Post, 24 Jan.1993)

384. (The Washington Times, June 29, 1993).

385. Balantoodii May 4 yey u dhacday.

386. (The Washington Times, June 29, 1993)

387. (The Washington Post, 9 July, 1993)

388. (Al-Xayaat, 8/7/93)

389. Jilicow, xukuumadii M.S. Barre, wuxuu ka mid ahaa raggii ugu garaadada weynaa ee ka tirsanaa NSS-ta, wuxuuna mar haysan jirey godka, halkaas oo ahayd meel shacbiga lagu cadaabo).

390. (Cismaan Caato, wuxuu ahaa ninka dhaqaalaha ugu badan u fidiya G/Sare Caydiid, gaar ahaan waqtigii dagaaladii sokeeye ee qadhaadhaa soconayeen)

391. (The New York Times, 27 Oct, 1993)

392. (The Washington Post, 3 Dec. 1993)

393. (BBC, 10 Jan. 1994)

394. (The Washington Times, 18 Jan. 1994)

395. (ugu yaraan 750 Soomaaliya ayaa waqtigaas UNOSOM II u xidhnaa).

396. (Australia waxaa Soomaaliya hore uga joogey 800 oo askari)

397. (BBC Somali, 25 Jan. 1994)

398. (AFP, BBC Somali, 25 Jan. 1994)

399. (BBC Somali, 26 Jan. 1994)

400. (Waxaa la sheegayn inay madax furasho codsadeen lamase sheegin wax la siiyey.)

401. (BBC World News Summary, 13 Feb. 1994)

402. (Army Times, 28 Feb. 1994)

403. (Nimankaas wax weeraray, waxaa la sheegay in 20 cadadkoodu ahaa).

404. (waxaase Xamar ku hadhay 50 askari oo la yidhi waxa ay ilaalinayaan, nabad gelyada shaqaalaha Maraykanka ee Soomaaliya ku sugan.

405. Le Monde, 9-10 July 1995.

406. Osman Atto Radio, Mogadishu, ; AFP, BBC Radio , 18 September, 1995.

407. Eeg USAID Annual Humanitarian Report 1998

408. Eeg USAID Annual Humanitarian Report 1998

409. Eeg the Report of the Secretary-General on the situation in Somalia, (S/2000/1211) of Dec-2000.

410. Eeg BBC News, 5 Maarj 2000.

411. 'Dir waxaa la israacsiiyey Isaaq, Gadabuursi, Dir koonfur iyo Ciise'.

412. (BBC News Online, December 12; IRIN, December 13)

413. (AFP, December 15, 2000)

Faarax M. Maxamed

Qoraha Buugga

Waxa uu ku dhashay Degmada Ceel-Afweyn oo ka tirsan gobolka Sanaag. Waxbarashadiisii hore, ilaa Machadkii Horumarinta Maamulka ee SIDAM waxa uu ku dhigtay magaalada Muqdisho. Waxa uu tacliintiisii sare (Higher Education) ku dhammaystay waddanka Maraykanka, isaga oo shahaadada 'Masters-ka' ka qaatay Jaamacadda George Mason University oo Virginia ku taal sannadkii 1996. Mudadii uu Maraykanka ku noolaa shaqadiisu waxa ay u badnayd arrimaha la xidhiidha xaquuqda qaxootiga, gaar ahaan Soomaalida. Qoruhu waxa uu ku nool yahay magaalada Columbus oo ka tirsan gobolka (state) Ohio.